PRISES EN CHARGE DES USAGERS DE DROGUES

AUTEUR :

Lionel GIBIER
Praticien hospitalier
Psychiatre des Hôpitaux
Chef de service du CSST Port Bretagne
au CHRU de Tours

collection
conduites
Directeur de collection délégué
G. LORETTE

PRISES EN CHARGE DES USAGERS DE DROGUES

Lionel GIBIER

doin éditeurs

Le chapitre 9 a été rédigé par le Docteur Georges Bonnemaison, médecin généraliste, attaché au CSST Port Bretagne.

DOIN
Groupe Liaisons S.A.
1, avenue Edouard-Belin
92856 Rueil-Malmaison Cedex

ISBN 2-7040-1067-6
ISSN 1269-7591

Imprimé en France

Table des matières

Avant-propos

Choisir le titre d'un livre n'est pas la tâche la plus simple des auteurs. Il doit être concis et parler au futur lecteur. Alors pourquoi pas : « Prise en charge des toxicomanes » qui semble adapté ? Mais il doit également d'emblée interpeller sur des points forts, questionner des certitudes qu'il faudra lézarder. C'est ainsi que « prises en charge » est au pluriel, que le terme « usagers » a été préféré à celui de « toxicomanes » et que « substances psychoactives » aurait pu remplacer « drogues », glissements importants qui s'expliqueront au fil du texte. **Voilà comment « Prise en charge des toxicomanes » devient « Prises en charge des usagers de substances psychoactives »...** Mais finalement, il nous a semblé utile de garder un mot d'appel explicite : cela aurait pu être le mot « toxicomanes », ce sera le mot « drogues ». Et vous voici donc prêt à lire un ouvrage intitulé : **« Prises en charge des usagers de drogues ».**

Les spécialistes le trouveront simpliste, mais il ne leur est pas directement destiné. Les néophytes le trouveront un tantinet compliqué. Mais cela est voulu... Pour trois raisons.

Tout d'abord, **le propos est complexe parce que le sujet est complexe**. Il s'agit donc pour nous d'apporter un savoir reflétant cette complexité (ce qui modifiera souvent les idées reçues) mais de façon la plus pédagogique possible et en gardant toujours l'objectif d'en tirer des conséquences pratiques, car nous ne perdons pas de vue l'aspect « conduite » de cette collection, conduite à tenir et aussi conduite à réfléchir.

Ensuite, parce que **les usages de drogues (de substances psychoactives) et les toxicomanies ne peuvent être réduits à une logique médicale, voire purement biologique**. La psychologie, les sciences sociales, l'histoire, le juridique, l'économie, l'anthropologie, l'ethnologie, etc. ont également leur propre regard sur ces phénomènes. Nous en saupoudrerons donc de-ci de-là le texte, à nouveau pour aider à réfléchir, plus que pour faire acquérir un impossible savoir encyclopédique.

Enfin, parce que **pour prendre en charge, il faut comprendre**. Comprendre le contexte (première partie), comprendre le maniement des outils de travail (deuxième partie), apprendre à les appliquer à quelques cas particuliers (troisième partie). Il y a matière à développer… Et nous faisons donc le pari, peu risqué, de la curiosité et de la bonne volonté du lecteur. En effet, que penser d'une personne qui s'exclamerait : « je m'intéresse beaucoup aux mathématiques, mais je ne veux pas en savoir plus que l'addition ! » ? Par analogie, **que penser d'un médecin qui dirait : « je m'intéresse beaucoup aux toxicomanes, mais je ne veux pas aller au-delà de la prescription de substitution ! » ?** Nous souhaitons donc aller au-delà… au-delà des idées reçues, de la pensée biologique, de la prescription.

Nous avons en particulier voulu mettre l'accent sur **le travail de la relation**, sous-estimé et peu décrit dans la plupart des ouvrages traitant des toxicomanies ou de la substitution, car, quoi que le médecin prescrive, il se prescrit aussi, la conduite à tenir relationnelle étant donc absolument capitale à connaître.

Nous avons également cherché à mettre en évidence que, **derrière la complexité, il y avait une logique**, compréhensible par l'intervenant et par le patient, une logique de la prise en charge, de la réduction des risques, de la substitution, du travail relationnel et partenarial, de l'utilisation du temps, logique qui doit, dans la durée d'un suivi, guider le raisonnement et les actes du médecin, du pharmacien, de chaque intervenant, pour peu qu'ils aient la même.

Nous avons enfin pris le parti d'**être très descriptif**, au risque de paraître pointilleux ou anecdotique, afin que le lecteur retrouve, de manière relativement vivante et fidèle, des situations qu'il a déjà vécues dans son expérience.

Par ailleurs, nous avons souhaité donner à cet ouvrage **une forme orale, verbale**, comme une suite de conférences, pour plus de vivacité et de proximité avec le lecteur. C'est cet aspect « conférences » qui a imposé une certaine répétition de données, d'un chapitre à l'autre, afin que chacun se présente sous la forme d'une entité relativement autonome sur le plan tant de la réflexion que de la pratique, mais donne envie de lire le reste… Car, nous le savons, un tel livre ne se parcourt pas en continu du début à la fin. C'est pour cette raison que, après en avoir décrit le contenu et expliqué pourquoi nous l'avons construit ainsi, nous suggérerons au lecteur les six chapitres qui nous paraissent incontournables dans un premier temps.

Cet ouvrage comprend trois parties.

Première partie : généralités et conséquences pratiques (chapitres 1 à 4).

Les toxicomanies et usages de drogues étant peu enseignés en facultés, il nous a paru indispensable de développer un certain nombre de généralités, en les accompagnant d'implications pratiques qui aideront l'intervenant à mieux comprendre le pourquoi et le comment des stratégies mises en place, et à mieux utiliser les moyens de prises en charge que nous décrirons dans la deuxième partie.

L'historique, non des drogues mais du mot « toxicomane » au XIXe siècle, a pour objectif de souligner que les drogues actuelles ont d'abord été considérées comme des médicaments, de rappeler la distinction entre l'intoxication et la toxicomanie, de situer ce fléau aussi comme un phénomène social, et donc comme un phénomène évolutif.

Définir les toxicomanies permet de rappeler l'ambiguïté de ce terme recouvrant des réalités différentes (les représentations, la loi, la pharmacodépendance), d'évoquer des notions qui se complètent (l'addiction, la centration, la perte de contrôle, la polydépendance) et ont de grandes conséquences pratiques, de parler « d'usage sans toxicomanie », de dangerosités autres que la dépendance. Enfin des typologies d'usages et d'usagers sont décrites.

La classification des drogues de Lewin, remaniée et réactualisée, proche de l'effet que recherche l'usager, nous fera faire le tour des substances psychoactives, tant sur le plan de la présentation de chaque produit, de sa pharmacologie minimale, que sur celui des problèmes aigus et chroniques qu'il pose. Un tableau résumera les données principales.

Enfin, le chapitre sur **la trajectoire de l'héroïnomane** nous permettra d'introduire les stratégies de réduction des risques et d'intentionnalité de l'abstinence, notions capitales pour mettre en place une prise en charge adaptée au patient toxicomane. Nous y évoquerons également les débats actuels sur la dépénalisation des drogues.

Deuxième partie : les moyens de prise en charge et leur utilisation (chapitres 5 à 10).

Par souci pédagogique, nous avons distingué six outils de travail, à disposition du médecin, qu'il tentera d'utiliser successivement au fil du suivi, de façon isolée ou concomitante.

Notre première intention nous poussait à présenter trois types d'outils :

– les moyens de première intention : **le sevrage et la substitution** ;

– sur lesquels se greffent d'autres moyens qu'il est difficile de mettre en place sans le sevrage ou surtout la substitution : **la relation, le partenariat, le travail sur le temps**. Poser ces outils comme « associés » aux deux premiers ne veut pas dire qu'ils sont facultatifs ou accessoires, bien au contraire ils leur donnent du sens et de l'efficacité ;

– enfin un outil qui est la base même du métier de généraliste : **les compétences somatiques**, qui doivent être utilisées à tout moment et peuvent être le socle sur lequel le praticien développera les autres techniques.

Cependant, étant données les pratiques actuelles, la demande des patients, l'importance de la **substitution**, il nous est apparu indispensable de débuter cette deuxième partie par un « tripode » constitué de cette dernière, de **la relation et du partenariat**. C'est en effet **le trio de base du suivi**, et nous avons sciemment articulé ces trois chapitres de façon complémentaire, l'un renvoyant à l'autre. Le chapitre sur les sevrages est plus autonome, comme celui sur les compétences somatiques. Le chapitre sur le temps reprendra les principales données agencées de manière différente, proposant un canevas de prise en charge au long cours et explorant à chaque étape les difficultés possibles, les principales erreurs et l'utilisation de chacun des outils précédemment décrits.

Situons ces six chapitres :

La substitution. Avant d'en décrire les aspects pratiques (exemple d'une induction par le Subutex®), il nous a paru essentiel de développer différentes notions de base (historique, description du seuil adapté, raisonnement en termes de remplacements, données pharmacologiques, aspects cliniques) pour aboutir à ce que nous appellerons « **la logique de la substitution** » qui tend à **faire acquérir au patient l'autocontrôle de la substitution** (et donc implique de poser des contraintes de délivrance et impose de passer de la « substitution équivalent drogue » à la « substitution médicament »), **bien plus que de viser l'arrêt de celle-ci**, substitution qui permet d'utiliser les autres outils pour aider le patient à changer.

La relation nous permettra de décrire deux grandes étapes dans le suivi.

La première, volontiers conflictuelle, caricaturable par le face à face « Toxico-Prescripteur », nécessite d'abord que le médecin se connaisse bien (car le toxicomane s'entend à déstabiliser son interlocuteur) puis apprenne à connaître ce patient (score TMSP) car il lui faut réussir le passage de « Toxico » à « Patient ».

La deuxième, pendant laquelle une dose suffisante d'alliance thérapeutique, permise par un climat relationnel apaisé, facilite le travail sur les usages de substances et les difficultés psychologiques et sociales, en utilisant des traitements appropriés et surtout la relation duelle. Là aussi, il existe une logique de ce travail sur la relation, dont nous n'évoquerons qu'un élément dans ce préambule : **les rechutes et difficultés font partie du processus de sortie de la toxicomanie, il n'y a pas lieu d'arrêter le suivi pour cela, au contraire, il y a à en tirer expérience.**

Le partenariat, à distinguer de la notion de réseau, nous fera faire le tour des problèmes possibles d'un toxicomane, en les divisant schématiquement **en quatre parties** : **les aspects somatiques** (décrits plus bas), **les aspects socioéducatifs** (extrêmement sous-estimés ainsi que le travail social), **les aspects familiaux et conjugaux** (dont les souffrances sont à prendre en compte pour favoriser le soin), enfin le vaste problème des **orientations psychothérapiques et des troubles psychiatriques**. Quels partenaires sont utiles à ces suivis conjoints, la logique étant qu'aucun professionnel ne peut prendre en charge à lui seul tout cela, hormis une structure sectaire ? Ils sont nombreux, mais nous insisterons sur l'incontournable pharmacien et le dispositif spécialisé (l'hôpital nécessitant un chapitre particulier), avec lesquels il faut apprendre à travailler.

Le sevrage reste une technique indispensable, facilement utilisable en urgence, intéressant quand il est préparé et associé à un antagoniste opiacé (Nalorex®) ainsi que, évidemment, aux autres moyens de prises en charge. Par ailleurs, nous verrons que le sevrage (les sevrages, car ils sont aussi divers que les substances psychoactives) n'est nullement opposable à la substitution, sous laquelle il est possible de pratiquer de nombreux sevrages (alcool, BZD, cocaïne, cannabis, etc.). Enfin, il nous faudra évoquer le sevrage des médicaments de substitution.

Les compétences somatiques. C'est bien évidemment ce qui est le mieux connu des médecins ; nous nous contenterons donc de préciser les pièges principaux de l'examen clinique, et de rappeler les pathologies touchant fréquemment les toxicomanes, avec une attention particulière pour l'hépatite C.

Le temps, que nous diviserons arbitrairement en deux étapes successives : la gestion de la toxicomanie (dénomination volontairement provocatrice) pendant laquelle l'arrêt durable du produit principal n'est guère envisageable, et la phase d'intentionnalité de l'abstinence (intentionnalité donc objectif et non préalable) pendant laquelle l'arrêt durable du produit principal est obtenu, souvent temporairement, ce qui permet de travailler sur les difficultés et rechutes. Une chronologie en cinq temps sera proposée avec, pour chacun, sa description, ses difficultés, ses outils privilégiés et… ses principales erreurs.

Troisième partie : les cas particuliers (chapitres 11 à 14).

Le problème des coprescriptions nous permettra d'étudier les associations de médicaments, à la fois source de difficultés (prises excessives, détournements, interactions) et étape souvent nécessaire au cours d'un suivi marqué par la variété des troubles psychologiques présentés par le patient, car il n'est pas vrai que la substitution résout l'ensemble ces troubles.

Le toxicomane à l'hôpital nécessite bien son chapitre spécifique, d'une part, parce que cette rencontre est obligatoire, d'autre part, parce que les méfiances et incompréhensions réciproques sont nombreuses et, enfin, parce que le médecin se sent quelquefois « coincé » entre les deux. Nous détaillerons les principes de base permettant d'améliorer la compliance du patient au cours du séjour hospitalier, et soulignerons combien la formation, le travail des équipes sur elles-mêmes, les créations de dispositifs nouveaux (Ecimud) ont permis d'immenses progrès.

La femme enceinte toxicomane est une situation extrêmement spécifique, impliquant un suivi intense, la parturiente étant en général dans le soin et mettant en place des suivis qu'elle n'aurait pas effectués autrement, mais le post-partum est une période à haut risque de rechutes et de difficultés.

L'adolescence et les usages de drogues (de substances psychoactives...) est également un chapitre particulièrement spécifique et impose de développer des notions de base sur l'adolescence avant de décrire les contextes d'usages et l'évaluation globale de la situation qui permettent de poser une conduite à tenir.

Enfin, **une bibliographie** proposera les principaux livres, peu ou très spécialisés, écrits sur le sujet, dont nous nous sommes en partie inspirés (l'expérience des autres étant toujours utile à confronter à la sienne propre), ainsi que des noms de revues, de plus en plus nombreuses, qui permettent d'être au courant de l'actualité récente et des recherches en cours.

Alors, face à ce menu copieux, par quoi commencer ? Nous l'écrivions il y a quelques lignes, six chapitres nous semblent prioritaires :

– le premier sur l'histoire du mot « toxicomane », qui pose le phénomène « drogue » comme incontournable et implique l'impérieuse nécessité de prendre en charge ces patients ;

– le deuxième qui permet de distinguer les notions d'usage et de pharmacodépendance, d'approfondir le sujet à travers le concept d'addiction, de perte de contrôle et de polydépendance, ce qui aura de grandes incidences pratiques ;

– le quatrième sur la trajectoire évolutive de l'héroïnomane, qui permet à l'intervenant de ne pas se leurrer sur la demande d'arrêt du toxicomane et d'imaginer des stratégies adaptées à chaque patient ;

– le cinquième sur la substitution, qui est l'outil de travail spécifique du prescripteur et du dispensateur et dont ils doivent parfaitement connaître l'utilisation avec ses effets, ses avantages, ses détournements et les moyens d'y remédier ;

– le sixième sur la relation, qui est l'élément capital pour faire avancer le patient vers la demande de soin, la stabilisation et la guérison (car il est possible d'employer en toxicomanie ce mot porteur d'espoir) ;

– le dixième sur le temps, car c'est à l'évidence un paramètre naturel, dont il faut savoir tirer profit, et qui introduit l'idée de la durée, de la très longue durée du suivi.

Il sera ensuite possible de découvrir, dans le reste de l'ouvrage, que le suivi d'un patient toxicomane est bien plus intéressant et varié qu'on ne le croit et que, malgré des difficultés qu'il ne faut ni éluder ni surdimensionner, les efforts du patient, de sa famille, de son conjoint et des intervenants aboutissent à de très appréciables évolutions.

1

L'histoire éclaire le présent

Pourquoi parler d'histoire dans un ouvrage consacré à la pratique ? C'est que nous devons commencer par annoncer une bonne et une mauvaise nouvelle : la toxicomanie, cela se soigne ; la toxicomanie c'est un phénomène social... Et ce deuxième point, c'est l'histoire qui nous l'apprend.

Autrement dit, il est simpliste et quelque peu illusoire de penser que le meilleur moyen de régler le problème des toxicomanies serait de supprimer les drogues. Bien évidemment il faut lutter contre les drogues (« faire contre »), mais il faut aussi « faire avec » car elles font partie de notre univers contemporain. La société est telle qu'elle est, et non telle que nous voudrions qu'elle soit.

C'est pourquoi il nous faut parler d'histoire. Et si nous n'envisageons pas de développer un historique des drogues, celui du mot « toxicomane » nous paraît incontournable et a plus d'une conséquence pratique. En effet les deux historiques ne sauraient être confondus car, si les drogues et leurs usages ont toujours existé, le mot « toxicomanie » n'apparaît dans la littérature qu'en 1899. Si ce mot apparaît, c'est bien parce qu'un phénomène nouveau est survenu, ce qui nécessite l'invention d'un mot pour le nommer.

Ce phénomène émerge au XIXe siècle, au carrefour de plusieurs longues et lentes évolutions que nous schématiserons en quatre aspects. Nous ne nous attarderons pas sur les deux premières, sociodémographiques, mais insisterons sur les deux suivantes car elles concernent directement notre sujet et le monde médical et paramédical.

Evolutions sociodémographiques

Le XIXe siècle est un moment de bouleversements démographiques importants, marqués par l'industrialisation, l'essor des manufactures, des mines, provoquant en particulier le début de l'exode rural, **une forte modification des repères et d'un fonctionnement social centré de façon ancestrale autour du village**.

Ce bouleversement rencontre l'émergence progressive sur plusieurs siècles de la « notion d'individu ». Evidemment « **l'Individu** » a toujours existé **mais il n'est devenu l'unité sociale que tardivement**. C'est d'abord le clan, puis la famille organisée en clan qui fait unité dans des temps tellement difficiles que la survie nécessite une organisation adaptée aux conditions de vie. Au Moyen Age, l'Individu ne choisit pas son métier, ni son conjoint. La notion des « droits de l'Homme et du Citoyen » ne peut apparaître qu'après une évolution progressive ; la notion même de « moi Freudien » n'aurait guère eu de sens pour une majorité des gens au XVI-XVIIe siècle.

Notons combien cette double évolution (l'individualité, un bouleversement social profond) reste d'une troublante modernité.

Rapport à la douleur – Médicaments

Voilà bien deux notions capitales : usage d'antalgiques de plus en plus sophistiqués, usage contemporain d'une modification du rapport à la souffrance, sophistication permise par les progrès technologiques des chimistes capables **d'extraire les principes actifs des drogues végétales.**

L'antalgique de référence depuis plusieurs siècles est en effet l'opium sous forme de sirop, de préparations développées par Sydeham au XVIIe siècle (le laudanum puis la thériaque). C'est au XIXe siècle qu'il est possible aux chimistes d'en extraire les principes actifs (terme décrit par Paracelse au XVe siècle). Ainsi les alcaloïdes de l'opium sont découverts entre 1803 (Derosne : la narcotine) et 1833 (Robiquet : la codéine) et particulièrement la morphine (Seguin en 1804). Cette dernière, probablement trop titrée, est d'usage malaisé car plutôt émétisante. On essayera donc de l'utiliser par le biais de lancettes sans que cette méthode thérapeutique se répande. Il faudra attendre l'invention de la seringue (Pravaz), puis l'invention de l'injection hypodermique de morphine (Wood) et son importation en France par Behier en 1859 pour que l'on ait de fait le premier médicament antalgique à disposition, avec un succès et un développement fulgurants.

En fait cette fulgurance n'est possible que parce qu'elle correspondra à une évolution des mentalités. En effet, **calmer la douleur ne devient une priorité qu'en deuxième moitié du XIXe siècle**. Auparavant la douleur reste marquée du sceau du Religieux (la douleur envoyée par Dieu doit plutôt être recherchée que combattue) mais aussi des conceptions médicales de l'époque (la douleur est utile comme signal d'un désordre, elle peut également faire partie du traitement : la douleur iatrogène salvatoire).

Cette évolution des mentalités est particulièrement illustrée par l'exemple de l'anesthésie. L'éther a été découvert au XVIIIe siècle, le chloroforme en 1831, mais l'usage de ces produits est freiné par la question suivante : « Est-il utile d'endormir les gens que l'on opère ? ». Cette question fait même l'objet d'un grand débat à l'Académie de Médecine en 1847 entre Velpeau, favorable à ce grand progrès, et Magendie qui lui rétorque que « empêcher la douleur est d'un moindre intérêt » et qu'un homme doit « préférer souffrir un moment à se voir anéanti par l'ivresse même passagère »... Quant à la femme... (rappelons le célèbre : « tu enfanteras dans la douleur ») l'anesthésie lui provoquerait des « réveils hystériques »...

Ce n'est donc que progressivement que le droit de ne plus souffrir deviendra une sorte de « droit de l'homme ». Ajoutons que « souffrir » est une notion éminemment évolutive ; « avoir mal » n'a pas le même sens au XIXe et au XXe siècle, les réponses demandées ne sont également pas les mêmes, en particulier en termes de médicaments.

Ainsi l'invention d'antalgiques apparaît à un moment propice, ce développement extensif étant ensuite freiné par une double découverte : une certaine iatrogénie, un détournement non médical (nos « drogués » apparaissent) autour de 1875. C'est cette double découverte qui va nécessiter l'invention d'un mot pour nommer le phénomène qui advient.

Opiacés, cannabis, cocaïne : d'abord des médicaments

Mais, avant de préciser comment ce mot va s'inventer, continuons l'histoire de ce XIXe siècle marqué par les progrès des chimistes. On l'a vu avec l'opium et ses alcaloïdes, les chimistes partent d'une drogue végétale dont ils connaissent certaines propriétés pharmacologiques et découvrent un médicament ; puis, ce médicament fait l'objet de détournements non médicaux et devient « une drogue », dans l'acception vulgaire actuelle de ce terme. Rappelons-le, les chimistes ne cherchent pas à inventer des « drogues », mais des médicaments : ainsi la morphine est un antalgique, la codéine un antitussif. Parallèlement, **l'héroïne**, découverte par Dresser en 1898 par diacétylation de la morphine, a également le statut de médicament. Antitussif et antalgique, elle **est le traitement « héroïque » de la tuberculose** (d'où son nom, héroïne, au sens d'énergique) ; elle sera ensuite **un traitement des « morphinés »** (1900 : Morel Lavallée : « la morphine remplacée par l'héroïne : traitement héroïque de la morphinomanie »). Mais le repérage de la iatrogénie et des détournements sera discuté dès 1905, beaucoup plus rapidement que pour la morphine (invention en 1804, injection en 1859, repérage à partir de 1875).

Ce travail des chimistes et des médecins concerne également deux futures « drogues » : le haschich et la cocaïne.

Le cannabis existe en France depuis fort longtemps mais ses propriétés psychotropes ne sont pas connues. Il pousse sous forme de chanvre indien et est utilisé pour ces propriétés textiles (voile de bateau, cordage, etc.) ; un champ de cannabis est une cannebière… Il faut attendre le voyage de Moreau de Tours vers 1850 au Moyen-Orient pour découvrir ses « vertus ». Moreau de Tours, aliéniste célèbre, l'importe en France et insiste sur trois aspects : c'est un moyen d'étude de la folie (études de délires et d'hallucinations provoqués par le produit), c'est un outil thérapeutique (il pose ainsi les bases théoriques de la psychopharmacologie moderne), c'est un moyen de formation (il faut l'avoir utilisé pour pouvoir en parler…). Cette curiosité scientifique dépasse le strict plan thérapeutique et développe un certain prosélytisme d'abord non condamné, dans lequel le monde médical rencontre le monde des Orientalistes et celui de cercles littéraires qui partagent le même intérêt pour l'utilisation des modificateurs de la conscience. Ainsi sera créé le « club des haschischins », du nom d'un conte de Théophile Gautier publié en 1846, qui recevra la fréquentation de nombreux artistes poètes, peintres et… de Moreau de Tours. Retenons pour l'instant que le haschich sera donc un médicament avant d'être une « drogue ».

La cocaïne est isolée de la coca en 1859 par Nieman (à Vienne, Freud l'explorera plus tard…), la description chimique du principe actif par Lossen date de 1862. A l'inverse de l'opium qui fait partie de la pharmacopée européenne depuis longtemps, la coca n'a guère suscité d'intérêt auparavant, étant considérée comme une plante d'indigène. On ne lui reconnaît que des propriétés psychostimulantes et ce de façon tardive dans le siècle (1871 : le vin tonique de Mariani à la coca du Pérou, le Coca-Cola inventé par Pemberton à base de noix de Kola et d'extraits de coca, lesquels disparaissent du breuvage en 1906). L'isolement de la cocaïne conduit donc à des tâtonnements quant à ses indications. On lui reconnaît finalement une grande utilité comme anesthésique local (en chirurgie ophtalmologique : Koller en 1880, puis en ORL par utilisation de badigeons) et… comme traitement de la morphinomanie (Grasset 1885) mais, dès l'année suivante, Erlenmeyer constate que les patients « tombent de Charybde en Scylla ». Si la iatrogénie est donc découverte très rapidement, la prise de conscience du détournement vers un usage non médical n'est repérée qu'à partir de 1910.

Quel mot pour nommer le phénomène ?

Ainsi tout au long de ce XIXe siècle, des médicaments sont inventés, utilisés puis font l'objet de détournements non médicaux dans le même temps que l'on découvre une certaine iatrogénie de ces produits. C'est cette double découverte qui va susciter l'invention d'un mot. Mais cette invention a elle-même une histoire instructive.

Cette double découverte (iatrogénie et détournement) concernant d'abord la morphine, le premier terme utilisé est « **morphinisme** » en 1876 (Calvet : le morphinisme chronique, Dalbanne 1877, idem). Ce terme apparaît un an après l'invention du mot « saturnisme » qui désigne l'intoxication par le plomb, autre fléau du XIXe siècle. On parle alors du « morphiné ».

Cependant, le monde médical hésite, le suffixe « isme » connotant l'intoxication (comme dans « saturnisme ») alors que le phénomène semble autre (un intoxiqué par le plomb « ne court pas après le plomb », un morphiné « court après la morphine ») : le suffixe « isme » apparaît donc inadéquat à décrire ce processus actif alors que l'intoxication, sous-tendue par « isme », dénote d'un processus purement passif.

On redécouvre alors le terme « *Morphiumsucht* », apparu précédemment (en 1875) sous la plume d'un grand spécialiste allemand Levinstein, que l'on traduit par morphiomanie, puis morphinomanie, terme définitivement adopté par Ball en 1884.

L'usage de « **morphinomanie** » se répand alors et implique une relecture du passé (ainsi, pour l'éther qui a également fait l'objet d'un important détournement de son usage anesthésique, éthérisme devient éthéromanie en 1885), une relecture biaisée (alcoolisme restant tel quel…) et impose un moule pour les problèmes à venir (le cocaïnisme décrit par Savary en 1891 devient la même année la cocaïnomanie sous la plume de Ball) *(tab. 1.I)*.

TABLEAU 1.I. Apparition des médicaments, du repérage des détournements. Dénominations du phénomène.

	Médicaments		Détournement repère	Dénomination	
Opium	Morphine	1804	1875	Morphinisme	1876
	Morphine injectée	1805	1875	Morphinomanie	1884
	Héroïne	1898	1905	Héroïnomanie	1899
Coca	Cocaïne	1883	1910 mais iatrogénie dès 1886	Cocaïnisme	1891
				Cocaïnomanie	1891

En 1899, la Société de Médecine et de Clinique Pratique, étudiant des cas de morphino-héroïno-cocaïnomanie, emploie pour la première fois le mot « toxicomanes ». Ce terme passe à la postérité en 1909 par *La Presse Médicale* qui publie un article de Viel : « La toxicomanie ».

Ajoutons que le suffixe « manie » n'a pas au XIXe siècle le sens actuel (la psychose maniacodépressive) mais se réfère beaucoup plus à la notion de « pensée obsédante », voire plus généralement de « folie ». Quant au « toxicon », étymologiquement, c'est en grec « le poison que l'on met sur les flèches ».

Résumons en quelques mots ce que nous apprend l'histoire du mot « toxicomanie » :

– la « toxicomanie » n'est pas une intoxication, et le sevrage ou la désintoxication n'en est donc pas le traitement ;

– il existe une parenté historique entre médicaments et drogues, la façon de prendre la substance étant aussi importante que celle-ci ;

– la toxicomanie est un fléau social mais aussi un phénomène social, et il faut « faire contre » mais aussi « faire avec ». Mais qui dit phénomène social dit également phénomène évolutif.

Phénomène social : phénomène évolutif

Peut-être comprend-on mieux à la lecture de cet historique combien la toxicomanie est à la fois un fléau social et un phénomène social, phénomène apparu au XIXe siècle et progressant rapidement jusqu'à nos jours. Qui dit phénomène social, dit également phénomène évolutif, répétons-nous, car il faut insister sur ce point : la société évolue, l'usage de substances psychoactives aussi. Il faut donc concevoir que nos « drogués » actuels n'ont guère à voir avec les « drogués » du XIXe siècle et n'auront guère à voir avec ce que l'on décrira dans cinquante ans. Et, contrairement à ce que l'on pourrait penser, les différences ne se situent pas tant du côté des produits (bien que les nouveautés existent) que plutôt du côté des usagers ! Pour rester succincts, décrivons à titre d'exemple l'évolution des seules trente dernières années, en trois grandes vagues successives.

Les années 60-70 : la drogue qui domine alors le marché est le LSD 25. Son usage s'accompagne d'un mouvement, le psychédélisme, et d'une idéologie qui rappellera quelques souvenirs émus au lecteur (*peace and love*, sous les pavés la plage, etc.). Les usagers sont peu nombreux et plutôt bien insérés (des étudiants en fin d'études). Il s'agit cependant de « jeunes » et dans la mouvance de l'époque (mai 68), cela suscite une double inquiétude qui impose aux Etats de légiférer sur le sujet (en France : loi du 31 décembre 1970).

Les années 70-80 : la drogue dominante devient alors l'héroïne et le contexte est tout autre. Le « *baba cool* » fait place au « *junky* ». Les slogans d'espoir visant à faire évoluer la société sont remplacés par d'autres reflétant une vision beaucoup plus désespérée (« *destroy no future* »). On voit combien l'écart est immense entre les deux vagues.

Depuis les années 80 : de profondes modifications apparaissent alors, au premier rang desquelles il faut placer l'explosion du phénomène. Mais ces modifications sont aussi qualitatives. Signalons-en quatre :

– *la polytoxicomanie* : le mono-usager des années précédentes fait place au polytoxicomane. Il est fréquent de rencontrer un patient qui utilisera par exemple l'héroïne, le cannabis, l'alcool, les anxiolytiques, la cocaïne… Cette polytoxicomanie peut être divisée en polytoxicomanie de gestion du manque et polytoxicomanie addictive ; nous reviendrons sur cette importante distinction ;

– *la disparition des « portraits robots »* : les portraits types que nous avons décrits quelques lignes ci-dessus sont à présent noyés dans la diversité des usagers. La nouveauté des années 80 est aussi dans l'apparition des drogues dans les quartiers dits difficiles, les banlieues, mais les familles aisées sont également touchées et la ville n'a pas l'apanage de la toxicomanie ;

– *la durée d'une toxicomanie* : auparavant les usages de LDS 25 étaient le plus souvent abandonnés au bout de un à trois ans. Actuellement tout héroïnomane est susceptible de vivre un parcours de dix à quinze ans. Ce parcours (la trajectoire, sur laquelle nous reviendrons) est par ailleurs mouvant, le toxicomane et ses relations aux produits et au monde évoluant dans le temps. Cela signifie que deux consultations à distance d'un même toxicomane peuvent faire émerger des demandes différentes et imposeront des réponses différentes. De même, au cours de cette évolution, le médecin sera amené à rencontrer des couples dont l'un ou les deux sont usagers de drogues et à s'intéresser à leurs enfants. Signalons aussi que ce parcours est émaillé d'une forte morbidité (dont le VIH, lui aussi phénomène récent, l'hépatite C) et d'une lourde mortalité évaluée à 3 % par an (soit un tiers de décès en une dizaine d'année) ;

– *l'âge de début d'une toxicomanie* : l'usage de drogue à l'adolescence est typique des toxicomanes modernes. Il n'y a pas d'adolescents toxicomanes au XIXe siècle, il n'y a d'ailleurs pas d'adolescent en tant que phénomène social. L'adolescence, passage de l'âge d'enfant à l'adulte est universelle, mais l'adolescence en tant que phénomène sociologique est liée à différentes évolutions telles que la durée de vie, l'école obligatoire, la diversité des savoirs à acquérir, le mode d'entrée dans l'âge adulte, etc. Pour les sociologues, ce phénomène apparaît en Europe dans l'entre-deux guerres. Toute une série de problématiques de l'adolescence est ainsi décrite depuis peu (la dépression, le suicide, les conduites de risques, l'anorexie-boulimie), l'usage de drogues n'étant qu'un des éléments de cette série.

Un corollaire à ce début précoce des drogues est la gravité du pronostic psychique de certains patients à la sortie de la toxicomanie des années après, si les processus de maturation en cours pendant l'adolescence ont échoué.

Un autre corollaire à ce début précoce des drogues est la fréquence des liens avec les parents, la toxicomanie se vivant en famille, à l'inverse des années 1960-1980 pendant lesquelles l'éloignement familial était la règle. Les parents souffrants, culpabilisés, sont également à prendre en compte dans l'abord thérapeutique, d'autant plus que cette souffrance provoque quelquefois des demandes en miroir du toxicomane (par exemple en « tout, tout de suite »).

Enfin, cette toxicomanie moderne nous oblige à modifier nos *a priori* sur l'image du « toxico révolté et associal ». De fait, même si le style relationnel qu'il offre aux premiers entretiens semble confirmer cette archétype, il faudra ensuite reconnaître que ce style est plus lié aux effets des drogues et au manque, et que ce que demandent la plupart des toxicomanes est d'une extraordinaire banalité (ne pas souffrir, avoir de quoi vivre, un travail, etc.). Loin d'être un révolté, le toxicomane donne plutôt l'impression de rechercher désespérément à « être normal ».

Phénomène social donc phénomène évolutif, écrivions-nous il y a quelques lignes. Mais aussi phénomène évolutif parmi d'autres phénomènes évolutifs, car tout évolue et très vite, même des certitudes aussi incontournables que la notion de mort…

Phénomène évolutif parmi d'autres phénomènes évolutifs

Notre société semble tellement axée sur le présent (l'instantané, comme le toxicomane… ?) qu'elle oublie qu'elle est elle-même en constante évolution. Prenons l'exemple d'une chose aussi banale qu'inéluctable : la mort ! et tout particulièrement la notion de « bonne mort », celle que l'on se souhaite…

La bonne mort pendant longtemps c'est la mort que l'on sent venir, celle que l'on prépare, on réunit la famille, on prépare le partage, on se repent. C'est que, comme le dit Saint Augustin, « qu'on ne s'y trompe pas, il n'y a que deux lieux » (sous-entendu le paradis et l'enfer). Et si on n'a pas eu une vie excessivement exemplaire, la préparation à la mort est tout à fait capitale pour gagner le paradis. Ainsi, on décrit des « arts de bien mourir », mettant l'accent sur ces derniers instants. Or, il peut exister des morts violentes, des mauvaises morts qui vont conduire en enfer et c'est ainsi que, au XVe siècle, on inventera… le purgatoire pour rattraper ce qui peut l'être. On voit donc comment la notion de « bonne mort » est quelque chose d'évolutif car un radio-trottoir montrerait que ce que l'on se souhaite actuellement, c'est une mort rapide et impromptue.

En ce qui concerne notre sujet, soulignons qu'il existe plusieurs évolutions sociales récentes qui interfèrent dans la toxicomanie (et ses représentations) et la prise en charge (et ses représentations).

La médicalisation de la vie : à l'heure actuelle, on peut dire qu'il existe une médicalisation de la vie. Toute sensation pénible prend le nom de maladie, du seul fait qu'est considéré comme malade, dans notre société, celui qui se ressent comme tel. Se soigner le destin est vraiment une invention récente ; il ne serait venu à l'esprit de personne de soigner Madame Bovary au siècle dernier. Cette médicalisation est plutôt une psychotropisation et on peut évoquer ainsi un certain glissement de

« malaise » à « maladie », de « maladie » à « maladie biologisée », de « maladie biologisée » à « médicament » : ainsi tout malaise peut donc avoir son médicament.

La médicalisation des mots : cette médicalisation va même au-delà des maux de l'existence. Les mots sont eux-mêmes médicalisés, utilisés en dehors de leur contexte. Ainsi on parlera de traitement du chômage, de chômage endémique, d'amputer une usine, d'injecter de l'argent dans une entreprise, de transfuser une entreprise, voire même, comme à l'époque de la guerre du Golfe, de parler d'un bombardement chirurgical (il y a encore peu, n'aurait-on pas utilisé le terme de « précision d'orfèvre » ?).

La médicalisation des modèles : on peut dire aussi que cette médicalisation va au-delà de la notion de maux, et de mots, et qu'elle touche également des concepts non strictement médicaux. Par exemple, la prévention reste infiltrée du modèle de la pensée médicale. Les premiers exemples de prévention sont des modèles hygiénistes, sur la tuberculose en particulier. La prévention consiste alors en un dépistage qui, s'il est négatif, est rassurant, et, s'il est positif, nécessite un traitement pour que la personne redevienne non contagieuse. Ce modèle hygiéniste de prévention est appliqué à des problématiques bien trop complexes pour être efficaces (encore que, pour la tuberculose, force est de constater que cela ne marche déjà pas si bien…) comme par exemple la toxicomanie et le sida.

On voit bien à nouveau combien la toxicomanie est un phénomène évolutif et complexe. Complexe puisqu'on peut en avoir une lecture historique, sociologique, anthropologique, psychologique, biologique, économique, juridique même, un phénomène transdisciplinaire qui ne saurait se réduire à l'existence de drogues à supprimer ou de déséquilibre métabolique à compenser. C'est pourquoi **il faut se méfier des idées réductrices**. Orwell a écrit : « le premier acte de toute dictature c'est de supprimer l'Histoire ». Peut-être sommes-nous en toxicomanie devant une dictature du biologique qui tendrait à faire disparaître les autres aspects.

Cependant on peut dire que le problème, ce n'est pas la biologie ou le médical organiciste (car il existe une médecine du sujet), ce n'est pas le modèle biologique en tant que tel, mais c'est le modèle biologique appliqué à des phénomènes non exclusivement biologiques. En ce sens, **prendre en charge des toxicomanes, pour les médecins, c'est redécouvrir la médecine de la relation, la médecine de l'humain, le travail en réseau** ; c'est réinventer l'humilité devant les rechutes, mais aussi réaffirmer l'espoir car, au fil du temps, plus d'un toxicomane sur deux guérira.

2

Définir les toxicomanies

Ce terme de « toxicomanie » est ambigu. En effet, il recoupe des notions différentes selon qui l'utilise. Il est donc nécessaire de le clarifier, et donc de clarifier qui l'utilise (le citoyen et ses représentations, le policier et la loi, le scientifique et la pharmacodépendance). Cela est d'autant plus nécessaire que ces différentes notions peuvent s'entremêler chez un sujet donné, en particulier quand ce sujet est médecin, car il est à la fois un professionnel, un citoyen, un parent, etc.

Ajoutons que définir avec précision ce terme de toxicomanie impliquera :

– d'une part, d'élargir le champ d'étude en passant de « la drogue » à « la substance psychoactive » ;

– d'autre part, de constater qu'il existe des usages de produits psychoactifs sans toxicomanie car l'usage n'implique pas automatiquement la toxicomanie ; en outre, la toxicomanie n'implique pas toujours l'usage… !

Toxicomanie : des approches différentes

Représentations

La représentation correspond à la manière dont nous nous représentons un phénomène. Ces représentations apparaissent certes comme individuelles mais sont le plus souvent infiltrées de représentations collectives. C'est pourquoi un certain hiatus peut exister, quelquefois important, entre la représentation et la réalité du dit phénomène. Par exemple, au XIXe siècle, la représentation du toxicomane est celle d'une femme, demi-mondaine, volontiers hystérique. Or la réalité décrit le toxicomane comme un homme aisé, inséré socialement (dont un nombre relativement respectable de médecins et pharmaciens…).

Il s'agit donc d'**une définition réductrice, en forme de stéréotype** : un jeune homme hagard quelque fois au faciès étranger, habillé de façon provocante (de la coiffure *punk* à l'aspect *baba cool*, en passant par la typologie zonarde), agressif, à la démarche louvoyante mais suffisamment assurée pour arracher le sac à main ou l'autoradio.

Loin de nous l'idée d'annuler ce stéréotype. Mais celui-ci ne résume pas, loin de là, la réalité des toxicomanies modernes, (les portraits robots y ayant éclaté). De plus ce stéréotype risque de dépasser la notion de toxicomanie, y englobant l'anormal, le psychiatrique, le désocialisé, le marginal, passant à côté de nombreux usagés de drogues moins caricaturaux.

Pour le généraliste, le risque est grand de se laisser prendre au piège de ses propres représentations devant quelqu'un ressemblant peu ou prou à cette image, s'affirmant toxicomane et demandant avec pression de la substitution. Un peu de réflexion et de connaissance du patient s'impose (nous avons déjà vu des schizophrènes n'ayant jamais pris d'opiacés sous Subutex®, et déjà été appelé dans des services pour calmer un « toxicomane » agressif n'ayant jamais pris de drogues…).

Loi du 31 décembre 1970

Elle définit le « délit d'usage de drogues illicites », ce qui est donc une vision très différente de la notion de toxicomanie en particulier moderne puisque le polytoxicomane utilise les produits illicites et licites (alcool, codéine, BZD, substitution…) et parce que l'usage suffit à signifier le délit, même sans dépendance.

Ainsi un usager simple de cannabis tombe sous le coup de la loi contrairement à un usager dépendant à deux boîtes de codéine par jour. C'est donc une définition différente de celle que nous étudierons plus avant, ce qui explique pourquoi les données de la police sont différentes des données sanitaires (OCRTIS : cannabis premier produit, SESI : héroïne premier produit). Il n'y a pas contradiction mais repérage distinct.

OMS 1964 : la pharmacodépendance

L'OMS choisit d'abandonner l'emploi du concept de toxicomanie pour le remplacer par « un terme général et qui soit sans équivoque, qui corresponde à une conception médicale et scientifique, et qui ne comporte aucune connotation sociale ou économique et qui n'invoque aucune idée de contrôle ». Le terme retenu pour cette lourde tâche fut celui de **dépendance**.

« La dépendance est un état psychique, quelquefois également physique, résultant de l'interaction entre un organisme vivant et une substance, caractérisé par des modifications du comportement et d'autres réactions qui comprennent toujours une pulsion à prendre le produit de façon continue ou périodique afin de retrouver des effets psychiques et quelquefois d'éviter le malaise de la privation. Cet état peut s'accompagner ou non de tolérance. Un même individu peut être dépendant de plusieurs produits. »

Cette définition a plusieurs mérites :

– elle met l'accent sur la dépendance psychique (la drogue produit un sentiment de satisfaction par une impulsion psychique qui exige une administration périodique ou continuelle de celle-ci pour produire un plaisir ou pour éviter un état dépressif) plus que sur la dépendance physique (c'est l'état d'adaptation qui se manifeste par des troubles physiques intenses quand l'administration de drogue est suspendue). **Ce qui implique qu'après une cure de sevrage, qui règle une partie des problèmes physiques, le toxicomane est toujours toxicomane** ;

– elle rappelle ainsi que l'une des raisons majeures de la prise de drogue est la recherche d'un effet positif (on entend tellement que « la drogue c'est mauvais », qu'on oublie que les toxicomanes prennent d'abord de la drogue « parce que c'est bon », même si cela ne dure pas). **Ce qui implique qu'il peut exister une première phase de consommation sans demande d'arrêt** ;

– elle précise la notion de tolérance (processus d'adaptation d'un organisme à une substance qui se traduit par l'affaiblissement progressif des effets de celle-ci, d'où la nécessité d'augmenter la dose pour obtenir les mêmes effets). **Tous les produits ne provoquent pas une tolérance mais, quand elle existe pour un produit, elle existe également pour la famille pharmacologique de ce produit : c'est la tolérance croisée** (nous en verrons l'importance avec les opiacés).

La définition de la dépendance a donc été un moment clef qui a permis de contourner un écueil sous-jacent au terme de toxicomanie : celui de se polariser sur la drogue trop connotée de notions morales et juridiques. **Elargir le concept de « toxicon » à celui de « pharmacon »** permet d'essayer d'éviter l'assimilation de phénomènes culturels ou sociologiques à des toxicomanies véritablement pathologiques (par exemple fumer du haschisch en France ou boire de l'alcool en pays musulmans aurait été plus facilement assimilable à une toxicomanie, ce qui redonde souvent avec les législations). Ainsi posée, cette définition de l'OMS s'applique aux drogues illégales, aux drogues légales (alcool, tabac), à certains médicaments psychotropes (morphiniques, anxiolytiques...). Ce qui conduit à une implication capitale (et cela est évident avec les drogues légales et les médicaments) : il existe des usages qui ne correspondent pas à cette définition, des **usages de produits sans pharmacodépendance** que nous développerons plus loin.

La définition de la dépendance a permis également de contourner un autre écueil : celui de mettre exclusivement l'accent sur le comportement du toxicomane, maniaque du toxique, sans chercher à comprendre les raisons qui permettaient à ce comportement de se produire. Elle met le produit à une place qui n'est plus rigoureusement centrale dans la dépendance (« interaction entre un organisme vivant et une substance »), approchant l'équation de Claude Olivenstein (« la rencontre entre un produit, une personnalité, un moment socioculturel »). Cela sera plus clairement explicité avec les notions **d'addiction et de centration.**

Enfin la définition de la dépendance pose **la distinction**, classique et didactique, **entre dépendance psychique et dépendance physique**. Comme l'écrit M. Reynaud, ceci **doit absolument être nuancé** : illustration de la traditionnelle dichotomie entre le corps et l'esprit, elle est battue en brèche par des données de la neuropharmacologie actuelle qui permettent de dépasser cette contradiction. En effet, un des aspects de la dépendance psychique est lié à un dysfonctionnement des métabolismes cérébraux (effet récompense lié à l'action du produit sur les voies dopaminergiques de l'hypothalamus), qui l'explique clairement et laisse de côté l'idée d'une psychologie sans substrat. Il est désormais certain, par exemple, que la dépendance à la cocaïne, prototype classique de la « dépendance psychique », est en réalité liée à une modification des récepteurs cérébraux : d'où l'objectivité de la souffrance psychique lors du sevrage, même si les signes physiques sont discrets ou absents. Cela nous impose de développer plus loin la très utile notion de **perte de contrôle.**

Toxicomanie : des définitions qui se complètent

Notion d'addiction

Des toxicomanies sans drogues ?

Récente en Europe, l'addiction est une notion utilisée depuis les années 70 par les Anglo-Saxons qui la préfèrent à la toxicomanie ou à la pharmacodépendance.

« *To be addict* » peut se traduire par « être esclave », « être dépendant » d'un comportement (le terme « assuétude » fut utilisé pendant un certain temps comme équivalent et ramène au mot « assujettir »). Ainsi, un « *drug addict* » est un sujet dépendant, esclave, d'un comportement de prises de produits psychoactifs. Nous sommes donc très proches de la notion de la pharmacodépendance ci-dessus décrite et il n'y a pas *a priori* de progrès nets avec ce concept.

Mais cette notion est en fait plus large et s'applique à d'autres comportements, introduisant l'idée de « toxicomanie sans drogue ». C'est ainsi que l'on décrit des comportements addictifs variés : les conduites alimentaires (anorexie, boulimie, certains alcoolismes), le jeu pathologique, les achats compulsifs, l'addiction à la dépense physique, l'addiction sexuelle, certaines automutilations, certaines tentatives de suicide répétitives, l'addiction au travail… Des critères communs ont été définis par Goodman en 1990 *(Annexe 1).*

Même si cette conception apparaît trop extensive, elle a une certaine réalité clinique en particulier avec les addictions alimentaires qui ne sont pas rares chez certains toxicomanes.

Finalement la notion d'addiction à l'anglo-saxonne, pensée de manière extensive, est proche de la notion de perte de contrôle que nous étudierons plus loin.

Approche psychanalytique : désir et besoin

Une autre conception, plus analytique, s'intéresse aux conduites addictives (plus qu'aux comportements addictifs). Ainsi les définitions qui ont été proposées par Jacques Lacan du besoin, de la demande et du désir, sont tout à fait opérationnelles dans le domaine qui nous préoccupe puisque nous pouvons considérer que la toxicomanie fait basculer le sujet dans le registre du besoin plutôt que dans celui du désir, court-circuitant ainsi la demande adressée à l'autre.

Les psychanalystes rappellent avec justesse que ce terme d'addiction employé par les Anglo-Saxons provient d'un vieux mot français désignant en droit la contrainte par corps de celui qui, ne pouvant s'acquitter d'une dette, était mis à la disposition du plaignant par le juge. De même, en droit romain, « l'addictus » était celui qui devenait esclave en se vendant pour cause de dettes. « Mettre son corps en gage » est donc une étymologie qui ne pouvait que passionner les spécialistes de la toxicomanie.

La réflexion des analystes est également féconde lorsqu'ils essayent d'élucider les mécanismes du fonctionnement psychique des sujets dépendants. On retrouve là des notions qu'ont développé Jean Bergeret et Joyce Mac Dougall. Ainsi, pour Joyce Mac Dougall, l'économie psychique, qui sous-tend les conduites addictives en général, vise à la décharge rapide de toute tension psychique liée à des états affectifs, autrement vécus comme intolérables. En d'autres termes, Philippe Parquet précise le fonctionnement de ces sujets, chez lesquels la satisfaction immédiate du besoin prime l'élaboration d'un désir, en disant que, chez eux, la recherche de la sensation vient occulter ou empêcher l'émotion : le vécu émotionnel, intensément lié à l'autre, est remplacé ou évité par la sensation. Ainsi des patients substitués peuvent reprendre des produits psychoactifs, à la surprise de leur prescripteur, pour recréer ces sensations et « ne plus penser »…

Conduite addictive et autothérapie à l'adolescence

C'est une notion capitale, développée par P. Jeammet qui la décrit chez certains adolescents en difficultés d'autonomisation, difficultés liées à des assises narcissiques défaillantes. Ces adolescents utilisent un comportement qui améliore temporairement leur narcissisme (d'où l'aspect autothérapique), ce qui permet des débuts de séparation, mais… ces jeunes deviennent progressivement dépendants de ce comportement (anorexie, boulimie, alcool, drogue…) qui par ailleurs sabote leurs potentialités, aggravant les troubles du narcissisme, ce qui renforce la pathologie identitaire. Ces notions seront abordées au chapitre 6.

On conçoit, dans ces cas, que la prise en charge soit complexe et nécessite un abord relationnel spécialisé.

Notion de centration

Elle a été récemment décrite par Morel, Hervé et Fontaine. La caractéristique commune des produits utilisés comme psychomodificateurs, quelle que soit la raison de cette consommation, est qu'ils modifient les émotions, les affects, les perceptions, l'humeur, en bref l'état de conscience.

Ce qui est déterminant ici, c'est que cet effet psychochimique s'inscrit entièrement dans un ensemble de données internes et externes. Et, en conséquence, qu'à l'effet psychotrope proprement dit s'attache une expérience, c'est-à-dire des contenus affectifs, perceptifs, sociaux et environnementaux qui vont être mémorisés et prendre un sens personnel.

Autrement dit, dans certaines conditions ne tenant qu'en partie au produit lui-même, mais aussi et surtout au contexte de sa première rencontre et de son utilisation répétée, au cadre social et médicolégal qui lui assigne une valeur sociale, tenant également aux bénéfices, aux satisfactions que cette expérience apporte aux difficultés d'identité, de relations affectives et sexuelles, aux tensions internes préexistantes, des individus vont centrer leur existence plus ou moins durablement sur cette transformation de leur rapport au monde liée à la prise du produit. Ils vont ainsi subordonner leur recherche d'équilibre psychosocial à la consommation du produit. Ce qui est visé n'est pas simplement une modification de soi, ni une déréalisation, mais aussi une transformation des autres et du monde.

Prendre des drogues ne consiste pas à subir les effets d'un produit psychotrope, mais c'est agir sur le rapport qui lie l'individu au monde par le biais d'un remaniement de ses propres perceptions.

Mais dans ce monde recréé, et c'est bien ce qui en fait la limite, il ne peut exister de repères communs à soi et aux autres Hommes, il n'y a pas d'« autre » avec qui créer un lien. Pour certains, l'expérience va devenir permanente et l'existence ne va plus pouvoir être conçue que transformée ainsi.

Le problème n'est donc pas la dépendance à une drogue, conséquence secondaire de certains produits, mais la difficulté voire l'impossibilité de retrouver un rapport au monde avec des repères communs, seul cadre pour un possible lien.

Voilà pourquoi certains **conçoivent la toxicomanie non comme la simple dépendance à une drogue, mais comme une dépendance à une expérience qui s'instaure rapport au monde**. C'est ce qui est décrit sous le terme de centration. Cette notion permet aussi d'échapper à des catégorisations normatives telles que celle qui considère comme une guérison de la toxicomanie le seul fait de ne plus consommer de substances illicites.

Elle permet enfin de comprendre pourquoi le lien au produit se scelle de façon si vitale pour des individus chez lesquels l'effet psychotrope s'est inscrit précocement comme un déterminant d'identité et d'existence, soulageant des blessures affectives traumatiques et rendant l'interaction avec le monde un peu plus supportable mais sans issue.

Notion de perte de contrôle

C'est la notion la plus pragmatique, qui a de nombreuses applications dans les prises en charge, en particulier sur l'indissociable duo « prescription, dispensation » de la substitution.

Il y a perte de contrôle de la prise du produit :

– cette perte de contrôle a des conséquences biologiques (tolérance, sevrage), des conséquences socioprofessionnelles et sur les loisirs, et ces conséquences n'empêchent pas la poursuite de la prise du produit ;

– cette perte de contrôle est liée à un désir persistant (DSM 4), un désir puissant (CIM), une pulsion à prendre le produit (pharmacodépendance OMS), trois notions globalement équivalentes à la « manie » de « toxicomanie » du XXe siècle et que les Américains nomment « ***craving*** ».

Ceci modifie légèrement l'idée que la toxicomanie est affaire de volonté...

Cette notion recoupe également la notion extensive de l'addiction, puisqu'il peut y avoir perte de contrôle du comportement alimentaire, sexuel, de jeux, etc.

Elle est par ailleurs capitale pour les thérapeutiques substitutives :

– on peut suspecter qu'un patient ayant perdu le contrôle de son opiacé ne contrôlera pas son médicament de substitution, et c'est l'un des axes du travail : poser les contraintes qui l'aideront à acquérir ce contrôle ;

– on peut comprendre qu'un autre axe du travail est de rechercher les causes de ce *craving* ;

– on peut se questionner sur le cas d'un héroïnomane, de longue date sous substitution et qui contrôle parfaitement ses sept jours de méthadone ou vingt-huit jours de Subutex®. Est-il toujours toxicomane, lui qui est dépendant d'un médicament dont il a acquis le contrôle ?

Dépendance et polydépendance

Ces différents concepts d'addiction, de centration, de perte de contrôle nous conduisent à développer la notion de **polydépendance**, qui sera peut-être plus claire aux généralistes et surtout plus utile à leur pratique.

La définition littéraire de la dépendance (ne pouvoir se réaliser sans la présence d'une personne ou d'une chose) pourrait impliquer que, en toxicomanie, le sujet serait dépendant d'un produit. Or cela est réducteur car cette dépendance est multiple : en effet, elle concerne certes le produit mais aussi ce qui va avec.

Il existe ainsi une dépendance aux rituels de prise (en particulier la seringue), aux horaires de prises ou de rendez-vous avec le *dealer*, à des perceptions (en particulier d'atmosphères qui lui rappellent la drogue), à des situations dans lesquelles l'usager pense que la drogue est nécessaire pour les affronter. Ces exemples sont très importants dans la mise sous substitution, la préparation d'un sevrage.

Il peut exister une dépendance aux copains, au groupe des toxicomanes, à l'argent du trafic, à la délinquance. Ces données impliquent la notion de travail dans la durée, de prises de conscience autour des rechutes.

Il pourra exister paradoxalement une dépendance au manque. Etre mal sans manque est beaucoup plus difficile à accepter (mais permet un autre travail psychologique) qu'être mal à cause du manque, les troubles psychologiques sous-jacents réapparaissant ainsi au cours de la prise en charge. Ces données impliquent la nécessité d'un suivi pluridisciplinaire dépassant le travail du généraliste.

Enfin la toxicomanie peut rigidifier des formes de dépendances normales, en particulier avec les parents ou en couple (tous les deux toxicomanes ou seulement l'un des deux), provoquant des relations pathologiques qui nécessiteront un réaménagement au fil du temps.

Ainsi, même face à un toxicomane monodépendant d'un produit, il faut tenir compte de la polydépendance.

Usages et toxicomanies

Drogues dures, drogues douces ?

La vulgarisation la plus fréquemment entendue est de parler de **drogues dures** et de **drogues douces.** Se superposant volontiers aux représentations sociales, les drogues illicites sont considérées comme dures, les produits légaux comme doux.

Des approximations pseudoscientifiques avancent que les drogues dures seraient :

– celles qui présentent un risque net de dépendance physique (héroïne, alcool, barbituriques) ;

– celles qui présentent un danger psychiatrique (LSD, ecstasy…).

Les drogues douces seraient les autres (cannabis, cocaïne…).

Notons les curieuses associations de produits ainsi obtenues. Notons également le paradoxe de ces deux termes accolés : drogues et doux ; serait-il plus judicieux de parler de « drogues non dures » ?… Notons enfin que cela met l'accent sur la dépendance physique, alors que le nœud du problème est la dépendance psychique.

Usages durs, usages non durs ?

Mais nous perdons ainsi la si importante notion d'interaction entre le produit et l'organisme. C'est pourquoi il est plus utile dans la pratique d'utiliser la distinction « usage dur, usage non dur » :

– l'usage dur implique une dépendance psychique (ou une perte de contrôle, une addiction, une centration) ;

– l'usage non dur n'implique pas de dépendance.

Cette distinction est plus utile dans la pratique car elle tient compte du fait sociologique suivant : il n'y a pas de société sans drogue ! Chaque société a apprivoisé une drogue, cet apprivoisement étant dévoilé par les rituels sociaux existant autour de cette drogue. Ainsi la coca dans les Andes, le cannabis au Moyen Orient, le qat au Yemen, l'alcool chez nous… en sont des exemples.

On comprend dès lors que l'usage apprivoisé n'est pas synonyme d'usage sans danger… :

– un apprivoisement social implique un usage non dur pour le plus grand nombre, mais non pour chacun (l'alcool)… ;

– un apprivoisement social n'empêche pas les dangers de l'intoxication chez un sujet non dépendant (l'alcool et la circulation automobile)… ;

– un apprivoisement social produit cependant des interactions pathologiques chez certains sujets prédisposés non dépendants (le cannabis et des troubles psychiatriques)…

C'est pourquoi le terme « d'usage non dur » est préférable à « usage doux ». Notons à ce sujet la sagacité de la législation hollandaise qui distingue **des « drogues à risques inacceptables » et des « drogues à risques acceptables »**, ce qui sous-entend qu'il n'y a pas de substance sans risques et met à mal le concept de drogues douces et d'usages doux.

De même la dichotomie ancienne « usage avec dépendance - usage récréatif » est réductrice et pernicieuse car, à côté de ces deux cas de figures, il existe des situations très problématiques (en particulier à l'adolescence avec les aspects autothérapiques) qui ne peuvent absolument pas être traitées de « récréatives » (connotation festive et inoffensive) ni être considérées comme des usages avec dépendance.

Finalement, on peut simplifier en distinguant :

– des produits qui permettent les deux usages, dur et non dur, la différence se faisant selon la personne et le contexte des prises (par ex. : l'alcool, le cannabis, les psychotropes) ;

– des produits qui ne permettent pas les deux usages, l'usage dur étant inéluctable à moyen terme (par exemple : l'héroïne, le crack).

Ainsi, si l'on prend comme exemple les deux produits les plus utilisés, il existerait :

– des usages non durs de drogues dures (l'alcool) ;
– des usages non durs de drogues non dures (le cannabis) ;
– des usages durs de drogues non dures (le cannabis) ;
– des usages durs de drogues dures (l'alcool).

Enfin, il a été discuté la possibilité de formes de passage entre les deux usages, décrites sous le terme « d'abus ». Cela est particulièrement explicité par le DSM 4 (*cf.* plus bas).

Usage, dépendance et polytoxicomanie

Il est très rare actuellement de rencontrer un patient répondant à la définition de la pharmacodépendance utilisant un seul produit. Bien que rien ne soit simple, différents produits pouvant correspondre à différents usages, considérons trois cas de figure très différents.

Polytoxicomanie de gestion du manque

L'usager de drogue a comme produit principal l'héroïne. En cas de manque, il est amené à gérer cette situation en utilisant certes l'héroïne, mais aussi d'autres opiacés (morphiniques, morphinomimétiques) ou d'autres produits (alcool, BZD, usage intensif de cannabis…).

Il peut même au fil du temps abandonner l'héroïne (soit totalement, soit l'utiliser épisodiquement) et passer à un autre produit principal, en particulier les codéinés, l'alcool.

Une substitution bien conduite peut grandement agir sur cette polytoxicomanie, mais il faut en tenir compte dans l'initialisation du traitement (multisevrage).

Polytoxicomanie addictive

C'est un usage anesthésique des produits, l'effet recherché étant l'arrêt des processus de mentalisation : ne plus penser, être « *stone* », « piquer du nez en permanence ». Quelle que soit la drogue utilisée, elle l'est massivement, visant à réduire les souffrances psychiques. Ces conduites peuvent s'accompagner d'un mode de vie chaotique.

La prise en charge sera beaucoup plus lourde, volontiers institutionnelle, l'appoint psychiatrique indispensable mais refusé étant un objectif du travail.

La substitution ne résout alors qu'une partie des problèmes, laissant le patient « trop clair » face à lui-même, l'incitant à détourner la substitution (l'injecter, en prendre plus) ou à utiliser des produits dont l'effet n'est pas bloqué par le substitut (cocaïne, BZD, alcool…).

Polytoxicomanie, style de vie

A côté du produit principal et de la polytoxicomanie de gestion du manque, l'usager de drogue peut revendiquer la prise d'autres substances pour le plaisir. Le cannabis dans un contexte convivial, la cocaïne supposée récréative, l'ecstasy pour faire la fête, d'autres amphétamines pour le « *speed* » et, bien sûr, l'alcool. La dangerosité de ces usages est niée, le discours est paradoxalement antimédicament (pour dormir, le cannabis c'est mieux que les somnifères…).

La notion du temps nécessaire à l'évolution de la demande permet d'obtenir très progressivement des changements dans le style de vie. En particulier chez un héroïnomane substitué, il est utile de travailler les prises de conscience, par exemple que la prise l'alcool (ou de BZD ou de cannabis) réduit ses capacités à résister à une proposition d'héroïne. Aller trop vite, imposer trop tôt les changements mène à l'échec.

Conclusion

Nous n'obligerons pas le lecteur à parcourir le DSM 4 *(Annexe 2)*, mais il situe bien la double problématique (dépendance, dangerosité autre que la dépendance). En effet il distingue :

– **les troubles liés à l'utilisation d'une substance :**
  - dépendance ;
  - abus ;

– **les troubles induits par une substance : (donc indépendamment de la dépendance, de l'abus ou de la maîtrise**, et que nous étudierons au chapitre suivant) :
  - intoxication ;
  - troubles de l'humeur ;
  - troubles psychotiques ;
  - etc.

Nous sommes donc bien loin de la simplification « le toxicomane est un usager de drogues illicites » ou « le toxicomane, c'est l'héroïnomane avec sa seringue ». Il faut s'intéresser plus globalement aux substances psychoactives, et ce indépendamment de leur statut légal ou non. Il faut également s'intéresser aux divers usages : usage simple, usage nocif (effet de l'intoxication), usage induisant abus, dépendance. Même la notion de dépendance doit être modulée aux vues des notions d'addiction, de centration, de perte de contrôle et de polydépendance. Par ailleurs, l'usage simple est-il une maladie, cet usage simple est-il obligatoirement dangereux, conduit-il à l'abus et à la dépendance, à nouveau indépendamment du statut légal ou non du produit ? Ceci nous conduit naturellement à décrire toutes ces substances dans le prochain chapitre.

Ceci questionne directement la législation, nous y reviendrons au chapitre 4 ; ceci questionne également les messages de prévention (*cf.* chapitre sur l'adolescent) : faut-il dire : « ne prend pas de cannabis, c'est une drogue très dangereuse, d'ailleurs elle est interdite » ou bien : « ne prend pas de cannabis, c'est une drogue interdite par la loi, tu peux avoir des ennuis avec la police, et si tu en fumes à la boom, fais-toi raccompagner en voiture » ?

3

Drogues et substances psychoactives

Même si ce chapitre s'intitule « drogues », il nous faudra l'élargir aux produits psychoactifs et donc y mélanger les médicaments détournés de leurs usages ainsi que des produits ménagers (colles, détachants...), puisque la réalité du terrain le veut ainsi.

Nous utiliserons en la réactualisant la classification de Louis Lewin qui, bien qu'ancienne (1924), a le mérite de la simplicité et d'être particulièrement parlante. Elle décrit cinq grands types de produits psychotropes *(tab. 3.I)*.

Il s'agit cependant d'une simplification car un produit donné aura un effet différent selon la dose, le contexte d'utilisation, le moment de la trajectoire, les associations, etc. Mais c'est une simplification utile pour s'y retrouver avant de compliquer les choses.

De même le contexte d'usager monoproduit est différent de celui du polytoxicomane. C'est pourquoi nous développerons ce chapitre surtout sur l'angle de la polytoxicomanie, renvoyant à des chapitres spécifiques les mono-usages (cannabis, ecstasy...).

Pour être succinct, nous survolerons certaines données (en particulier sur les opiacés) car nous les développerons plus tard (trajectoire, substitution, troubles somatiques...) et nous limiterons les données pharmacologiques à ce qui est nécessaire à la pratique.

Enfin, nous essaierons de conserver le même plan pour les drogues principales :

- présentation ;
- pharmacologie ;
- problèmes aigus ;
- problèmes chroniques.

TABLEAU 3.I. Classification actualisée de Lewin.

Euphorica : les opiacés
- L' héroïne
- Les codéinés
- Les morphiniques
- Les morphinomimétiques dont les médicaments de substitution

Phantastica : psychodysleptique
- Les hallucinogènes d'origine végétale
- Le psilocibe, l'amanite tue-mouche, le peyolt
- Le LSD 25
- Le cannabis
- Le PCP, l'artane

Inebriantica
- L' alcool
- Le tabac
- Les solvants organiques

Hypnotica
- Les barbituriques
- Les tranquillisants

Excitantia
- La cocaïne
- Le crack
- Les amphétamines dont l'ecstasy
- Le Khât, le flunitrazépam, le GHB

Euphorica : les opiacés

Pour Lewin, ces substances procurent euphorie et plaisir.

La grande famille des opiacés est dominée par l'opium et l'héroïne, mais contient aussi les morphiniques et morphinomimétiques.

Nous ne ferons que citer l'opium (encore que quelques patients, souvent d'origine asiatique, l'utilisent) qui a donné son nom à cette famille de produits car la morphine (et donc l'héroïne) est extraite d'une plante herbacée proche de nos coquelicots : *Papaver somniferum*. Les régions de production clandestine sont le Triangle d'or (Thaïlande, Laos, Birmanie) et le Croissant d'or (Afghanistan, Pakistan, Iran) mais aussi le Liban, le Mexique, la Colombie, etc.

Les opiacés (naturels ou de synthèse) agissent au niveau des cellules après fixation sur des récepteurs opioïdes. L'existence de ces sites suggéra l'existence de substances endogènes capables d'interagir avec eux : découverte à partir de 1975 elles sont appelées endomorphines (endo pour endogène et morphine pour souligner la parente étroite de leur activité avec celle de la molécule extraite du pavot) et appartiennent à trois familles différentes (les endorphines, les enképhalines et les dynorphines).

Les récepteurs μ sont probablement responsables des effets analgésiques majeurs des morphiniques, des effets euphorisants, dépresseurs respiratoires et de l'induction de la pharmacodépendance.

Les récepteurs μ et δ participent plus ou moins directement au contrôle de l'humeur, aux effets de renforcement, à la régulation de la fonction ventilatoire, au contrôle de certaines fonctions endocriniennes et digestives, au contrôle de la nociception dans des proportions mal élucidées.

Les effets déterminés par l'action au niveau des récepteurs κ sont encore putatifs.

Ces récepteurs appartiennent à la grande famille des récepteurs couplés à une protéine G. Les conséquences de l'activation ou de l'inhibition cellulaire induites par action sur ces récepteurs sont multiples : inhibition du relargage des neurotransmetteurs des voies nociceptives afférentes (analgésie), inhibition de neurones inhibiteurs, des voies dopaminergiques notamment ainsi que des interneurones GABAergiques (d'où hyperdopaminergie et renforcement positif de l'expérience expliquant le développement d'une dépendance psychique majeure).

Les dérivés de la morphine qui activent les récepteurs après fixation sont des **agonistes** opiacés (morphine, codéine, héroïne, méthadone, LAAM, etc.) alors que ceux qui se fixent mais ne donnent ensuite aucune action sont des **antagonistes** (naloxone, naltrexone).

Certaines molécules sont à la fois agonistes et antagonistes selon les types de récepteurs (buprénorphine).

La voie veineuse est beaucoup plus efficace que la voie orale (l'héroïne est ainsi 7 fois plus efficace que la morphine) car elle évite la dégradation hépatique du premier passage (hydrolyse et conjugaison). L'exception est la codéine dont la dégradation est faible au premier passage, ce qui explique son utilisation toxicomaniaque comme succédané de l'héroïne.

Héroïne

Présentation

L'héroïne ou 3,6 diacétylmorphine est vendue sous forme de poudre plus ou moins fine et de couleur claire (blanche à brune), conditionnée au détail en petits sachets (képa, verlan de paquet) sensés être des quarts ou des demis (grammes) mais dont la concentration en héroïne est très variable (utilisation de produits de coupage allant du talc à l'aspirine en passant par la strychnine, etc.).

Elle peut se fumer (« chasser le dragon », surtout chez les Anglo-Saxons), se renifler (le *sniff* avec l'utilisation d'une paille) et s'injecter (le *shoot*, le *fix*) avec les risques infectieux sur lesquels nous reviendrons.

Pharmacologie

Cette diacétylation augmente la solubilité de la molécule dans les lipides et explique la précocité et la violence de son action après injection (le *flash*), le cerveau étant essentiellement constitué de phospholipides.

La demi-vie plasmatique n'excède pas 3 à 10 minutes, l'héroïne étant rapidement catabolisée en 6 monoacétylmorphine puis en morphine. C'est pourquoi on ne retrouve pas de trace d'héroïne dans l'urine, la 6 monoacétylmorphine pouvant être détectée pendant 24 à 48 heures environ ; ensuite et pendant 3 à 4 jours on ne retrouve que de la morphine.

Manifestations aiguës

■ La prise simple ou imprégnation

Elle provoque le « flash » (sensation de jouissance très rapide comparée à l'orgasme sexuel) puis la « planète » (sentiment de bien être, d'euphorie indicible et incommunicable de quelques heures) enfin la « descente » (retour progressif au réel et à l'insatisfaction).

Sur le plan physique, le myosis est typiquement punctiforme, une ptose palpébrale accompagne une vigilance labile, des nausées, une sensation de chaleur, une pâleur avec hypertension et hypothermie peuvent compléter le tableau. Il n'y a pas de troubles du comportement (en particulier d'agitation) tout au plus une concentration sur son monde intérieur, un repli sur soi.

■ La surdose (overdose)

La surdose à l'héroïne est toujours grave, le pronostic vital étant fréquemment engagé. Le tableau d'une surdose non compliquée est celui d'un coma de profondeur variable, associé à une dépression respiratoire (bradypnée inférieure à 14 mouvements par minute) avec risque de collapsus et un myosis serré bilatéral. On recherchera des points d'injections, qui peuvent manquer (*sniff*). L'overdose peut se compliquer (pneumopathie d'inhalation, œdème pulmonaire lésionnel, rhabdomyolyse etc.). Ces particularités ainsi que la thérapeutique, urgente, sont décrites au chapitre 9. Le tableau peut être plus flou, la surdose étant volontiers multiple (alcool, BZD).

Les deux contextes les plus fréquents de l'overdose sont, d'une part, celui de la surdose suicidaire et, d'autre part, celui mettant en jeu la notion de tolérance que nous allons développer dans quelques lignes.

Manifestations chroniques

C'est de fait l'un des sujets principaux de cet ouvrage, la plupart des éléments suivants seront donc largement développés dans les chapitres suivants.

■ Notion de trajectoire

Elle est tellement capitale qu'elle impose un chapitre spécifique (chapitre 4). Schématiquement elle comprend trois phases :

– la lune de miel pendant laquelle le plaisir est prédominant ;

– la gestion du manque pendant laquelle le plaisir cohabite avec les signes de manque ;

– la galère pendant laquelle le manque est prédominant.

La trajectoire s'explique en partie par différentes notions :

– la tolérance ;

– le manque physique ;

– la dépendance psychologique.

■ Tolérance

Elle est très nette, l'effet diminue au fil du temps tant sur le plan qualitatif que sur le plan de la durée. Elle implique une augmentation des doses, de la fréquence des prises, voire une modification de la prise (passage du *sniff* à l'injectable).

Cette **tolérance à l'héroïne est croisée avec les autres opiacés**, morphiniques et morphinomimétiques, ce qui a des incidences capitales pour le traitement de la douleur et la substitution.

Elle implique également que l'effet d'une dose est très individuel. Ainsi, ce que prend un toxicomane consommateur depuis plusieurs années pourra provoquer une surdose chez un usager récent. C'est ainsi que le contexte de la surdose est le plus souvent celui d'une dose d'héroïne trop forte pour un sujet donné, pour la tolérance de ce sujet :

– trop forte prise chez un usager récent ;

– après un sevrage, volontaire ou non, reprise avec une dose équivalente à ce qu'il prenait avant le sevrage, alors que la tolérance a diminué entre temps. Ces surdoses de reprise sont fréquentes en postincarcération ;

– prise d'un Képa insuffisamment coupé par rapport aux circuits habituels d'un toxicomane.

■ Manque physique

Il est quasi inéluctable après un certain temps d'évolution.

Les signes vont se compléter et s'aggraver progressivement sur 3 à 4 jours avant de rétrocéder globalement (mais en partie seulement) en 8 à 10 jours :

– *6 à 8 heures après la dernière prise* : larmoiement, rhinorrhée sonore, bâillement ;

– *après 12 heures environ* : mydriase, frissons avec piloérection, hypersudation, asthénie, sensation de chaud et froid, anxiété avec « faim » d'héroïne (ou envie impérieuse, compulsive) ;

– *après 24 heures environ* : nausée, anorexie, douleurs abdominales et musculaires, avec crampes, douleurs articulaires et lombalgies, augmentation de l'anxiété et insomnie ;

– *après 48 heures environ* : les mêmes signes s'intensifient et sont complétés par de la diarrhée avec des coliques et des vomissements. On peut noter une HTA, une tachycardie, une hyperthermie et une polypnée ;

– *après 72 ou 96 heures*, rétrocession progressive du tableau avec persistance de l'insomnie, de l'anxiété et de l'asthénie.

Malgré ce cortège de signes fortement désagréables, l'état de manque aigu d'héroïne ne met pas en péril la vie du patient. Ce n'est pas pour cela qu'il ne doit pas être pris en compte et traité efficacement. C'est pourquoi nous lui réserverons un chapitre spécifique qui fournira des grilles symptomatologiques (score d'Handelsman), des explications neurobiologiques (centrées sur les endorphines et les mécanismes noradrénergiques) conduisant à des protocoles thérapeutiques, enfin des variations dans le tableau (polytoxicomanie, usage d'autres opiacés étalant la chronologie).

■ Dépendance psychologique

Elle aussi est quasi inéluctable après un certain temps d'évolution car on n'a décrit qu'exceptionnellement des usages d'héroïne sans dépendance (qu'il faut distinguer de l'apparence de la gestion du toxicomane, résumée par le « j'arrête quand je veux »).

Cette dépendance psychique précède la dépendance physique mais elle n'est pas repérée par l'usager. Ce que nous avons décrit dans le chapitre précédent sous les termes de pharmacodépendance, d'addiction, de perte de contrôle prend là tout son sens.

De même rappelons qu'il est réducteur, bien que pédagogique, de distinguer dépendances physique et psychique. Disons plutôt qu'il existe une dépendance biologique d'expression physique, une dépendance biologique d'expression psychique, et des éléments de dépendance psychique plus complexe, enchevêtrée à d'autres problématiques du sujet (individuelles, familiales, sociales). Cette nouvelle distinction est très utile à la pratique des traitements de substitution car on comprendra mieux sur quoi ils agissent (les dépendances biologiques d'expression psychique et physique) et sur quoi ils agissent peu (les problématiques individuelles, familiales, sociales), ce qui ne veut pas dire qu'il ne faut pas utiliser ces techniques de substitution dans ces cas, mais qu'elles sont insuffisantes et doivent être complétées par d'autres approches thérapeutiques. Cette distinction sera développée dans le chapitre sur la substitution.

■ Autres aspects somatiques

Les signes physiques de manque et la surdose ne résument malheureusement pas les problèmes somatiques de l'héroïnomane.

On peut distinguer :

– les troubles somatiques directement liés à l'héroïne. Ils sont en fait très rares (asthme, insuffisance rénale de mécanisme immunologique). Plus fréquemment, ce sont les produits de coupage qui sont incriminés (talc et pathologie oculaire, pulmonaire…) ;

– les troubles somatiques directement liés au mode de prise : le *sniff* et les ulcérations de la muqueuse nasale, l'injectable et les nodules… ;

– les pathologies infectieuses sont au premier plan, principalement liées à la pratique de l'injection (abcès, lymphangites, adénites, septicémies, endocardites, abcès pulmonaires), à l'échange de seringues (mais aussi des pailles de sniff et n'oublions pas les rapports sexuels non protégés) pour les virus (hépatite B, C, VIH…) ; les maladies de tout un chacun, sauf que le toxicomane n'est pas tout un chacun :

- l'héroïne est antalgique et le signe d'appel de la douleur peut être absent ;

- le toxicomane confond les signes de maladies avec les signes de manque ;
- il est polytoxicomane (l'alcool sur l'hépatite C...) ;
- son mode de vie peut être précaire (dénutrition, tuberculose, MST) ;
- et... il est rarement examiné (couverture sociale, accès aux soins, refus mais aussi non-proposition de l'examen clinique... !).

C'est pourquoi cet examen clinique et la recherche de problèmes somatiques autres que le manque sont indispensables. Le généraliste est ici parfaitement dans son domaine. Nous l'évoquerons dans le chapitre sur les compétences somatiques.

■ Autres problèmes psychiques

Là encore, la dépendance psychique ne résume pas les problèmes psychologiques de l'héroïnomane.

Il est ici difficile de faire la part de ce qui est cause et de ce qui est conséquence, mais au cours du suivi d'un patient on sera attentif à suspecter, à repérer des désordres psychologiques divers sans trop se polariser sur la pseudopersonnalité du toxicomane. Tout cela étant détaillé au chapitre « la relation », citons donc pour l'instant :

– des troubles anxieux volontiers automédiqués (BZD, alcool) et compliquant donc les sevrages, allant de l'anxiété chronique à la crise d'angoisse et les phobies ;

– des troubles dépressifs, quelquefois alternant avec des épisodes hypomaniaques (faisant suspecter une pathologie de l'humeur, des prises de cocaïne). Ils peuvent être liés au retour à la réalité, au travail de deuil nécessaire à la sortie de la toxicomanie, à une pathologie narcissique... Ils conditionnent également des reprises de produits. Ils sont à distinguer du syndrome amotivationnel ;

– des plaintes hypocondriaques, pouvant être liées à l'anxiété et à la dépression, mais aussi dans le registre psychosomatique ;

– des troubles de la personnalité, dans lesquels la prise d'héroïne a une fonction adaptative ;

– des troubles psychotiques. L'héroïne, contrairement à d'autres produits que nous étudierons plus avant, n'est pas *a priori* susceptible de déclencher des troubles psychotiques. Cependant ils peuvent être présents, précédant la toxicomanie qui les cache, en particulier pour des schizophrénies ;

– enfin, nous l'avons évoqué au moment de définir l'addiction, d'autres troubles des conduites peuvent être présents (anorexie, boulimie, suicide, alcool, etc.).

Médicaments morphiniques et morphinomimétiques

Ce sont des médicaments particulièrement utiles, indispensables dans le traitement de la douleur et comme antitussif. Ils ne sont pas particulièrement toxicomanogènes et ne posent guère de problèmes habituellement. Mais du fait de leur parenté pharmacologique avec l'héroïne, ils peuvent être détournés par les héroïnomanes soit pour réguler leur manque d'opiacés soit pour se procurer un équivalent de « défonce ».

Ils sont nombreux *(tab. 3.II)* mais d'origine limitée. On distingue :

– les dérivés du phénantrène : morphine, codéine, thébaïne, héroïne, eubine, codéthyline, pholcodine ;

– les dérivés de l'isoquinoléïne : papavérine et narcotine ;

– les dérivés de la pipéridine : péthidine ;

– les dérivés de la diphénylméthane : chlorhydrate de méthadone, dextromoramide, dextropropoxyphène ;

– on y ajoute les antagonistes : nalorphine, naloxone, naltrexone, cyclazocine, pentazocine, buprénorphine.

Nous nous contenterons de distinguer les codéinés (plutôt en vente libre) des autres médicaments.

TABLEAU 3.II. Médicaments morphiniques et morphinomimétiques.

Agonistes purs		Agonistes partiels	Agonistes/Antagonistes	Antagonistes
Agonistes forts	Agonistes faibles			
Morphine (Moscontin®, Skenan®) **Péthidine** (Dolosal®) **Dextromoramide** (Palfium®) **Méthadone** (Méthadone®, LAAM®) **Fentanyl** (Fentanyl®) **Alfentanil** (Rapidon®) **Sufentanil** (Sufenta®)	**Codéine** (Néo-Codion®, Efferalgan codéine®, Dinacode®) **Dihydrocodéine** (Dicodin®) **Dextropropoxyphène** (Antalvic®) **Codéthyline** (Codéthyline®)	**Buprénorphine** (Subutex®, Temgésic®)	**Pentazocine** (Fortal®) **Nalbuphine** (Nubain®) **Narlophine** (Narlophin®, Butorphanol®)	**Naltrexone** (Nalorex®) **Naloxone** (Narcan®)

Codéinés (Néo-Codion®, Dinacode®, Niver®, Nétux®...), codéthyline et dihydrocodéine

En vente libre, ils ont été très détournés par les héroïnomanes pour gérer le manque. Ainsi le Néo-Codion® utilisé en 1 à 3 boîtes par jour (tenant compte de la tolérance croisée) était le principal moyen d'autosubstitution orale des toxicomanes avant l'avènement du Temgésic® (préféré car facilement injectable). Si pour beaucoup il s'agissait de pourvoir à des ruptures d'approvisionnement et d'alterner héroïne et codéinés, certains ont pris une distance suffisante pour ne plus se considérer comme héroïnomane mais restent dépendants de la codéine et pourraient bénéficier utilement d'une substitution légale et mieux adaptée.

Les codéinés étant des agonistes, même faibles, ils sont susceptibles de provoquer une surdose. Agissant de manière relativement brève et du fait de la tolérance antérieure, ils imposent souvent plusieurs prises par jour. Se pose également le problème des adjuvants ayant leur propre toxicité (en particulier le paracétamol). Des troubles digestifs associés imposent parfois au toxicomane de « laver les comprimés », c'est-à-dire de les débarrasser de leur croûte pelliculée.

Autres médicaments

Ils sont vendus sur ordonnance (voire sur carnet à souche), leurs détournements passent donc par les médecins. Les plus utilisés sont le propoxyphène (Antalvic®), seul ou associé au paracétamol (Diantalvic®) particulièrement dangereux (hypoglycémie, pancréatite, hépatite médicamenteuse au paracétamol).

Un mot sur le dextromoramide (Palfium®) qui doit absolument ne plus être prescrit.

La morphine (Moscontin®, Skenan®) est quelquefois utilisée comme substitution, nous y reviendrons, mais elle n'offre pas la sécurité d'emploi du Subutex® ou les avantages de la méthadone (durée de vie, analyse d'urine).

Enfin ces traitements sont d'un faible effet chez un substitué. De même l'utilisation d'un antagoniste ou agoniste-antagoniste expose à provoquer chez lui un syndrome de manque.

Les deux médicaments ayant une AMM pour la substitution, méthadone et buprénorphine haut dosage, font partie de cette classe pharmacologique. Nous les étudierons bientôt mais signalons déjà qu'ils peuvent faire l'objet de détournement.

Phantastica

Il s'agit pour Lewin de modificateurs des perceptions soit, de façon plus moderne, d'hallucinogènes, de psychodysleptiques.

Hallucinogènes d'origine végétale

Présentation

Les plus fréquents, ils sont utilisés depuis le paléolithique dans un grand nombre de sites religieux et chamaniques.

L'amanite tue mouche, le psilocybe (chair des Dieux des Aztèques), le peyolt du Mexique (contenant la mescaline), l'iboga d'Afrique Equatoriale, la famille des solanacées (datura, belladone, mandragore) en sont des exemples. Dans un registre proche, de nombreuses préparations médiévales de sorcellerie utilisaient le crapaud dont certaines espèces produisent la bufoténine, hallucinogène à forte dose.

De nos jours et sous nos latitudes, c'est essentiellement du psilocybe dont il convient de parler. Actuellement ce sont les hallucinogènes de synthèse qui sont les plus consommés.

Pharmacologie

Les hallucinogènes présentent un motif structural commun (noyau indolique retrouvé dans un neuromédiateur majeur, la sérotonine, qui régule l'activité de nombreux neurones, ce qui expliquerait les effets psychogènes de ces drogues).

LSD 25

A. Hoffman l'a découvert en 1943 à partir de l'ergot de seigle (parasite responsable d'une maladie avec hallucinations, l'ergotisme, appelée au Moyen Age « le mal des ardents »). C'est le 25e composé d'une série qu'il étudiait, le diéthylamide de l'acide lysergique, d'où son nom.

Peu utilisé actuellement, c'est la drogue de toutes les rumeurs (décalcomanies au LSD) de par son caractère incolore et inodore, son conditionnement (déposé sur des supports variés : le buvard) et sa puissance (20 microgrammes suffisent).

Le « *trip* » ou « voyage » dure de 8 à 12 heures, il est marqué par des troubles perceptifs majeurs pouvant conduire à des hallucinations visuelles, auditives, cénesthésiques (sensation d'apesanteur dont on conçoit la dangerosité… mécanique), ainsi que des phénomènes héautoscopiques (modification de l'écoulement du temps) et synesthésiques (le sujet éprouve des visions produites par l'environnement sonore !). Les modifications de la conscience sont imprévisibles selon le sujet et le contexte (euphorie, émotion contemplative ou angoisse cataclysmique). On note une mydriase et des signes de la lignée sympathique (HTA, tachycardie, frissons, sudation, hypersialorrhée).

Il n'y a ni dépendance psychologique, ni dépendance physique, ni tolérance... et donc peu de danger ? Malheureusement non, le risque majeur étant psychiatrique. Cette dangerosité psychiatrique se manifeste par des bouffées délirantes, des syndromes schizophréniformes avec dépersonnalisation pouvant ne pas rétrocéder à l'arrêt du toxique, plus volontiers chez des sujets prédisposés. Ont également été décrits des phénomènes de « *flash back* » (retour d'acide) avec résurgence de l'expérience hallucinatoire des années après la prise.

Cannabis

Présentation

Le cannabis, produit le plus consommé dans le monde après l'alcool, soulève des débats idéologiques passionnés prônant son innocuité ou sa grande dangerosité !

La plante, *Cannabis sativa*, comprend plus de 500 composés chimiques (dont certains pourraient être antiémétiques, anxiolytiques, activateurs de l'appétit, antiglaucomateux...) mais ce sont les cannabinoïdes qui expliquent les propriétés psychotropes du chanvre. Au nombre d'une trentaine, le principal, le delta 9 tétrahydrocannabinol (Δ 9 THC) a été isolé en 1964 par Gaoni et Mechoulam ; de sa concentration découle l'effet psychodysleptique.

Le cannabis se présente sous trois aspects :

– l'herbe ou marijuana ou kif, constituée des sommités fleuries desséchées ; elle contient 1 à 5 % de THC ;

– la résine ou haschich, grosse plaque de résine (la semelle) entourée d'aluminium pour éviter la dessiccation, contient jusqu'à 10 % de THC ;

– l'huile, non grasse car c'est en fait une essence végétale obtenue par distillation, titre jusqu'à 50 % de THC.

Dans les trois cas, et quel que soit son « nom de code » (le pétard, le toche, le joint, le shit...), le cannabis se fume (même l'huile déposée sur la cigarette ou du tabac) ou s'ingère (Baudelaire utilisait une confiture de cannabis : le dawamesk).

Si la majeure partie de la consommation française provient du Maroc et des Pays Bas, le cannabis est également produit au

Moyen Orient (Liban), en Afrique (Kenya, Sénégal...), en Amérique du Sud (Venezuela, Colombie, Pérou, Bolivie) et Centrale (Mexique), enfin en Californie.

Pharmacologie

Sur le plan de la pharmacologie cellulaire, les cannabinoïdes agissent sur de multiples récepteurs, de localisations variées (hippocampe, système limbique, cervelet, lobe frontal, ce qui explique des effets très divers et l'importance des interactions) et de façon encore obscure et complexe (agoniste endogène : l'anandamide ; récepteurs couplés à une protéine G ; action membranaire non spécifique).

Ainsi, l'action des cannabinoïdes est impliquée dans la neurotransmission :

– gabaergique (anxiolyse, sédation) comme l'alcool et les tranquillisants, avec risque de sommation ;

– endorphinique, le cannabis pouvant relativement calmer le manque d'opiacés ;

– dopaminergique, d'où les effets psychodysleptiques ;

– muscarinique, avec action sur la mémoire immédiate.

Si ce produit provoque de telles controverses, c'est que (outre les aspects moraux, politiques, culturels voire raciaux) ses effets sont très individuels (les risques allant d'une dangerosité faible à des situations impliquant durablement le pronostic psychique) et contextuels (il est difficile de mettre sur le même plan un usager épisodique sans problème, un adolescent en difficultés, un polytoxicomane, etc.).

C'est pourquoi pour plus de clarté, nous distinguerons les manifestations aiguës et chroniques.

Manifestations aiguës

■ Ivresse cannabique

L'intoxication sporadique de cannabis est décrite sous le terme d'ivresse cannabique et l'analogie avec l'alcool n'est pas inutile. Il s'agit d'une sensation d'euphorie avec levée des inhibitions provoquant hilarité et tendresse communicative. Il existe également une distorsion de la notion du temps et de l'espace, une hyperesthésie sensorielle (bruits, musique, couleurs, images semblant mieux perçus et impliquant une résonance émotionnelle plus intense). Des troubles de la vigilance et de l'équilibre sont possibles (avec les incidences prévisibles sur les accidents de la circulation, d'autant que l'alcool et les BZD peuvent être de la partie). Cette phase de bien être se termine par un engourdissement conduisant au sommeil.

Sur le plan physique, on peut noter une hyperhémie conjonctivale avec pupilles inchangées, une sécheresse de la bouche avec augmentation de l'appétit, une tachycardie avec baisse de la tension intra-oculaire.

Notons que si l'effet du cannabis inhalé est rapide, maximum en 20 minutes, et dure de 1 à 2 heures, la lipophilie du produit implique sa fixation dans les graisses (dont le tissu cérébral et le foie) avec redistribution tardive de métabolites actifs expliquant une demi-vie d'élimination au-delà de 20 heures. Ceci explique :

– les effets retardés (mémoire, vigilance) ;
– l'accumulation du produit chez les usagers réguliers ;
– la détection urinaire tardive même après une seule expérience (quelques jours, voire trois semaines chez un consommateur régulier), ce qui ne permet pas de déterminer le type d'usager (seul le dihydroxy 8 β 11Δ 9 THC n'est pas retrouvé au-delà de 20 heures, intérêt médicolégal).

■ Ivresses compliquées

Elles se voient essentiellement avec des teneurs fortes en Δ 9 THC justifiant la classification du cannabis en psychodysleptique, mais moins cette teneur est importante, plus la prédisposition du sujet est à explorer :

– crise d'angoisse ;
– réaction de type paranoïaque avec agressivité ;
– dysphorie avec tristesse ;
– troubles psychosensoriels avec hallucinations auditives et visuelles.

Manifestations lors d'un usage chronique

Là encore il est difficile de mettre sur le même plan un usage régulier mais épisodique (une fois par semaine par exemple), un usage régulier et quasi quotidien (tous les soirs), enfin un usage régulier pluriquotidien.

■ Toxicomanie au cannabis

La toxicomanie élective au cannabis est possible mais rare. Intitulée « *mariholic* » aux Etats-Unis par analogie avec « *alcoholic* », elle comporte une perte de contrôle avec usage compulsif, probablement par un mécanisme dopaminergique, comme pour la cocaïne, cependant très atténué par rapport à cette drogue. L'usager consomme volontiers dès le matin et recherche la concentration du produit (utilisation de pipe à eau qui refroidit la fumée, de « bang », sorte de bambou).

Le syndrome de sevrage est peu spécifique, proche de celui observé avec les benzodiazépines : anxiété, tremblements, insomnie, étalés sur 2 à 3 jours. Une exceptionnelle psychose aiguë de sevrage a été décrite.

La tolérance existe mais, comme le syndrome de sevrage, elle ne concerne que les usagers massifs.

Manifestations sur la mémoire

Il semble acquis par différentes études que l'usage régulier de cannabis, même sur une courte période, induit des perturbations de la mémoire immédiate, troubles pouvant persister plusieurs semaines après l'abstinence même s'ils sont lentement réversibles.

Manifestations psychotiques

Bien qu'elles soient rares et de causalité incertaine (rôle exclusif du cannabis, personnalités prémorbides, psychoses déjà préexistantes), c'est un des aspects les plus problématiques du cannabis. En effet, on décrit :

– des psychoses cannabiques ressemblant à un tableau schizophrénique, mais il y a peu de troubles du cours de la pensée ; la récupération est nette après arrêt du produit et les signes réapparaissent après reprise du produit ;

– des schizophrénies authentiques ;

– des psychoses aiguës (bouffées délirantes, confusion) ;

– des perturbations de tableaux psychiatriques déjà installés, pour lesquels l'usage de cannabis correspond à des automédications anxiolytiques, voire désinhibitrices. Cependant ces usages modifient le contact avec les équipes soignantes, limitent la compliance aux traitements, et globalement aggravent donc la symptomalogie. C'est aussi souvent dans ce contexte que l'on trouve des usages de cannabis et d'hallucinogènes (dont l'ecstasy, le psilocybe...), de façon préférentielle chez des patients qui flirtent avec la psychose ; on a décrit dans ce public des phénomènes de *flash back* croisés (le cannabis provoque des retours d'événements vécus sous LSD ou ecstasy...) ;

– enfin le syndrome amotivationnel avec déficit mnésique, émoussement affectif et intellectuel des usagers de longue date, se rapproche des psychoses déficitaires chroniques.

Manifestations physiques

Elles sont moindres :

– la fonction respiratoire : irritations, réactions allergiques aux adultérants (moisissures, allergènes microbiens) sont possibles ;

– l'immunité : les travaux sont controversés, mais il existerait une baisse de l'immunité ;

– la cancérisation : également controversés, des travaux montreraient une augmentation des cancers respiratoires et buccopharyngés, éludant le risque supplémentaire du tabac et de l'alcool ;

– la spermatogenèse serait également amoindrie ;

– enfin, le cannabis est orexigène.

Importance du contexte chez l'adolescent

La plupart des consommateurs (et ils sont nombreux : sondage Sofres en mai 1992 : 5 millions ont fumé une fois dont 1 million régulièrement) ne se reconnaissent pas dans l'usage du cannabis chez les polytoxicomanes et chez ceux qui présentent une pathologie psychiatrique. Cette majorité ne risque-t-elle rien (en dehors de l'aspect légal : le cannabis est une drogue illicite), tout particulièrement l'adolescent ?

C'est le contexte de cet adolescent qui doit être évalué et fera l'objet d'un chapitre spécifique :

– il peut s'agir d'une prise relativement banale à cet âge (curiosité, transgression, initiation, etc.) ;

– mais aussi d'une prise dans un contexte d'adolescence en difficulté (autothérapie dépressive ou anxiolytique, signe d'appel avec provocation au dialogue). Le danger est alors que le cannabis, pris à forte dose, crée un écran artificiel et empêche d'affronter la crise d'adolescence. L'usage réitéré témoigne alors souvent de difficultés d'insertion dans le milieu familial ou scolaire ;

– le comportement d'escalade, hantise des familles, est une réalité, cependant surdimensionnée, de l'ordre de 5 à 8 %, risquant justement de se produire dans ce contexte d'adolescence perturbée. Il est donc aussi capital de repérer « l'ado en difficulté » que de dépister « l'ado qui fume du shit » ;

– plus rarement, il s'agit d'une authentique toxicomanie avec dépendance psychologique, usage solitaire et désintérêt pour la scolarité et les loisirs.

Autres hallucinogènes

Le PCP ou phencyclidine ou poudre d'ange est essentiellement californien. On décrit des passages à l'acte par confusion mentale avec désinhibition psychomotrice et libération instinctuelle.

Les anticholinergiques de synthèse : datura, belladone ou synthétique (trihexyphénidyle : Artane®) qui peuvent être demandés aux généralistes ou faire l'objet de trafic dans les services de psychiatrie. Ils peuvent provoquer un syndrome confusionnel euphorique avec signes atropiniques (sécheresse de la bouche…).

Les phényléthylamines (PEA) dérivent d'amphétamines spécifiques et seront donc étudiées à ce paragraphe.

Inebriantica

Il s'agit pour Lewin de substances qui procurent de l'ébriété, de l'ivresse.

Alcool

Rappelons qu'il s'agit de l'usage (et de la toxicomanie) le plus répandu en France.

Ce n'est pas faire injure au lecteur de rappeler :

– que l'alcool est aussi un produit sédatif et anxiolytique qui agit, entre autres, sur les récepteurs GABAergiques (comme les tranquillisants et le cannabis) ;

– que le foie, à partir de l'alcool, fabrique l'acétaldéhyde qui réagit chimiquement avec certains récepteurs pour former des substances proches de la morphine. Il est d'ailleurs courant que des héroïnomanes limitent leur manque d'opiacés avec l'alcool ou que des ex-héroïnomanes en sevrage pour l'alcool ressentent des signes de manque d'opiacés.

Bien évidemment, il existe de multiples usages de l'alcool, allant de la maîtrise à la dépendance en passant par l'abus. Dans notre domaine, trois points sont à souligner :

– l'alcool à l'adolescence peut, autant et plus que le cannabis, être un produit de début. Il peut être également le signe d'une adolescence pathologique, voire d'une conduite addictive sévère. La prise d'alcool fort, de bière en forte quantité en peu de temps, sont des équivalents de « défonces ». Notons les grandes capacités d'adaptation du monde commercial qui a suivi cette « demande » en mettant sur le marché les « Premix » (mélange d'alcool fort et de boissons sucrées) ainsi que des bières fortement alcoolisées ;

– le polytoxicomane utilise beaucoup l'alcool pour gérer son manque, son anxiété, ses insomnies, voire pour accroître l'effet d'autres produits (BZD, cannabis) ;

– si l'arrêt progressif au fil de la trajectoire des opiacés illicites pour la substitution est habituel, toutes les prises de produits ne sont pas pour autant arrêtées. C'est le cas de l'alcool dont la consommation peut même augmenter au décours de la substitution. C'est un enjeu majeur des prises en charges, car c'est le pronostic à long terme d'une hépatite C « arrosée » qui souvent se posera chez un patient guéri de sa toxicomanie et douloureusement rattrapé par son passé. De même, dans les années précédant l'avènement des techniques de substitution, un certain nombre d'héroïnomanes ont progressivement modifié leurs consommations pour finalement présenter un tableau d'alcoolisme chronique. Là aussi, outre la prise en charge spécifique, la mise sous substitution peut être singulièrement utile et montrera qu'une partie des usages d'alcool régulait du manque d'opiacés cicatriciels.

Tabac

Pour mémoire, l'usage de tabac chez l'adolescent très jeune peut être le témoin de carences éducationnelles, d'une permissivité excessive. L'immense majorité des toxicomanes sont nicotinodépendants.

Signalons que cette problématique bénéficie également de traitements de substitution… et que cela ne marche pas sur tous les fumeurs, que la motivation joue un rôle certain, etc. Peut-être y a-t-il quelques analogies avec la prise en charge des « drogués » ?

Solvants organiques

Présentation

Ce sont des substances d'une grande hétérogénéité chimique, ayant pour caractéristique commune de dissoudre les corps gras et d'être consommées par inhalation.

En dehors de l'éther et du chloroforme dont l'usage est réglementé de par leur intérêt médical, ce sont des produits industriels et commerciaux très banals, en vente libre, d'accès facile et bon marché :

– colles contenant de l'acétone, de l'acétate d'éthyle, du méthyl-éthyl-acétate, de l'hexane, du toluène et du benzène à l'état de trace ;

– dissolvants, détachants, diluants, vernis, peintures, contenant de l'acétone, du toluène, des acétates aliphatiques ;

– anesthésiques volatiles : éther, trichloréthylène, protoxyde d'azote ;

– gaz propulseurs d'aérosol à base de fluorocarbone mais aussi d'essence, gaz d'échappement.

L'usage de ces substances se situe volontiers en période postpubertaire. C'est également la première drogue chez les adolescents dans les pays en développement.

Pharmacologie

Ces produits agissent sur la membrane cellulaire en solubilisant partiellement les lipides qui la composent. Cette altération cellulaire explique la toxicité somatique (foie, rein, cœur). L'action concerne également le SNC : respiration, nausée, maux de tête, ainsi que de possibles hallucinations.

Ils sont inhalés sur coton ou dans des sacs en plastique (on a ainsi décrit des décès par étouffement). Leur liposolubilité facilite leur fixation cérébrale.

Manifestations aiguës

L'intoxication aiguë provoque euphorie, stimulation et ivresse. Il peut exister des illusions et des hallucinations visuelles et auditives. Des comas, des morts subites (arythmie) ont été décrits. L'intoxication s'accompagne de toux, d'irritation oculonasale, de vomissements et de céphalées.

Manifestations chroniques

A long terme, la dangerosité médicale est manifeste : neurologique (polynévrite, mémoire, céphalées), hépatique (cytolyse), rénale et hématologique.

L'usage peut être occasionnel (et prendre un aspect « contagieux » dans un quartier ou dans un collège) ou réitéré, signifiant alors de graves difficultés psychologiques.

On a décrit des signes de manque à l'arrêt de cette pratique, proches de ceux dus au sevrage d'alcool.

Enfin il faut souligner que, contrairement aux idées véhiculées par les médias centrés sur le cannabis, les solvants (comme l'alcool) présentent une autre forme de début de la toxicomanie.

Hypnotica

Ces substances provoquent pour Lewin la sédation, le sommeil. En fait elles sont souvent utilisées pour leur effet désinhibiteur.

Barbituriques

Sauf le phénobarbital pour ses propriétés anticomitiales, ils ne devraient plus être prescrits.

Les toxicomanes préféraient les barbituriques de courte durée d'action (sécobarbital, amobarbital), non pour leurs propriétés sédatives mais, utilisés de façon pluriquotidienne, pour un effet de stimulation psychique. L'Orténal®, mélange de barbituriques et d'amphétamines a eu son lot de détournement.

A dose plus forte, l'ivresse barbiturique apparaît avec labilité émotionnelle, lenteurs des réponses, comportement social désinhibé et troubles moteurs (incoordination avec ataxie et dysarthrie).

Par voie veineuse, le « *flash* » est rapidement suivi de l'ivresse avec risque de surdose (coma, défaillance cardiorespiratoire, hypothermie).

Il y a dépendance psychique, tolérance, dépendance physique (tableau évoquant un delirium tremens avec risque d'état de mal épileptique).

Tranquillisants

Essentiellement représentés par les benzodiazépines, mais aussi l'Atrium®, le Méprobamate®. A côté des usages thérapeutiques, il existe des détournements :

– **toxicomanies électives**, touchant plutôt des femmes de la quarantaine, souvent prédisposées sur le plan psychologique ; il convient alors de distinguer le rebond, le sevrage, la reprise de la symptomatologie préexistante ;

– **usage pour atténuer les signes de manque**, les troubles du sommeil, l'anxiété ;

– **recherche de l'ivresse**, d'un équivalent « défonce », d'une suppression des mentalisations ;

– **recherche d'une désinhibition** souvent associée à l'alcool (effet paradoxal). C'est particulièrement le cas du flunitrazépam (Rohypnol®). C'est actuellement l'une des BZD les plus détournées, l'effet recherché étant finalement bien plus « excitantia » que « hypnotica » ;

– usage sous substitution **pour retrouver des sensations**, en particulier corporelles, par le biais de l'effet myorelaxant.

Quasiment toutes les BZD peuvent être utilisées mais il existe des phénomènes de mode. La dépendance physique est plus rapide avec les demi-vies courtes.

Leur délivrance nécessitant une ordonnance, le médecin doit comprendre qu'il est capital d'observer des règles de prescriptions strictes (posologie non excessive, limitée dans le temps, évitant les risques de falsifications, écrivant « ne pas renouveler »). Une ordonnance de benzodiazépines peut être prise à des fins thérapeutiques, être détournée à des fins de « défonce » ou de trafic (un comprimé de Rohypnol®, ça se vend).

On a récemment mis l'accent sur les associations substitution-BZD, qui potentialisent le risque de dépression respiratoire, en particulier quand le Subutex® est injecté ; le flunitrazépam (Rohypnol®) est principalement en cause.

Enfin il a été récemment mis en évidence aux Etats-Unis **la notion de « *date-rape drugs* »**, c'est-à-dire des substances administrées à l'insu de la victime (incolores et inodores ajoutées dans une boisson, effet amnésiant) et permettant de la violer ou de l'extorquer sans qu'elle ne se souvienne de quoi que ce soit. Le flunitrazépam a ainsi récemment changé de présentation (il fond en colorant le liquide en bleu…). Le GHB ou gamma-OH est également incriminé dans ces sordides faits divers.

Excitantia

Ce sont donc pour Lewin les substances de la stimulation, physique, psychique, voire sexuelle.

Cocaïne

Présentation

Alcaloïde, extrait de feuilles de deux espèces d'arbustes : *Erythroxylon coca* (Andes, Equateur, Pérou, Bolivie) et *Erythroxylon novogratense* (Colombie, Antilles).

La cocaïne est un alcaloïde de la coca qui en contient environ 1 %, le dérivé intermédiaire se nommant pasta ou bazuco en contient 45 % environ. La drogue commercialisée contient 3 à 30 % de l'alcaloïde.

Longtemps considérée comme un produit de la *jet set* relativement peu dangereux, la cocaïne apparaît à présent comme un réel problème de santé publique d'autant qu'elle se banalise chez les jeunes et surtout les polytoxicomanes et les substitués. Autre évolution, cette poudre classiquement inhalée par *sniff* est également injectée (d'autant que l'usager était auparavant injecteur). Enfin l'avènement du crack (cocaïne présentée sous forme de base libre et non de sel) a augmenté le danger et la désinsertion des utilisateurs.

Pharmacologie

La cocaïne stimule la médiation noradrénergique, tant centrale que périphérique (d'où sa toxicité cardiaque), dopaminergique (d'où sa toxicité psychiatrique à type de délire) et sérotoninergique, toutes monoamines impliquées dans les troubles de l'humeur. En effet, elle augmente le relargage des amines et inhibe leur recapture, la concentration des neurotransmetteurs dans l'espace synaptique est ainsi accrue. Mais en usage chronique, il y a diminution des neurohormornes (la production ne suit pas la consommation) alors qu'il y a eu augmentation des récepteurs postsynaptiques, d'où le phénomène de tolérance.

Effets psychiques d'une consommation aiguë

Elle provoque une intense et brutale euphorie avec sensation de stimulation intellectuelle et sexuelle et impression de ne plus sentir la fatigue. C'est une sorte d'état maniaque avec élation, logorrhée, hyperactivité psychomotrice, aisance relationnelle accrue. On note une anorexie et une insomnie.

Cette phase appelée *rush* (ou effet *high*) se termine en descente (ou *crash*) dominée par l'humeur dépressive, l'asthénie, l'hypersomnie, le ralentissement psychomoteur et une sensation de faim. Rapidement la quête de drogue, la recherche compulsive du produit (plusieurs prises en quelques heures, de par l'effet brutal et bref) d'autant que l'injectable est utilisée, fait partie du tableau et marque la dépendance psychique (de mécanisme dopaminergique) sans signes physiques nets ou spécifiques à l'inverse de l'héroïne.

Cette descente peut être contrecarrée avec la cocaïne mais aussi l'héroïne (*speedball*), les autres opiacés, l'alcool, des BZD.

Effets psychiques d'un usage chronique

Outre la dépendance, les risques psychiatriques sont fréquents et dominés par :

– les troubles de l'humeur, en particulier les dépressions, sévères, d'autant qu'il existe une prédisposition ;

– les troubles délirants essentiellement de mécanisme interprétatif (effet parano) pouvant provoquer des passages à l'acte hétéroagressifs ;

– des troubles de la mémoire, de l'attention et de la concentration ;

– signalons enfin que, même chez les cocaïnomanes les plus acharnés, la poursuite de la consommation est irrégulière, alternant avec des phases dépressives ou l'usage d'autres drogues, l'effet brutal du produit et l'aspect compulsif des prises se confrontant aux limites des ressources financières, psychiques et physiques de l'individu (perte de plusieurs kilos en quelques jours).

Manifestations somatiques

A la différence de l'héroïne, la cocaïne présente une toxicité propre qui se surajoute aux pathologies de l'injectable :

– la toxicité cardiovasculaire : tachycardie et HTA sont banales ; mais aussi troubles de la conduction, crise hypertensive et vasoconstriction peuvent provoquer une ischémie myocardique, voire un infarctus, même chez un sujet jeune ;

– la toxicité neurologique : la cocaïne abaisse le seuil épileptogène. On a également décrit des tics, une atrophie cortico-sous-corticale. Enfin les mécanismes vasculaires peuvent provoquer des céphalées et des ischémies cérébrales ;

– les manifestations hormonales, très variées mais dominées par l'hyperprolactinémine (gynécomastie, galactorrhée) ;

– les manifestations locorégionales : l'ulcération de la muqueuse nasale est classique chez les sniffeurs (vasoconstriction, effet anesthésique que nous avons vu dans l'historique). De même cet effet anesthésique explique des dégâts plus importants que l'héroïne chez les injecteurs ;

– par ailleurs, et nous y reviendrons de façon plus spécifique, la cocaïne est le psychotrope le plus tératogène ;

– enfin, l'intensité du *craving* lié au crack et à la cocaïne peut remettre en cause les avancées de la réduction des risques, dont nous parlerons dans le prochain chapitre. En effet cet usage particulièrement compulsif ne permet pas toujours à l'usager, pris dans la recherche impérieuse de la prochaine prise, de se protéger, de ne pas échanger les seringues et le matériel d'injection. L'apparition de nouveaux cas de séroconversion du VIH sont malheureusement à suspecter.

Crack

Le crack est une cocaïne présentée sous forme de base libre et non de sel. Elle est obtenue à partir de la pasta ou directement de la cocaïne. Elle se présente sous forme de graviers (le caillou), consommée par inhalation des vapeurs émises lors de la combustion des cailloux déposés dans une boîte de boisson. Cette combustion s'accompagne d'un bruit de craquement : le crack. Le crack est également injecté.

Le crack, d'abord une drogue des ghettos américains, s'est développé essentiellement dans certains quartiers de Paris et les grandes villes pour l'instant.

Les usagers sont relativement typés : travailleurs sexuels, squatters marginaux en errance, vieux héroïnomanes substitués ou non, en majorité d'origine africaine, antillaise ou guyanaise.

La brutalité et la fugacité de l'effet provoquent des usages compulsifs, une dépendance psychique quasi immédiate, et une déchéance physique, psychique et sociale rapide.

Les effets psychiques aigus et chroniques ainsi que les manifestations somatiques sont ceux que nous venons de décrire avec la cocaïne en plus intense.

Amphétamines

Présentation

Ce sont des dérivés synthétiques de la classe des phénylisopropylamines.

A la fois provenant du marché clandestin et du détournement de médicament, on peut les classer en fonction de leurs effets chimiques prévalants :

– plutôt stimulantes : l'ecstasy mais aussi le maxiton, tonédron, captagon, ordinator, Ritaline®, orténal… nous y ajoutons le Survector® ;

– plutôt anorexigènes : ténuate dospan, Dinintel®, pondéril, fenproporex… ;

– plutôt hallucinatoires : STP, ice, MDA…

Elles sont utilisées par voie orale et injectable.

Pharmacologie

Elles agissent comme l'éphédrine (qui peut elle-même être détournée), étant de puissants stimulants par inhibition de la capture des amines biogènes (noradrénaline, dopamine, sérotonine) et facilitation de leur libération. Elles favorisent également la libération des catécholamines des fibres postganglionnaires périphériques.

Manifestations aiguës

L'usage oral provoque mydriase, stimulation intellectuelle et insomnie avec accélération du temps vécu.

Par voie veineuse, c'est le « *flash* », sensation de plaisir physique brutale avec impression de chaleur, débutant au creux épigastrique et se propageant à tout le corps, puis excitation, euphorie, logorrhée et hyperactivité motrice. La « descente » très pénible confine à l'état dépressif.

Manifestations chroniques

Dépendance et tolérance sont fréquentes, les signes de sevrage sont peu spécifiques, dominés par la dysphorie, l'asthénie intense, l'anxiété et les troubles du sommeil.

Deux complications sont fréquentes :

– le syndrome amotivationnel ;

– l'effet parano ou psychose amphétaminique, avec interprétations nourrissant des idées délirantes de persécution.

Cas particulier de l'ecstasy : les Designer Drugs

Les narcochimistes trafiquants « bricolent » des stupéfiants connus (« *designer* » peut se traduire par « bricoler ») afin de fabriquer des substances non encore interdites par la législation. Ils travaillent également sur la présentation du produit (dessins sur les comprimés) et leur nom (STP : sérénité, tranquillité, paix ; ecstasy : ravissement, transport de joie ; ice...). Enfin, « bricoler » renvoie à l'internet qui communique des recettes de fabrication de ces molécules...

L'ecstasy (ou MDMA : méthylène dioxy 3,4 métamphétamine) est la plus à la mode. Facilitant le contact, améliorant l'empathie et la confiance en soi, c'est aussi une « drogue à danser » qui s'est développée dans le contexte des « *rave party* », associée à des courants musicaux (House puis Techno). Puis son utilisation se répand et se diversifie comme l'atteste sa présence dans les boîtes de nuit (ce qui est un retour à son utilisation première dans les années 50 : « la pilule de l'amour »), voire les boums. Signalons enfin son faible coût (100-200 F) et la fréquence des adultérants dans sa composition (dont d'autres amphétamines augmentant la dangerosité, ce qui explique les techniques de « *testing* » dans les grands rassemblements, mais ceci donne fallacieusement à penser qu'il existe des bonnes et des mauvaises amphétamines). L'ecstasy agit essentiellement sur les neurones sérotoninergiques (libération massive, puis déplétion, puis normalisation), expliquant les troubles thymiques et de l'impulsivité.

Entre la dépendance psychique et la tolérance qui existent dans un nombre non négligeable de cas, deux grands types de complications sont décrits :

– les complications psychiatriques, l'ecstasy cumulant la dangerosité psychotique des phantastica et des excitantia. Les dépressions, les psychoses, les phénomènes de « *flash back* » sont suffisamment fréquents pour questionner la supposée innocuité de cette substance ;

– les complications somatiques, dominées par le risque de l'hyperthermie maligne (le contexte de boîte de nuit, associé à la chaleur, la dépense physique, les pertes hydriques non compensées), d'où des conseils d'usage (beaucoup boire, non alcoolisé, vêtements légers...).

Editer des conseils pour l'usage des drogues illicites ! Voilà qui marque à l'évidence les limites de la loi du 31 décembre 1970 et nous amène naturellement au chapitre sur la Trajectoire et ces conséquences.

Autres excitantia

Certains ont un intérêt géopolitique : **le Khât**, resté confiné au Yémen, à l'Ethiopie, à la Somalie et à Djibouti, présente un usage très socialisé, longuement mastiqué au fil de la journée, occupant toute une partie de l'agriculture de ces pays. Cette substance doit être consommée fraîche et est donc restée locale.

D'autres ont déjà été cités précédemment. **Le flunitrazépam** qui, bien qu'hypnotique, a une forte utilisation stimulante et désinhibitrice, les posologies pouvant atteindre 10 à 30 comprimés...

Enfin, le **GHB ou gamma-OH** illustre la variété des effets d'une substance psychoactive selon le contexte de son utilisation et les attentes de l'usager. Proche du GABA, c'est d'abord un médicament utilisé en anesthésiologie et comme hypnotique, ainsi que... pour faciliter les sevrages d'alcool et d'opiacé. C'est ensuite un produit de dopage, pris par les culturistes pour augmenter leur masse musculaire (par stimulation de l'hormone de croissance). Puis c'est une substance désinhibitrice utilisée en boîte de nuit pour « planer » (elle prend le nom « d'ecstasy liquide »). Enfin c'est une « *date-rape drugs* », qui permet d'avoir des rapports sexuels avec une victime qui l'a absorbée à son insu (elle est surnommée « *easy-lay* » soit « fille facile »).

Conclusion

Typologie des substances

Résumons *(tab. 3.III)* un certain nombre de données vues dans ce chapitre. Toutes ces substances psychoactives ne sont donc pas équivalentes. Elles :

– agissent sur certains neuromédiateurs ;

TABLEAU 3.III. Typologie des substances psychoactives.

Substances	Principaux systèmes de neurotransmetteurs impliqués	Dépendance psychologique	Dépendance physique	Tolérance directe	Dangerosité psychiatrique directe	Dangerosité somatique	Injectable
Opiacés (héroïne)	Endomorphines Dopamine Noradrénaline	++++	+++	+++	–	–	+++
Hallucinogènes (LSD)	Sérotonine Acétylcholine	+	±	±	+++	–	–
Cannabis	Dopamine Noradrénaline Sérotonine Gaba Acétylcholine	+	±	±	+	±	–
Alcool	Dopamine Noradrénaline Gaba Endomorphine	++	++	+	+	++	–
Solvants	Action globalement aspécifique	+	±	±	+	+	–
Tranquillisants	Gaba	+	±	+	+	–	–
Cocaïne	Dopamine Noradrénaline	+++	±	++	++	++	++
Amphétamines	Dopamine Noradrénaline	++	++	+++	+++	+	±

– ont une certaine capacité à induire une dépendance psychique ;

– peuvent provoquer des signes de sevrage d'expression physique ;

– sont susceptibles de développer de la tolérance ;

– présentent une dangerosité psychiatrique (plutôt au sens de psychose) directe (plus liée au toxique qu'au mode de vie qu'il implique) ;

– présente une dangerosité somatique directe (plus liée au toxique qu'au mode de prise, par exemple l'injectable) ;

– peuvent s'injecter avec des risques somatiques liés à ce mode de prise, la pratique du *sniffing* étant également concernée par les viroses.

Evidemment, l'interaction substance-sujet-contexte ne peut être niée.

Typologie des usages

Elle permet de regrouper les substances selon différents types d'usagers.

Poly-usages

■ Centrés sur l'héroïne

Les patients utilisent alors préférentiellement les codéinés, la substitution détournée, le cannabis, l'alcool, les tranquillisants, la cocaïne voire les amphétamines. Ces patients représentent les polytoxicomanes habituels.

■ Centrés sur les hallucinogènes

Les patients utilisent volontiers le LSD 25, le cannabis, les amphétaminiques (dont l'ecstasy), voire les psilocybes et la cocaïne. Les effets négatifs du « *trip* » peuvent imposer la consommation d'alcool, de tranquillisants, voire d'opiacés... Ces patients représentent un public souvent psychiatrique, psychotique ou flirtant avec la psychose.

Mono-usages

Oscillant entre la maîtrise parfaite, l'abus, la dépendance, et les effets directs des substances, les patients utilisent essentiellement le cannabis et l'alcool. Plus rarement on rencontrera des mono-usages de cocaïne, beaucoup plus exceptionnellement d'héroïne. Enfin les codéinés, même présentés comme usage isolé par le patient, s'accompagnent d'alcool et de cannabis chez d'anciens héroïnomanes.

Enfin ces usages, en particulier quand la maîtrise en est perdue, sont par ailleurs susceptibles d'évoluer dans le temps, ce qui a des conséquences capitales pour les prises en charge. C'est le sujet du paragraphe suivant.

4

La trajectoire de l'héroïnomane et ses conséquences

Même si chaque cas est particulier (c'est d'ailleurs une des bases des suivis, et nous y reviendrons longuement), l'effet de l'héroïne impose une sorte de parcours obligatoire et stéréotypé que nous appelons « la trajectoire ». Rarement décrite, elle a pourtant des implications majeures puisqu'elle impose de réfléchir à des stratégies diversifiées de prises en charge : la réduction des risques (ou des dommages), l'abstinence (ou son intentionnalité). Il est actuellement impossible d'intervenir dans le champ de la toxicomanie sans connaître ces notions, avec leurs conséquences sanitaires et le questionnement qu'elles adressent aux Législateurs, notions qui vont au-delà de l'héroïnomanie.

La trajectoire de l'héroïnomane

Un toxicomane aux opiacés va donc vivre cette trajectoire en trois temps.

Premier temps : la phase de lune de miel pour reprendre l'expression de Claude Olivenstein.

Car cette drogue procure du plaisir. La drogue supprime également le déplaisir, autre façon d'avoir du plaisir : la prise d'héroïne comme autothérapie (l'usager dit « la drogue, c'est une gomme ») à laquelle s'ajoute le plaisir.

Le toxicomane prend donc de la drogue pour le plaisir et contrôle sa prise mais la tolérance apparaît, il faut plus de drogue pour avoir le même effet ; la dépendance psychique apparaît, et cela n'est pas repéré par le toxicomane en général, mais il se met à y penser de plus en plus, il centre son psychisme, ses activités voire ses relations autour de l'opiacé, il désinvestit les autres activités. Cette première phase prend fin quand les signes de sevrage physique apparaissent.

Deuxième temps : la gestion du manque. Dans cette phase, il prend toujours de la drogue pour le plaisir mais aussi de la drogue pour le besoin : il a besoin de drogue pour supprimer son manque physique (supprimer le malaise de la privation, selon la définition de la pharmacodépendance). Cette découverte du manque physique est souvent dramatisée et cataclysmique car c'est la fin de la lune de miel et c'est aussi souvent le moment de la découverte de la toxicomanie par l'entourage.

Quoi qu'il en soit, dans cette phase, il poursuit sa recherche de plaisir et gère son manque : ce sont par exemple les deux boîtes de codéine le matin et la prise d'héroïne l'après midi, c'est le développement d'une polytoxicomanie de gestion du manque.

Troisième temps : la galère. Nous utilisons là une expression des toxicomanes : « c'est la galère… J'en prends plus que pour être normal » disent-ils. Le manque est omniprésent et ponctue le quotidien, le plaisir n'existe plus que dans les souvenirs mais des souvenirs omniprésents, enjolivés, pouvant gêner le processus de deuil nécessaire à l'abstinence.

Notons bien que **la durée de ces phases** dépend de chaque toxicomane de façon très individuelle. Ainsi, la première phase peut durer de quelques semaines à plusieurs mois voire années… Cependant, des durées de « lune de miel » très longues correspondent souvent à des fausses gestions, l'usager ne connaissant pas le sevrage car il ne manque pas de drogues et les prises anticipent les signes ; la découverte du manque est alors fortuite, par exemple au cours d'une hospitalisation pour une intercurrence quelconque…

Les conséquences sanitaires

Cette notion de trajectoire, capitale, a de multiples incidences.

Le discours du toxicomane est évolutif dans le temps

Il ne dit pas la même chose du produit au bout de deux mois (« c'est génial »), deux ans (« je gère, j'arrête quand je veux ») ou douze ans (« la drogue c'est de la merde… »).

C'est que, au cours de cette trajectoire, la perte de contrôle est de plus en plus omniprésente. Au fil des arrêts, les reprises sont plus précoces et la nouvelle lune de miel, la nouvelle gestion du manque se réduisent dans le temps car l'usager devient hypertolérant aux produits et hypersensible aux manques.

Les interlocuteurs du toxicomane sont évolutifs dans le temps

Dans le premier temps, c'est le pharmacien pour les seringues ; dans le deuxième temps, ce sont le pharmacien pour la codéine et le médecin pour les substituts. L'intervenant spécialisé arrive plutôt en deuxième et troisième temps. Cela rappelle avec acuité que les intervenants autour du toxicomane sont divers et variés et qu'il faut écouter leurs problèmes et respecter leur travail.

La demande du toxicomane est évolutive dans le temps

Pendant la phase de lune de miel l'usager n'a **pas de demande**, en tout cas pas de demande d'arrêt. Tout au plus, il est susceptible de faire appel au médecin pour des problématiques infectieuses, mais sans désir réel d'abstinence.

Ensuite, les rencontres avec le corps médical sont fréquentes et correspondent, outre les aspects somatiques, à l'expression de demandes d'arrêt. Mais ces demandes ont deux significations distinctes :

– **arrêter le manque** (le toxicomane est en manque et veut qu'on supprime ces signes de sevrage) ;

– **arrêter la toxicomanie** (en manque ou non, il envisage une vie sans héroïne, une abstinence durable même s'il n'a guère conscience de ce que cela implique comme bouleversements nécessaires).

Cette distinction est capitale car il est illusoire de vouloir proposer une prise en charge visant l'arrêt de la toxicomanie à un patient qui, plus ou moins consciemment, souhaite arrêter son manque mais envisage de reprendre les prises de drogues le lendemain ou dans les jours qui suivent. Ajoutons à ce sujet qu'il n'y pas là supercherie de première grandeur (le toxicomane manipulateur...) car il est après tout logique qu'un usager en manque demande prioritairement à atténuer la souffrance des signes de sevrage et qu'il soit prêt à tout accepter (l'abstinence durable si elle lui est suggérée ou imposée) s'il faut qu'il en passe par là pour obtenir un traitement de ce manque.

Sur le plan pragmatique cela questionne sérieusement l'idée qu'il faut imposer l'arrêt de la toxicomanie aux patients alors qu'ils n'en sont peut-être pas à cette étape. Ainsi la loi du 31 décembre 1970 avait comme état d'esprit sous-jacent de compliquer la vie du toxicomane pour l'inciter à arrêter. C'est pourquoi l'accès aux seringues n'était possible que par le biais d'une ordonnance. L'irruption du VIH dans ce contexte de seringues rares (et donc partagées) a eu l'ampleur que l'on connaît… C'est tardivement (avril 1987) que l'accès aux seringues a été facilité, prenant expérience sur des pays précurseurs (quelquefois avant l'apparition du VIH, en lien avec l'hépatite B), et instaurant ce que l'on appelle « **la réduction des risques** ».

Les stratégies de soins sont évolutives dans le temps

Parce que l'héroïnomane n'a d'abord pas de demande d'arrêt, qu'il a ensuite une demande d'arrêt du manque, puis une demande d'arrêt de la toxicomanie, la proposition d'abstinence ne peut être la seule réponse proposée par les intervenants.

Il faut tenir compte de la trajectoire et de la demande évolutive du patient, ce qui impose de mettre en place deux types de prise en charge, non opposées mais complémentaires, se succédant dans le temps : la prise en charge visant l'abstinence et, en amont, des stratégies de réduction des risques. Il est en effet pragmatique, même si cela est douloureux, de comprendre qu'au cours de la première phase et d'une partie de la deuxième, un toxicomane est peu demandeur de soins liés à l'abstinence, peu susceptible de mettre en place durablement ce qui est nécessaire à l'acquérir.

Réductions des risques, réductions des dommages

Cette stratégie s'est développée avec l'épidémie de VIH, qui a mis en évidence les effets pervers de la loi imposant l'accès aux seringues par le biais d'ordonnance. Faciliter l'accès aux seringues n'a pas pour but de faciliter la toxicomanie, mais de réduire l'épidémie, en évitant qu'une seringue serve à plusieurs usagers.

Délivrer des seringues en pharmacie, en bus d'échange (PES : programme d'échanges de seringues), avec un conditionnement adéquat (le stéribox), permet d'avoir un pool important de seringues en circulation et de délivrer des messages de prévention (le « *shoot* propre »). Cette stratégie permet d'espérer que, plus tard, quand un patient aura une demande plus centrée sur l'abstinence, il sera séronégatif… Et cela marche… pour le VIH (pour l'hépatite C, cela semble plus complexe).

L'équation n'est donc pas : plus de seringues => plus de toxicomanes, mais : moins de seringues => plus de séropositifs.

Autrement dit, puisqu'on ne peut empêcher qu'il prenne de l'héroïne et pratique l'injectable, qu'il le fasse avec le moins de dommages possibles. Ce terme de « réduction des dommages » est d'ailleurs plus adapté que « réduction des risques », traduction de *« harm reduction »*, puisque le fait de distribuer des seringues vise à réduire non le risque de l'injectable mais les dommages liés à l'injectable : quand on met une ceinture de sécurité, c'est pour éviter non les risques d'accident, mais les dommages liés à l'accident !

Cette notion de réduction des dommages, problématisée autour du VIH et de l'injectable, va cependant **au-delà de l'accès aux seringues** et implique des messages de prévention clairs qui peuvent être délivrés au cours de la consultation *(tab. 4.I)*.

TABLEAU 4.I. L'usage à dommages limités.

Utiliser de l'eau propre pour diluer la poudre
Ne pas échanger sa petite cuiller
Ne pas utiliser de citron mais de l'acide citrique
Si on utilise un citron, en changer régulièrement (mycoses)
Ne pas échanger sa seringue et en changer souvent
Ne pas utiliser les mêmes cotons à plusieurs, ne pas partager les cotons
Ne pas piquer dans une petite cuiller en même temps que d'autres usagers
Se désinfecter la peau avant le *shoot*
Ne pas jeter sa seringue mais la porter à un bus, à un distributeur ou à un automate (qui permet d'échanger une seringue usagée contre un jeton, ou contre une seringue). Jeter sa seringue c'est mettre en péril la réduction des risques
Ne pas échanger les pailles de *sniff* (même risque que l'injectable pour VHC
Utiliser des préservatifs

Ces messages ne sont en rien incitatifs, mais pragmatiques. Même un usager en tentative d'abstinence présentera des reprises, des récidives, des rechutes. Se contenter de l'accès aux seringues (alors qu'il existe le *sniff* et les relations sexuelles non protégées), se reposer sur la substitution (alors que le Subutex®

s'injecte) est une erreur stratégique, une fausse sécurité pour les hépatites et les infections microbiennes (abcès, septicémie...).

Ainsi la réduction des dommages est **une révolution conceptuelle**, puisqu'elle met à mal l'idée que le seul message qu'un intervenant peut adresser à un usager de drogues est : « arrêtez, ne le faites pas ». Bien sûr, l'arrêt reste un projet (nous y reviendrons dans quelques lignes), mais il faut travailler également sur l'usage : « essayez d'arrêter, mais si vous ne pouvez pas, faites comme cela... » Cette notion de « bon usage » (« bon usage » est pernicieux et pourrait être remplacé par **« usage à risques limités »**) va au-delà de l'héroïne puisque, nous l'avons vu, des conseils d'usage de l'ecstasy sont édités.

Cette notion de réduction des dommages va au-delà de l'accès aux seringues et aux messages préventifs associés, en particulier pour **le médecin** qui **doit intégrer ces stratégies à sa pratique** : il ne peut lier automatiquement un soin somatique à l'abstinence. Ainsi, face à des pathologies consécutives à la prise de drogues, il peut être capital de se centrer sur le traitement de cette pathologie sans le conditionner à l'arrêt de la toxicomanie, condition qui risque de faire échouer le soin de l'intercurrence. Il s'agit donc de soigner le corps du toxicomane sans lier les soins à un projet d'abstinence à court terme (soins somatiques, propositions de bilans, de vaccinations, de gestion du manque, orientation pour des démarches de couverture sociale, etc.). S'occuper d'une septicémie en sachant que le patient « reshootera » peut paraître désolant mais, quelques années plus tard, les tentatives d'abstinence se feront avec un meilleur état physique...

Enfin cette notion va au-delà du somatique et on parle **des dommages de l'exclusion**, de la désinsertion psychosociale. Cela passe par le soutien sans exclusive, la création de lieux (appelés « boutiques ») qui proposent aux toxicomanes de « se poser » (avoir un endroit pour ne rien faire ou parler, manger, se laver, boire un café...). Il s'agit de restaurer le sentiment d'existence, de susciter l'espoir d'un lieu désintéressé, d'un avenir possible, l'espoir pour les intervenants qu'un jour une demande sera travaillable. Ce sont des dispositifs qui accueillent des patients les plus déstructurés et qui cumulent les difficultés, tenant compte de leur non-demande ou de leur incapacité temporaire à en formuler une. Ces lieux indispensables dans les grandes villes sont cependant mal acceptés (voire combattus) par le voisinage, la police, voire les élus. Globalement la réduction des dommages consiste donc à améliorer la qualité de vie des toxicomanes plutôt qu'à les pourchasser...

ce qui peut heurter un moralisme rigoriste et inapproprié dans le domaine des prises en charge.

Abstinence : exigence ou intentionnalité ?

Entre le projet du patient (le sevrage, la substitution et je suis guéri) et la réalité, il y a un monde. Se décentrer des produits, des sensations qu'ils procurent, des relations qui vont avec, refaire sa vie implique un délai certain pendant lequel les rechutes font partie du processus de sortie de la toxicomanie. C'est pourquoi l'abstinence ne peut être une exigence de prise en charge, mais une intentionnalité du médecin.

C'est une **erreur fréquente de conditionner un suivi à l'exigence de l'abstinence**. Cela n'est pas forcément dit nettement, mais c'est ce qui est entendu : « arrêtez et je vous prends en charge » (paradoxe qui exige la guérison préalable pour soigner !), « ne rechutez pas sinon… ». Cela empêche le patient de parler justement de ses difficultés et reprises de drogues puisqu'il a peur que le suivi, le traitement de substitution s'arrêtent. Le médecin se prive alors d'une part essentielle du travail relationnel : les rechutes et les prises de conscience. Comment a-t-il rechuté ? Comment aurait-il pu faire autrement ? Que faudrait-il modifier, ajouter à la prise en charge ? Ces questions qui visent à faire évoluer le patient au cours du suivi ne peuvent être développées que si l'abstinence est un but et non un préalable. Nous y reviendrons longuement aux chapitres 5 et 6.

C'est pourquoi également **le paramètre « temps » est incontournable**. Accompagner un patient ne peut se concevoir que dans la durée, certes au fil des progrès et des reprises mais aussi au fil des difficultés psychologiques et sociales (ce qui implique aussi le partenariat).

Attention cependant, dire que l'abstinence est une intentionnalité et non une exigence n'implique pas que l'arrêt du produit principal est sans intérêt. C'est au contraire un outil de travail indispensable. **Pour questionner sur les reprises, il faut d'abord l'arrêt, même temporaire !** Nous voulons essentiellement souligner que l'abstinence ne peut être un préalable et que son maintien ne s'obtient qu'au prix d'un long processus.

De même pour questionner sur les prises de drogues, il faut pouvoir parler. Et si certaines drogues ne gênent que peu la parole et la relation, d'autres usages peuvent nécessiter une proposition d'hospitalisation parce qu'ils empêchent tout suivi. Il faut mettre là l'accent sur les prises massives de BZD (en particulier le Rohypnol® : patient ébrieux, troubles de la mémoire, désinhibition), de cocaïne (effet parano)…

Enfin, chez des patients plus à distance du produit principal, il faut travailler sur **l'abstinence définitive**, certains conservant longtemps l'idée qu'une prise épisodique n'est pas un problème. C'est certes un grand progrès, mais cela implique souvent le maintien d'un contact avec le monde de la toxicomanie, qui, à un moment de fragilité, facilite la rechute durable. De même, la mise à distance progressive des produits associés est un autre aspect du travail, cherchant à faire prendre conscience que la prise d'alcool ou de cannabis ou de BZD peut faciliter la rechute dans l'héroïne, aggraver des troubles psychiatriques sous-jacents ou gêner leurs prises en charge. Il faut cependant évaluer si ces prises sont problématiques (perte de contrôle, facilitation d'autres usages, maintien de contacts délictueux, troubles psychologiques aggravés : par exemple cocaïne et dépression) ou non. Il semble en effet que certains intervenants « mettent la barre » si haut en terme d'abstinence tous azimuts que **cela confine à faire de l'ex-toxicomane une sorte d'être parfait** qui se comporterait mieux que le Français moyen, voire l'intervenant lui-même !

Deux prises en charge dichotomiques ?

La réduction des dommages et l'intentionnalité de l'abstinence sont donc deux stratégies de prises en charge. Complémentaires, elles ne sont pas pour autant dichotomiques. Le médecin n'a pas un cabinet pour l'une et un cabinet pour l'autre !

En outre, le toxicomane ne passe pas d'un temps à l'autre brutalement. Bien sûr, il peut être très nettement dans le refus de l'abstinence ou très nettement dans la tentative d'abstinence mais, entre les deux, se situe une longue période plus floue pendant laquelle le médecin utilisera les deux stratégies pour un même patient.

C'est pourquoi il faut plutôt parler de **projet adapté** pendant lequel on utilisera les mêmes outils : la relation et les prises de conscience, la substitution et le sevrage, ses compétences somatiques et le partenariat, le temps et la demande évolutive du patient. Car c'est là l'objectif majeur de toute prise en charge : **faire évoluer son patient**, faire évoluer sa demande : le toxicomane n'envisage pas l'arrêt puis l'abstinence de façon miraculeuse, sans changer quoi que ce soit dans son fonctionnement, alors qu'**il faut qu'il change pour arrêter**... Ceci par étapes (le *« step by step »* des Anglo-Saxons), à son rythme et non à celui de l'intervenant qui doit susciter les changements mais ne pas les imposer. Cela nous conduit donc à la notion de projet adapté, adapté à un patient donné, adapté à un moment donné de sa trajectoire, et évolutif.

Ces projets adaptés sont quelquefois appelés « seuils », haut seuil, bas seuil, seuil adapté, et ont été théorisés à partir d'expériences étrangères sur la substitution.

L'objectif d'une substitution est évolutif dans le temps

La demande de substitution suit en effet l'évolution de la trajectoire. A la première phase, il n'y a pas de demande car il faudrait que le substitut « défonce » ; à la phase de gestion du manque, il s'agit d'une substitution de gestion du manque, justement, n'interdisant pas les prises de substances psychoactives ; à la troisième phase, la substitution peut beaucoup mieux s'intégrer à une prise en charge visant l'abstinence, pendant laquelle les prises de substances psychoactives sont étudiées et travaillées.

Nous développerons cette notion dans le chapitre sur la substitution. Mais précisons ici que, avec un même produit de substitution, on peut imaginer deux dispositifs différents ayant deux objectifs distincts.

Par exemple aux Pays-Bas avec la méthadone, il existe :

– un dispositif de « haut seuil » ou « d'exigence haute ». Cela signifie que le seuil d'accès au dispositif est haut, élevé, que les exigences liées au programme sont nombreuses. Ce dispositif sélectionne les patients demandeurs de prise en charge ayant l'intentionnalité de l'abstinence ;

– un dispositif de « bas seuil » ou « d'exigence basse ». Le seuil d'accès au dispositif est bas, les exigences liées au programme sont limitées. Ce dispositif est facile d'accès, il sélectionne peu les patients et correspond à une forme de gestion du manque. Signalons que « exigences limitées » ne veut pas dire « pas d'exigence du tout »…

Cette notion de seuil peut être sortie du contexte des dispositifs de substitution et être employée pour définir le niveau de contraintes conditionnant la prise en charge.

Par exemple, pour un contrat accompagnant une hospitalisation, on pourra parler de contrat haut seuil dans le cadre d'une cure de sevrage (pas de visite, de sortie accompagnée, de téléphone…) et de contrat de bas seuil pour une hospitalisation pour une pathologie intercurrente (respect des règles du service).

Ce qui compte prioritairement dans le projet de soins et ce que l'on demande au patient, ce n'est pas d'être en seuil haut ou bas, mais de définir un seuil et des contraintes adaptées au moment où en est le patient. A nouveau, c'est la notion de seuil adapté qui importe.

Le regard de l'intervenant est-il, lui, évolutif dans le temps ?

Nous venons de voir combien la trajectoire du toxicomane est marquée par de nombreuses évolutions. Mais nous constatons quelquefois que, si le patient évolue et même en bien, il arrive que l'intervenant lui ne change pas son regard sur le patient et se comporte comme si ce dernier n'avait pas évolué, déniant ainsi ses progrès, ce qui peut être source de conflits relationnels. Nous insistons sur ce point car, avec la substitution qui implique, nous le verrons, la très longue durée, l'intervenant est susceptible de se trouver en consultation face à un patient substitué n'ayant consommé aucun produit depuis plusieurs années, ce qui n'est pas une situation équivalente à une consultation d'un polytoxicomane s'injectant le Subutex®. Il est donc important que le « diagnostic relationnel » ne s'arrête pas à la substitution, de même qu'il est important que ce qui a été proposé autrefois et a échoué puisse être proposé à nouveau : cela n'échouera pas automatiquement, car le patient aura évolué entre temps et l'intervenant tentera de tirer, de faire tirer expérience de l'échec précédent.

Conclusion : la place du généraliste

Le médecin doit intégrer à sa pratique les conséquences ci-dessus décrites (projet d'abstinence et réduction des risques ; prise en charge globale et de longue durée).

Sa place dans la réduction des risques consiste à soigner le corps du toxicomane sans lier les soins à un projet d'abstinence à court terme (soins somatiques, conseil d'usage, propositions de bilans, de vaccinations, gestion du manque, orientation pour des démarches de couverture sociale, etc.), à améliorer ses conditions de vie et sa gestion des consommations ; l'étape suivante viendra d'elle-même en son temps.

Sa place dans un projet d'abstinence consiste à utiliser le sevrage (les sevrages) et la substitution dans le cadre d'une prise en charge plus globale, en réseau, en utilisant la notion de temps pour orienter au bon moment et faire évoluer son patient.

Nous insistons à nouveau sur la complémentarité des deux stratégies. Longtemps l'abstinence a été la seule proposition, nous en avons décrit les effets pervers et son inadaptation par rapport à la trajectoire d'un toxicomane. L'intentionnalité de l'abstinence doit s'accompagner de la réduction des dommages.

De même cette réduction des dommages ne peut être la seule stratégie possible, une fin en soi. Accompagner un toxicomane dans ses conduites doit permettre à long terme de le faire évoluer vers des demandes d'abstinence. Il ne faut jamais perdre cet objectif même s'il est lointain. Comme l'écrit Jean Carpentier : « Si on vise le bonheur (nous dirons le changement), on obtiendra peut-être la guérison ; si on vise la guérison, on obtiendra peut-être la réduction des risques ; si on vise la réduction des risques, on obtiendra peut-être la gestion de la misère humaine. »

Les conséquences sur la loi

La loi du 31 décembre 1970 a finalement été peu aménagée alors que, nous l'avons vu, les toxicomanies, les comorbidités somatiques et psychiques, les méthodes thérapeutiques, les stratégies d'action ont énormément évolué en 30 ans. Il est donc nécessaire de se poser la question : cette loi est-elle adaptée ? Voire même, fait-elle obstacle aux soins ?

En outre, l'aspect législatif est un paramètre incontournable du débat sur la toxicomanie. Faut-il dépénaliser les drogues, les légaliser, pourchasser les usagers, harmoniser les dispositifs européens ? Loin de nous l'idée d'avoir une opinion tranchée sur le sujet. Cependant il est possible d'alimenter les réflexions autour d'une question : « existe-t-il une solution législative idéale ? ».

Une loi inadaptée ?

Il existe en effet de nombreux paradoxes entre les pratiques et la loi du 31 décembre 1970.

Accès aux seringues

C'est l'un des paradoxes les plus dangereux. L'usage de drogues illicites étant un délit, le port d'une seringue est une présomption d'usage… donc de délit !

Appliquer la loi *stricto sensu* est donc un obstacle à la réduction des dommages et à la lutte contre les pathologies infectieuses.

La logique, puisque l'on distribue des seringues, voudrait que le délit d'usage disparaisse. C'est la dépénalisation de l'usage (nous y reviendrons plus avant dans ce paragraphe).

Sevrage

Par le biais de l'injonction thérapeutique, la loi distingue les usagers non intoxiqués (devant bénéficier d'un suivi) et les usagers intoxiqués (devant bénéficier d'un suivi et d'un sevrage).

La loi est là dépassée tant dans sa conception de la toxicomanie (toxicomanie n'est pas intoxication) que dans sa vision du traitement (quid de la substitution ?). Elle ne tient pas compte non plus de la notion de trajectoire, ni de la longue évolution nécessaire à acquérir l'abstinence à travers des récidives et rechutes.

Anonymat

L'anonymat est nécessité par le délit d'usage : quiconque demande des soins se reconnaît usager et donc délinquant !

Mais comment travailler en réseau avec l'anonymat ? Où est l'anonymat avec la substitution et les ordonnances nominatives ?

La notion de secret professionnel serait suffisante et plus adaptée aux pratiques actuelles.

Gratuité

Instaurée par la loi dans les centres spécialisés, elle reste très utile dans l'attente de couverture sociale pour les patients les plus désinsérés. Mais encore faut-il que ces centres aient un budget médicament adéquat pour avancer le traitement, du personnel pour accompagner les patients dans les démarches sociales, et une philosophie du « bas seuil » suffisamment développée. Sans compter le temps destiné au travail de réseau car nombre de ces patients sont suivis par des généralistes.

D'ailleurs, avec la substitution, payante et remboursable, prescrite par des médecins libéraux payés à l'acte, la « gratuité » (normalement du ressort d'un budget Etat spécifique) devient une prestation de la Sécurité sociale. C'est à elle qu'il incomberait alors de poser des RMO pour la substitution plutôt que celle-ci soit accompagnée par de « recommandations » éditées par circulaire. C'est elle également qui devrait s'intéresser aux financements de réseaux, actuellement du ressort du budget Etat, puisque la majorité des acteurs sont des libéraux, que le temps de réseau n'est pas pris en compte dans la charge de travail des médecins et que les détournements de la substitution (abcès, hospitalisation, multiprescription, marché noir) provoquent des dépenses de Sécurité sociale.

Enfin la gratuité des lits de sevrage au sein des services hospitaliers est devenue inadaptée. Légale pour un sevrage de l'héroïne, elle ne l'est pas pour un sevrage de la codéine ou de la seringue pour un injecteur de Subutex® (codéine et Subutex® étant des produits légaux)… A quand des lits de crises, quel que soit le produit responsable ou associé ?

Prévention primaire

La loi gêne également les messages de prévention. Centrés sur un cannabis diabolisé (ce qui pourtant nécessite une évaluation), ils méconnaissent les prises massives d'alcool, de tranquillisants ainsi que les solvants.

Enfin, apporter une information claire (le problème avec la drogue, ce n'est pas que ce soit mauvais, mais que c'est bon…) peut apparaître comme une incitation, ce qui est également un délit !

La loi confrontée à l'expérience des prises en charge

L'un des aspects les plus éculés du débat sur les toxicomanies est bien celui-ci : « drogues : maladie ou délinquance ? ». Nous ne parlons là que de la notion d'usage, de consommation maîtrisée ou non, et non des conséquences, immenses, de type trafic et vols.

Il n'est pas question pour nous de trancher cette question (par ailleurs idiote, si l'usage n'est pas défini comme un délit, il n'y a pas délinquance… la question est plutôt en l'occurrence « maladie ou pas maladie ? ») surtout en ce qui concerne **l'usage simple**. A moins de considérer que la curiosité, la transgression, l'initiation aux groupes du même âge, les activités exploratoires, la recherche du plaisir (dont le plaisir à se faire peur, à découvrir la nouveauté et à transgresser), les conduites d'essai et de risque ne sont pas des notions habituelles et inhérentes à l'être humain, il est difficile d'affubler tout usager simple d'un diagnostic et d'une obligation à se soigner.

Si l'usage se pérennise et devient abus, si les prises semblent prendre place dans le fonctionnement psychique et social du sujet, la question serait plutôt de savoir s'il s'agit de maladie liée au produit ou de malaise sous-jacent révélé, colmaté par le produit (cela a surtout de l'importance dans le domaine de la prévention : faut-il repérer l'adolescent qui se drogue ou l'adolescent qui va mal ?).

En revanche, en cas de dépendance, il y a *craving*, pulsion, compulsion, « manie »… il y a maladie. Cela est tellement vrai qu'il y a des traitements spécifiques, prescrits par des médecins, délivrés par des pharmaciens… et que ces traitements agissent sur la pensée obsédante, le *craving*… probablement mieux qu'une loi qui l'interdit.

Par ailleurs, les prises en charge, en particulier avec la substitution et ses techniques associées, montrent que le facteur temps est essentiel, que la sortie de la toxicomanie passe par des périodes de stabilisation et de retours en arrière, avec des troubles psychologiques et des reprises de drogues, légales et illégales… Rechuter dans l'alcool ou faire une dépression serait si différent que rechuter dans l'héroïne ? Dans ces rechutes, le critère de transgression de l'interdit est-il essentiel, ou bien plus accessoire ?

Est-il possible alors de maintenir une loi qui interdit un symptôme, une maladie, et surtout gêne les prises en charges ?

Une loi idéale ?

Devant un problème aussi complexe que l'usage de substances psychoactives, il faut avouer qu'il n'y a pas de solution législative idéale. Il s'agit bel et bien de poser des interdits et de soupeser leurs effets positifs et négatifs, afin de gérer une situation avec le moins d'effets pervers possibles.

Autrement dit, la loi, quelle qu'elle soit, ne peut qu'être paradoxale. La question est plutôt : « **quel est le paradoxe le moins dangereux pour les usagers et la société ?** ». Prenons quelques exemples.

L'usage est interdit mais on distribue des seringues pour s'injecter ce qui est interdit, on délivre des conseils pour consommer ce qui est interdit (l'ecstasy). C'est la situation française. Ce paradoxe est dangereux pour la réduction des risques, pour la lutte contre le VIH puisque le port de seringue reste une présomption de délit.

Pour éviter ce paradoxe, la dépénalisation de l'usage semble une solution.

L'usage est autorisé (dépénalisé) mais l'achat et la vente sont interdits. Le port d'une seringue est alors dépénalisé de fait. La réduction des risques n'a plus d'obstacle législatif. De plus l'usager n'est plus délinquant, par définition, ce qui évite la surexclusion.

Le paradoxe est alors que l'on peut consommer des substances que l'on ne peut acheter…

Notons que la dépénalisation de l'usage n'est pas un blanc-seing pour consommer. Elle s'accompagne d'interdits. Ainsi dans les pays qui la pratiquent, il existe des usages autorisés (chez soi) et interdits (sur la voie publique, la conduite automobile…), des limites d'âge à la consommation. On peut cyniquement affirmer que l'on contrôle mieux ce qui est permis que ce qui est totalement interdit. Les difficultés à se positionner sur l'usage au volant en est un exemple : l'alcool fait l'objet d'un cadre législatif mais non le cannabis (ni les BZD d'ailleurs).

La législation peut également distinguer la possession en faible quantité (pour usage) et en plus forte quantité (pour cession et vente).

L'usage est autorisé, l'achat et la vente également. C'est le cas des Pays-Bas avec le cannabis (herbe et résine), substance à risque acceptable pouvant être achetée en *coffee shop* (cela ne concerne pas l'huile, à risque inacceptable, étant donnée sa teneur élevée en delta 9 THC). Cela s'accompagne également d'interdit sur l'âge (16 ans, 18 ans, selon les législations).

Mais puisque l'usage et la vente sont dépénalisés, pourquoi ne pas en produire ? C'est ainsi que les Pays-Bas cultivent et produisent du cannabis mais avec des techniques tellement sophistiquées (la technologie des tulipes ?) que la teneur en delta 9 THC de la résine s'élève et pose problème ! La résine de cannabis hollandaise va-t-elle devenir une drogue à risque inacceptable ?

La légalisation contrôlée. Ce courant, plutôt défendu par les juristes (interdire l'usage individuel serait liberticide) et des économistes (l'argent de la drogue est plus dangereux pour la société que la drogue elle-même), va au-delà de la dépénalisation et propose de légaliser les drogues, en contrôlant leur usage et leurs circuits commerciaux… comme l'alcool ? Il s'agit de « tuer » le trafic. Le paradoxe est alors que l'on vendrait des produits éminemment dangereux pour l'individu et la société.

Que conclure ?

Tout d'abord qu'il existe un grand flou journalistique sur le sujet. Ces débats médiatiques sont axés sur la dépénalisation du cannabis, alors que nombre de spécialistes proposent la « dépénalisation de tous les usages »… De plus, dépénaliser l'usage n'est pas dépénaliser usage et vente, dépénaliser n'est pas légaliser, dépénaliser n'équivaut pas à « tout est permis ».

Ensuite qu'il existe des paradoxes moins dangereux que d'autres en termes de santé publique (l'avortement est un autre exemple d'interdit à effets pervers). Et que si l'on nous dit qu'on ne peut rien changer parce que le Français moyen n'est pas prêt, on doit aussi considérer qu'on n'a guère essayé de lui expliquer les données des problèmes (comme cela a été fait récemment en Suisse). Il ne faut pas confondre opinion publique et bien public.

Enfin que ceux qui insistent sur la notion d'interdit nécessaire à la structuration de l'individu confondent le Code pénal et le Surmoi (nous y reviendrons au chapitre 14 sur l'adolescence).

Ainsi on ne saurait attendre d'une législation, permissive ou interdictrice, qu'elle fasse disparaître le phénomène drogue. Raison de plus pour l'affronter.

5

La substitution

La substitution n'est qu'un des éléments de la prise en charge des toxicomanes aux opiacés. Mais c'est le plus souvent **l'élément central**, celui qui est demandé en priorité par les toxicomanes, et celui sur lequel s'appuieront les autres techniques de soin utilisées par le prescripteur. Il faut savoir la manier et l'intégrer à sa pratique. Nous allons donc en décrire les rudiments de façon très pratique. Cependant, pour être à l'aise au quotidien avec la substitution, il faut éliminer un certain nombre de pièges, ce qui nécessite de poser auparavant les bases de cette technique :

– **les bases historiques** car, si la substitution est récente en France, elle a déjà un long passé et il y a à tirer des expériences étrangères ;

– **les bases en termes d'objectifs (notion de seuil)** car cela conditionne les pratiques (et non la pratique) de la substitution ;

– **les bases conceptuelles**, car il faut s'imprégner de la **notion de « remplacements »** (« substitution » peut se traduire par « remplacement »), notion qui aidera à mieux raisonner ;

– **les bases pharmacologiques** car, pour obtenir ces remplacements, il faut un profil particulier qui peut cependant être détourné. De plus il est nécessaire de connaître ce que l'on prescrit, données capitales pour l'induction du traitement et les interactions médicamenteuses (en particulier avec les antalgiques) ;

– **les bases cliniques**, c'est-à-dire développer une clinique de la toxicomanie permettant de comprendre sur quels éléments la substitution agit, et sur lesquels elle n'agit pas, mais aussi de poser les conditions nécessaires à ces actions.

De ces bases découle **une logique de la substitution**, différente de celle du sevrage classique, logique qui nous conduira à réfléchir à la notion « d'entretien » (« maintenance » peut se traduire par « entretien ») ou, mieux peut-être, à la notion de « rééquilibrage métabolique ».

Nous pourrons alors décrire **les aspects pratiques et légaux** de la substitution pour le généraliste, avant de terminer sur quelques **perspectives d'avenir**.

Bases historiques

La substitution au XIXe siècle

Nous avons décrit dans le chapitre 1 comment la substitution s'invente au XIXe siècle, dans le même temps que les drogues végétales deviennent des médicaments puis sont détournées et donnent naissance à la toxicomanie.

Rappelons ainsi que l'héroïne et la cocaïne seront un temps les médicaments de la morphinomanie.

Citons à titre d'illustration un extrait d'un livre datant de 1891, écrit par un aliéniste français, le Docteur Henri Guimbail : « Prétendre qu'une seule méthode pourra être appliquée à tous les cas de morphinomanie, cela peut sembler *a priori* une aberration ou une témérité. Il n'y a pas de morphinomanie. Il n'y a que des morphinomanes. Pourtant, tous les adeptes de l'enivrante drogue ne sont devenus ses esclaves que parce qu'elle développe en eux des énergies inconnues dans lesquelles l'élément moral ne joue qu'un rôle secondaire. Ces énergies appartiennent au domaine physique. C'est pourquoi mes recherches ont été dirigées par cette idée fondamentale : **trouver un substitutif puissant, anodin, sans danger**, renfermant en sa substance, à l'état virtuel, le stimulus organique recherché par le morphinomane, et pouvant être facilement employé. Dans ce but, les médecins appelés à soigner les morphinomanes prescrivent comme succédanés de la morphine, l'alcool sous toutes ses formes : bière, vin, grogs, rhum, cognac, champagne, etc. Les médecins allemands ne manquent jamais de les ordonner. On a conseillé la cocaïne : il est de notion courante désormais que les effets de cette drogue sont cent fois plus dangereux encore que ceux de la morphine. On a conseillé également la belladone, le haschich, la noix vomique, la spartéine, la caféine. Ces deux dernières substances sont à retenir, mais pas plus que les précédentes, elles ne sont capables à elles seules à se subsister à l'action stimulante de la morphine. Au contraire, tout près de la morphine se trouve une substance douée de propriétés analogues mais s'en distinguant toutefois par un degré de toxicité beaucoup moindre et qui, par ce fait, constitue pour nous le desideratum tant recherché pour un substitutif. Cette substance voisine de la morphine, c'est **la codéine**. »

Peu de toxicomanes ont lu le Docteur Guimbail... mais rappelons qu'en 1991, 40 000 boîtes de Néocodion® étaient vendues par jour en France, soit 15 000 à 20 000 « places de codéine » (entre 1 et 3 boîtes par patients en moyenne)...

Deux points nous paraissent particulièrement prémonitoires dans l'article de Guimbail :

– « ces énergies appartiennent au domaine physique » écrit-il, ce qui préfigure une causalité biologique ;

– la nécessité d'un certain profil pharmacologique du produit de substitution, profil que la codéine approche, à l'inverse de l'héroïne (effet *flash*) et de la cocaïne, qui n'est pas de la même famille pharmacologique (l'opiacé).

Prémonitoires car nous retrouverons ces données plus de soixante-dix ans après dans l'œuvre de Dole et Nyswander !

La substitution moderne

En **1965, Dole et Nyswander** vont poser les bases de la substitution moderne aux Etats-Unis en utilisant la méthadone et en développant une théorie expliquant son intérêt :

– ils supposent tout d'abord que, si les toxicomanes rechutent en permanence, c'est à cause de désordres neurohormonaux liés à l'usage itératif de la drogue. **C'est l'hypothèse métabolique de la toxicomanie** : les opiacés provoquent des désordres biologiques qu'il faut rééquilibrer avec... un opiacé ;

– ils supposent également que cet opiacé de rééquilibrage doit avoir un profil particulier (demi-vie longue, pas d'effet *flash*) et expérimentent la méthadone qui répond à cette exigence.

La méthadone n'a pas été inventée pour la substitution, mais a vu le jour en Allemagne en fin de Seconde Guerre mondiale comme antalgique sous le nom de Dolophine® (de *dolus*, douleur, et non comme on le lit parfois adolphine en l'honneur de Hitler, prénommé Adolf...). Les Allemands ne peuvent plus obtenir de morphine car l'opium nécessaire provenait de Turquie, laquelle vient d'être libérée par les Forces alliées, il leur faut donc un antalgique de synthèse... Les Forces alliées récupéreront le brevet après la victoire mais cette molécule est peu étudiée puis abandonnée (pour les raisons pharmacologiques qui en feront un bon produit de substitution, ce n'est pas un bon antalgique).

Après une expérimentation sur une vingtaine de cas, Vincent Dole et Marie Nyswander (auxquels s'adjoindra Marie-

Jeanne Kreek) font paraître l'article princeps qui les fera passer à la postérité *(A medical treatment for diacetylmorphine addiction)*. Ils ont là un traitement efficace de l'héroïnomanie…

Cet article a un immense retentissement aux Etats-Unis, gravement touchés par ce fléau. Rapidement apparaissent les **MMTP**, initiales de « programmes de traitement par la maintenance à la méthadone ». Notons ce terme de « maintenance » et non de « substitution ». Ainsi en 1973, 200 000 places existent au sein de ces MMTP. C'est alors qu'un certain désenchantement se fait progressivement jour :

– les résultats remarquables de Dole et Nyswander ne sont pas retrouvés. Existerait-il des indications selon les patients ? **La méthadone serait-elle le traitement des héroïnomanes ou plutôt de certains héroïnomanes ?** ;

– les résultats varient selon les centres. En particulier, la réussite du programme dépend de sa capacité à proposer des offres de soins diversifiées. **La méthadone serait-elle le traitement des héroïnomanes ou plutôt l'un des traitements de l'héroïnomanie ?** ;

– des **effets pervers** apparaissent, répertoriés en trois points :
  - le trafic de méthadone ;
  - les surdoses (décès en particulier de non-toxicomanes) ;
  - l'entrée dans la toxicomanie aux opiacés par la méthadone.

Se pencher sur les détournements actuels du Subutex® en France obligerait à constater ce singulier bégaiement de l'histoire… Les Américains décident alors un retour progressif à plus de rigueur (en particulier pour la dispensation) et, en 1991, 75 000 places existent en MMTP. Notons donc que ces pratiques se développent avant l'apparition du VIH et diminuent même après son apparition.

Et en France ?

Les premiers questionnements sur la méthadone ont lieu en 1972. La plupart des toxicomanes sont suivis par un dispositif spécialisé peu médicalisé et volontiers « antimédicaments » (les pionniers du dispositif sont du domaine socioéducatif ou psychiatres analystes, et dans une lointaine mouvance antipsychiatrique), donc opposé à ce type de prise en charge. Deux centres ouvrent en 1973 à Paris (St Anne et Fernand Widal) avec un statut expérimental (la méthadone reste une drogue illicite) comprenant pour chacun une vingtaine de places.

C'est **l'épidémie de VIH qui va modifier les données** mais aussi le paysage des intervenants en toxicomanie. D'une part, l'invention nécessaire de la stratégie de réduction des risques met l'accent sur l'accès aux seringues et questionne sur l'utilité d'un produit non injectable (la méthadone en sirop est très difficilement injectée) et, d'autre part, l'apparition de nouveaux professionnels en toxicomanie se fait jour, la prise en charge des séropositifs mettant en jeu les hospitaliers et médecins qui n'ont pas *a priori* les mêmes réticences sur la substitution.

Des associations militeront sur ces deux terrains (Médecin du Monde, Aides) et s'associent à certains généralistes pionniers pour faire évoluer les idées.

Les conflits idéologiques sur la méthadone sont alors très passionnels, en particulier à cause de cet arrière-plan mortifère du VIH (être contre la méthadone revient à être pour le VIH, être pour la méthadone revient à être un *dealer* en blouse blanche...).

Les pratiques évoluant plus vite que les réglementations, une **substitution médicalement assistée se développe dans l'illégalité** (donc sans contrôle) avec des produits mal adaptés (le Temgésic®, la morphine). Dans le même temps, rappelons-le, la codéine est en vente libre et concourt à une **autosubstitution**. Autrement dit, alors qu'on se questionne sur l'intérêt de la substitution, elle existe déjà largement de façon sauvage !

Prise dans ce conflit entre les courants contradictoires, **l'administration avance à mots comptés** (dans les circulaires mettant en place la méthadone, le mot « substitution » s'impose au mot « maintenance », nous y reviendrons plus loin) et les centres méthadone commenceront à se développer à partir de 1994, le sirop de méthadone devenant lui-même un médicament en mars 1995 ; enfin, la possibilité de relais de centres initiateurs à médecins et pharmaciens devient possible en septembre 1995, permettant aux centres d'avoir des sorties sans arrêt de traitement et donc... des entrées.

Ce dispositif restrictif (initialisation en centre) associé à une logique de « haut seuil » et à une budgétisation « Etat » pénurique (ce qui n'encourage pas les centres spécialisés associatifs aux financements précaires, d'autant qu'il y existe des réticences théoriques) **ne peut atteindre son objectif de santé publique** (accès à la substitution pour le plus grand nombre permettant une réduction des risques).

La buprénorphine présente sur le marché sous forme de Temgésic®, apparaît en « haut dosage » (**BHD**) pour tenir compte de la tolérance croisée héroïne-morphinique-morphinomimétique, sous le nom de **Subutex®** en février 1996, conditionné sous forme de comprimés sublinguaux. Il peut être prescrit par tout médecin, des recommandations de « bonnes pratiques » devront limiter les dérives (mais ce ne sont que des recommandations... pourquoi pas des RMO ?). A noter aussi que la constitution de réseaux et l'incitation à la formation des médecins et pharmaciens. Enfin la possibilité de continuer des traitements de substitution en milieu carcéral est préconisée, puis l'initialisation même y est possible avant la sortie.

C'est ainsi que deux médicaments ont l'AMM « traitement des pharmacodépendances majeures aux opiacés » ; l'un, le Subutex®, est d'accès facile, l'autre, la méthadone, le plus ancien et donc le plus étudié, l'est moins (le nombre de toxicomanes bénéficiant de ces traitements respectifs est en faveur du Subutex® dans un rapport de 6 pour 1). Une ère nouvelle dans la prise en charge des toxicomanes s'ouvre, avec **ses réussites et ses dérives.**

Une des causes principales de ces dérives est de n'avoir pas mis l'accent sur la dispensation de substitution dans **l'incontournable bipôle « prescription-dispensation ».** Nous allons y revenir tout au long de ce chapitre.

Une autre cause de ces dérives est d'avoir laissé penser que **la substitution** était le traitement de la pharmacodépendance alors qu'il s'agit le plus souvent **d'un des éléments, certes essentiel mais non suffisant, de la prise en charge**. De plus, l'avènement de la substitution pendant l'émergence du VIH a laissé penser que **cette technique était un pis aller** (plutôt la substitution que le VIH) alors que c'est un progrès considérable pour les prises en charge.

Enfin une troisième cause de ces dérives est de n'avoir pas clarifié assez nettement les objectifs de la substitution. La notion de trajectoire, déjà vue, implique **qu'il existe des objectifs différents et donc des stratégies de substitution différentes**.

Notion de « seuil »

Rappelons qu'un toxicomane aux opiacés va vivre une trajectoire en trois temps :

– la lune de miel, avec plaisir maximum, puis tolérance, dépendance psychique non repérée, et centration ;

– la gestion du manque avec l'alternance plaisir-besoin et la perte de contrôle progressivement dominatrice ;

– la galère, avec besoin prédominant, organisateur de la vie et des troubles.

Nous avons également souligné combien cette trajectoire faisait évoluer dans le temps le discours du toxicomane, sa demande, ses interlocuteurs, ainsi que les stratégies de prise en charge (réduction des dommages, intentionnalité de l'abstinence).

L'objectif d'une substitution peut être également évolutif dans le temps. A la première phase, il n'y a pas de demande car il faudrait que le substitut « défonce » ; à la phase de gestion du manque, il s'agit d'une substitution de gestion du manque, justement ; à la troisième phase, la substitution peut beaucoup mieux s'intégrer dans une prise en charge visant l'abstinence.

L'exemple hollandais

Développons quelques instants cet aspect capital : **deux objectifs de substitution**, et ce quel que soit le produit, donc **deux dispositifs différents**. Prenons l'exemple de la méthadone à Amsterdam : avec ce seul produit, la méthadone, il y a donc deux dispositifs *(tab. 5.I)* :

TABLEAU 5.I. La notion de seuil en substitution.

Haut seuil Exigence haute		**Bas seuil Exigence basse**
Individualisée	Prescription	Standardisée
Contrôlée	Délivrance	Contrôlée
Contrôlée	Prise	Contrôlée
Oui	Prise quotidienne	Non
Oui	Analyses d'urine	Une fois
Pluridisciplinaire	Equipe	De contact ?
PEC vers l'abstinence	Objectif	Réduction des risques
De soin ←	Outil	→ De gestion du manque

Le haut seuil ou l'exigence haute, dans des centres :

- la méthadone est prescrite de façon individualisée ;
- la délivrance et la prise sont contrôlées ;
- la prise est quotidienne ;
- les analyses d'urines visent à contrôler la présence ou l'absence de drogues ;
- l'équipe pluridisciplinaire travaille à une prise en charge visant l'abstinence.

Il s'agirait donc d'un outil de soin, visant à arrêter progressivement la toxicomanie.

Le bas seuil ou l'exigence basse, dans des bus :

– la méthadone est distribuée sans individualisation de la dose, laquelle est modérée ;

– la délivrance et la prise sont également contrôlées ;

– la prise n'est pas quotidienne (le toxicomane vient le jour qu'il souhaite, en particulier évidemment quand il est en manque) ;

– il n'y a pas d'analyses d'urines sauf la première fois car il s'agit de vérifier qu'il est dépendant d'opiacés ;

– il n'y a pas d'équipe pluridisciplinaire mais plutôt une équipe visant une prise de contact autour de la réduction des dommages (médicaux et sociaux) .

Il s'agirait donc d'un outil de gestion du manque (arrêt du manque) voire d'amortisseur social, de psychotropisation de problèmes sociaux ; en effet, les Hollandais disent que ce n'est pas le toxicomane qui pose problème… mais le toxicomane en manque… en particulier pour la petite délinquance.

Il existe donc un double dispositif que nous pouvons calquer peu ou prou sur ce que nous avons développé au sujet des stratégies de prise en charge :

– bas seuil, ouvert au plus grand nombre visant une gestion du manque et la réduction des dommages ;

– haut seuil ouvert à ceux qui s'accommodent de l'intentionnalité de l'abstinence.

Et en France ?

Analysons la situation française au regard de ce pragmatisme :

– avant la substitution légale, il existe une **autosubstitution *via* les codéinés**, qui correspond peu ou prou à **une forme de bas seuil** (Néocodion® en officine acheté au quotidien et quasiment consommé sur le trottoir d'en face…). On laisse cyniquement les pharmaciens remplir cette fonction sans trop la leur expliquer ou les soutenir dans leurs difficultés. Notons qu'au moins cette autosubstitution s'effectuait par voie orale ;

– puis **la méthadone** apparaît, à partir de centres **haut seuil**, sélectionnant des patients ayant une longue trajectoire (le faible nombre de places et la montée en charge très progressive des centres aggravant cette sélection). Le **bas seuil Néocodion® n'est que peu touché**, pendant **qu'un seuil « incertain » émerge et s'accroît à travers les morphiniques et surtout le Temgésic®**, préféré à la codéine par les toxicomanes car très aisément injectable (alors que l'alibi de ces prescriptions illégales mais tolérées est la lutte contre le VIH) ;

– puis **le Subutex®** apparaît, accompagné **de recommandations** visant plutôt ce qui apparaît comme un « **haut ou moyen** » **seuil** : prescription individualisée, contact avec un pharmacien, fractionnement des prises quotidiennes, prise en charge globale. Mais il n'y a aucune prise en compte de la nécessité d'un bas seuil, celui-ci n'est donc ni prévu ni défini. Les toxicomanes vont donc s'en charger : ils vont tenter **d'attirer le Subutex® vers un certain bas seuil**, c'est-à-dire l'ordonnance à 28 jours d'emblée, à délivrer en une fois, etc.

Conséquences

Six points sont particulièrement importants à expliciter sur ces notions de seuil.

■ Le double dispositif hollandais comprend donc des centres méthadone haut seuil et des bus méthadone bas seuil (quelques bus sont à l'essai en France), donc avec le même médicament de substitution. La différence n'est donc pas dans le produit mais dans la manière de l'employer… On entend fréquemment que **la méthadone serait haut seuil et le Subutex® bas seuil : c'est faux !** On peut faire des seuils différents avec la méthadone et avec le Subutex®.

■ **Ces deux dispositifs sont indispensables**. Il n'existe pas une bonne substitution, noble, de haut seuil et une mauvaise substitution, sale, de bas seuil. Elles s'adressent à des temps différents de la trajectoire des toxicomanes aux opiacés. Gérer le manque des patients est un moyen de limiter les dommages sociaux et d'avoir accès à eux pour limiter les dommages médicaux, utilité double tant pour le patient (ou le futur patient) que pour la société. Attention cependant, prescrire de la substitution n'est pas suffisant pour obtenir une réduction des dommages efficace. Attention également, si le bas seuil n'est pas légal, le toxicomane peut en inventer un à sa façon et y pousser le prescripteur.

■ **Le VIH et les dispositifs.** On peut concevoir que le haut seuil sélectionne des patients acceptant les contraintes et le cadre contractuel associé à l'intentionnalité de l'abstinence ; ce dispositif agit donc peu sur le VIH puisqu'il intervient de façon relativement tardive dans la trajectoire d'un toxicomane, son statut sérologique étant fixé bien auparavant. Le bas seuil aurait là, par contre, une plus grande utilité puisque l'on peut comprendre qu'un toxicomane en manque est plus en danger de VIH. Or, la littérature internationale souligne que le bas seuil est moins efficace que le haut seuil sur les séroconversions ! Mais s'agit-il des mêmes patients ou de patients à des moments différents de leur trajectoire ? **Cela questionne avec acuité la substitution comme vaccin contre le VIH et souligne l'importance des stratégies d'accès aux seringues, du contact pédagogique concernant le partage du matériel d'injection, etc**. La prescription de substitution ne résume pas la réduction des dommages, elle doit permettre ce contact pédagogique. Par ailleurs, le contexte français qui a imposé le lien substitution-VIH porte finalement préjudice à cette technique qui semble présentée comme un outil de réduction des dommages (ce qu'elle est sous conditions), et non comme un moyen thérapeutique efficace (ce qu'elle est également sous conditions).

■ **Ces deux dispositifs sont complémentaires**. Les Hollandais estiment qu'une part importante des toxicomanes usagers des « bus bas seuil » s'adressent progressivement au fil des ans à l'autre dispositif. C'est souligner là à nouveau l'importance de l'existence des deux dispositifs et de leur articulation.

Avoir un fort contingent de bas seuil et peu de places haut seuil (centres saturés, réseaux peu financés) expose à voir des patients demandeurs de prise en charge plus élaborée et que ne peuvent pas les obtenir. La substitution ne serait alors qu'un apprivoisement de l'opiacé, une régulation de l'illégal par le légal, un amortisseur social. Car même dans le haut seuil, la substitution n'est qu'un des éléments de la prise en charge, ce que nous montrera le paragraphe sur la clinique du toxicomane.

Avoir un fort contingent haut seuil impose aux toxicomanes d'inventer une forme de bas seuil, surtout si les prescripteurs n'ont pas la notion des différences entre les deux stratégies.

En fait, **en France**, la situation est particulière puisqu'il semble bien y exister deux dispositifs, non ceux que nous venons de développer mais deux autres **: le haut seuil et… le pseudo bas seuil.**

■ **La différence entre haut seuil et bas seuil** ne se fait pas sur le contrôle de la prise et de la délivrance ; ainsi dans les deux cas, aux Pays-Bas, ce contrôle existe : il s'agit d'éviter les effets pervers, tout particulièrement le stockage, le trafic, l'entrée dans la toxicomanie par le produit de substitution. Ainsi **ceux qui disent : « je contrôle, je fais du haut seuil ; je ne contrôle pas, je fais du bas seuil » se trompent**. Dans le bas seuil, il faudrait aussi contrôler ; si on ne contrôle pas, ce n'est même pas du bas seuil, **c'est un pseudo bas seuil** avec un maximum d'effets pervers…

La différence entre haut seuil et bas seuil est technique (prises quotidiennes ou non, analyses d'urines ou non) ; ce sont aussi et surtout l'intentionnalité du prescripteur et de l'équipe pluridisciplinaire, la pose d'un cadre contractuel de travail, un cadre au seuil adapté… et enfin ce sont les moyens de prise en charge.

■ **Et le généraliste ?** A nouveau, le généraliste n'a pas deux cabinets, avec deux seuils de prescription de substitution. Il doit adapter le seuil de sa substitution à un patient donné.

Il peut faire un vrai bas seuil en délivrance fractionnée avec l'accord du pharmacien (si le patient vient trois fois dans la semaine, il a trois fois son Subutex®) cherchant à améliorer la qualité de vie du toxicomane. Il aura la surprise d'apprendre du pharmacien que, au fil du temps, le toxicomane vient de plus en plus régulièrement et de constater que les consultations prennent un autre sens, un autre contenu dans lequel il est question d'envisager « autre chose ».

Cela est très différent du pseudo bas seuil fondé sur la délivrance sans fractionnement, l'ordonnance à 28 jours à délivrer en une fois, ce qui provoque le trafic, les surdoses, les entrées dans la toxicomanie par les produits de substitution (effets pervers que nous avons vus avec la méthadone aux Etats-Unis) et aussi la multiprise au quotidien, contraire aux bases conceptuelles de la substitution.

Bases conceptuelles : notion de « remplacement »

Le mot « substitution » a été préféré en France à celui de « maintenance » pourtant habituellement utilisé dans les autres pays :

– circulaire n° 14 du 07/03/1994 : « … l'objectif ultime est de permettre à chaque patient d'élaborer une vie sans dépendance à un quelconque produit y compris à la méthadone. Ce cadre exclut donc la possibilité *a priori* d'utiliser la méthadone comme produit de maintenance » ;

– circulaire n °4 du 11/01/1995 : « … l'objectif ultime est de permettre à chaque patient d'élaborer une vie sans dépendance, y compris à la méthadone. Il s'agit donc d'un traitement de substitution » ;

– circulaire n° 29 du 31/03/1995 : « … l'objectif ultime est de permettre à chaque patient d'élaborer une vie sans dépendance :

- y compris à la méthadone. Il s'agit donc d'un traitement de substitution ;
- y compris à la buprénorphine ».

On comprend donc « grâce » à ces circulaires :

– qu'un traitement de substitution n'utilise pas de produit de maintenance… ;

– que la substitution ne provoque à terme aucune dépendance et serait donc provisoire… ;

– que la maintenance, par opposition, introduit l'idée d'une dépendance à la méthadone et la notion de très longue durée… ;

– que la méthadone en France, c'est de la substitution, quant à la buprénorphine on ne sait pas…

Puisque ces distinctions sont faites et même si une circulaire n'est pas un article scientifique, existe-t-il des éléments techniques permettant à l'Etat d'être aussi dichotomique ?

Ou s'agit-il d'un simple alibi sémantique, l'important étant que, dans le contexte français à conflits idéologiques forts, le mot « substitution » se trouvait plus acceptable, préférable au terme de « maintenance » qui résonnait trop avec « maintenir, contenir, camisole chimique », alors qu'il devrait se traduire par « entretien », ce qui présente également des connotations négatives (entretenir un toxicomane dans sa toxicomanie ?).

Cependant ce mot nous semble très utile pour mieux comprendre les bases de cette stratégie. C'est un mot anglais que l'on peut traduire par « remplacement » (voire « *ersatz* »…) Et dans la substitution, il y a **des remplacements** *(tab. 5.II)*.

TABLEAU 5.II. Substitution et remplacements.

Drogue	→	Médicament
Illégal	→	Légal
Cher	→	Remboursé SS
Frelaté	→	Pur
Injectable	→	Oral
Flash	→	Absorption lente
Défonce	→	Suppression du manque
Multiprise	→	Une prise
Réseau	→	Professionnels
	↑	
	Tiers	

Evidemment, le substitut ne saurait remplacer tous les effets de l'héroïne, et cela est important sur le plan thérapeutique, nous y reviendrons. Par ailleurs, ce qui est capital à appréhender, c'est que le patient n'acquiert pas la totalité de ces remplacements par le seul fait qu'on lui prescrit du Subutex® ou de la méthadone. Cela passe par **du travail relationnel et des contraintes** qui ont pour but de l'aider à évoluer et à acquérir le contrôle de son médicament.

Pour obtenir ces remplacements, on conçoit donc le rôle majeur du tiers dont l'apparition est liée au traitement de substitution. **Ce tiers, c'est bien sûr le médecin** pour peu qu'il ne se cantonne pas durablement à un rôle exclusif de prescripteur, risquant alors d'être accusé de réduire son travail à un simple remplacement (de *dealer* à « *dealer* en blouse blanche »).

Développons l'importance de chacun de ces remplacements et les dérives possibles.

La drogue par le médicament et l'illégal par le légal

Voilà bien un aspect qui n'est pas que symbolique. Remplacer le face à face toxicomane-médecin auteur d'une prescription de produit illégal mais toléré (Temgésic®) et le face à face toxicomane-pharmacien auteur d'une délivrance de ce produit ou de la codéine par des situations clairement légales a souvent totalement modifié le contexte relationnel. Le climat de ces rencontres s'est amélioré, d'autant que le cadre a été clair, posé par le médecin, répercuté au pharmacien. Ce remplacement est également un axe de travail, le patient manie la substitution comme un équivalent de drogue et il faudra obtenir qu'il le prenne ensuite comme un médicament.

La dérive est dans l'absence de ce cadre (simple prescription) sans contact avec le pharmacien, mis en difficulté par le non-suivi des recommandations, contraint à laisser faire ou à imposer lui-même des règles. Le conflit réapparaît. L'exemple le plus flagrant est la prescription de Subutex® sans fractionnement qui facilite le trafic et même la pluriprescription (chacun des « couples de médecin-pharmacien » peut permettre de vendre 8 boîtes de Subutex®) ; ce trafic est florissant dans certaines villes et va même au-delà des usagers de drogues.

Le cher par le gratuit ou remboursé par la Sécurité sociale

Agir sur la délinquance imposée par l'usage d'héroïne est possible, nous l'avons vu dans le « bas seuil de gestion du manque ».

La gratuité de la méthadone initialisée dans les centres correspond à cet objectif, mais ces centres, de haut seuil, concernent peu les toxicomanes les plus désocialisés qui ont d'abord accès au Subutex®.

Pour le Subutex®, le 100 %, les cartes santé sont d'un grand secours, mais il faut un minimum de démarches sociales et un certain temps pour les acquérir. A nouveau se pose le problème des patients les plus désocialisés qui ont besoin d'accompagnement pour faire ces démarches d'autant que leur situation administrative est souvent complexe. Or la substitution peut aider à mettre en place ce suivi social, mais sans suivi social pas de substitution ?

Le frelaté par le pur

Pour rappeler que le sachet d'héroïne est fortement dilué de produits de coupage, quelquefois eux-mêmes problématiques. Et qu'il existe à l'étranger des programmes d'héroïne pur remplaçant l'héroïne frelatée. Il existe ainsi en Suisse, dans certains cantons, des « programmes héroïne » réservés aux échecs des autres substitutions. Signalons que le cadre de ces programmes inclut la prise du produit de substitution (l'héroïne) au sein de la structure (et le cadre des autres substitutions également...). En France, l'échec de la substitution est plus souvent lié à l'absence de cadre qu'à la substitution elle-même.

L'injectable par la voie orale ou sublinguale

C'est un impératif de santé publique visant à réduire les pathologies de l'injectable, mais c'est aussi un axe de travail important pour faire progresser le patient :

– la méthadone, présentée en sirop buvable, est très peu détournable ;

– le Subutex®, présenté en sublinguale (la voie orale provoque une destruction de 90 % du produit au premier passage hépatique), est aisément injecté, ou encore sniffé.

Ces injections provoquent un certain *flash* et imposent souvent une multiprise quotidienne (la demi-vie du produit étant réduite du tiers). Il faut également concevoir qu'un toxicomane habitué, ritualisé, à s'injecter régulièrement son médicament de substitution ait quelques difficultés plus tard à le prendre autrement (nous reviendrons sous peu sur ces conditionnements).

Le flash par ce qui monte progressivement, ce qui fait « défonce » par ce qui supprime le manque

C'est là encore un intérêt thérapeutique majeur de la substitution. L'héroïne agit très brutalement et procure une sensation quasi immédiate (le « *flash* » de la « défonce »).

La méthadone, agoniste morphinique, procure cette sensation de façon amoindrie, et surtout de façon très progressive, le maximum d'effet étant ressenti trois heures environ après la prise. Ceci se produit essentiellement dans les premiers temps de la mise sous médicament et peut permettre ainsi un « deuil » progressif de cette recherche de sensation.

Un patient en recherche de sensation risque de prendre plus de méthadone, en particulier quand nous assouplissons les règles de délivrance (le week-end, prendre deux jours d'un coup), ou d'utiliser d'autres produits au moment de la « montée » (alcool, mais aussi benzodiazépines, codéinés, morphinomimétiques comme l'Antalvic®).

Le Subutex®, agoniste-antagoniste ne procure pas cette sensation. Tout au plus le patient ressent la disparition des signes de manque qu'il avait autour de la prise, avec un délai lié à l'action progressive de la molécule.

Un patient en recherche de sensation risque d'utiliser les mêmes techniques que celles décrites sous méthadone mais aussi, ici plus spécifiquement, l'injection du produit de substitution, obtenant alors un effet plus puissant qui se conjugue aux rituels de prises (nous y reviendrons).

Dans les deux cas (méthadone et Subutex®) l'usage d'héroïne n'est pas ressenti de par l'affinité plus importante des produits de substitution. Un toxicomane en recherche de sensations doit alors prendre son substitut de façon épisodique pour ne plus être « couvert » par lui et ressentir l'héroïne, bref s'inventer un bas seuil de gestion du manque. On conçoit dès lors l'intérêt du contrôle de la prise. Il peut également devenir usager de la cocaïne, dont l'effet ne sera pas bloqué par les médicaments.

Des détournements de ces remplacements sont donc là encore possibles, limitables par des règles simples (fractionnement, contrôle de la prise…).

Le « multiprise quotidien » par le « une prise quotidienne »

L'intérêt est là encore capital et il a une grande importance relationnelle. C'est en effet la succession dans un temps court (la journée) de sensations de « défonce » et de manque qui provoque une partie du style relationnel du toxicomane, dominé par le « tout, tout de suite », l'incapacité à différer, la propension à l'acte, etc. Agir sur cette alternance modifie donc ce « comportement du manque » (sur lequel nous reviendrons plus longuement dans le chapitre sur la relation) et facilite la prise en charge.

Ce passage du multiprise à la monoprise peut être empêché par des conditionnements et des anticipations cognitives sur lesquels nous reviendrons également.

Mais fréquemment, ce passage est rendu problématique par l'injection du Subutex® qui raccourcit la demi-vie du médicament.

Là encore, l'intérêt du fractionnement évite ce détournement. Nous insistons beaucoup sur ce remplacement en « monoprise » ; la demi-vie longue de ces traitements le permet et cela nous semble essentiel à la stabilisation du patient.

Un certain réseau par un réseau de professionnels

La restauration des réseaux sociaux d'appartenance hors de la vie de la drogue est un objectif important, mais reconstruire une vie ne peut que prendre du temps et, de façon circulaire, cette reconstruction facilite la mise à distance du mode de vie impliquant la drogue.

Etre en contact avec des professionnels est un préalable à cette mise à distance. Mais il faut que le médecin, le tiers, ne soit pas « que » le prescripteur et qu'il n'hésite pas à inciter à la rencontre avec d'autres professionnels (sociaux, éducateurs, psychologues, psychiatres, etc.). Ces multiples rencontres participent à cette reconstruction, pour peu que tous acceptent de travailler dans la durée avec la notion de temps, voire de rechute, et le respect de chacun des professionnels.

Autre détournement : la coprescription

Si les détournements pharmacologiques les plus fréquents du Subutex® sont la multiprise et l'injectable, nous y ajouterons de façon artificielle la coprescription. Un toxicomane peut avoir plusieurs prescripteurs ou venir renouveler son ordonnance bien avant les 28 jours prévus (surtout sans fractionnement...).

La raison peut être un détournement du profil pharmacologique déjà cité, mais aussi **un sous-dosage** auquel il conviendra de remédier (cela est d'autant plus facile si nous savons que le patient prend effectivement son traitement...).

Une autre raison, non pharmacologique, est **le don** (à son conjoint, à des copains), hypothèse qu'il faudra sereinement évoquer, d'autant que la vie de l'usager est fortement impliquée dans le monde de la drogue, afin de proposer suivis ou adresses aux multi-utilisateurs de l'ordonnance.

Enfin la revente au marché noir est une autre possibilité, plus difficile à gérer.

Conclusion

La substitution n'est pas qu'un simple remplacement. Elle agit à plusieurs niveaux de remplacements, chacun étant nécessaire mais chacun pouvant être détourné (un toxicomane s'injecte plusieurs fois par jour du Subutex® acheté au marché noir au prix fort).

Le patient ne peut acquérir ces remplacements que si la prescription s'accompagne de travail relationnel (rôle du tiers) et de conditions particulières de délivrance qui ont pour but de l'aider et doivent donc être vécues positivement par le patient et l'intervenant. Sinon, quel que soit le profil pharmacologique du produit, la substitution n'atteindra pas son but. Mais bien évidemment, pour espérer aider le patient sans trop de difficultés (difficultés directement liées à la molécule de substitution, il y en aura bien d'autres...), il faut quand même un profil pharmacologique particulier.

Bases pharmacologiques

Quel profil pharmacologique ?

La notion de multiremplacement impose donc un profil pharmacologique particulier que nous avons déjà en partie dévoilé en citant l'œuvre pionnière de Dole et Nyswander. Nous allons étudier les deux produits de substitution disponibles en France en les comparant à ce « profil idéal », mais aussi en recherchant les détournements possibles et comment les restreindre *(tab. 5.III)*.

TABLEAU 5.III. Le profil idéal d'un médicament de substitution.

1	Demi-vie longue
2	Pas d'effet *flash*
3	Non injectable
4	Peu de tolérance
5	Peu d'effet euphorique à dose thérapeutique
6	Pas de surdose, sécurité d'emploi
7	Peu d'effets secondaires
8	Non morphinique dans les urines

Rappelons quels sont les deux médicaments de substitution disponibles en France (prescription sur ordonnance sécurisée, règle des 7 jours) :

– **la méthadone, ou chlorhydrate de méthadone**, fait partie de la liste des stupéfiants (prescription sur ordonnance sécurisée, règle des 7 jours). Elle existe sous forme de sirop buvable avec cinq dosages : flacons de 5-10-20-40-60 mg. C'est un agoniste fort, principalement des récepteurs μ des peptides opioïdes endogènes ;

– **le Subutex® (ou BHD, buprénorphine haut dosage)** est sur la liste I des médicaments (ex-liste A) mais bénéficie d'une législation renforcée (prescription sur ordonnance sécurisée, règle des 7 jours sauf mention expresse du prescripteur, 28 jours maximum). Il existe sous forme de comprimés sublinguaux avec trois dosages : 0,4-2-8 mg. C'est un agoniste partiel des récepteurs μ et un antagoniste des récepteurs κ.

Les ordonnances sécurisées se sont substituées aux carnets à souches au 01/10/1999.

Profil et détournements

Demi-vie longue : monoprise quotidienne

La méthadone : après une administration unique, sa demi-vie plasmatique est de 15 heures en moyenne, mais après répétition des prises et imprégnation du sujet, elle atteint 25 heures, la prise quotidienne est alors suffisante.

Le Subutex® : sa demi-vie plasmatique est courte (3 à 5 heures) mais sa forte fixation tissulaire permet la monoprise quotidienne grâce à une durée d'action longue, supérieure à 24 heures. Ceci en prise sublinguale…

Notons que le Palfium® ne répond absolument pas à ce profil (demi-vie très brève). La morphine, du fait de la tolérance croisée, agit moins longtemps chez le toxicomane et impose souvent trois à quatre prises par jour, même en utilisant les formes retard.

Pas d'effet flash*, non injectable*

La méthadone est absorbée *per os* à 80 % en 2 heures, elle est rapidement et fortement fixée par le foie puis relarguée progressivement (attention à l'initialisation du traitement, risque de surdose). Elle agit en 30 minutes, l'effet maximum se situant à la 3e heure. Sa présentation sous forme de sirop gêne considérablement son détournement vers l'injectable.

Le Subutex® est absorbé par voie sublinguale en environ 8 minutes, le pic plasmatique ayant lieu 90 minutes après. Sa présentation sous forme de comprimé sublingual rend son détournement aisé, en particulier pour les dosages à 0,4 et 2 mg (ce qui fond dans la bouche fond dans une petite cuillère…), cette présentation étant nécessaire pour éviter la voie orale et donc la dégradation de 90 % du médicament au premier passage hépatique.

Les deux produits répondent donc *a priori* à ce profil. De plus, de par leur affinité forte, ils protègent d'une prise d'héroïne, l'effet *flash* n'étant pas ressenti.

Cependant « pas de *flash* » impose une prise non injectable qui, en elle-même, procure cette sensation à éliminer. Le Subutex® sublingual ne répond alors pas à cet objectif en cas de détournement ; de plus, cette pratique provoque un pic plasmatique plus puissant et donc, en plus, un certain effet *flash* pharmacologique, ainsi qu'un fort raccourcissement de la demi-vie du produit. De même, certains patients, également par conditionnement aux rituels de prises, peuvent être amenés à sniffer, inhaler par voie nasale le Subutex®, obtenant pareillement un *ersatz de flash* avec raccourcissement de la demi-vie.

A nouveau le Palfium®, provoquant un fort effet *flash*, est contre-indiqué.

Peu de tolérance

Méthadone et Subutex® répondent à ce profil, nécessaire car la substitution implique la très longue durée. C'est pourquoi, après la phase d'initialisation du traitement, les doses sont rarement à modifier. Ainsi les demandes d'augmentation quelques mois après le début du traitement nécessitent une réponse modulée, en particulier par un travail exploratoire sur les raisons de cette déstabilisation qui sont souvent non métaboliques (dépression, problème de couple, etc.).

Là encore, le Palfium® qui s'accompagne d'une très forte et rapide tolérance est contre-indiqué.

Peu d'effet euphorique à dose thérapeutique, pas de surdose, sécurité d'emploi

Le Subutex® étant agoniste partiel, il existe une relation dose-effet jusqu'à un certain plafond, sans risque d'euphorie ni de surdose en monothérapie. Si cette absence d'euphorie peut être une gêne pour certains patients, l'effet plafond procure une sécurité d'emploi rassurante, les seules surdoses possibles correspondant à des prises massives de BZD et d'alcool surajoutées. C'est à nouveau le détournement par l'injectable qui pose problème dans ce cadre.

La méthadone étant agoniste, il existe une relation dose-effet linéaire. L'effet euphorique peut donc être obtenu par une consommation excessive même en monoprise. Les surdoses sont donc également possibles, certes pour le patient sous substitution, mais surtout pour les personnes usant de la méthadone sans avoir développé de tolérance aux opiacés.

Cette différence nette d'effet entre Subutex® bien utilisé (pas d'effet de type sensation sauf diminution du manque) et méthadone (sensation réelle bien qu'amoindrie d'euphorie) fait dire à certains spécialistes que la méthadone serait globalement mieux adaptée au bas seuil et que le Subutex® serait globalement plus efficace sur des patients plus à distance de la recherche de sensation. Ceci questionne sévèrement la réalité française puisque la logique serait donc d'avoir la méthadone comme produit accessible en première intention. Répétons le cependant, le seuil n'est pas dans la molécule, mais il est pharmacologiquement probable que la gestion du manque sera moins difficile à faire avec un agoniste plutôt qu'avec la buprénorphine, d'autant que celle-ci s'injecte et que le seuil est plutôt un « pseudo bas seuil ».

Le Palfium® ne répond à aucun de ces deux profils.

Peu d'effets secondaires

Les médicaments de substitution impliquant la longue durée, les effets secondaires ne doivent pas gêner une reconstruction progressive du patient. Nous y associerons le problème des interactions.

Pour la méthadone, en phase d'entretien (période pendant laquelle le relais avec le généraliste est programmé), les effets indésirables les plus fréquents sont l'hypersudation, la constipation, la prise en poids. Beaucoup plus rarement, on note une baisse de la libido, une bradycardie, voire des allergies (prurit, urticaire, rash cutané, œdèmes).

Pour le Subutex®, en début le traitement, les effets indésirables les plus fréquents sont des céphalées et des insomnies. En phase d'entretien, la constipation est possible.

Signalons également un effet secondaire lié à une mauvaise utilisation du Subutex® : **l'apparition de signes de manque en début de traitement.** Pris trop tôt après un opiacé ou dosé trop fort après un délai alors insuffisant, le Subutex® met le patient en manque (déplacement brutal de l'opiacé au niveau des récepteurs à cause de l'affinité plus forte du médicament).

Globalement ces deux médicaments sont bien supportés. Cependant, il est aussi capital de bien connaître les interactions dans trois domaines :

– la polytoxicomanie et l'usage de médicaments détournés, en particulier les psychotropes ;

– le maniement des antalgiques, en vue de traiter une douleur chez un substitué, méthadone et Subutex® étant peu analgésiques chez un toxicomane du fait de la tolérance. Un chapitre spécifique évoquera ce sujet, car les erreurs sont fréquentes ;

– les autres interactions médicamenteuses, rares mais nombreuses, également mal connues avec les nouvelles molécules (antiviraux) nécessitent d'avoir recours aux centres de pharmacovigilance.

Non morphinique dans les urines

L'héroïne, diacétylmorphine, est très rapidement métabolisée dans l'organisme en 6 monoacétylmorphine puis en morphine.

Ainsi la présence de morphine dans les urines ne peut prouver une prise d'héroïne si le patient est traité par un médicament s'éliminant sous forme de morphine (Skenan®, Moscontin®, codéinés).

La méthadone et la buprénorphine ne se présentant pas sous cette forme, la découverte de morphine dans les urines implique une autre prise...

Signalons que la présence de 6 monoacétylmorphine dans les urines d'un sujet signe une prise d'héroïne récente (48 heures, la morphine étant elle présente jusqu'à 96 heures après).

Et la morphine ?

Bien que n'ayant pas l'AMM, il est encore possible de prescrire le Moscontin® ou le Skenan® comme substitution, normalement après accord du médecin conseil. Cet accord a été jugé nécessaire à cause des dérives, souvent géographiquement déterminées autour de quelques prescripteurs, ayant préféré utiliser ces médicaments, avant la mise en vente de la BHD, plutôt que le Temgésic® trop facilement injecté. Bien qu'un certain nombre de stabilisations authentiques puissent être attribuées à ces molécules, nous conseillons la plus grande circonspection à initier actuellement ces traitements. En effet, malgré les gélules à libération prolongée, la demi-vie est diminuée du fait de la tolérance croisée (laquelle explique également les posologies à employer pour juguler le manque, souvent de 300 à 600 mg), imposant le multiprise ; l'effet euphorique existe nettement en cas de surconsommation avec risque de surdose ; le détournement par l'injectable est plus difficile qu'avec le Subutex® mais existe et est particulièrement dangereux (rôle de l'excipient) ; la recherche urinaire est inutilisable, la morphine retrouvée pouvant provenir de l'héroïne ou de... la morphine ; enfin le bouche à oreille peut impliquer un défilé de toxicomanes demandeurs de ce type de médicament, source de désignation dangereuse pour le médecin prescripteur. En revanche, en hospitalisation, en cas de prise orale ou sublinguale impossible, un relais temporaire par la morphine parentérale, tant pour réguler le manque qu'à visée antalgique, est volontiers indispensable.

Conclusion

Résumons ces données pharmacologiques dans le *tableau 5.IV*.

TABLEAU 5.IV. Substitution : profil pharmacologique et détournements.

	Méthadone	Subutex®
Demi-vie longue	oui	oui sauf injecté
Pas d'effet *flash*	oui	oui sauf injecté
Non injectable	oui	non
Peu de tolérance	oui	oui
Pas d'effet euphorique (à dose thérapeutique)	oui (montée)	oui
Peu d'effets secondaires	oui	oui
Pas de surdose, sécurité d'emploi	non (si prise massive)	oui sauf injecté + BZD

La méthadone correspond au profil recherché. Mais, agoniste morphinique, elle expose à la surdose si le patient cumule plusieurs prises quotidiennes pour les consommer en une fois ; de même une dose adaptée à un toxicomane peut être dangereuse pour un autre (tolérance insuffisante), *a fortiori* pour un non-usager (pas de tolérance). Cette dangerosité potentielle explique la primoprescription en centre pour éviter les trafics et contrôler les délivrances. Si cette stratégie était assouplie, il est capital de poser, d'imposer, un fractionnement quotidien et un contrôle de la prise chez le pharmacien (la voie orale d'un soluté est facile à vérifier).

Le Subutex® correspond au profil recherché. En particulier, la sécurité d'emploi est forte (d'où sa prescription par tous généralistes). Mais sa forme sublinguale l'expose à l'injection, donc aux multiprises ; enfin injecté et associé à des BZD (en particulier le Rohypnol®), le risque de dépression respiratoire augmente.

Ainsi, pour qu'un traitement de substitution ait un maximum d'efficacité, il faut un profil pharmacologique particulier qui permette un certain nombre de « remplacements » mais, là encore, ce profil ne peut donner son plein rendement qu'avec des contraintes de délivrance évitant les détournements. A nouveau la délivrance fractionnée et le contrôle de la prise devraient limiter ces dérives.

Ces détournements peuvent être voulus par le toxicomane, mais ils peuvent aussi s'imposer à lui. C'est l'objet du paragraphe suivant : la substitution, comment ça marche sur le plan clinique ?

Bases cliniques

Quelle que soit la définition que l'on utilise de la toxicomanie, trois éléments sont essentiels :

– il y a perte de contrôle de la prise de la drogue ;

– ceci provoque des conséquences biologiques (tolérance et sevrage), des conséquences socioprofessionnelles, sur les loisirs, etc., et il y a poursuite de la prise malgré ces conséquences ;

– cette perte de contrôle est liée à un désir persistant (DSM 4), un désir puissant (CIM 10), une compulsion à prendre le produit (pharmacodépendance 1969).

Notons au passage qu'il serait étonnant que le patient contrôle son substitut d'emblée, lui qui a perdu la maîtrise de la drogue que le substitut remplace.

Quoi qu'il en soit pour l'instant, le point clé de la toxicomanie, c'est cette compulsion, ce désir puissant ou persistant, un comportement obsédant que les Américains appellent également **le *craving***.

Quelle est l'origine de ce comportement obsédant ? Ou bien, quelles sont les origines de ce comportement obsédant, car il y en a plusieurs. Cela questionne d'ailleurs le singulier de la dépendance psychologique et il conviendrait peut-être de parler **des dépendances psychologiques.**

Dépendance biologique

On connaît les désordres neurohormonaux dus aux opiacés (endomorphines, noradrénaline), on sait ainsi que le manque physique va monter pendant 4 jours puis diminuer sans forcément revenir à la normalité (multiplication des récepteurs au fil de la consommation). Parmi ces signes physiques, il existe des signes psychiques : l'anxiété, le rêve de drogues, la pensée obsédante (la faim de drogue). On voit là que la dichotomie physique et psychique n'est pas toujours adéquate et on devrait plutôt parler dans ce cas de dépendance biologique d'expression psychique.

Que fait la substitution sur cette clinique ? Selon la quantité d'opiacés présente dans le cerveau du patient toxicomane *(tab. 5.V)*, on peut dire qu'au-dessus d'un certain seuil, il est défoncé, en dessous d'un certain seuil, il est en manque, et, entre les deux, il est « normal ». La substitution va consister à proposer un produit qui monte progressivement (pas de *flash*) et à être en permanence dans la zone de « normalité ». La substitution fonctionne parfaitement sur cette origine du comportement obsédant. Mais c'est une chose de dire, comme l'ont écrit Dole et Nyswander, que la toxicomanie est un problème métabolique et c'est autre chose de dire que la toxicomanie est un problème multifactoriel dans lequel il existe un facteur biologique, car nous connaissons des toxicomanes qui rechutent très à distance du sevrage.

De plus il existe du *craving* qu'on ne peut expliquer par du biologique pur.

Conditionnements : les sursauts de manque

Les prises de drogues sont associées au fil du temps à des stimuli perceptifs. Cela déclenche soit la dépendance biologique expliquée ci-dessus, avec le comportement obsédant, soit le comportement obsédant seul (et nous sommes probablement là face à un *craving* beaucoup plus dopaminergique).

Ces stimuli perceptifs sont externes, en règle générale évidents : c'est la vue d'une seringue, d'un képa, d'un copain défoncé, d'un billet de 200 F ; mais les stimuli peuvent être beaucoup plus internes, moins conscients : c'est l'horaire de la prise, l'horaire de rendez-vous avec le *dealer*, une atmosphère, une musique. Ces conditionnements provoquent souvent les rechutes précoces postsevrage classiques.

Ces conditionnements provoquent ainsi des sursauts de manque, ils sont donc à distinguer du syndrome de manque biologique ci-dessus décrit. En effet, en cas de sursaut, les signes de manque s'atténuent progressivement même sans prise de drogues, au lieu de s'aggraver comme dans le manque biologique.

Par exemple, un toxicomane hospitalisé, bien couvert par son traitement du manque, a brutalement des signes de manque à 17 heures, moment de prise d'héroïne. Sans modification du protocole, si ce n'est une discussion confiante, les symptômes

TABLEAU 5.V. Substitution et rééquilibrage biologique.

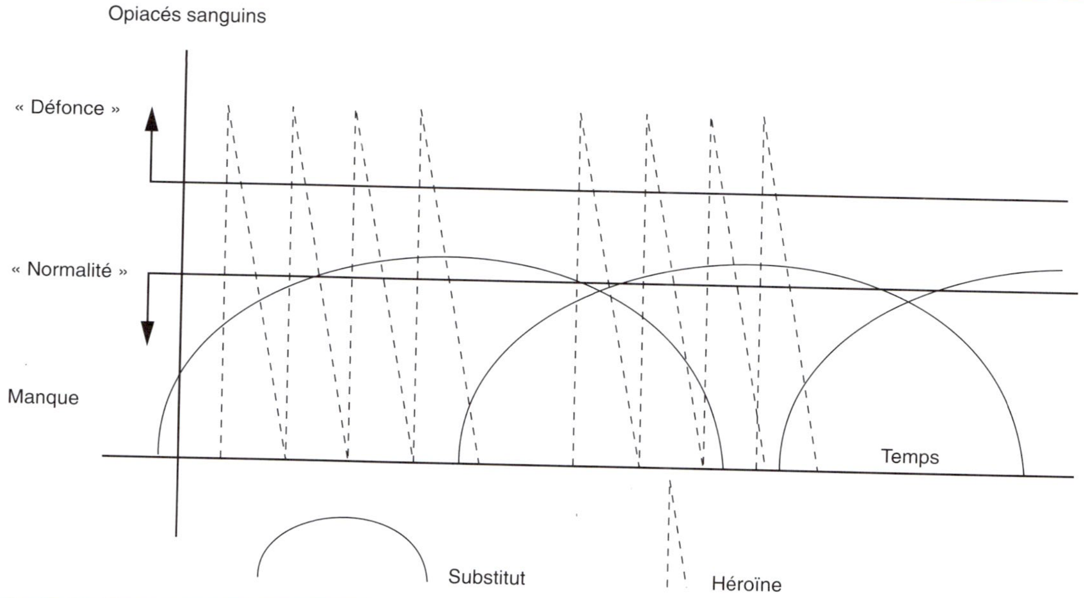

rétrocèdent dans l'heure. C'est bien un sursaut de manque. Mais si le patient avait été chez lui avec sa substitution à disposition, il l'aurait utilisée et expliqué ainsi son amélioration.

Que fait la substitution sur cette clinique ? Elle diminue les conditionnements. Enfin, si le patient cède à ces conditionnements sous substitution, il ne ressentira pas l'effet de l'héroïne. On peut dire qu'il se déconditionne. Mais pour cela, il faut que la prise de drogue concerne les opiacés… cela ne fonctionnera pas s'il prend de la cocaïne par exemple.

Cependant on comprend l'importance du fractionnement de la délivrance, sinon le patient risque de prendre son substitut à chaque sursaut, en particulier de calquer sa prise de médicament sur les prises d'héroïne (conditionnement horaire). Le fractionnement associé aux explications du prescripteur permet au toxicomane de découvrir les sursauts, de les verbaliser, de les comprendre, voire, c'est un objectif de la prise en charge, d'éviter les situations problématiques, et s'il ne le peut pas, de travailler les prises de conscience (pourquoi il ne le peut pas).

La substitution n'agit pas, par contre, sur une autre forme de conditionnement : les rituels de prises. Le toxicomane est en manque, il a l'héroïne dans la poche, il la pose sur la table, sort une petite cuillère, la seringue, le coton, le citron, il n'y a plus de manque. C'est le blanc, il n'a plus rien en tête. Le toxicomane devient alors dépendant de ce rituel, de cet arrêt de la mentalisation comme l'obsessionnel produit des rituels conjuratoires pour éviter les pensées obsédantes et devient obsédé par les rituels. Nous connaissons des toxicomanes qui ont aggravé ces rituels en particulier avec la prise de Temgésic® : quand, au lieu de prendre les vingt comprimés Temgésic® d'un coup, il se faisait dix rituels, deux Temgésic® par deux, etc. De même, si ce qui est recherché par le toxicomane inconsciemment c'est l'arrêt de la mentalisation, en particulier dans les conduites addictives ou s'il présente une psychopathologie de type « chercheur de sensations fortes » décrite par Zuckerman, la substitution sera moins efficace.

Distorsions cognitives : les erreurs d'attribution

On croit volontiers que, chez un sujet donné, un événement donné va provoquer un affect ou une émotion. En fait, c'est l'interprétation de l'événement qui provoque cet affect ou émotion ! Par exemple, vous êtes seul chez vous en train de lire ; un événement survient « bruit de fenêtre qui s'ouvre dans la pièce d'à côté » ; selon que vous interpréterez que c'est un courant d'air ou un voleur qui est responsable du bruit, vous n'aurez pas le même ressenti…

Le toxicomane au fil du temps interprète tout événement quelconque comme lié à la drogue, à trop de drogue ou à pas assez de drogue ; par exemple, un événement banal : il transpire, c'est le manque qui arrive alors qu'il fait chaud ; ou un événement médical : il transpire, il a des frissons, c'est le manque qui arrive alors qu'il débute peut-être une septicémie (il confond alors très souvent être malade et être en manque) ; ou encore évidemment un événement psychique (de l'anxiété, de la dépression), il pensera également « manque » et un toxicomane sous substitution déprimé demandera souvent une augmentation de substitution. Il se croit donc en manque, il attribue au manque des événements qui n'en sont pas, c'est une erreur d'attribution.

L'erreur d'attribution est donc différente du manque biologique et du sursaut de manque. Elle est souvent associée à **des anticipations anxieuses** au cours desquelles le toxicomane, à l'écoute de son corps, interprète tout signe somatique comme un début de sevrage et anticipe les prises de produit pour l'éviter. « Eviter » est un terme choisi à dessein puisque cela ressemble à un phobique qui cherche à éviter les situations phobogènes, à tel point que l'évitement devient le problème.

Que fait la substitution sur cette clinique ? Il est alors possible de travailler cette décentration des interprétations, faire nommer le ressenti comme autre chose que lié à la drogue. Mais cela n'est possible que si la délivrance et la prise sont contrôlées, sinon il y aura prise de substitut pour anticiper le manque ; c'est l'un des effets pervers le plus fréquent de la délivrance facile. Un patient comprenait mieux ce phénomène depuis qu'il était sous méthadone puisqu'il y avait peu de trafic de méthadone alors que sous Subutex®, lorsqu'il pensait le manque à venir, il allait en acheter au marché noir.

Ces distorsions cognitives interviennent également en dehors du contexte du manque, en particulier dans la notion du temps (le temps accéléré sous drogue, le temps circulaire avec alternance de manque et de défonce), le schéma corporel (et même les sensations de faim, les besoins sphinctériens), l'anticipation face à des situations de plaisir, l'attribution d'efficacité dans les relations sociales, etc.

Insistons sur les aspects somatiques. Par exemple, un patient depuis six mois sous Subutex® vient demander une augmentation de son traitement : il a des nausées, mal au ventre, il est donc en manque ; l'examen clinique découvre un fécalome. Habitué à la diarrhée du sevrage, ce patient ne s'inquiète guère de pas aller à la selle depuis une semaine… Un autre patient stabilisé depuis un an décrit des signes de manques qui s'avéreront être des signes d'hyperthyroïdie… Un autre se plaint des mêmes signes, c'est une hypoglycémie… Au début d'un traitement par interféron, le patient ne décrira pas un syndrome pseudogrippal mais dira : « vous m'avez renvoyé dix ans en arrière… ». Ceci nous permet d'insister sur l'interrogatoire et l'examen clinique de ce patient si particulier quant à la représentation de son corps. Le patient peut se tromper, le médecin doit aller au-delà et ne pas avoir en miroir des distorsions cognitives de professionnel (le toxicomane souffre du manque… et de rien d'autre).

Mais…

Ainsi la substitution est un outil de travail très efficace sur ces trois origines du comportement obsédant et cela est déjà bien, mais…

– cette efficacité dépend de conditions de délivrance particulières ;

– la substitution n'agit pas sur d'autres éléments de la toxicomanie ;

– elle nécessite donc d'autres techniques de prise en charge.

Une efficacité sous conditions

Nous l'avons tellement ressassé au fil des pages précédentes que nous nous contenterons de le rappeler ici : les conditions de dispensation (au moins le fractionnement de la délivrance, voire le contrôle de la prise) font partie intégrante du travail du prescripteur puis du pharmacien.

Outre que ces conditions limitent les détournements quant au trafic, elles permettent de travailler avec le patient les sursauts de manque, les erreurs d'attribution, les prises de conscience. Et si le patient revendique, malgré les explications, des contraintes moindres, il faut lui signaler que nous proposons **non le plus facile mais le plus aidant**, et lui rappeler que l'héroïne aussi a ses contraintes, et bien plus lourdes.

Plus le patient présente des troubles liés au manque biologique et à ses avatars comportementaux et cognitifs, plus il a besoin des conditions de délivrance. Il sera plus facile d'assouplir ces conditions (c'est le but), après les avoir posées, et on doit garder à l'esprit que, en cas de nouvelles difficultés, il faudra les réintroduire temporairement.

Moins le patient présente des troubles liés au manque biologique et à ses avatars comportementaux et cognitifs, moins les conditions de délivrance sont durablement nécessaires, mais c'est alors le suivi associé qui est totalement indispensable, sinon le risque est que la substitution s'intègre à la psychopathologie au lieu de faciliter sa prise en charge.

Quoi qu'il en soit, sans elles, le risque est que la substitution se résume à un seul remplacement : l'héroïne par le substitut, et que le soin se réduise à une gestion médicamenteuse des toxicomanes.

Conséquences, précédences, comorbidité et « deuils »

Conséquences

Pour simplifier, nous pourrions dire que la substitution agit sur ces trois origines du *craving* qui apparaissent plutôt comme des conséquences de la prise de drogues, car elles n'existent pas au début de la toxicomanie : elles sont dues à l'action au fil du temps de la drogue sur le toxicomane. C'est une psychopathologie du comment, comment la drogue maintient le toxicomane dans la toxicomanie.

C'est pourquoi d'autres troubles peuvent se développer sous substitution... Pour expliquer l'origine de ces troubles, nous distinguerons pédagogiquement trois cas de figures : les précédences, la comorbidité, la notion de deuil.

Causes et précédences

La substitution n'agit pas sur ce qui existe au début de la toxicomanie, les causes ou mieux les précédences de la toxicomanie (dans le « ici et maintenant », on est sensé pouvoir supprimer une cause passée, sinon c'est une précédence : par exemple si l'on trouve dans les antécédents d'un patient des sévices sexuels, c'est une précédence, car on ne peut supprimer ce drame survenu des années avant la consultation).

Causes ou précédences, c'est une psychopathologie du pourquoi : pourquoi un individu devient toxicomane et le reste, en plus de la psychopathologie du comment. Nous sommes là face à la toxicomanie comme conduite symptomatique, le comportement obsédant comme symptôme psychique, comme mécanisme de défense au sein d'une structure sous-jacente... et il s'agit de **la quatrième origine du comportement obsédant** : des causes qui combinent les problématiques individuelles, familiales et sociales *(tab. 5.VI)*.

Rappelons la richesse des travaux sur le sujet en citant, par exemple pour les tenants de la structure toxicomane, C. Oli-

TABLEAU 5.VI. Psychopathologie : conséquences et précédences.

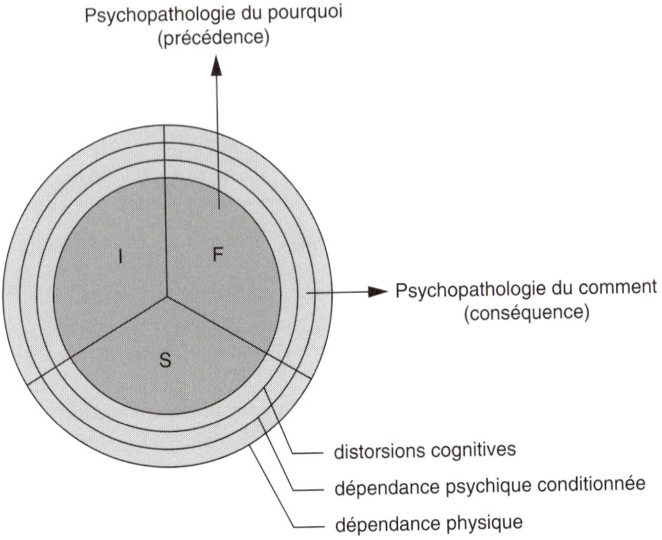

venstein (bien qu'il réfute ce terme de structure), M. Valleur, A. Charles-Nicolas ; pour les tenants du trans-structural, J. Bergeret et P. Jeammet ; l'importance des études sur les familles par les systémiciens (S. Angel) et les aspects sociologiques, anthropologiques, etc.

Quiconque refuserait les guerres de chapelles théoriques verrait ainsi combien la clinique de la toxicomanie aux opiacés peut être éclectique puisque cette clinique peut bénéficier de l'éclairage heureux des théorisations biologique, cognitivocomportementale, phénoménologique, systémique, analytique sans oublier que la toxicomanie en tant que phénomène social présente également des aspects anthropologiques, sociologiques, historiques, économiques, juridiques, etc.

■ Comorbidité

Cette notion de « psychopathologie du pourquoi » est discutée par certains spécialistes qui préfèrent parler de comorbidité, de troubles associés. Ils considèrent que les substances psychoactives (psychopathologie du comment) interagissent par leurs effets avec des problématiques diverses et plus ou moins compensées, interactions qui provoquent des troubles (de la personnalité, pathologie narcissique, anxieuse, dépressive, etc.).

■ Deuils

La substitution, méthadone ou Subutex®, n'est en rien équivalente à l'héroïne. Pour être trivial, on ne compare pas un VDQS à un grand cru ! La substitution ne remplace pas l'héroïne ni du côté de la sensation de plaisir éprouvée ni du côté de l'anesthésie affective, elle doit au contraire permettre de renoncer à ce double effet de l'héroïne, une sorte de double travail de deuil au cours duquel les difficultés psychiques et les reprises de produits sont possibles. Nous y reviendrons au chapitre sur la relation et la confiance.

A côté de l'intérêt certain de ces « disputes théoriques », **il faut pragmatiquement retenir :**

– qu'un toxicomane sous substitution peut présenter des troubles psychiques variés (nous y reviendrons longuement) sur lesquels :

- la substitution n'agira pas directement ;
- mais permettra d'agir, plus sûrement que s'ils étaient pris en charge sans substitution. Cela nous permet de réfuter l'idée que la substitution empêcherait les psychothérapies ;

– que l'apparition de ces troubles et les rechutes ne sauraient s'expliquer par le manque de volonté, le vice, ou l'échec du médicament de substitution, ce qui implique que ce traitement n'a pas à être arrêté dans ces circonstances ;

– qu'il faut se garder d'explications réductrices qui empêcheraient d'aller au-delà dans les soins proposés. Par exemple il peut être simpliste d'expliquer la prostitution d'un patient par la psychopathologie du comment (les besoins financiers liés aux drogues) sans rechercher chez ce patient des troubles narcissiques ou dépressifs, troubles primaires (la psychopathologie du pourquoi) ou troubles associés (la comorbidité) qui font que la prostitution peut inconsciemment prendre pour ce sujet le sens d'une déchéance méritée.

Enfin, à côté de ces aspects psychiques, il ne faut pas méconnaître **l'importance des troubles socioéducatifs**, que la substitution a plutôt tendance à révéler (le vide des journées sans drogues, la désorganisation du temps, etc.), qui peuvent également provoquer des difficultés et des rechutes et doivent donc être pris en compte dans la prise en charge. Nous y reviendrons aux chapitres 7 sur le partenariat et 10 sur le temps.

Autres techniques que la substitution

A travers ce long chapitre sur la substitution, nous avons voulu mettre en évidence que cette technique :

– **ne peut se concevoir qu'avec un cadre de travail impliquant des conditions de délivrance particulières** compatibles avec les deux stratégies de prise en charge (haut seuil et bas seuil), conditions à faire évoluer au fil du temps, cadre de travail qui sert de base à la relation ;

– **elle est nécessairement accompagnée d'autres techniques** qui seront développées à la suite de ce chapitre :

- **la relation,** qui met en place la relation duelle, le cadre de travail, le climat de confiance nécessaire à faire évoluer le patient à travers les prises de conscience ;
- **le sevrage,** car substitution et sevrage ne sont absolument pas incompatibles puisqu'après tout la substitution permet de travailler sur tous les produits, tous les sevrages à l'exception de l'opiacé de substitution (avant un temps certain, nous y revenons dans quelques lignes) ;
- **le partenariat** social, éducatif, psychiatrique, psychothérapique qui sera nécessaire selon les cas, mais aussi les confrères (groupe de réflexion, supervision, études de cas) ;
- **les compétences somatiques**, ce qui est l'outil naturel du généraliste, qu'il peut utiliser pour avoir accès à d'autres éléments (sociaux, psychologiques…) ;
- **le temps** qui permet à tous ces actes d'agir. Avec le double risque : d'aller trop vite et d'imposer au patient des changements alors qu'il n'en est pas là ou pas encore capable (finalement trop inciter ou trop tôt ; ou de se chroniciser (et le chroniciser) dans cette relation de très longue durée par absence de réévaluation périodique (finalement de ne pas assez inciter ou bien trop tard).

Toutes ces notions nous conduisent à réfléchir à la philosophie même de la substitution.

Quelle logique pour la substitution : sevrage prolongé, entretien, rééquilibrage ?

Sevrage et substitution : même logique ?

En fait, que l'on utilise la technique de la substitution ou celle du sevrage classique, l'objectif est le même : faire changer son patient, travailler sur les prises de conscience et sur sa demande. Ces deux techniques sont donc des moyens d'agir sur le manque de drogue et le *craving* pour aller bien au-delà, jusqu'à reconstruire une vie.

En ce sens ces deux techniques procèdent de la même logique : travailler l'arrêt durable de l'opiacé non contrôlable (la substitution) ou l'arrêt durable de tout opiacé (le sevrage classique) pour aller au-delà.

Mais **une erreur fréquente consiste à faire de la substitution une sorte de sevrage prolongé**, et donc de mettre l'opiacé de substitution sur le même plan que l'opiacé non contrôlable. C'est-à-dire d'obtenir plus ou moins rapidement une abstinence de la substitution.

Nombre de médecins conçoivent la substitution ainsi : « je le mets sous traitement pendant un temps donné, puis je baisse et j'arrête. » Et nombre de toxicomanes aussi…

Il y a là « erreur sur la marchandise ». **L'arrêt de la substitution n'est pas un objectif en soi**, en tout cas à court et moyen terme.

L'objectif est triple :

– stabiliser d'abord le patient ;

– lui faire acquérir l'autocontrôle de la substitution ;

– lui permettre de reconstruire une vie en agissant sur ses différents problèmes.

Médicament ou produit ?

Il faut donc **passer du produit de substitution au médicament de substitution**.

Il est logique que **le toxicomane** considère d'abord ce qui lui est prescrit comme un **« équivalent dope »** qui supprime son manque rapidement de façon quasi magique. Il lui faut ensuite intégrer que c'est un médicament, différent de la « dope », qui lui assure la suppression de manque mais ne lui procure pas ce que la drogue lui offrait autrefois. Il ne peut l'accepter que s'il change sa manière de fonctionner, que s'il fait le deuil du produit (et des sensations de plaisir ainsi que l'anesthésie affective que procure le produit), que si également il est suivi par un médecin qui est lui-même persuadé que la substitution est un médicament…

Dans ce contexte, **un médecin qui ne se soucie ni de règles de prescriptions ni d'interactions médicamenteuses** (avoir par exemple sur la même ordonnance Lamaline® et Subutex®) peut laisser penser qu'il ne prescrit pas un médicament (ce qui implique un minimum de règles et de connaissances pharmacologiques) mais un produit.

Dans un autre contexte, bien plus soignant, **un médecin qui veut arrêter au plus tôt la substitution** peut nous faire supposer qu'il a un vécu négatif de la technique de la substitution parce qu'elle se résume alors pour lui au remplacement d'un produit illégal par un produit légal, mais un produit quand même, à supprimer sous peu. Symboliquement il considère finalement ce qu'il prescrit comme « mauvais », un équivalent dope, pas un médicament. Nous constatons d'ailleurs fréquemment que **ces médecins**, de bonne foi, **ont tendance à sous-doser** leurs patients, ce qui peut compliquer les choses, confirmant les prescripteurs dans leurs opinions.

Enfin, dans un contexte heureusement plus fréquent, des médecins, qui ont parfaitement intégré les données de base que nous venons de décrire ainsi que l'objectif de la substitution (l'autocontrôle et la prise en charge des autres éléments de la toxicomanie), obtiennent avec certains de leurs patients **une période de stabilisation durable et envisagent alors la diminution et l'arrêt du médicament.** La prudence s'impose : faut-il arrêter un traitement qui marche ?

Entretien et rééquilibrage biologique

Avec l'expérience internationale de la méthadone, et beaucoup plus modestement notre expérience clinique, nous devons nous questionner. Quand les problématiques individuelles, familiales, sociales se sont assouplies, que les conditionnements et les distorsions cognitives ont disparu, il peut rester un élément biologique. C'est à ce moment que nous avons des patients qui ne sont plus toxicomanes et qui sont pourtant toujours sous substitution, et quand après une baisse régulière nous tentons d'arrêter la substitution, les pensées obsédantes réapparaissent. Tout se passe comme si Dole et Nyswander se mettaient à avoir paradoxalement raison en fin de prise en charge : quand le patient est guéri, resurgit l'hypothèse métabolique, peut-être à titre de cicatrice biologique. Nous écrivons « guéri » à dessein puisque ce patient dépendant de l'opiacé de substitution en a acquis le contrôle, a assoupli ce qui pouvait l'être, et mène une vie globalement satisfaisante pour lui.

Ainsi **la substitution semble dans cette logique beaucoup plus proche d'un médicament de rééquilibrage biologique**, qui permet d'agir sur les autres éléments de la toxicomanie, que d'un « traitement de la pharmacodépendance ». Pour prendre une image médicale, une fois guéri, le toxicomane s'apparenterait à un diabétique insulinodépendant ! Envisage-t-on d'arrêter l'insuline, un antihypertenseur, un antiépileptique (et bientôt un antidépresseur) parce qu'il n'y a plus de symptomatologie ? Alors faut-il stopper la substitution ?

Evidemment, les choses ne sont pas aussi simples, mais nous voulons souligner ainsi combien la substitution ne peut se concevoir que dans la durée. Pour caricaturer, rappelons qu'un sevrage classique dure 8 jours ; par analogie certains pensent que la substitution durera 8 mois, alors que l'idée que nous souhaitons instiller c'est qu'il vaut mieux avoir 8 ans en tête…

Ceci ne veut pas dire que les tentatives d'arrêt sont prohibées, mais que cela n'est pas un objectif prioritaire. Quand cela se pose, il faut d'abord diminuer les posologies très progressivement, en tenant compte de la longue demi-vie de ces médicaments et de l'imprégnation du patient (les signes de manque éventuels peuvent se déclencher 2 à 4 semaines après le début d'une modification de dose). Nous arriverons alors progressivement à une sorte de plancher biologique en dessous duquel les désagréments du manque sont présents. Deux possibilités s'offrent alors à nous : conserver la posologie à ce plancher, faire un sevrage classique au décours duquel le patient supportera les signes restants (attention aux équivalents d'autosubstitution, en particulier avec l'alcool et les BZD) ou reviendra à la substitution. Il faut donc en discuter posément et sincèrement avec le patient que l'on accompagnera ensuite dans sa décision. Et des arrêts seront possibles et durables.

Nous pouvons également supposer que ce que nous décrivons dépend de chaque individu, de son capital génétique, de sa trajectoire, etc. En particulier, il est possible que si la substitution intervient tôt dans cette trajectoire (le bas seuil de gestion du manque), les séquelles biologiques seront minimisées.

Pour d'autres patients (ou les mêmes patients plus tôt ?) les résultats obtenus dans le temps ne seront pas ceux que nous venons de décrire. Certains auteurs préfèrent employer le terme de « maintenance », de **« traitement d'entretien », ce qui a à nouveau le mérite de questionner l'arrêt de la substitution, et de renvoyer à l'idée d'une stabilisation de très longue durée**, voire plus ou moins définitive. Ainsi la phase dite de stabilisation devient une phase d'entretien…

Il n'est donc absolument pas déshonorant d'avoir des patients sous substitution plusieurs années après le début de leur induction, voire même au contraire… il faut que les autorités tant administratives qu'ordinales le comprennent, ce qui pourrait éviter quelques tracasseries inutiles (comment a-t-on pu envisager de faire payer les carnets à souches aux médecins prescripteurs ?).

Enfin, et ce sont d'autres contextes sur lesquels nous reviendrons, les demandes précoces d'arrêt sont à décrypter différemment, de même que peut se poser la nécessité d'un arrêt autoritaire de traitement.

Cette notion de durée longue que nous devons accoupler à la substitution questionne donc l'indication de cette technique face à un toxicomane qui en est à sa première demande de soins : substitution ou sevrage ?

Aspects pratiques et légaux

Le généraliste et le Subutex®

Préliminaires au traitement

■ **Diagnostic** d'une pharmacodépendance majeure aux opiacés : anamnèse et examen clinique.

■ **Evaluation** de la situation du patient sur quatre plans :

– **toxicomanie** : modes de consommation des opiacés et d'autres produits ;

– **médical** : antécédents, pathologies patentes, état sérologique… ;

– **social** : situation familiale, ressources, mode de vie, poursuites judiciaires… ;

– **psychologique/psychiatrique** : antécédents, évaluation psychiatrique : humeur, comportement et personnalité ; traitements en cours…

■ **Démarche volontaire** du patient pour une prise en charge régulière à long terme. Sa demande est-elle provoquée par la famille, le conjoint, un ami ?

■ **Suivi** régulier en consultation et accord avec un pharmacien pour la délivrance de la prescription.

■ **On précisera également** comment fonctionne la substitution, que la phase d'induction impose d'avoir le patient disponible à proximité sur une certaine durée (qu'il sache qu'il n'est guère envisageable d'avoir son traitement à disposition pour une longue période rapidement, un voyage impromptu est à éviter… on peut fléchir une fois, mais non de façon répétitive…). En cas de résistance du patient aux propositions, il peut être utile d'avoir préparé, seul ou en réseau, une charte précisant la manière de travailler du médecin, que l'on peut lui exposer et qui lui montrera que le prescripteur n'a pas toutes latitudes mais des limites institutionnalisées, qui visent à lui proposer non le dispositif le plus facile mais le dispositif le plus aidant.

■ **Enfin** on exposera au patient ce que l'on fera (par exemple, examen clinique si incomplet lors de la première consultation, des bilans, une orientation vers une assistance sociale, etc.), ce que l'on ne fera pas (prescription de certains médicaments : Survector®, Rohypnol®...) et les dangers du Subutex® injecté, de son association avec certaines BZD fortement dosées. Ces préliminaires seront détaillés au chapitre suivant ; la préparation à la phase d'induction, qui est similaire à celle de mise en place d'un sevrage, sera donc vue au chapitre « sevrage » (chapitre 9).

Exigences légales

L'ordonnance s'effectue au moyen du carnet à souches (avec filigrane), délivré et tamponné (en rouge, numéro d'inscription du médecin) par le conseil départemental de l'Ordre des Médecins. Au 01/10/1999, elle se fera sur ordonnance sécurisée.

L'ordonnance doit être datée et signée, avec le cachet du médecin.

Le nom, le sexe, l'âge et l'adresse du malade doivent être mentionnés sur la prescription.

Il faut écrire en toutes lettres la posologie, préciser le rythme de délivrance.

Il faut observer la règle de limitation de la durée de prescription qui est de 28 jours, non renouvelable. Si le prescripteur ne mentionne pas de fractionnement pour une ordonnance de 28 jours, le pharmacien se doit de ne délivrer que par fractions de 7 jours.

Bien que le Subutex® impose l'ordonnance sécurisée, il n'est pas considéré comme un stupéfiant (il est en fait inscrit sur la liste I), les chevauchements de prescriptions ne sont pas possibles, sauf si le prescripteur le notifie sur la nouvelle ordonnance (depuis le 1er octobre 1999) : « chevauchement de x jours, en complément de mon ordonnace du ... ».

Recommandations légales

Au début d'un traitement avec Subutex®, la prescription pour une durée courte, de **7 jours par exemple**, est fortement recommandée.

Dès la première prescription, il est fortement recommandé que le médecin **prenne contact avec le pharmacien** (connu du médecin ou, mieux, du patient).

Pour certains patients, notamment les héroïnomanes par voie intraveineuse, une délivrance **quotidienne** est recommandée, après accord avec le pharmacien, voire même prise du médicament à l'officine si le médecin et le pharmacien se sont mis d'accord. **Les conditions de délivrance sont écrites sur l'ordonnance** ; si elles ne sont pas précisées le pharmacien doit réaliser une délivrance hebdomadaire (ce qui est un changement récent devant limiter la dérive des prescriptions à 28 jours).

L'inscription du **nom du pharmacien sur l'ordonnance sécurisée** n'est pas obligatoire mais recommandée pour certains patients.

Ces recommandations sont de bon sens :

– le réseau minimal d'une prise en charge avec substitution est le réseau médecin-pharmacien. Ainsi contacter le pharmacien, obtenir son accord pour la délivrance, inscrire son nom sur le bon de toxique, poser avec lui le fractionnement voire la prise sur place est normal et nécessaire ;

– faire des prescriptions de durée courte au début est indispensable pour trouver la bonne posologie et accompagner le patient dans ces difficultés.

Trois phases thérapeutiques

L'induction : 10 à 14 jours, vise à acquérir une posologie efficace et stabilisée.

La stabilisation : ou phase d'entretien, plusieurs années...

La phase de réduction (voire d'arrêt) : indéterminée...

Les deux dernières phases seront étudiées au chapitre sur le temps.

Induction

Elle doit permettre d'acquérir une posologie stable en monoprise quotidienne.

Elle doit techniquement tenir compte de différents facteurs :

– les premiers jours, le Subutex® peut ne pas tenir 24 heures. Il faut un temps nécessaire d'imprégnation du patient. C'est pourquoi la monoprise peut ne pas être obtenue d'emblée, mais par exemple au 4e jour, en acceptant d'ici là des multiprises ;

– il faut un délai, une fenêtre temporelle, sans opiacé avant de débuter le Subutex®, du fait de son affinité, sinon le patient risque d'augmenter son manque au lieu de le diminuer. Une nuit sans héroïne, 8 heures sont un délai nécessaire ;

– plus la première dose de Subutex® est forte, plus cette fenêtre sans opiacé doit être longue. Commencer à 2 mg ne demande pas la même fenêtre que si l'on commence à 16 mg et n'expose pas au même risque de manque. C'est pourquoi il faut monter les dosages de Subutex® progressivement au fil des jours ;

– il faut cependant ensuite maintenir quelques jours un dosage identique afin que le médicament se stabilise pharmacologiquement.

Par exemple, voici un schéma simple tenant compte de ces facteurs :

– J1 : première dose : 2 mg ; seconde prise : 2 mg, 8 à 12 heures après la première ;

– J2 : première prise : 4 mg ; seconde prise : 2 mg, 8 à 12 heures après la première ;

– J3 : première prise : 6 mg ; seconde prise : 2 mg, 8 à 12 heures après la première ;

– J4 : monoprise : 8 mg ;

– J5-J6-J7 : idem à J4 ;

– J8 : ajustement : 8 mg ? 10 mg ? plus ? de toute manière en monoprise ;

– J14 : la dose doit être stabilisée (maximum 16 mg).

Le patient doit être revu quotidiennement, en particulier :

– pour faire décrire les sursauts de manque (plus que les erreurs d'attribution) ;

– pour ajuster les autres médicaments (détournés ou à prescrire : hypnotique, anxiolytique…) ;

– pour vérifier l'absence de points d'injection par l'examen clinique s'il n'y a pas contrôle de la prise, l'existence de signes de manque ;

– pour rechercher d'autres symptômes.

Le médecin n'aura pas omis de **préciser ce que « sublingual »** veut dire par rapport à « oral » (un conseil simple est : « oubliez-le sous la langue »), et de rappeler la dangerosité de l'injectable associé à des benzodiazépines.

Sur le plan des **conditions de délivrance**, l'objectif à court et moyen terme est la dispensation hebdomadaire. Il faut donc évaluer la durée de la phase de fractionnement quotidienne, qui est d'autant plus nécessaire que le patient est problématique ou qu'on ne le connaît pas. Quant à la prise sur place, nous estimons qu'elle peut être tentée pour des patients difficiles et avec des pharmaciens très motivés mais que, si cela n'évolue pas rapidement, il semble plus judicieux de considérer ce cas comme relevant plutôt d'une prise en charge institutionnelle.

■ Cas particuliers

Le produit opiacé principal. Il faut tenir compte de sa demi-vie. Ainsi une induction concernant la codéine nécessite une fenêtre sans opiacés de plutôt 12 heures, la morphine de plutôt 24 heures (après un dégressif de quelques jours jusqu'à 200 mg environ).

Le polyusager. La mise sous Subutex® ne saurait éviter un sevrage de BZD et de l'alcool. Il faut donc un traitement d'appoint en espérant que la polytoxicomanie de gestion du manque sera grandement diminuée par l'efficacité du Subutex® sur le manque. Prescrire une BZD à demi-vie longue peut être nécessaire.

Des signes tels que **les nausées et vomissement** dans l'heure qui suit la prise doivent faire évoquer un dosage trop fort et imposer le retour à 2 ou 4 mg par jour en monoprise.

Des signes de manque importants persistants et objectifs doivent faire accélérer les montées de dose.

Une prise en pharmacie ou en centre **à distance du réveil** (1 à 2 heures) peut alimenter les plaintes d'un patient en termes de sous-dosage. Il faut distinguer alors :

– le sous-dosage vrai : le patient se réveille en manque, et celui-ci s'aggrave jusqu'à la prise ;

– le sursaut de manque du réveil : le patient se réveille en manque, mais celui-ci diminue avant la prise. Ceci passera au fil du temps et non par l'augmentation de la posologie.

Chez des patients injecteurs, il peut être utile d'éviter le dosage à 2 mg, plus aisé à détourner. Par exemple, pour une posologie de 4 mg, un demi-comprimé de 8 mg est préférable à deux comprimés de 2 mg.

La mise sous substitution d'une femme toxicomane impose de parler de contraception. En effet, dans de nombreux cas ces femmes ont des troubles des règles liés aux opiacés et se pensent stériles, ce qui est inexact, mais surtout la substitution permet souvent des reprises d'ovulation et de cycles plus ou moins normaux. Le risque de grossesse est donc élevé au décours d'une induction sans précaution contraceptive, grossesse pouvant être non désirée.

Le généraliste et la méthadone : relais en médecine de ville

Contexte

Le médecin du Centre méthadone, en collaboration avec l'équipe institutionnelle, détermine l'opportunité d'une orientation du patient vers un praticien de ville. Le suivi institutionnel n'est plus indispensable. Le patient, aidé de son médecin traitant (secondé éventuellement par les intervenants de l'équipe institutionnelle), a la capacité de gérer son traitement de manière autonome.

Dans ce cas, la plupart du temps, la posologie de la méthadone est stabilisée. Les contrôles urinaires confirment l'absence d'utilisation de drogues illicites. Il est nécessaire que le patient ait un minimum de stabilité sociale : couverture sociale satisfaisante, revenu minimum assuré et logement stable. Un suivi somatique et psychologique est possible sans accompagnement éducatif.

Insistons, et nous l'expliquerons dans le chapitre 10 concernant le temps, sur la nécessité de ne pas précipiter le relais. Les premiers temps sous méthadone peuvent paraître idylliques, ce serait une erreur de sortir le patient à ce moment de quasi « lune de miel » car il ne préjuge pas des difficultés à venir. Certaines DDASS veulent que les patients sortent rapidement des Unités méthadone. Cette approche est hautement discutable.

Aspect légal

Le médecin du centre détermine, avec le patient, le praticien libéral qui aura sa confiance. A défaut, en cas, par exemple, d'un refus du médecin de ville, un autre praticien de ville est proposé par le médecin du centre.

Le médecin du centre contacte le médecin libéral et effectue une prescription relais (dite « prescription initiale » sur ordonnance de carnet à souches, ordonnance sécurisée à présent).

Cette prescription relais, à elle seule, ne permet pas la délivrance en officine de la méthadone. Pour ce faire, le médecin relais dont le nom figure sur la prescription initiale doit à son tour contacter un pharmacien acceptant la délivrance de méthadone.

Une seconde ordonnance sur carnet à souches (ordonnance sécurisée) est rédigée par le médecin relais qui fait figurer le nom du pharmacien choisi et détermine la fréquence de délivrance de la méthadone.

Dès lors, le praticien du centre et le médecin relais deviennent co-responsables, sur le plan pénal et éthique, de la prescription de méthadone. La posologie de méthadone, sur cette seconde ordonnance, ne doit pas dépasser 100 mg par jour (sauf si la prescription initiale l'indiquait), cette ordonnance étant soumise à la règle des 7 jours.

Ce n'est que muni de ces deux ordonnances issues de carnet à souches (ordonnances sécurisées) que le patient peut obtenir son traitement à la pharmacie.

L'ordonnance initiale est conservée par le patient.

Le médecin relais estime la nature des examens urinaires pour apprécier l'efficacité du traitement. Ceux-ci seront réalisés en centre spécialisé de soins pour toxicomanes.

En cas de difficultés persistantes, le praticien de ville, après lui en avoir exposé les raisons, peut réorienter le patient auprès du médecin du centre.

Afin de dépister les rechutes au plus tôt et les traiter au mieux, il est intéressant de nouer une relation de travail rapprochée avec le pharmacien de ville. Si le patient souhaite changer de pharmacien, il doit retourner auprès de son médecin traitant pour l'établissement d'une nouvelle ordonnance. S'il souhaite changer de médecin, une nouvelle prescription initiale sera rédigée par le médecin du centre initiateur, après restitution de la précédente.

Suivi

Le suivi n'est plus *a priori* axé sur la substitution (encore que les difficultés se manifestent aussi fréquemment par la déstabilisation de la méthadone qui est alors consommée de façon anarchique que par les reprises de drogues), mais sur la prise en charge globale du patient.

Il n'y a donc guère de raison de modifier nettement les posologies. Peut se poser le problème de la diminution lente et prudente du médicament ou le changement de substitution (passage de la méthadone au Subutex®), souvent pour des raisons de liberté de mouvement, certains métiers s'accommodant mal de la règle des 7 jours.

Il est nécessaire d'être très vigilant aux interactions médicamenteuses, en particulier avec les nouvelles thérapeutiques antivirales (VHI et VHC), en se renseignant auprès des centres de pharmacovigilance, car ces molécules sont récentes et les interactions découvertes progressivement.

Ces éléments seront détaillés dans un chapitre spécifique.

Le problème des indications

A la limite, pour un généraliste qui ne dispose que du Subutex® et dans le contexte des centres initiateurs de méthadone saturés, il n'y a pas de problème d'indication, puisqu'il n'y a pas de choix.

Par ailleurs, il faut comprendre que le choix n'est pas que dans la molécule, mais aussi dans le seuil, dans le cadre de travail proposé, dans la nécessité d'une prise en charge institutionnelle ou non, acceptée ou non. Enfin, il est utile de connaître le fonctionnement du centre local : délivre-t-il du Subutex®, avec contrôle de la prise ou non, quelle est sa pratique de la méthadone, peut-on obtenir des évaluations conjointes, qu'en est-il de ses places, de l'existence d'une liste d'attente ?

Dans le meilleur des mondes et de façon réductrice :

– le bas seuil : méthadone si patient très dépendant des sensations somatiques, si troubles psychosociaux lourds imposant une prise en charge institutionnelle. Subutex® en vrai bas seuil sinon ou si refus du patient ou du centre… mais l'absence de contrôle de la prise expose à l'injectable ;

– le haut moyen seuil : Subutex® en première intention (sauf peut-être en cas de troubles psychiatriques importants et si le patient est très injecteur). Méthadone en cas d'échec du Subutex®, mais d'un traitement au Subutex® bien conduit… or, le plus souvent, s'il n'y a pas eu de cadre (ni de délivrance ni de prescription), il s'agit plutôt d'un échec du cadre inexistant que du Subutex® (ce qui porte préjudice à cette molécule tant du côté de certains médecins qui hésitent à la prescrire, de certains pharmaciens qui baissent les bras devant l'importance des détournements, que de certains toxicomanes qui la refusent comme médicament, la considérant presque comme une drogue de rue). Il faut donc d'abord prescrire un cadre avant de changer de molécule… mais si cette absence de cadre a permis une longue phase d'injection du Subutex®, il sera difficile d'obtenir le sublingual, même avec contrôle de la prise ;

– en phase d'entretien, le Subutex® n'est pas à modifier. En revanche, la méthadone peut être remplacée par le Subutex® en cas d'effets secondaires importants (en particulier les prises de poids), et en cas de difficultés professionnelles liées à la règle des 7 jours ;

– évidemment, toutes ces décisions sont prises avec l'accord du patient, en dehors de tout contexte d'urgence.

Perspectives d'avenir

Une méthadone retard est à l'étude, le **LAAM.** Elle permettrait une prise tous les 2 à 3 jours. Les risques de surdose en feront d'abord un outil de spécialistes.

Quid d'une BHD non injectable ? La voie orale stricte semble achopper sur la destruction au premier passage hépatique et donc au coût du traitement imposé par un Subutex® encore plus dosé. Une association buprénorphine-naloxone est à l'étude. Prise en sublingual, seule la buprénorphine agirait, prise en injectable c'est la naloxone qui agirait, empêchant l'action de la buprénorphine (et l'effet *flash*), voire provoquant un début de sevrage.

Quoi qu'il en soit, la meilleure perspective d'avenir en l'état actuel des choses, c'est le **respect de l'AMM**, à savoir le respect des conditions de délivrance et de la prise en charge globale du patient. Ce qui nous amène tout naturellement au chapitre sur la relation.

6

La relation

La relation est l'outil le plus utile qui soit face à tout patient. Et encore plus avec un toxicomane… Mais cette relation n'est pas acquise d'emblée, elle se construit au fil d'un apprivoisement réciproque que nous diviserons pour plus de clarté en deux phases :

– une phase qui consiste **à transformer la rencontre en relation**. C'est une période volontiers vécue comme conflictuelle à ses débuts, mais quelques principes de base permettent de dépasser ce vécu au fil des améliorations afin d'obtenir les prémices d'une alliance thérapeutique. Elle durera d'autant plus longtemps que le seuil de départ est bas ;

– une phase pendant laquelle **l'alliance thérapeutique est** plus nettement **instaurée**, et permet un travail au long cours visant à obtenir des changements durables chez le patient. Cette phase, qui nécessite un climat relationnel adapté, s'attache tant à prévenir les reprises de drogues qu'à diagnostiquer des difficultés psychiques voire psychiatriques afin de faire progresser le patient.

Bien sûr, il existe quelques pièges qu'il ne faut pas surdimensionner mais qu'il vaut mieux connaître. Ces pièges sont en grande partie liés au mode de fonctionnement du toxicomane, mais aussi au manque de formation des médecins dans le domaine de la relation… or, le face à face médecin-toxicomane est un excellent moyen de progresser dans l'analyse de sa propre relation soignant-soigné, ce qui peut même l'améliorer pour les autres types de patients…

De la rencontre à la relation

Cette première étape peut débuter dans un climat volontiers conflictuel. Le meilleur moyen d'améliorer ce climat est déjà de bien se connaître ce qui permettra alors de mieux connaître le patient et donc de bâtir une stratégie.

Un face-à-face conflictuel ?

Les premières rencontres peuvent dans de nombreux cas être vécues de façon conflictuelle. Ce vécu risque de perdurer tant que, dans ce face à face, le professionnel est « le prescripteur » (et non le médecin), et le patient « le toxicomane » (et non le toxicomane donné, puis un patient donné).

Le Toxicomane (avec un grand T…)

Le piège est grand de considérer qu'ils se ressemblent tous, qu'ils fonctionnent *grosso modo* de la même façon, qu'ils se présentent tous à nous de manière semblable, bref qu'ils ont la même personnalité. « Les toxicomanes sont tous pareils » entend-on dire souvent…

Ce diagnostic de « personnalité » (nous verrons plus loin qu'il s'agit en fait d'une pseudo-personnalité liée au manque et à ses conséquences psychiques) est rapidement posé face à des éléments relationnels aisément identifiables au cours de la rencontre.

« **Je suis toxicomane…** ».

Voilà bien une phrase introductive caractéristique. Pourquoi chercher un diagnostic puisqu'il est si véhémentement affirmé ? C'est souvent le manque qui pousse le toxicomane à se présenter ainsi. D'ailleurs quand il a pris des produits, il n'échappe guère au déni (si fréquent chez l'alcoolique : « non docteur, j'ai pas bu… ») et au cours d'un suivi, même confiant, il aura plutôt tendance à cacher ses prises (et à se cacher ses prises) bien plus qu'à les affirmer.

« **Je sais ce qu'il me faut…** ».

Car le toxicomane sait ce qu'il lui faut… Dans la classique relation médecin-malade, celui qui est supposé avoir le savoir professionnel est le médecin, le patient venant questionner ce savoir. Le toxicomane inverse cette relation : il est celui qui sait, car pour lui, celui qui sait en matière de drogues est celui qui en a pris, c'est lui le professionnel du produit… Pour lui, l'usage confère le savoir (certaines sectes comme le Patriarche en font d'ailleurs un principe, seuls les ex-toxicomanes peuvent accueillir un toxicomane). Il ne faut d'ailleurs pas nier que les toxicomanes possèdent un certain savoir, un savoir de l'éprouvé, mais ce n'est pas un savoir scientifique, et surtout pas le seul savoir.

Cette compétition sur le savoir apparaît de fait en situation de frustration (« vous voulez pas me prescrire çà, vous savez pas ce que c'est qu'être malade... vous en avez déjà pris de la drogue ? moi je sais... ») ou de supposé échec du traitement (« ce que vous me donnez, ça me fait rien, moi je sais ce qu'il me faut »).

Si le médecin entre dans ce jeu relationnel, il devient un objet que l'on utilise et que l'on jette comme une seringue ; ou il se trouve affilié au groupe d'appartenance des Toxicomanes (acceptant le savoir de ce groupe), fréquemment entraîné et englué dans une relation de copinage (tutoiement, confidences de connivence, anecdotes croustillantes sur le monde interlope de la drogue, dépannage de « médoc », demande d'argent...).

Le médecin peut également avoir un vécu agressif de cette relation qui l'atteint dans sa compétence (il n'y connaît rien), dans sa vocation (il ne soulage pas les souffrances), dans sa supposée toute-puissance (il est en échec face à ce « mal »), la toute-puissance étant une sensation à contrôler sinon attention au « toujours plus » (de posologie, de médicaments).

« **Ce qu'il me faut, ce sont des actes...** ».

Ce qu'il faut, c'est faire quelque chose (prescrire, hospitaliser...), poser des actes et non des mots, confirmant ainsi la propension à l'agit du toxicomane, son goût de l'acte et parallèlement ses difficultés à mentaliser. Habitué à ce que « l'acte de prendre » dissolve toutes les difficultés (« je vais mal, j'injecte, je vais bien... »), il imagine que cela fonctionne ainsi pour tout, et nous demande d'inventer l'équivalent, supprimer son manque par une prise, une prescription, une hospitalisation.

On voudrait lui parler, l'interroger, prendre le temps et il semble le refuser, ce qui peut accroître la frustration du médecin.

« Et je le veux de suite... ».

Ce qu'il demande, les actes qu'il nous demande (prescrire, hospitaliser), il nous le demande sous le sceau de l'urgence, en « tout, tout de suite », mettant en scène son incapacité à différer. En fait, à nouveau, il nous demande l'équivalent de la prise de produit, qui fait disparaître le manque instantanément. Et cela se répercute sur son comportement. Ainsi il imposera de passer le premier de la salle d'attente, de ne même pas s'asseoir, etc. Là encore le médecin peut se sentir déstabilisé.

Et cela nécessite d'autant plus de patience qu'il sait ce qu'il veut, que ce sont des actes, et que cela va agir de façon magique.

« La solution magique... ».

Magique (comme l'a été un temps le produit), la solution (la prescription, la cure, l'hôpital) résout les problèmes de la toxicomanie, processus actif, par un processus passif (faites que je ne sois plus toxicomane), le patient ne s'engageant pas réellement dans les soins, déniant d'abord toute nécessité de soins autres, puisqu'il n'y a pas de problèmes autres (autres que le manque qu'il ressent ici et maintenant). En fait, et nous l'avons déjà souligné, il est bien là question de supprimer le manque, et non de s'engager dans un soin impliquant l'arrêt de la toxicomanie.

Magique car toute-puissante (comme l'a été un temps le produit), toute-puissance dont il a lui-même ressenti la sensation (avec le paradoxal : « j'arrête quand je veux » alors qu'il a justement perdu la liberté de ne pas en prendre), sensation toujours présente qui lui fait affirmer avec certitude des projets mythiques (j'arrête et je trouve un boulot dans la semaine, j'arrête et je vends des jeans sur les marchés…) faisant fi des réalités (a quitté l'école à 16 ans, n'a aucune formation, n'a guère travaillé et a surtout des dettes…). **Et c'est bien l'un des aspects les plus pernicieux de la prise de produits, dissoudre la réalité, l'annuler, que l'on retrouvera dans les rechutes à l'occasion de confrontations à la réalité trop dure pour le patient.**

Enfin interrogé sur lui-même…

Interrogé sur lui, le toxicomane sort en quelques mots, souvent les mêmes, une histoire stéréotypée : une mère merveilleuse ou haïe ; un père absent ou omnipotent ; la curiosité et les copains qui entraînent ; la lune de miel puis la galère (« j'en prends plus que pour être normal… ») les problèmes (judiciaires, économiques, les ruptures) à cause de la drogue. Et avant la drogue ? rien de notable… Enfin, il manifeste son dépit amoureux (« la drogue c'est de la merde »).

Mais attention.

S'ils se ressemblent, c'est que les produits et leurs effets (positifs et le manque), les sensations qu'ils procurent, le mode de vie qu'ils peuvent impliquer, tout ceci crée **une sorte de moule, une pseudo-structure de personnalité, un style relationnel**, qui n'a rien à voir le plus souvent avec la personnalité sous-jacente du sujet. De plus, ce comportement du manque a une certaine logique car il n'est pas absurde de vouloir être débarrassé rapidement de ces symptômes quand on les éprouve.

C'est pourquoi **s'arrêter à ce style relationnel est le premier piège à éviter**. On ne soigne pas une étiquette, on ne soigne pas le toxicomane, mais on entre en relation avec un individu toxicomane, avec ses propres caractéristiques et son histoire personnelle même s'il semble s'y opposer dans un premier temps, ne pas être confiant dans cette proposition (mais peut-être qu'elle le surprend…), même si cela nécessite du temps. Avec le temps et la prise en charge, en particulier substitutive, parce que le comportement lié aux manques biologiques s'amendera, ce style relationnel diminuera. C'est pourquoi il faut avoir cet état d'esprit : tenter de passer du Toxicomane à l'individu toxicomane que l'on a en face de soi. C'est déjà être dans le soin.

Cela implique également que cette « personnalité » n'est pas figée mais évolutive dans le temps au fil des soins. Il est dommageable pour un patient qui a évolué de **se retrouver face à un intervenant qui ne reconnaît pas cette évolution et donc dénie ses progrès** (le passage de « toxicomane actif » à « toxicomane inactif » est certes sympathique mais ne nous paraît pas adapté car elle laisse l'étiquette de toxicomane collée sur la relation), ce qui peut relancer des conflits bien inutiles et évitables.

Médecin ou prescripteur ?

Le deuxième piège fréquent dans la rencontre médecin-toxicomane (et qui découle en partie de ce qui précède) est que le toxicomane ne vient pas rencontrer un médecin mais un prescripteur. Répondre en quelques instants par une ordonnance conforte cette rencontre.

Après tout un médecin est quelqu'un qui d'abord interroge et examine, ce qui le conduit à un diagnostic puis à prescrire un traitement.

Que se passe-t-il avec un toxicomane ? Celui-ci donne le diagnostic (« je suis toxicomane ») et dicte le traitement (« et je veux... »). Il inverse la relation et nous assigne au rôle exclusif de prescripteur... Il nous condamne à une « prestation de service » (« prescris-moi ça et ne me prend pas la tête avec le reste... »), nous empêchant d'exercer entièrement notre métier ; or pour le soigner, même s'il ne s'agit que d'une prescription, il faut aller au-delà de la prestation de service. Il nous faut donc redevenir médecin. Le fait d'interroger et d'examiner est bien sûr nécessaire à toute prescription, mais c'est également symbolique du passage de prescripteur à médecin.

L'interrogatoire n'est pas toujours aisé en situation de face à face, de part et d'autre du bureau (le toxicomane se dit « va-t-il prescrire ? »), et il est souvent plus facile de le poursuivre pendant l'examen clinique, le patient allongé, le médecin dans son rôle de médecin, cette simple proposition pouvant grandement modifier le cadre relationnel et aider le médecin déstabilisé par l'entrée en matière induite par le toxicomane.

Nous reviendrons sur les données de l'interrogatoire et de l'examen plus loin, mais nous voulons ici souligner combien cela introduit la relation « médecin-toxicomane », à l'inverse de celle « prescripteur-toxicomane » qui n'ont qu'un *ersatz* de relation.

Ajoutons que toutes ces données peuvent s'obtenir sur plusieurs consultations rapprochées. Enfin, afin de rassurer le patient, il peut être nécessaire de préciser d'emblée qu'une solution lui sera proposée à la fin de la consultation (prescription, orientation) mais que nous avons besoin de ce temps d'examen pour décider.

Nous développerons plus tard les situations particulières (toxicomane en manque, agressif...)

Mais insistons là encore sur le fait que ce piège (voir un prescripteur) est lié au style relationnel sous-tendu par le manque, par le comportement du manque, ce qui passera donc au fil du temps d'autant que le médecin investit, et fait réinvestir, son statut professionnel plein et entier.

Pour aller au-delà de cette rencontre que nous avons décrite à la limite de la caricature, et donc passer de la rencontre à la relation, il est nécessaire de se connaître et de le connaître.

Se connaître

Si vous ne supportez pas les marginaux, la vue de quelqu'un qui « pique du nez », les lourds cas sociaux, la souffrance exprimée sans fard, **si vous n'acceptez pas** les négociations, les mensonges, les manipulations et le « flou artistique », mais aussi les remises en cause, être questionné sur votre pratique quelquefois avec pertinence, bâtir des stratégies dans la durée, **si vous avez du mal avec** la frustration, les rechutes, les consultations rapprochées, le travail de réseau, la réévaluation de votre propre travail, la bonne distance relationnelle, **si vous n'aimez pas** vous questionner sur ce que vous faites, poser des limites (à vous et à vos patients), **ne prenez pas en charge des toxicomanes** ou acceptez un regard extérieur qui vous fera progresser dans ces prises en charge. Les toxicomanes ont besoin du corps médical, mais **suivre un toxicomane n'est pas une obligation, c'est une décision qui vous appartient**. Essayez de les prendre en charge ou orientez-les. Evidemment en posant un contrat minimal : il n'y a pas à accepter d'avoir peur pour soi, de supporter les menaces, les vols ou le bazar dans la salle d'attente, comme il n'y a pas à risquer sa vie devant un agressif armé.

Commencez par un toxicomane avec lequel vous vous sentez à l'aise. Sachez que votre pratique sélectionnera votre file active, le bouche à oreille fonctionne bien dans cette population **(des ordonnances faciles sélectionneront des patients demandant des ordonnances faciles)**.

Sachez enfin que les toxicomanes, après une période de suivi, vous paraîtront bien plus divers, bien plus sympathiques et souffrants que vous l'imaginiez et que ces suivis sont bien plus gratifiants que l'on ne le dit.

Il faut cependant se connaître et connaître les principes de base essentiels de cette relation, que nous résumons dans le *tableau 6.I.*

TABLEAU 6.I. Les bases de la relation.

1	Réagir en soignant et non en citoyen
2	Etre chaleureux : l'empathie
3	L'empathie n'implique pas le copinage et la cécité
4	L'empathie n'est pas contradictoire avec la fermeté
5	La fermeté n'implique pas la rigidité
6	L'empathie n'oblige pas à la toute puissance
7	Etre authentique
8	Etre concret et pragmatique

Réagir en soignant et non en citoyen

Etre soignant ne peut faire oublier que l'on est également un citoyen qui a ses propres convictions face à la drogue (et ses propres peurs, pour ses enfants), un être humain avec sa personnalité, son affectivité, ses choix de vie.

Ce rappel est banal face à de nombreux patients, mais face un toxicomane, problème qui ne saurait laisser indifférent le citoyen, il y a cristallisation de ce qui peut être un conflit interne, une contradiction interne à gérer (entre « il se drogue et il n'y est pas pour rien, il a cherché ce qui lui arrive » et « c'est un malade souffrant que je dois aider dans la mesure de mon savoir »). Il faut donc gérer cette contradiction et retrouver une certaine neutralité, savoir soigner un toxicomane sans juger le drogué.

Etre chaleureux : l'empathie

Neutralité ne veut pas dire « indifférence » et « soignant » ne se résume pas à « technicien » : une relation directe, chaleureuse, ferme et sereine est à mettre en place. Même si la chaleur humaine n'implique pas la séduction, un certain degré de cet élément, bien maîtrisé, peut être présent, visant à instituer peu ou prou une dépendance relationnelle... de substitution qui permettra de travailler dans la durée et d'affronter les difficultés inhérentes au parcours de sortie de la toxicomanie. Nous le verrons plus avant, l'intentionnalité de soin implique une alliance thérapeutique qui passe par l'empathie.

L'empathie n'implique pas le copinage et la cécité

La relation de copinage tend à dissoudre la relation thérapeutique. Il faut y prendre garde car elle est souvent initiée, demandée par le toxicomane qui pose volontiers des questions personnelles à son prescripteur. Le tutoiement, qui n'est pas en soi une erreur définitive, est cependant un bon exemple à discuter. Tutoie-t-on les autres patients du même âge ? Maintient-il le respect que l'on doit à tout patient, même casse-pieds ? Permet-il de garder le cadre thérapeutique et la bonne distance relationnelle ? Laquelle se situe entre une trop grande proximité (avec les risques de laxisme, de complaisance et de voyeurisme) et une trop grande distance (rendant impossible la relation thérapeutique). Le copinage se double volontiers de manipulations mettant en jeu l'affectif, par exemple : « soyez sympa, la délivrance fractionnée, c'est pas bon pour moi », alors qu'il ne s'agit pas d'être sympa mais aidant : « je ne vous propose pas le plus facile mais le plus aidant ».

Le copinage conduit souvent à la cécité du professionnel, fasciné par l'histoire extraordinaire de ce patient jouant avec la mort et le plaisir, professionnel devenu aveugle et qui ne voit pas ce qui est sous ses yeux (le patient qui « n'a rien pris » et pique du nez en consultation) et acquiesce sans sourciller aux mensonges les plus énormes (les ordonnances à 28 jours pour les voyages, les stages au bout de la France, les rattrapages d'ordonnances pour les comprimés lavés dans la poche du jean, lequel est raide de crasse, etc.).

Cette fascination amène à l'immobilisme du soignant, collé aux propositions du toxicomane (qui finit par s'angoisser devant l'absence des repères et limites dont il a besoin chez son interlocuteur) ou à l'hyperactivisme débridé (le seul moteur de la relation étant le désir étouffant du professionnel).

Car comme il faut une bonne distance relationnelle, il faut une certaine dose de fermeté, de pose de limites.

L'empathie n'est pas contradictoire avec la fermeté

Cette relation chaleureuse n'empêche pas la fermeté, d'autant qu'elle est formulée dans un style direct, serein, respectant l'interlocuteur qui aura été prévenu à l'avance et clairement des contrats mis en place. Cette fermeté vise surtout à aider le patient à plus de lucidité, elle ne doit être vécue comme inattendue, donc insécurisante, d'autant qu'elle risque alors de redonder avec le passé infantile du patient. Cette fermeté a à voir avec la pose de limites, limites que l'on pose au patient mais aussi et surtout que l'on se pose, limites que le toxicomane transgressif va tester, ce qui est même nécessaire à la prise en charge.

Nous en reparlerons au moment de la pose de contrats, mais insistons sur l'importance d'en préciser les données à l'avance, avec clarté et simplicité, voire à vérifier leur compréhension par « l'autre partie » (un contrat lie deux parties).

La fermeté n'implique pas la rigidité

Face à un patient supposé manipulateur, menteur, agressif, etc., il n'est pas rare que les négociations se résument à une épreuve de force, à la mise en place de contrats plus destinés à protéger le soignant et l'institution qu'à aider le patient. On sait ce qui est bien pour lui, on n'est pas en attitude d'écoute et la barre des règlements, du seuil, est bien trop élevée pour le patient.

La rechute est vécue plus comme un échec du soignant, un désaveu de sa compétence, voire un manque de volonté du patient que comme un élément normal d'une problématique chronique dont il y a à tirer profit.

Souvent liés à la difficulté à gérer la frustration face à cette relation peu gratifiante puisqu'en rechute, ces phénomènes contre transférentiels aboutissent au rejet, volontiers classique. Ce qui nous amène au sentiment de toute-puissance.

L'empathie n'oblige pas à la toute-puissance

C'est l'un des dangers majeurs de la relation :

– d'une part parce que cela présente le risque de l'escalade médicamenteuse et la sensation de mise en échec du soignant ;

– d'autre part parce que cela peut gêner les relations vers le partenariat ;

– enfin parce que cela fait obstacle à un principe de la prise en charge : l'autonomisation du patient en le rendant actif dans le soin.

Cette toute-puissance de l'intervenant est demandée par le toxicomane qui souhaite un professionnel en miroir du produit, tout puissant comme le produit.

Mais elle peut être induite par le prescripteur qui se présente au patient comme celui qui a la solution à son problème de drogue : la prescription magique répond au manque de drogue.

Le problème est alors la rencontre entre :

– un patient qui dit : « je suis toxicomane à cause du manque, supprimez mon manque et je ne suis plus toxicomane » ;

– un médecin qui intervient en pensant que supprimer le manque (par la substitution ou le sevrage) revient à supprimer la toxicomanie.

D'autant que les premiers temps peuvent conforter cette impression. Mais si des difficultés surviennent (et cela est malheureusement fréquent), l'intervenant risque d'être pris dans un processus d'escalade médicamenteuse :

– le patient exprime : « je suis sous substitution et je suis toujours mal ou en manque » ;

– le médecin répond en augmentant la substitution, ajoutant des BZD, des antidépresseurs, alors que les difficultés peuvent être ailleurs (chez le toxicomane, son entourage, sa famille, son couple…).

Ainsi, ne pas préparer l'émergence de ces difficultés gêne les orientations puisque le prescripteur s'est présenté d'emblée en seule solution. Et cette orientation non préparée est plus difficile à mettre en place en urgence d'autant que le vécu d'échec du patient est aussi un vécu d'échec du soignant.

De plus, cette position de toute puissance conforte le patient dans une position passive face à ses problèmes. Il n'y a pas plus actif qu'un toxicomane… actif (recherche de l'argent, du produit, de la seringue, du lieu pour la prise, recommencer) et paradoxalement, dans sa tentative d'arrêt, il se livre passivement à nous : « faites que je ne sois plus toxicomane ». L'un des axes du travail est donc de rendre actif le patient dans les soins. Par exemple, et nous y reviendrons, étudier les « sursauts de manque » liés aux conditionnements doit l'inciter à trouver des solutions pour éviter les stimuli (ne pas avoir de seringues chez soi, éviter certaines rencontres, des itinéraires, des situations…). Le médecin doit s'appuyer sur le traitement pour faire réfléchir, faire prendre conscience ; il doit tenter de rendre au toxicomane une certaine responsabilité dans ses actes (lui qui dit volontiers : « c'est à cause de la drogue, des copains, des *dealers*, des parents, etc. »). La phrase que nous disons souvent à nos patients et qui résume cet aspect est : « **aidez-moi à vous aider** ».

Il faut donc sortir de la toute-puissance du traitement. C'est pourquoi c'est une erreur de présenter le traitement au toxicomane ainsi, de se présenter ainsi. **C'est une chose de dire : « j'ai un traitement qui va vous aider », c'est autre chose de dire : « j'ai un traitement qui va vous guérir ».**

De plus, cette toute-puissance doit également être maîtrisée en relais d'un collègue. Le patient qui vient nous demander de l'aide va assez naturellement nous porter au pinacle et dévaloriser le travail des soignants précédents. Point n'est la peine d'en rajouter… Mais surtout, si le patient n'en est pas à sa première demande de soins, qu'il a effectivement été multisuivi, qu'*a priori* il semble donc quelque peu complexe, il n'est pas indispensable de croire et de lui faire croire que nous allons faire beaucoup mieux que les autres, lesquels auraient prouvé leur incompétence notoire par l'échec du patient… Ce qui ne veut pas dire que nous n'allons pas essayer. Et cela peut marcher mieux, car nous allons tirer expérience des suivis précédents, en faire profiter le patient. Autrement dit, si cela marche mieux, nous y sommes pour quelque chose, mais aussi les échecs précédents (et donc les confrères), ainsi que le patient qui a lui aussi bougé.

En outre et il faut en avoir conscience, la prescription donne du pouvoir. Nous avons ce pouvoir de dire « oui ou non » à une demande de prescription.

Cela peut d'ailleurs conduire à un certain manque d'authenticité du patient, voire à des manipulations plus ou moins conscientes : le patient exprime non ce qu'il pense mais ce qu'il pense que le médecin pense pour obtenir cette prescription (par exemple : « je veux arrêter la drogue » alors qu'il est encore grandement en phase de gestion du manque). Il faudra donc décrypter ce qu'il dit à travers ce filtre et ne pas être dupe. Quand la confiance sera là, ces difficultés relationnelles s'amélioreront.

De plus il faut savoir utiliser ce pouvoir dans le cadre du travail. Prendre en charge, prescrire sous telles conditions (de délivrance, de rendez-vous réguliers, de réévaluations, etc.), les rappeler régulièrement. Attention cependant, nous l'avons déjà noté, à la rigidité, pouvant aller jusqu'à la perversité, au rejet déguisé, se traduisant par des conditions trop élevées pour un patient donné ou par les non-négociations ou réajustements de ces conditions. Autrement dit, le pouvoir de prescription existe, il faut en avoir conscience pour l'utiliser correctement.

Etre authentique

Comme l'écrit C. Olivenstein : « il faut montrer nos émotions et dire ce que nous ressentons car la parole est vraie et montre nos limites. Elle montre qu'on est aussi des hommes et non des Dieux, pas plus d'ailleurs que des pères ou des mères ». C'est ainsi qu'**il faut savoir** dire « j'ai peur » (j'ai peur et je ne peux pas vous aider si j'ai peur) ou encore « vous me dites que tout va bien, mais moi je vous trouve mal » ou encore « vous me dites que vous ne prenez rien mais moi je vous regarde et je pense que vous mentez à vous-même plus qu'à moi » ou encore **« je ne sais**

pas ». Soit pour ce dernier exemple : « je ne sais pas et il faut que je réfléchisse, que je demande conseil ».

Ce dernier point est capital car on pense souvent que face à un toxicomane qui expose un problème, on « n'y connaît rien ». Nous pouvons ne rien y connaître (l'expérience y pourvoira) et cependant ne pas faire ce qu'il nous dit, **il nous faut raisonner**. Il faut retrouver sa capacité de réflexion mise à mal par la situation (et par le toxicomane qui dit savoir ce qu'il lui faut), **restaurer ses propres compétences en termes logiques et de savoir médical**. « Restaurer » nous semble le terme adéquat car nous constatons fréquemment que l'intervenant perd ses compétences du seul fait qu'il est face à un toxicomane, alors que la situation ne nécessite pas directement un savoir dans ce domaine… Finalement la question la plus adaptée est : « qu'est ce que je proposerais si je n'étais pas face à un toxicomane ? ». Par exemple, un médecin de maison de repos demande que faire de la découverte d'une réserve de Néocodion® dans la chambre d'un patient ; et s'il avait trouvé de l'alcool, que ferait-il ? La situation n'est pas la même mais, par analogie, le professionnel trouvera une réponse adéquate (en l'occurrence, en parler au patient, lui proposer un traitement, alors qu'il envisageait de faire comme s'il n'avait rien vu).

De plus, ne pas faire ce qu'il nous dit, c'est aussi ne pas raisonner forcément comme lui, en particulier il ne faut pas qu'il y ait un phénomène de miroir entre les explications du patient et le professionnel qui se trouverait alors affublé d'**une sorte de distorsion cognitive du soignant**. C'est-à-dire que face à un problème, il ne faut pas se cantonner à rechercher des explications liées à la drogue alors que le problème est peut-être ailleurs (par exemple, face à un tableau de manque, se contenter de cette explication sans éliminer une autre cause médicale).

Etre concret et pragmatique

C'est d'abord réfuter l'idée qui voudrait qu'il soit possible de sortir en quelques jours d'une situation construite depuis plusieurs années. Il faudra du temps et accepter que ce temps ne soit pas linéaire, mais comprendra des périodes d'amélioration, de stagnation, de crises, de retour en arrière, et de re-amélioration…

C'est avoir une file active de toxicomanes adaptés à sa pratique professionnelle et aux soins nécessaires. Ce n'est donc pas une question de nombre mais de lourdeur des suivis. Avoir en soins quelques patients qui nécessitent des consultations rapprochées, des coups de fils, des hospitalisations, n'est pas comparable à suivre des patients stabilisés.

C'est évaluer les problèmes et poser des priorités : envisager une psychothérapie pour un patient à la rue ayant un abcès est une erreur d'évaluation, l'urgence étant évidemment le soin somatique, la recherche d'une couverture sociale et d'un toit.

C'est aussi bâtir des stratégies adaptées. On ne partagera pas l'espoir d'un projet d'insertion professionnelle pour un patient qui a un métier et a déjà travaillé de la même façon que pour un toxicomane SDF en rupture scolaire à 14 ans. Mais c'est aussi ne jamais désespérer.

C'est aussi imaginer le style de vie du patient pour ne pas proposer ce qui est impossible (le rendez-vous à 9 h du matin alors qu'elle est prostituée de nuit, refuser de recevoir pour une heure de retard, proposer une consultation trop à distance alors que les difficultés avec le temps sont nettes).

C'est lui dire ce qu'on ne fera pas (prescrire du Rohypnol®, de l'Artane®, du Palfium®, du Survector®, de l'Orténal®).

C'est lui faire savoir qu'on ne travaille pas seul (on fait partie d'un réseau, on contacte le pharmacien devant lui, on suit une charte, on connaît le centre spécialisé local…).

C'est enfin parler clairement, nous y reviendrons.

Le connaître

Une nécessité qui introduit la relation duelle

Insistons à nouveau sur cet aspect relationnel. Nous l'avons déjà souligné, on ne soigne pas « le toxicomane » mais on entre en relation avec un individu toxicomane ; **on n'entre pas en relation avec une étiquette, avec un diagnostic, mais avec le sujet porteur de cette étiquette, de ce diagnostic**. Dans nombre de cas, il est aisé de distinguer le sujet du diagnostic (la prostate de la chambre 7, l'individu porteur de la prostate…), mais parfois la confusion entre le sujet et le diagnostic est possible (le toxicomane, l'individu toxicomane) et c'est là qu'il faut faire cet effort de spécificité. Ainsi mieux connaître le toxicomane, c'est le transformer en patient, c'est créer une relation duelle.

Mieux connaître son patient implique **un bilan multiaxial qui prendra du temps, sera donc complété progressivement… et même pourra être remanié !** En effet, au fur et à mesure de la relation, les mensonges, les exagérations, les omissions se réduiront beaucoup. Il ne faut pas s'en offusquer. Ces avatars peuvent être liés au contexte des premiers entretiens pendant lesquels le toxicomane peut ne livrer que ce qui lui semble utile à étayer sa demande, obtenir ce qu'il veut, mais aussi être provoqués par un interrogatoire trop intrusif, des questions qui ne peuvent trouver réponses que si la relation de confiance est établie, ce qui peut prendre quelques entretiens (en particulier sur la méfiance à être jugé).

Explorer son patient de façon multiaxiale impose **une certaine rigueur mais aussi suffisamment de souplesse** afin d'éviter un contexte d'interrogatoire sec. L'utilisation de grilles de questionnaire n'est pas toujours adaptée à la pratique du généraliste mais elles sont utiles à connaître pour s'en inspirer, n'omettre aucun axe, supputer l'ampleur des problèmes.

Nous décrirons deux grilles classiques :

– l'ASI (*Addiction Severity Index*) plus axé sur la recherche et l'évolution du patient ;

– le TMSP (toxicomanie, médical, social, psychiatrie) de Lowenstein et Gourarier, plus proche du diagnostic de situation.

En effet, certains éléments doivent apparaître d'emblée (patient en manque, troubles du comportement, problèmes somatiques urgents) ou rapidement (fonctionnement social, antécédents psychiatriques, implication forte dans le monde de la drogue…). C'est ce que l'on appelle **« le diagnostic de situation »** qui doit permettre d'avoir une idée assez claire de la situation du sujet au moment de la rencontre, de la formulation de sa demande et donc de décider si on prend en charge ou non (et alors orienter), si on prend en charge seul ou non (et alors le préciser clairement : partenariat différé ou immédiat).

ASI

Il a été élaboré par McLellan, Luborsky, O'Brien et Woody à Philadelphie. Une version francophone existe grâce aux Canadiens (l'IGT : Indice de Gravité de la Toxicomanie) mais la version la plus utile est l'adaptation faite par l'école de Bordeaux.

Il explore sept axes :

– état médical : hospitalisation, maladie chronique, médicament prescrit pour un problème physique… ;

– emploi-ressources : formation, période d'emploi, permis de conduire valide, ressources financières (légales, illicites, aides)… ;

– drogues-alcool : tous produits psychoactifs pris au cours de la vie et dans les trente derniers jours, le produit qui pose le plus de problèmes, des surdoses, les sevrages, l'argent dépensé… ;

– situation légale : arrestation, inculpation, incarcération, liés ou non aux drogues, la situation actuelle ;

– histoire de la famille : antécédents d'alcoolisme, de prises de drogues, psychologiques, du côté maternel, paternel et la fratrie ;

– relations familiales-sociales : la situation conjugale, les conditions de vie actuelles (vit seul, avec conjoint, chez parents, chez copains…), les relations étroites et les conflits… ;

– état psychiatrique : dépression, anxiété, hallucinations, cognitions, agressivité, idées suicidaires, médicaments, allocations. A nouveau au cours de la vie et les trente derniers jours.

L'une des caractéristiques de cette grille est d'explorer à la fois le nombre, l'importance, la durée des symptômes pour chacun des problèmes actuels (c'est-à-dire des trente derniers jours) ainsi que l'historique de ces symptômes au cours de la vie.

L'autre caractéristique de la grille est qu'elle se veut à la fois objective et subjective :

– objective car à la fin de chacun des 7 axes, l'interviewer doit répondre à la question : « comment évaluez-vous son besoin (dans le domaine de l'axe) ? », réponse cotée de 0 à 9 (le profil de sévérité). Ceci fondera les bases de la stratégie thérapeutique ;

– subjectif car à la fin de chacun des 7 axes, l'interviewé doit répondre à la question : « dans quelle mesure est-il important pour vous maintenant de recevoir un traitement, une aide (dans le domaine de l'axe) ? » réponse cotée de 0 à 4. Ceci permet à l'usager de nommer ses difficultés et de l'aider à prendre conscience de sa situation.

Score TMSP

Ce score comprend quatre axes *(Annexe 3)* :

– l'axe « toxicomanie » ;
– l'axe « suivi médical » ;
– l'axe « sociopersonnel » ;
– l'axe « approche psychiatrique ».

Chaque axe comprend trois items, que l'on cote 1, 2 ou 5 points, le résultat total se situant entre 4 et 20 points.

L'utilisation du score de gravité TMSP devrait permettre :

– d'évaluer systématiquement les quatre axes évitant de fâcheux oublis dans une catégorie (par exemple oubli de mise à jour d'une vaccination contre l'hépatite B ou de la prévention des infections opportunistes au cours de la maladie VIH…) ;

– de cerner des priorités à prendre en charge (situation sociale ou psychiatrique par exemple) ou de noter la persistance ou l'émergence de problématiques spécifiques à un axe ;

– de comparer les scores au fil des consultations et d'apprécier l'efficacité des traitements ;

– de communiquer plus clairement et plus rapidement ; la réalisation du score et des stades étant, dans notre expérience, reproductible entre médecins quelle que soit la spécialité ou l'exercice généraliste de celui-ci ;

– de mieux cerner les indications thérapeutiques substitutives ainsi que les modalités de prise en charge (médecin généraliste ou centre spécialisé pour l'initiation du traitement et la stabilisation ? Passage d'un patient d'un centre méthadone au médecin généraliste ? Nécessité d'une prise en charge en milieu psychiatrique ou d'un accompagnement social important ? etc.).

Ce score de gravité TMSP est finalement facile et rapide à calculer, reproductible d'un centre à l'autre, d'un médecin à l'autre, d'une consultation à l'autre. Il représente un outil appréciable dans la pratique quotidienne, un mode d'évaluation minimale, à réutiliser régulièrement dans ces suivis de très longue durée.

Points importants du diagnostic de situation

Le diagnostic de situation, qui débute dès l'analyse de la rencontre, se doit de rechercher dans chacun des quatre axes :

– **une urgence** ;

– une idée globale de la place des drogues dans la vie du sujet **(mieux vous connaîtrez le contexte de vie du patient, meilleure sera votre stratégie de prise en charge)** ;

– **les pièges principaux** pouvant faire obstacle au suivi dans le cours terme.

■ Contexte de la rencontre

Quelle est l'origine de la demande ? Un confrère, une structure ? Alors un contact téléphonique préalable aurait été apprécié. Le bouche à oreille d'un patient déjà suivi ? Alors : que savons-nous de cet « orienteur » ? La famille, le conjoint ? Alors : quels sont nos rapports avec eux, et pourrons-nous sauvegarder le secret professionnel ? Le hasard, hum !...

Vous le connaissez déjà, pas du tout, il est de votre ville, il est de passage, il est toujours de passage ?

Que demande-t-il ? De la substitution, un sevrage, un dépannage, une adresse, des soins, il n'en sait rien ?...

Pourquoi le demande-t-il ? Par exemple, pour une demande d'arrêt (et qu'entend-il par « arrêt » ?), parce que le produit n'est plus satisfaisant, qu'il en a perdu le contrôle, qu'un événement de vie vient d'émerger (découverte par les parents, pression conjugale, surdose d'un copain, ennuis judiciaires...), etc.

Comment le demande-t-il ? Se montre-t-il agressif, menaçant, marginalisé, perdu ? On comprend quelque chose à sa demande ou rien du tout ? Attention cependant à la première impression, une demande bien construite peut être aussi très bien rodée et peu authentique, un patient silencieux et en retrait peut arriver à lier finalement une relation fructueuse. Egalement, le demande-t-il lui, de façon relativement investie, ou de façon plaquée, poussé par autrui (la famille, le conjoint, un copain) ?

■ Axe « toxicomanie »

Capacité à réduire les prises de soi-même. Une urgence ?

Face à un patient trop en manque ou trop « défoncé », l'entretien structuré est relativement illusoire... Il faut le lui dire « pour vous suivre, j'ai besoin de vous connaître un minimum, revenez dans un état permettant la discussion ». Ce qui implique un nouveau rendez-vous rapide (le jour même, le lendemain) et une proposition immédiate (traitement du manque).

Si on le revoit dans le même état, on peut décider d'une orientation ou de le prendre en charge quand même en imaginant les difficultés à venir.

Il peut être enfin utile de se questionner sur une urgence psychiatrique masquée par la massivité des consommations.

Les opiacés, les autres produits

Il s'agit ensuite d'avoir une idée relativement précise de ce qui est pris (mono-usage, polytoxicomanie de gestion du manque, addictive, style de vie) depuis quand et comment, globalement de la place que les produits prennent dans la vie quotidienne du sujet.

Pour l'opiacé :

– la fréquence de l'usage. Plus que la quantité, sujette à caution (coupage), le nombre de prises (faire décrire une journée, une semaine) indique la place du produit dans la vie du sujet ;

– le mode de prise : injecté, sniffé, fumé ;

– la place des autres opiacés : codéinés morphiniques, substitution de marché noir ou non, injectée ou non ;

– la durée de la consommation, permettant de positionner le patient dans la trajectoire : âge de début, apparition des signes de manques, modification de la prise (du sniff à l'injectable), la tolérance, les avatars financiers ;

– les périodes d'abstinence : volontaire ou contrainte (incarcération). Le sens de cette abstinence pour le patient (« j'ai arrêté l'héroïne trois mois » peut vouloir dire qu'il a pris trois mois de codéine ou d'injection de Subutex® ou qu'il était ivre tous les jours...). La durée des périodes d'abstinence vraie, la date de la dernière tentative. Le pourquoi, et surtout le comment, pour lui, de la reprise, notion capitale à travailler pour éviter la même récidive.

Pour les autres substances :

– il faut insister d'emblée sur la cocaïne, le cannabis, l'alcool et les BZD. Prises maîtrisées ou non. Les types de prises (fumer un joint est différent de fumer au bang). Leurs places dans la trajectoire : à quel moment, l'articulation avec les autres produits, à quoi servent ces prises ?

– devant un patient au contact froid ou bizarre, les psychodysleptiques ne doivent pas être oubliés. Il faut bien comprendre que le patient venant « pour un problème de drogues », **c'est l'axe le plus naturel pour obtenir des renseignements évidemment sur les produits, mais aussi avec un peu d'expérience sur les autres axes**. Ainsi cette question sur les psychodysleptiques permettra d'évoquer des troubles psychiatriques avec moins de réticence qu'en question directe.

■ Axe « suivi médical »

Eliminer une urgence

Existe-t-il un **problème médical ce jour** ? Le médecin cherchera de parti pris, et derrière les signes de manques s'ils existent, une pathologie infectieuse.

Antécédents et examen

Ils peuvent également montrer la place des produits dans la vie, l'absence d'autoprotection, le style de vie laissant place délibérément ou non aux prises de risques : en particulier les hospitalisations, la fréquence des passages aux urgences, les surdoses, les abcès, les traumatismes (accidents, bagarres) impliquant des séjours hospitaliers répétés (ce qui compte c'est l'importance de la répétition de ces événements). Cet axe somatique permet également d'évoquer des problèmes plus facilement qu'en questions directes (les tatouages pour la délinquance, les traces de tentatives d'autolyse pour des problèmes psychiatriques, etc.).

Bilans ?

En dehors d'un contexte d'urgence (et il faut peut-être préférer une hospitalisation), ils sont à susciter mais non à imposer. La peur d'un résultat, la difficulté à réussir un prélèvement sanguin peuvent faire fuir le patient, mieux vaut en parler, en profiter pour évoquer la réduction des dommages (*shoot* à risques limités, pailles, comportement sexuel), et y revenir plus tard.

Avoir une idée de l'état de dénutrition, de la déstructuration des repas, de l'hygiène corporelle, est un autre aspect de l'évaluation globale.

■ Axe « sociopersonnel »

Eliminer une urgence

Il faut lister les besoins (hébergement, soutien financier, nourriture, droits sociaux...) mais aussi suspecter une crise quand ces problèmes surviennent brutalement (mise à la porte de la famille, du domicile conjugal, fuite devant des ennuis avec le milieu ou la police, déstabilisation psychiatrique...).

« Milieu drogues »

Les relations avec les autres usagers, l'incapacité à garder des liens en dehors du monde de la drogue, sont des points essentiels de l'évaluation. Le conjoint consomme-t-il, le réseau de copains aussi ? Vit-il seul, chez ses parents (sont-ils au courant ?), avec des usagers, en squatt ?

Il faut également rechercher les ressources positives pour ce patient (famille, amis...) dont l'insertion (emploi, formation, scolarité) et l'accès aux droits sociaux.

Délinquance ?

Il n'est ni aisé ni obligatoire de connaître les antécédents judiciaires complets de notre patient, qui peut d'ailleurs ne pas se livrer en ce début de prise en charge. Mais avoir une idée globale de la durée des séjours sous les verrous et surtout du nombre de ces séjours est utile, à nouveau pour obtenir un signe indirect d'une instabilité psychique, d'une désinsertion forte, d'une marginalisation provoquant une surexclusion.

■ Axe « psychiatrique »

Eliminer une urgence

Nous venons de le voir, des éléments indirects dans chacun des autres axes peuvent faire suspecter une urgence psychiatrique. Une fois diagnostiquée, il n'est d'ailleurs pas évident de savoir quoi faire... hospitalisation (refusée par le patient, voire le service...), orientation (illusoire le plus souvent...), prise en charge quand même (avec quelle disponibilité, un généraliste n'ayant pas les moyens d'un centre spécialisé). Cette situation est cependant différente quand cela se produit au cours d'un suivi et que le patient est connu.

Pas d'urgence, mais psychiatrie prédominante ?

En dehors de ces cas, le diagnostic psychiatrique n'est pas toujours facile dans les premiers entretiens, parce que les produits interagissent avec le sujet, mais aussi parce que le médecin ne prend pas ce temps de réflexion, mettant volontiers sur le compte du manque ou de la toxicomanie ou de l'effet des drogues des éléments séméiologiques qui doivent au moins faire évoquer un aspect psychiatrique.

Des troubles du comportement au cours même de la consultation, une réticence à évoquer les antécédents psychiatriques (hospitalisations, passages à l'acte, ivresses pathologiques, neuroleptiques…), des cicatrices de tentatives de suicide, un contact froid, une attitude d'écoute, un discours incompréhensible et hermétique, des prises importantes de BZD ou d'alcool pouvant masquer une souffrance psychique, alors qu'on s'attardera en passant sur les champignons, le cannabis, l'Artane®… Il est quand même important de savoir avec qui nous allons faire un long bout de chemin… patient relativement banal, plutôt psychotique, psychopathe… cela n'est pas la même chose.

Plus à froid

Il est intéressant de rechercher les antécédents autour de l'adolescence (addictions alimentaires, suicide, dépression…) et de son climat familial (ruptures, violences, divorce…), d'avoir une ligne de base thymique (pour anticiper les dépressions), ainsi que pour l'anxiété. Une idée de la personnalité sous-jacente n'est pas inutile et on tentera de repérer de la paranoïa (associée à la cocaïne…) et des troubles narcissiques. A nouveau les prises de produits légaux comme l'alcool, les BZD sont là à questionner.

Nous y reviendrons en fin de ce chapitre, certains diagnostics nécessitant un traitement adapté le plus tôt possible.

Mettre en place une stratégie

Averti des premières difficultés relationnelles du face à face « toxicomane-prescripteur », ayant accepté d'analyser suffisamment la part qui lui revient dans cette relation pour en éviter les principaux pièges, connaissant à présent son patient, en tout cas ce qui peut l'être en un ou quelques entretiens, le médecin peut **bâtir une stratégie en projets à court, moyen et long terme**. Il expliquera ce qu'il peut faire, comment il veut le faire, il y reviendra régulièrement et s'adaptera au fur et à mesure du suivi (le seuil adapté). Pour prendre un exemple simple, le court terme correspondra à l'induction de la substitution, le moyen terme à obtenir des bilans et à travailler l'orientation vers un centre offrant des activités éducatives et occupationnelles, le long terme visera à maintenir une stabilité retrouvée et faire construire un projet professionnel réaliste. Nous y reviendrons dans le chapitre sur le temps.

Cependant, une stratégie concerne directement ce chapitre, c'est que la relation devienne progressivement un outil de soin au fil de la mise en place de l'alliance thérapeutique.

La relation comme outil de soin

De quelques malentendus

Quoi que l'on prescrive, on se prescrit aussi. Cela est d'autant plus vrai avec la toxicomanie qu'il y existe une pathologie de la relation.

Le travail relationnel du généraliste est donc l'outil de base qui s'associe le plus souvent à la substitution et qui permet l'orientation vers le partenariat de réseau. Mais sans ce travail, la substitution ne fera guère progresser un patient dans la durée, et l'orientation, qui ne veut pas dire passage de main et abandon, si elle est nécessaire, sera alors très difficile à mettre en place.

C'est donc une « **psychothérapie du généraliste** », du prescripteur, indispensable aux autres moyens de prise en charge. Nous insistons sur ce terme car il y a là de nombreux malentendus.

Le premier malentendu est de nier ce travail relationnel en se contentant d'être prescripteur. Quand des difficultés apparaissent, le prescripteur met en place deux types de stratégies :

– le « toujours plus », escalade médicamenteuse déjà décrite qui cherche des solutions chimiques en miroir du patient alors que les problèmes sont ailleurs (repérables par le travail relationnel) ;

– « l'orientation clastique » : (« il te faut une psychothérapie ») proposition d'orientation non préparée (c'est le but du travail relationnel), non métabolisable par le patient et non travaillable par l'éventuel psychothérapeute appelé à la rescousse. En fait cette orientation est en règle générale non suivie d'effet. Le traitement s'arrête ou se perpétue sans progrès. A la limite mieux vaudrait un passage de main vers un autre médecin, même si cette situation peut raviver les antécédents abandonniques du patient.

Le deuxième malentendu vient du toxicomane qui envisage cette démarche. Dans le cadre d'une prise en charge relationnellement banale, cette demande est non seulement entendable mais souhaitée. Cependant, en particulier dans des demandes précoces et dans des contextes de frustration posés par le médecin, il n'est pas rare qu'il s'agisse d'une sorte de subterfuge inconscient du patient pour mettre en difficulté son médecin. S'il n'est pas abstinent, ce n'est pas parce qu'il ne s'en donne pas les moyens mais parce qu'on ne lui offre pas une psychothérapie véritable, et que donc celui qui le suit n'est pas à la hauteur. Cela décharge le patient de ses difficultés à devenir abstinent et rend le médecin responsable des consommations. Ce qui est très différent d'une demande de psychothérapie qui s'appuie sur le désir d'une recherche sur soi.

De plus, il faut s'entendre avec lui sur ce qu'est une psychothérapie (et quelque fois le découvrir soi-même). Un toxicomane qui dit « j'ai fait un sevrage, une postcure, la substitution, ça n'a pas marché, il me faut une psychothérapie » ou encore « je m'ennuie, il me faudrait un travail ou une psychothérapie » n'en est certainement pas à cette étape et l'orienter pourrait conduire à quelques désillusions, surtout s'il se retrouve face à un thérapeute particulièrement silencieux, utilisant un cadre quelque peu rigide, adapté à de nombreuses problématiques mais non à celle-ci, à cette étape-ci.

Tout autre est la situation du toxicomane qui refuse cette orientation en particulier parce qu'il n'est pas « fou » (et cette difficulté à orienter n'est pas spécifique des toxicomanes, réfléchissez à vos autres patients que vous voulez adresser à un psychiatre ou une psychologue...) ou de façon plus inconsciente parce qu'il est « trop nul » pour qu'on s'intéresse à lui à ce point ou encore qu'il croit à un passage de main de son médecin.

Le troisième malentendu est de minimiser l'utilité de ce travail relationnel par rapport à l'authentique psychothérapie. De nombreux médecins effectuent ainsi une réelle prise en charge mais autodévalorisent leur propre action en imaginant que seule une psychothérapie, plutôt analytique, guérira leur patient.

Dans ce contexte, deux risques sont à éviter :

– la pseudo-psychothérapie à grand renfort d'interprétations sauvages ;

– une forme d'insatisfaction personnelle qui se traduit par un défaut d'investissement dans la prise en charge alors que cet investissement dans le travail relationnel est indispensable aux soins.

Ce chapitre vise à donner des outils de travail facilitant cet investissement. Il faut en effet prendre conscience que le soutien régulier qu'offre le médecin est un appoint essentiel en particulier pour la restauration narcissique du patient, et qu'il n'y a donc pas à le minimiser, bien au contraire, car pour aller au-delà de ce travail, il faut d'abord ce travail. C'est un complexe que nous entendons fréquemment verbaliser par les intervenants « non thérapeutes », qu'ils soient généralistes mais aussi infirmiers ou travailleurs sociaux, alors que leurs actions participent à la prise en charge d'un patient suffisamment à « pluri-problèmes » pour que personne n'ait l'apanage du « soin noble ».

Le quatrième malentendu est qu'il faut s'entendre sur le terme de « psychothérapie du généraliste ». **C'est un travail relationnel volontiers humaniste et engagé qui :**

– **nécessite un certain climat** adapté à cette problématique ;

– **utilise trois types de moyens** : le travail sur le comment, le travail sur la relation duelle, et le diagnostic psychiatrique ;

– **a une certaine logique** dont la finalité commune est l'autonomisation du patient.

Si le généraliste ne peut globalement mettre en place ce que nous allons développer, il doit cependant s'ingénier à obtenir le climat relationnel cité, s'inspirer des moyens que nous décrivons pour en imprégner peu ou prou sa pratique, et garder à l'esprit la logique posée en conclusion.

Climat relationnel

L'intentionnalité de soin nécessite une alliance thérapeutique entre le professionnel et son patient. Cette alliance n'est pas acquise d'emblée car elle dépend évidemment du patient, en particulier d'où il en est, de ce qu'il demande, de sa personnalité. Mais pour qu'elle apparaisse et se construise, il faut un certain contexte initié par le professionnel, que nous diviserons en quatre éléments : l'empathie, le contrôle, le soutien actif, la confiance.

L'empathie

Nous l'avons déjà développée dans un paragraphe précédent (se connaître) en soulignant sa nécessité (elle permet de faire apparaître le rôle protecteur du soignant) et les limites relationnelles qu'elle implique pour le soignant.

Nous ajouterons qu'il s'agit d'un « processus d'identification délibérée avec autrui, comportant une introspection accrue en même temps dans sa propre identité et dans celle du partenaire » (Stewart), finalement de faire l'effort de comprendre l'autre, respecté en temps que sujet, et de comprendre ce qu'il mobilise en nous.

Nous étudierons dans quelques lignes certaines des raisons qui font que le patient a du mal à exprimer ses difficultés et rechutes, mais citons ici la peur de décevoir ce professionnel qui s'intéresse à lui, traduite souvent ainsi : « Je vous ai déçu, docteur ». Les pathologies narcissiques fréquentes chez les toxicomanes s'accompagnent volontiers du sentiment qu'ils ne peuvent que décevoir les autres, qui plus est ceux qui s'occupent d'eux avec empathie. Il faudra donc faire passer préventivement que les rechutes et difficultés ne sauraient nous décevoir car elles sont normales, banales dans le suivi.

Le contrôle

Il consiste tout autant à poser des limites au patient qu'à s'en poser à soi-même.

Du côté du patient, nous nous contenterons de rappeler ce que nous avons déjà exprimé : être clair sur le fait que le cabinet médical est un lieu où s'appliquent les lois de la communauté : pas de violence, pas de menace, pas de pression, pas de bazar ni de *deal* dans la salle d'attente, pas de vol chez le médecin, être dans un état permettant la discussion…

Du côté du médecin, il s'agit à la fois de se poser des limites et de maîtriser ses propres projections et affects.

Nous avons déjà évoqué **les limites du médicament et du savoir du généraliste** (*cf.* paragraphe sur la toute-puissance). Insistons sur ce dernier point qui permet des orientations vers d'autres compétences, le partenariat. Le généraliste est certes capable de débrouiller certaines situations, il n'en est pas pour autant compétent dans tous les domaines. Il doit donc savoir orienter, même si son patient traîne des pieds, il y reviendra, expliquera, et finira par l'obtenir.

En ce qui concerne les projections et les affects, que nous développerons dans le paragraphe sur la relation duelle, disons pour l'instant que **le toxicomane est capable de déstabiliser tout professionnel**, quel qu'il soit, par des reproches divers, par exemple culpabiliser le soignant, le rendre responsable de ses échecs, etc. Nous devons avoir en permanence à l'esprit que nous sommes responsables des soins que nous prodiguons, mais non de ce que fait ou va faire un patient (« si vous me prescrivez pas du Rohypnol®, je tape une vieille pour en acheter à la gare »). Aller au-delà, c'est s'engager dans l'hyperactivisme et risquer de perdre le contrôle du suivi. Enfin il est quelquefois bon de se questionner basiquement : « pourquoi je réagis comme ça, qu'est ce qu'il a dit qui me met dans un tel état ? ». « Suis-je en colère après lui ? », lui reprochant un suivi qui stagne… « Suis-je en colère après moi ? » me reprochant un suivi trop investi… « Suis en colère après quelqu'un d'autre ? », le patient de la consultation précédente, le collègue qu'on vient d'avoir au téléphone…

Une autre difficulté est d'**être le témoin des répétitions relationnelles du patient** et d'en ressentir de la lassitude, voire de la colère. Par exemple, citons le cas, fréquent, d'une femme toxicomane suivie depuis un certain temps, stabilisée, surtout depuis qu'elle a abandonné sa relation conjugale conflictuelle avec un « affreux jojo » qui consommait des drogues, la battait, etc. « Affreux jojo » est le diagnostic qu'elle nous a offert, à le décrire de façon si négative… Et pourtant… la voilà de nouveau avec lui, ou un autre identique, et les conflits conjugaux reprennent, les drogues également, notre patiente est en crise comme autrefois, elle qui s'était jurée (et à nous) qu'elle avait bien compris que les hommes, n'est-ce pas… « Tout ce travail pour rien » pense le médecin, et c'est elle qui s'est mise dans cette situation… Il faut là encore garder le contrôle de la relation. Non elle ne le fait pas exprès, oui c'est son choix d'objet amoureux, sa vie. Nous n'en sommes pas responsables, notre travail n'est pas détruit pour autant, et il n'y a pas de quoi désespérer exagérément. Cette situation peut s'améliorer avec les prises de conscience et la restauration narcissique (car « si je vis avec quelqu'un de nul, vaux-je mieux que lui ? ») qui lui permettra d'évoluer, mais certainement pas avec l'exigence du choix de la rupture, quasiment un « c'est lui ou moi » qui prête à confusion !

Le contrôle de la relation, c'est aussi bien **prendre garde de ne pas déprécier le travail des collègues** ou structures qui sont intervenus dans le suivi d'un patient, même si c'est lui qui en dit du mal (« il m'a pas aidé, ils ont rien fait pour moi, c'est un *dealer* de médoc… »), et même si on n'en pense pas moins… Il est plus judicieux de mettre du flou (« c'est ce que vous ressentez actuellement, peut-être pas ce que vous disiez autrefois… Ce n'est pas si simple, vous avez peut-être changé de demande… ») que d'entériner la proposition du patient. Cela évite de se positionner en sauveur et d'empêcher de travailler la part de responsabilité du patient dans les difficultés précédentes. De plus si le patient ne respecte pas les partenaires, le médecin doit, lui, les respecter ; si le médecin ne respecte pas les partenaires, comment le patient le pourra-t-il ?

Et puis, le contrôle, c'est accepter de ne pas convaincre le patient à tout prix que nous avons raison et que lui a tort… Certaines situations (par exemple, bien dormir) peuvent aboutir à l'affrontement de deux subjectivités (« je vous dis que je dors mal », « je vous dis que vous dormez suffisamment »), affrontement inutile (« j'entend que vous vivez ça comme ça, mais un somnifère de plus n'arrangera rien »).

Enfin, les bases du contrôle de la relation, ce sont tout simplement le dialogue et la confiance.

Le soutien actif

C'est un aspect très spécifique à la fois du travail relationnel du généraliste et des psychothérapies de ces patients. Ces entretiens nécessitent un dialogue actif et non la passivité et le silence organisé en technique psychothérapique.

Attention cependant, être actif dans le dialogue ne veut pas dire être hyperactif dans les actes, et le silence bien maîtrisé permet des formulations réfléchies et surtout au patient d'exprimer ce qu'il hésitait à dire.

Dialogue actif veut dire qu'il faut cultiver ses capacités d'écoute et prendre le temps d'expliquer.

L'écoute active n'est pas si naturelle et nécessite un apprentissage. Elle implique de savoir établir un silence en soi-même, de savoir suffisamment se dégager de soi et de son système de référence pour entrer dans celui de l'autre sans pour autant l'adopter. L'écoute fait exister l'interlocuteur, bien plus qu'en lui parlant. Elle implique également d'être attentif à la communication non verbale (le débit, les mimiques, l'intonation, la gestuelle, la présentation vestimentaire, l'hygiène, en particulier pour des patients que l'on connaît bien, ce qui permet de repérer des changements).

Elle permet de relancer le dialogue, d'aller plus loin que la première proposition du patient, et d'éviter de répondre trop vite à cette proposition sans la prendre au premier degré. Car il y a souvent un écart entre la verbalisation du patient et ce qu'il voudrait réellement dire.

Par exemple un patient dit « je veux arrêter le Subutex® ». Le médecin peut répondre oui ou non dans la foulée. Il peut relancer et écouter (« dites-m'en plus, comment vous est venue cette décision ? »). Le dialogue permettra de découvrir que le patient voulait vérifier que son médecin n'envisageait pas un arrêt du suivi ; qu'il pensait que le médecin pensait qu'il fallait arrêter ; qu'il voulait en fait arrêter l'injectable de Subutex® mais n'arrivait pas à aborder le problème ; qu'il faisait cette demande à l'instigation de ses parents ; ou encore, qu'à l'occasion de difficultés, il reprend son « fonctionnement de toxicomane » et tend à re-inverser la relation thérapeutique, se remettant à dicter l'ordonnance. A travers cet exemple, nous voyons combien il faut décrypter patiemment ce que le patient nous formule et non pas le prendre au pied de la lettre. L'espace de réflexion est permis par le dialogue et l'écoute.

Cette écoute active, ces temps de silence peuvent aussi aider le patient à exprimer ce qu'il hésite à dire. Nous y reviendrons dans quelques lignes (la confiance), il n'est pas toujours aisé

« d'avouer » ses difficultés et rechutes. Il faut d'ailleurs prendre conscience de la particularité de cette relation : dans les suivis réguliers de longue durée, nous prescrivons des traitements dont nous attendons qu'ils améliorent le patient, lequel a la même attente ; c'est pourquoi, à notre question introductive « ça va ? », nous nous attendons à ce qu'il nous réponde « ça va ! ». Mais si cela ne va pas ? Comment le dire si cela implique l'arrêt du traitement (*cf.* plus loin) ou sous-entend que le professionnel est incompétent ou risque de l'entendre comme tel (*cf.* la frustration) ? A la limite, il serait plus logique, plus approprié de questionner ainsi : « **qu'est ce qui n'a pas été ces derniers temps, qu'avez-vous eu comme difficulté depuis notre dernier entretien ?** ».

Certains hésitent à appliquer cette logique, considérant qu'elle porte préjudice au sentiment d'espoir que nous essayons de faire partager au patient. Nous pensons au contraire qu'il est plus désespérant pour le patient d'avoir des difficultés sans pouvoir les verbaliser, sans savoir qu'elles sont en partie attendues, sans comprendre qu'il peut agir sur ces difficultés, provoquant un sentiment d'impuissance bien plus dangereux.

Prendre le temps d'expliquer : nous y reviendrons plus loin concrètement mais qui dit alliance thérapeutique dit explications concrètes adaptées au patient. Il ne s'agit pas de le prendre pour un imbécile mais de se mettre en harmonie avec ses capacités, ce qui n'a rien à voir avec le QI. Expliquer le fonctionnement de la substitution, l'argumentation d'une orientation, même la durée d'une antibiothérapie, cela est nécessaire.

Les résultats d'examens complémentaires, en particulier de sérologies, doivent être expliqués et imposent de vérifier ce que le patient a compris. Ce moment d'angoisse peut provoquer des interprétations erronées de la part du patient, lequel peut ainsi confondre « avoir un bilan négatif » et « avoir un mauvais bilan ». De même il faudra s'attarder (en particulier pour le VHC) sur la contagiosité, la séropositivité, la maladie active, etc.

Tout cela n'implique pas des consultations extraordinairement longues, mal adaptées à la pratique libérale mais aussi à ce type de patients. Mieux vaut avoir des consultations régulières, suffisamment rapprochées pour que le patient puisse s'appuyer dessus, et de durée moyenne pour qu'il en sorte une ou deux idées fortes, quitte à les thématiser. Ce rythme se modifiera au fil de la stabilisation, l'apparition de moments critiques imposant de resserrer les entretiens.

La confiance

Elle est considérée comme la chose la plus difficile à mettre en place dans la relation avec les toxicomanes.

Elle repose *a priori* sur la réciprocité :

– confiance dans le patient reconnu comme sujet, ayant la capacité d'évoluer et d'exercer sa responsabilité ;

– confiance et crédibilité du professionnel dans son rôle protecteur pour le patient.

En fait nous pensons **que le plus important est que le patient ait confiance dans son médecin**. C'est la priorité : par son comportement et ses propositions le médecin doit d'abord acquérir la confiance de son patient. Si cela est fait, le patient livrera ces difficultés et le médecin pourra avoir confiance en son patient.

Si nous pensons que ce climat de confiance doit d'abord être initié du côté du médecin, c'est que ce qui empêche ce climat de confiance est que le toxicomane pense fréquemment que, s'il dit qu'il va mal ou qu'il n'est pas abstinent, le médecin arrêtera le traitement. C'est donc cela qu'il faut faire passer en priorité : la prise en charge se poursuivra malgré les rechutes et les difficultés, car **les rechutes et les difficultés font parties du processus de sortie de la toxicomanie**. Que le toxicomane croit au miracle de la substitution ou de la cure, c'est une chose, mais qu'au déni du toxicomane réponde le déni du professionnel, c'est une erreur lourde de conséquences pour le suivi. De cela le médecin doit d'abord en être persuadé, la confiance du patient en passe par-là.

Prenons l'exemple de la substitution.

Une inexactitude très dommageable et cependant répandue est que **puisque le patient a « sa dose », il ne devrait avoir besoin de rien d'autre et devrait aller bien**.

Nous avons déjà expliqué dans le chapitre sur la substitution combien l'expression « devrait aller bien » ne tient pas compte des problématiques psychiques sous-jacentes, de la comorbidité et des deuils. Notons également combien l'expression « sa dose » (et non « sa posologie ») évoque la drogue.

Insistons ici sur le « ne devrait avoir besoin de rien d'autre ». Il faut en avoir conscience, la substitution, méthadone ou Subutex®, n'est en rien équivalent à l'héroïne. La substitution ne remplace pas l'héroïne ni du côté de la sensation de plaisir éprouvée ni du côté de l'anesthésie affective, elle doit au contraire permettre de renoncer à ce double effet de l'héroïne ; il s'agit d'une forme de travail de deuil qui prend donc un temps certain, au cours duquel le toxicomane risque « d'avoir besoin de quelque chose d'autre ».

Nous avons décrit dans le chapitre sur les drogues **le plaisir** indicible procuré par l'héroïne, sa diminution progressive au cours de la trajectoire mais la persistance de ce souvenir. Les autres plaisirs terrestres apparaissent bien petits à l'héroïnomane en soins. Il faut modifier cela progressivement en prenant appui sur la substitution qui, comme l'écrit Bertschy, ne dispense pas de ce travail de deuil, mais donne le temps de le réaliser : « le processus de deuil doit être explicité en tant que tel au patient et être abordé avec lui régulièrement au cours des entretiens. La verbalisation de ce à quoi on essaie de renoncer n'est pas synonyme d'une incitation à y retourner. L'évaluation régulière de ce processus, à travers ce que le patient peut dire de ce qu'il vit et expérimente et en partageant avec lui cette évaluation, est un aspect du travail thérapeutique. Cette prise en charge du processus de deuil n'est pas très différente de celle nécessitée, par exemple, par le décès d'un conjoint. Dans les deux cas, oserions-nous dire, l'axe central du travail est d'organiser une nouvelle vie sans l'autre. »

Quant à **l'anesthésie affective**, les héroïnomanes apprennent vite qu'il n'est pas de souffrance psychique ou morale, de colère, de dépit, de frustration que l'héroïne ne va apaiser. Pour renoncer à l'héroïne, cette dimension paraît au moins aussi importante que celle du souvenir du plaisir. Tous les individus ne sont pas égaux psychologiquement et biologiquement face à ces deuils. Ceux qui ont le plus de troubles narcissiques, ceux qui ont un profil psychobiologique les incitant à la recherche de sensations fortes (*sensation-seeking* des Anglo-Saxons et qui sont d'ailleurs à plus fort risque de devenir pharmacodépendants), auront plus de difficultés. En fonction des prédispositions génétiques, de l'histoire affective et neurobiologique de leur petite enfance, enfance et adolescence, en fonction des compétences et caractéristiques psychologiques et relationnelles qui résulteront de cette histoire personnelle et de ses interactions avec le terrain biologique (compétences et caractéristiques qui les rendront plus ou moins aptes à gérer les conflits de leur vie d'adolescent et d'adulte), tous n'auront pas le même besoin de ce que le Docteur G. Bertschy a appelé, sans dérision, le grand consolateur.

Le renoncement à cette fonction consolatrice de l'héroïne sera encore plus difficile si en parallèle n'est pas pris en compte et traité un trouble dépressif ou anxieux préexistant ou si ne se remet pas en route un processus d'adolescence qui s'est trouvé piégé et gelé sur place avec des premières expériences addictives. Nous y reviendrons.

Il n'y a donc pas d'abstinence durable sans renoncement à l'effet anesthésiant de l'héroïne, sans renoncement à gérer les émotions négatives avec l'héroïne, qui, en revanche, ne sont ni gommées, ni transformées par la substitution.

Ainsi, avoir conscience de la différence entre héroïne et substitution, et de ce double deuil, permet au médecin d'appréhender l'existence des difficultés et rechutes comme un processus attendu et à travailler, et non comme un manque de volonté ou un vice de son patient. Cela doit être exprimé d'emblée, anticipé dans le suivi, et mis en acte quand la situation apparaît : il n'y a pas arrêt du traitement pour cela.

Au contraire, nier les rechutes et difficultés, c'est ne pas les chercher ou gêner leur formulation par le patient, c'est se priver de toute une part du travail de prise en charge.

C'est pourquoi le patient doit pouvoir verbaliser en confiance ses difficultés et rechutes sans craindre une suspension de la substitution. Cette confiance, c'est donc d'abord celle que le patient a en son médecin.

Il faut remplacer la question que se posent fréquemment les médecins « puis-je avoir confiance en ce qu'il me dit ? », par une autre plus pragmatique et utile « comment lui montrer qu'il peut avoir confiance en moi ? ».

Il faut cependant s'entendre sur le fait que **cette confiance n'implique pas que notre patient va nous dire la vérité à tout coup**. Tout simplement parce qu'il peut se travestir la réalité, qu'il dit vraiment ce qu'il pense être la vérité alors qu'à la discussion les choses apparaissent différentes. Il ne s'agit donc pas là de mensonges délibérés, de manipulations. Par exemple « j'ai pas pris de cocaïne depuis une semaine » peut correspondre à un délai de 2-3 jours, durée dont la perception est perturbée par une notion du temps pathologique. Ou encore « ça fait un moment que je me tiens à carreau question délinquance » en omettant de signaler un vol de voiture, perçu comme péché véniel par cet ancien braqueur de pharmacies (ce qui pourrait ne pas être l'avis d'un juge à la vue de son « pedigree »...).

En outre, **il est loin d'être toujours utile d'obtenir l'aveu d'une consommation**. Par exemple, nous proposons une hospitalisation à une de nos patientes, stabilisée depuis trois ans mais visiblement en rechute dans la cocaïne ; elle refuse, certifiant qu'elle allait bien et n'avait pas pris de cocaïne (question qui ne lui avait pas été posée...); la discussion bloque, l'intervenant lui dit alors : « ne soyez pas dupe de vous-même, vous allez mal » ; elle rétorque : « je ne suis pas dupe de mon état, et vous non plus vous n'êtes pas dupe » ; l'intervenant répond : « c'est vrai » (n'en rajoutant pas plus) et elle accepte l'hospitalisation, le médecin ayant accepté le sous-entendu sans chercher une formulation plus explicite, laquelle sera verbalisée spontanément le lendemain.

Enfin, la confiance passe par **le secret professionnel**. Même le travail de réseau ne saurait en modifier le caractère intangible, si ce n'est en s'appuyant sur la notion de secret partagé. Il peut cependant être utile de parler avec le patient de ce que l'on partagera avec les autres professionnels. Il est enfin particulièrement important d'être attentif au secret professionnel avec la famille, le conjoint, les proches.

Et puis cette confiance ne saurait faire oublier **quelques règles de prudence**. Laisser ces tampons, ordonnances, carnet à souches en tête-à-tête avec un patient peut inutilement le tenter. Même si cela risque de se produire plutôt au cours de la première phase (de la rencontre à la relation), ce type de passage à l'acte implique autant la responsabilité du patient qui l'effectue que celle du médecin qui a créé la situation la permettant.

Les moyens du travail relationnel

Comme nous l'avons longuement expliqué, il y a au moins deux types de problèmes à travailler au cours du suivi relationnel d'un toxicomane : les prises et reprises (voire rechutes) de drogues et les difficultés liées à la comorbidité. Evidemment ces deux problèmes peuvent s'enchaîner (une dépression provoque des prises de drogues, des prises de cocaïne aggravent une dépression), et la prise en charge doit en tenir compte. Il nous semble cependant nécessaire de les distinguer pour une meilleure clarté pédagogique et parce que cela nécessite une approche différente : les prises de produits doivent être étudiées **selon l'angle du « comment »**, les difficultés liées à la comorbidité **selon l'angle de la relation duelle** et **du diagnostic psychiatrique**.

Auparavant, il nous faut insister sur la relativité de cette notion de « rechutes dans le produit principal, l'héroïne ». **Les professionnels imaginent que le toxicomane sous substitution est soit stabilisé, soit en rechutes. Et c'est faux…** A cette phase du suivi, les rechutes dans l'héroïne sont en fait rares et s'accompagnent fréquemment d'une rupture du suivi, le patient arrêtant de lui-même le traitement en reprenant l'opiacé. Le plus souvent les difficultés se manifestent de façon différente :

– des prises d'héroïne sous substitution maintenue, ce qui n'est pas une rechute ;

– des usages d'autres produits (alcool, cocaïne, BZD) sous substitution maintenue ;

– des détournements de substitution précédemment stabilisée (reprise de l'injectable, multiprises, coprescription…), ce qui est rarement diagnostiqué ;

– des symptômes psychiques très variés.

La diversité des situations est donc bien plus grande que la simple hypothèse de rechutes, et il faut donc rechercher ces situations de parti pris et tenter de les anticiper.

Travail sur le comment : une phase cognitivocomportementale

Ce travail s'effectue donc essentiellement sur les prises de produits. Il vise à acquérir des stratégies de maîtrise de l'abstinence. Très centré sur les théorisations cognitivocomportementales, il s'attache à faire décrire le comment plutôt que le pourquoi, **comment il a rechuté plutôt que pourquoi il a rechuté**. Cela permet de rester dans le concret, de tirer partie de la confrontation au réel, de faire évoluer le patient, de l'aider à se protéger et d'être acteur de cette protection.

En effet, décrire une situation problématique conduit à se questionner sur comment le patient pourrait l'éviter… et plus tard pourquoi il n'arrive pas à l'éviter. Le travail sur le pourquoi n'est donc pas sans intérêt, mais il nécessite plus de recul de la part du patient et du professionnel qui peut le pointer par instant mais l'aborder au fond plus tard (sera-ce le moment d'une psychothérapie ?). De plus, ce travail sur le pourquoi est plus « désespérant » pour le patient car il implique des changements plus profonds. Cela évite également de se lancer dans des interprétations tant de la part du patient que du professionnel, interprétations sans applications pragmatiques, pour le moment. Enfin, ce travail est moins en phase avec la recherche de possibilité d'action dans l'autoprotection

Le travail sur le comment s'effectue sur les données comportementales (les sursauts de manque) et cognitives (les erreurs d'attributions) que nous avons décrites dans le chapitre sur la substitution. Elles s'étudient évidemment sous substitution mais également en postsevrage.

■ Sursauts de manque

Le patient doit mieux connaître et comprendre sa dépendance et sa vulnérabilité, ceci devant déboucher sur des stratégies concrètes d'autoprotection.

Le repérage des situations peut être simple : vue d'une seringue, d'un copain défoncé, passage sur un lieu de *deal*, etc.

Prenons l'exemple d'un itinéraire. Le patient va de son domicile chez le pharmacien en passant par son lieu d'achat habituel. Peut-il éviter ce lieu, faire un détour ? Il dira qu'il prend le chemin le plus court et n'a pas craqué, mais cela durera-t-il ? Effet cumulatif de la présentation du conditionnement, et s'il allait mal n'aurait-il pas été mieux qu'il prenne l'habitude d'un autre trajet ?

Il s'agit donc de stratégies très concrètes (ne pas avoir de seringues chez soi, se débarrasser de certains numéros de téléphone, anticiper le risque de certains horaires, etc.). Certains usagers demandent même à changer de pharmacie, celle qui l'a aidé dans un premier temps lui apparaissant associée à une période de sa vie qu'il a mise derrière lui dans son évolution. Quelquefois un changement de médecin est verbalisé de façon similaire.

Le repérage des situations peut être plus complexe. Par exemple un patient peu ou prou stabilisé nous signale qu'il a rêvé de drogues mais ne sait pas pourquoi. A la discussion du « comment », il découvre qu'il a écouté la veille un disque sur lequel il prenait de l'héroïne, ou qu'en boîte de nuit la veille il a surpris du regard un échange d'argent et de képa. Comprendre comment il a rêvé de drogues lui apparaît alors normal et non comme quelque chose qui le poursuit sans raison.

Travail cognitif

Les distorsions cognitives conduisant aux erreurs d'attribution (*cf.* chapitre sur la substitution) sont à redresser progressivement. Nommer « manque et envie de consommer » ce qui est en fait de la transpiration, des courbatures et surtout de l'anxiété, de la tristesse, de la colère, est donc un aspect majeur de la décentration. Il s'agit de l'aider à mettre des mots là où son fonctionnement l'a amené à ne savoir que passer à l'acte, à l'acte de consommer et à penser au manque. Notons que c'est à nouveau un travail sur le comment : « vous dites "manque", comment ça se présente ? Comment c'est arrivé ?... »

Ce travail n'est quelquefois pas si simple car un syndrome grippal, une crise d'angoisse ont un certain nombre de symptômes communs avec le manque.

Les pensées dysfonctionnelles sur la consommation.

Différentes cognitions peuvent intervenir dans la décision de consommer, juste au moment de cette décision, de façon automatique, comme une sorte de « *flash* mental » qui enlève brutalement la décision. Il s'agit volontiers de pensées liées à des attentes en rapport avec les drogues, attentes variables :

– les pensées anticipatoires : « avec la prise de drogue je vais assurer » ;

– les pensées à type de soulagement : « avec la prise de drogue j'irai mieux » ;

– les pensées permissives : « j'ai fait des efforts, je peux me permettre une petite récompense ».

Il faut donc l'aider à repérer comment il pense juste avant la décision, à mettre en doute la validité de ses pensées et à les remplacer par d'autres plus adaptées. Par exemple il peut prendre conscience qu'en fait après la prise, il est déçu d'avoir « craqué » et souffre de cette déception, ce qui ne valide pas son attente et peut l'aider à y résister. Telle patiente a pris des produits « pour faire des démarches » ; en fait, à la discussion, elle verbalise qu'elle n'en a fait qu'une (voir l'assistante sociale de la PMI pour son fils) et que son état, repéré, lui a plutôt porté préjudice…

Le spécialiste peut utiliser des échelles, des feuilles d'analyse « d'avantages et d'inconvénients », un agenda de relevé de pensées. Le généraliste peut utiliser cet angle cognitif dans ses entretiens afin d'aider à la prise de conscience et inciter à aller au-delà.

Par exemple, un collègue nous racontait le cas d'un patient qui lui avouait, en partie penaud, qu'il avait consommé de la codéine faute de cocaïne à l'occasion d'un rapport sexuel, persuadé qu'il était de ne pouvoir « assurer » sans produit… Au fur et à mesure de son explication, le patient éberlué prit conscience que ce n'était certainement pas la codéine qui était responsable de ses exploits sexuels de la nuit puisqu'il prenait très régulièrement son Subutex® ! Il y avait là matière à exploiter…

Travail sur la réalité

Un autre aspect de l'accompagnement relationnel de l'intervenant est le travail sur la réalité, au sens qu'il s'agit de redécouvrir que vivre en société implique des règles légales et tacites, que nous sommes responsables de nos actes, et que ce nous faisons a des conséquences, pour les autres et soi-même. Le suivi abonde de situations concrètes et banales sur lesquelles l'intervenant peut s'appuyer : manquer le rendez-vous expose à ne pas avoir d'ordonnance, rater les jours d'ouverture de la pharmacie à ne pas bénéficier de son substitut, conduire dans un état précaire (il n'y a pas que les toxicomanes…) à l'accident pour l'autre, pour soi et aux ennuis policiers, de même que voler et se battre. Refaire découvrir le tiers (prévenir du rendez-vous manqué), la causalité (faire ceci implique cela, ne pas faire telle démarche aura telles conséquences), c'est participer à responsabiliser le patient, durablement habitué à : « c'est pas moi, c'est la drogue qui… ». C'est un travail de base, de longue haleine, qui peut achopper sur des processus bien plus profonds (une adolescence chaotique, des troubles psychopatiques). A l'inverse, des patients présentent des troubles narcissiques tels qu'ils sont noyés dans des vécus d'intense culpabilité, et il faudra alors savoir les relativiser pour qu'ils assouplissent ces fonctionnements facilitant les rechutes, dépressions et tentatives de suicide.

Redécouvrir la réalité, c'est aussi prendre conscience du poids du passé (maladie, justice, dettes, isolement, conflits familiaux, etc.) et quelquefois de l'immensité de ce qu'il y a à reconstruire. Quand quelqu'un est porteur d'une maladie et que celle-ci s'améliore, cette personne va *a priori* mieux ; quand un toxicomane s'améliore en sortant de l'aliénation du manque, il sort du cocon du produit et redécouvre la réalité et peut donc aller plus mal… Cela est particulièrement net autour des projets de reconstruction sociale. A nouveau, les risques de rechutes et de souffrance psychique sont possibles, nous les détaillons ci-dessous.

Diagnostic psychiatrique

Diverses raisons nous incitent à parler de « diagnostic psychiatrique » dans ce paragraphe sur les moyens du travail relationnel (le comment et la relation duelle).

Nous l'avons évoqué précédemment, les différentes situations impliquant des problèmes de produits (prise d'héroïne, d'autres produits, déstabilisation de la substitution) peuvent être liées à des troubles psychiatriques (dépression par exemple). Le travail sur le comment est alors rendu difficile si le diagnostic n'est pas fait et un traitement proposé. Un diagnostic doit donc être recherché devant toute déstabilisation du côté des produits au cours du suivi car cela peut être le premier signe d'un trouble psychiatrique :

– le diagnostic psychiatrique induit évidemment des pièges différents dans la relation duelle, celle-ci n'étant assurément pas la même face à un patient névrotique, psychotique, psychopathe ou ayant de forts troubles de la personnalité ;

– le diagnostic psychiatrique peut certes être aisé, mais il est le plus souvent complexe dans les débuts de la prise en charge face à un patient se présentant surtout en toxicomane avec un psychisme remanié par les produits. Ce diagnostic s'élabore alors au fil de la relation instaurée avec lui.

Différents diagnostics seront évoqués ici *(tab. 6.II)*. Certains peuvent être pris en charge par le généraliste, d'autres nécessitent à notre avis un appui spécialisé (psychiatre libéral, institution psychiatrique, centre spécialisé ayant ces compétences). Nous en reparlerons au chapitre sur le partenariat. De gravité variable, ces décompensations psychiatriques sont nombreuses et émaillent fréquemment le suivi du patient. Nous en avons plusieurs fois évoquées les raisons et l'intervenant ne doit pas être surpris de leur survenue, ni baisser les bras.

Certes, ces décompensations peuvent apparaître isolées ou liées aux troubles de la personnalité (en particulier les pathologies du narcissisme), mais évidemment, dans une perspective plus psychothérapique, il sera important de leur donner du sens par rapport à l'histoire singulière du patient, d'étudier des liens entre les événements déclenchants du présent (événements individuels, familiaux ou conjugaux) et son passé, de repérer des répétitions. Le spécialiste utilisera donc ces troubles pour favoriser les prises de conscience, établir des liaisons entre le présent et le passé, assouplir le fonctionnement du sujet.

Dans un souci de pragmatisme, insistons pour l'instant sur les troubles nécessitant des prescriptions et une relation adaptées. Nous préciserons les traitements médicamenteux au chapitre 8.

TABLEAU 6.II. Les difficultés psychologiques.

1	Les dépressions
2	Les troubles anxieux
3	Les comportements addictifs
4	Les usages de substances psychoactives
5	La déstabilisation de la substitution
6	Les troubles psychotiques
7	Les troubles de la personnalité

■ Dépressions

Elles sont si fréquentes qu'elles doivent être anticipées (recherche des petits signes).

Dépression et sous-dosage

Il s'agit souvent de signes dysphoriques, de tristesse qui apparaissent dès l'induction et persistent. Les signes de manque semblent absents ou réduits à des éléments bâtards (fatigue, irritabilité, intolérance à la frustration, anxiété, troubles du sommeil) pouvant être mis sur le compte de la dépression. Les prises d'héroïne persistent et concourent à la dépression (aspect biologique, déception du patient, faible mobilisation sur le travail du comment).

Il peut être utile de monter la posologie de la substitution dans un premier temps avant d'envisager le deuxième cas de figure et de prescrire des antidépresseurs.

En postsevrage, la dépression peut être plus nette et questionne la mise sous substitution quand les reprises de drogues gênent le travail relationnel et l'action des antidépresseurs.

Dépression maladie

Elle débute volontiers à distance de l'induction (deux à six mois) et les fréquents antécédents dépressifs doivent être recherchés, ayant pu précéder la toxicomanie ou être impliqués dans des rechutes au cours de la trajectoire. Il est possible également de découvrir de vraies dysthymies (avec quelquefois des accès maniaques pouvant être facilités par la cocaïne) avec même une périodicité saisonnière.

Ce diagnostic impose, plutôt que de bouger la substitution, la prescription de médicaments antidépresseurs, en préférant les dernières générations (IRS) mieux supportées que les tricycliques (potentialisation de la substitution en particulier avec la méthadone, synergie des effets secondaires) et de bien travailler l'observance et les aspects cognitifs. Les normothymiques peuvent également être discutés.

Observance

Un toxicomane en début de prise en charge ou en crise après une stabilisation demande souvent aux médicaments prescrits un effet immédiat, en équivalent au fonctionnement des produits. Il préférera alors des médicaments « qu'il sent » (tout particulièrement les BZD dont l'effet myorelaxant correspond à ce qu'il recherche : « le Tranxène® 50, ça me le fait, pas votre antidépresseur »). Le risque de surconsommation de BZD est donc important, de même que l'usage anesthésiant de l'alcool, du cannabis ou l'essai de la cocaïne (qui donne l'impression dangereuse d'agir sur la dépression dans l'instant, mais aggrave la dysphorie).

Toutes ces substances gênent l'action des antidépresseurs et peuvent de façon circulaire augmenter la dépression (« je suis mal donc je bois, je bois donc je culpabilise, donc je suis mal »).

Travailler l'observance, c'est ainsi expliquer l'effet indirect et retardé de ces médicaments, de l'utilité de la prise régulière, de la normalité de ne pas « le sentir », de mettre en garde sur les prises évoquées ci-dessus, d'envisager une hospitalisation si utile.

L'ambulatoire peut en effet être dépassé et une hospitalisation peut être programmée tant pour « poser » le patient à distance des produits et que pour faciliter l'action des antidépresseurs.

Cognitions

La dépression provoque par elle-même des distorsions cognitives qui filtrent le présent (ne repérer que les événements négatifs), le passé (ne se souvenir que du négatif), le futur (anticiper l'avenir de façon négative).

Il n'est pas question de peindre en rose le présent et le passé d'un patient, et d'appliquer la méthode Coué pour son futur, mais il est très utile de redresser les cognitions : rappeler les progrès, souligner les avancées, réaffirmer la fréquence de cet état dans le suivi, évoquer les précédentes dépressions qui ont guéri, bref rendre positif tout ce qui peut l'être, en particulier dans le concret.

Par ailleurs, il est capital de repérer les idées suicidaires, de rapprocher les rendez-vous, de faire appel aux ressources connues du partenariat en ayant parlé de cette possible orientation dès le début des troubles et en insistant sur le non-passage de main.

Toujours la complexité

Un usager de drogue étant par essence complexe, il est important d'avoir un regard global sur sa symptomatologie. En voici quelques exemples.

Sur le plan somatique, il faut ainsi rechercher une recrudescence des troubles hépatiques pouvant expliquer une certaine fatigue et morosité. De même d'autres diagnostics doivent être évoqués (en particulier, hypothyroïdie, dénutrition, tuberculose...).

Sur le plan psychique, il faut distinguer la dépressivité de la dépression. Cette dépressivité doit plutôt être accompagnée par la relation (sauf si une aide chimique paraît utile) quand elle correspond au travail maturant de deuil, de mise à distance du plaisir du produit ou de l'intégration d'un diagnostic dénié jusque-là (VIH) ou de la reprise de processus adolescent. **La redécouverte de la réalité** au décours de la mise sous substitution est aussi un moment difficile, nous l'avons vu (le syndrome d'atterrissage), quand le patient a l'impression que ses améliorations achoppent sur le contexte social et que son projet de vie pourrait bien être « RMI et Subutex® »... Il faut alors proposer des investissements autres qu'un projet professionnel effectivement lointain (activités artistiques, sportives, militantes...) qui participeront à la restauration narcissique et seront une étape avant d'aller plus loin dans l'insertion.

Sur le plan des produits, des usages de cocaïne peuvent à l'arrêt induire des troubles temporaires de sevrage avec fatigue et dysphorie sur lesquels les antidépresseurs sont peu efficaces, surtout en l'absence de dépression préexistante.

Enfin au cours d'un suivi au long cours, la prise en charge **d'un alcoolisme** peut faire (ré)apparaître une dépression.

■ Troubles anxieux

Ils sont fréquents là aussi et sous-estimés car mis sur le compte du manque (par le patient et le médecin). De plus ils peuvent être « noyés » par la prise de substances psychoactives (héroïne, codéine, cannabis, alcool, BZD).

En début de prise en charge

Les troubles anxieux peuvent **précéder et gêner l'induction de substitution** (*cf.* les anticipations anxieuses, chapitre 5), celle-ci imposant alors la discussion d'une hospitalisation ou l'utilisation de neuroleptiques sédatifs (Tercian®...), de BZD avec fractionnement de la délivrance.

Au cours de l'induction, l'émergence de l'anxiété doit faire évoquer **un sous-dosage mais également un sevrage autre** que l'opiacé (alcool, BZD) nécessitant la même conduite à tenir.

En cours de prise en charge

La symptomatologie peut **se présenter de façon classique** (anxiété généralisée, crise d'angoisse) mais aussi prendre **le masque d'une déstabilisation** avec prise non contrôlée d'alcool, de BZD ou accentuation de l'usage de cannabis, reprise de la seringue, plus qu'une reprise d'héroïne. Comme pour la dépression (avec laquelle l'anxiété s'associe volontiers), l'usage de ces substances gêne l'action des médicaments et peut de façon circulaire augmenter l'anxiété (la surconsommation lyse l'anxiété mais quand il n'y a pas consommation il y a rebond d'anxiété...). Là aussi l'ambulatoire peut être dépassé, une hospitalisation ayant son utilité pour faire un « *break* » des produits et instaurer un traitement (BZD à demi-vie longue, antidépresseur anxiolytique, neuroleptique sédatif).

Bien évidemment, à côté du rebond, il ne faut pas oublier la symptomalogie du **sevrage de ces substances**, qu'il soit programmé par le médecin ou effectué à l'emporte-pièce par le patient, lequel est susceptible de mettre ses troubles anxieux sur le compte du manque (distorsions cognitives) et demander une augmentation de substitution. Nous pensons ainsi à l'usage du Rohypnol® (recherche de troubles de la conscience avec euphorie et désinhibition).

Les phobies sociales sont également volontiers oubliées comme une des explications possibles face aux problèmes rencontrés. Certes, les difficultés à faire des démarches peuvent être mises sur le compte de la passivité, du manque d'envie ou d'intérêt, expliquées par la réticence à mettre en évidence les « plans sociaux », tricheries sciemment effectuées ou permises par l'incroyable complexité administrative, ou liées à de faibles compétences sociales. Mais il faut savoir explorer cette hypothèse dans laquelle les patients évitent les contacts administratifs de façon phobique, une simple histoire de papier pouvant provoquer une intense anxiété, voire une décompensation psychiatrique.

Traitement et observance

Nous l'avons signalé au cours de la symptomalogie, **divers médicaments** sont utilisables :

– les BZD à demi-vie longue en tenant compte des molécules déjà détournées précédemment (en prescrire une autre ?) et des risques de surconsommation (fractionnement ?) ;

– les anxiolytiques autres : Atarax® plus que Atrium® ou méprobamate ;

– les neuroleptiques sédatifs de type Tercian®, voire Solian® ;

– les antidépresseurs sédatifs de dernière génération, voire les tricycliques en cas de crises d'angoisse (mais leurs effets secondaires sont plus importants sous substitution).

En fait, il faut utiliser ce que l'on connaît le mieux, en tenant compte des risques d'interactions médicamenteuses, de surconsommation (BZD), de la nécessité de travailler l'observance (si l'absence d'effet myorelaxant peut la gêner). De même une restructuration cognitive empathique peut être un appoint important.

Enfin les **techniques de relaxation**, individuelle ou en groupe, sont particulièrement adaptées à ce type de patient.

Et toujours la complexité

Là encore, une cause somatique intercurrente doit être recherchée.

Ceci d'autant plus que, dans certains cas, l'anxiété peut prendre la forme de préoccupations corporelles et somatiques confinant à **l'hypochondrie** chez certains patients pour lesquels le langage du corps remplace la mentalisation. Cela est cependant à distinguer **d'une anxiété normale**, voire saine, liée à des diagnostics somatiques, des explorations nécessaires, des mises sous traitement ; le questionnement anxieux sur les conséquences, sur le pronostic, doit être autant accompagné d'explications que de médications.

L'utilisation d'hypnotique sans couverture journalière d'anxiolytique peut aussi être une cause si l'insomnie est en fait liée à de l'anxiété. Les troubles du sommeil imposent d'ailleurs un diagnostic plus précis sur lequel nous reviendrons.

Une anxiété liée à **un sursaut de manque** (*cf.* le « comment ») doit être respectée, la meilleure prise en charge étant la recherche de la situation déclenchante.

Par ailleurs, l'anxiété peut faire partie du tableau d'imprégnation de produits (en pensant aux excitantia : cocaïne, amphétaminiques…).

D'ailleurs, et enfin, il faut quelquefois suspecter, derrière une anxiété, l'apparition d'un délire, d'un vécu d'atmosphère angoissante (syndrome confusionnel, bouffée délirante, moments féconds d'une schizophrénie) soit chez un patient déjà repéré par ses antécédents psychiatriques, soit à l'occasion de prises de produits (psychodysleptiques, ecstasy…), les deux situations pouvant se conjuguer. La substitution peut également faire apparaître une psychose jusque-là colmatée par les opiacés. Nous en reparlerons dans quelques lignes.

■ Addictions

Au cours du suivi, des comportements addictifs (*cf.* chapitre 2) peuvent apparaître ou se renforcer. Ils se manifestent souvent par des prises de produits (alcool, BZD), voire par l'utilisation de la seringue sur ce mode, mais également par une symptomatologie autre.

Les addictions alimentaires sont les plus fréquentes, qu'elles se présentent par l'accentuation d'une problématique anorexique ou par d'authentiques crises de boulimie.

Les tentatives de suicide répétitives, les conduites de risque représentent une autre modalité évolutive possible, le « jeu avec la mort » visant plus à la vaincre qu'à la rechercher, nous en reparlerons avec les conduites ordaliques (*cf.* chapitre 7).

■ Usages de substances

A part dans ce paragraphe sur le diagnostic psychiatrique mais indispensables car souvent liés à ces diagnostics, il nous faut évoquer les usages de produits psychoactifs. Distinguons différentes situations.

Après une période de stabilisation, les usages sont en général déclenchés par les difficultés psychiques (comorbidité, deuil de l'anesthésie affective…). Ils concernent essentiellement les opiacés, mais aussi (la substitution bloquant les effets de ces opiacés) l'alcool, les BZD, le cannabis. Ces prises peuvent être massives, à considérer comme des équivalents addictifs.

Les polytoxicomanies maintenues malgré la substitution sont souvent en rapport avec des troubles lourds de la personnalité.

Les usages de la cocaïne, voire la reprise de la seringue, peuvent s'intégrer au deuil du plaisir, mais aussi à une dépression débutante. Cette évolution, de plus en plus fréquente, est très grave, les usages paroxystiques laissant le toxicomane épuisé, déprimé ou paranoïaque.

L'alcool peut par ailleurs dévoiler une véritable personnalité alcoolique, d'autant qu'il était le produit de début.

Il est utile de traiter les troubles sous-jacents, de souligner combien l'usage d'un produit facilite l'accès à d'autres produits, et d'utiliser le facteur temps. En effet le travail de maturation nécessite la durée, même s'il faut quelquefois poser des temps de rupture (hospitalisation acceptée, voire imposée) quand la relation devient trop complexe, que la massivité des prises gêne tout travail et menace le patient.

■ Déstabilisations de la substitution

Marquées par une reprise de la seringue par détournement de la BHD, des prises sublinguales désordonnées avec augmentation de la posologie, elles peuvent évidemment être liées à tous les événements que nous venons de décrire : les dépressions, les troubles anxieux, les addictions, les prises de substances (héroïne, alcool, cocaïne, BZD avec troubles de la mémoire aggravant la déstabilisation).

Par ailleurs, nous constatons que certains patients jonglent de façon inconsciente avec leur traitement de substitution (en espaçant les prises, en baissant d'eux-mêmes trop vite), voire en alternant substitution et héroïne, comme s'ils cherchaient à retrouver le manque. Cela se produit en particulier au cours d'épisodes pendant lesquels la souffrance psychique est si forte que le manque semble un moindre mal ; au moins sera-t-il possible de mettre un nom à cette souffrance et de l'apaiser, même temporairement, comme si l'alternance « défonce-manque » était préférée à cet intense malaise sans solution à court terme sinon le suicide.

■ Troubles psychotiques

Les psychoses aiguës apparaissant au cours d'un suivi, liées ou non à des prises de drogues, nécessitent rapidement une hospitalisation.

Une place à part doit être donnée à **la paranoïa**, avec délire interprétatif, persécutif (cocaïne), le médecin pouvant être inclus dans le délire ; la situation est dangereuse et implique l'urgence.

Bien plus fréquent est **la suspicion d'une schizophrénie** devant un tableau de passivité, d'apragmatisme, de bizarrerie du contact, d'un discours flou voire ésotérique avec croyances et préoccupations très éloignées de la réalité. L'héroïne colmatant l'angoisse de morcellement, ce tableau apparaît au décours de la mise sous substitution, voire d'une baisse de la posologie. L'appétence pour les psychodysleptiques ou les stimulants est nette et sert de causalité au patient mais aussi à sa famille (« il est ainsi à cause des drogues »), ce qui gêne la compliance à un traitement neuroleptique. La substitution, en particulier la méthadone, est investie du même pouvoir d'apaisement sur l'angoisse et la dissociation. Le problème n'est pas tant dans un premier temps d'obtenir cette prise de neuroleptique que de **faire accéder le patient à une prise en charge psychiatrique institutionnelle** visant à prendre en compte les failles relationnelles, les failles défensives et la gestion de l'angoisse. Le travail en commun est là indispensable, le pronostic étant à la psychose bien plus qu'à la toxicomanie.

■ Troubles de la personnalité

Même en dehors de la toxicomanie, les conceptions théoriques de ces troubles ne sont pas univoques, entre le DSM 4 qui distingue onze types de personnalités pathologiques et par exemple Bergeret qui distingue des structures de personnalités névrotiques, psychotiques et limites.

Dans le domaine qui nous concerne ici, certains font de la toxicomanie une structure spécifique, d'autres considèrent qu'elle peut s'intégrer à toutes les structures préexistantes (conception dite trans-structurale ou transnosographique pour les addictions).

Laissons de côté cette complexité sur laquelle nous reviendrons pour souligner pour l'instant **qu'il existe incontestablement des toxicomanes de personnalités très diverses, mais les formes addictives** de début précoce à l'adolescence sont essentiellement **liées à des troubles narcissiques**, ce qui a des conséquences directes sur la relation duelle. Car la notion de trouble de la personnalité implique évidemment que l'aspect médicamenteux n'est qu'un appoint, l'essentiel de la prise en charge consistant à obtenir un assouplissement progressif du fonctionnement du sujet

Relation duelle

Ce qu'il faut prioritairement comprendre, c'est que le contexte psychothérapique classique n'a pas l'apanage de la relation duelle et transférentielle. **Elle existe dans tout suivi**, quelle que soit la profession de l'intervenant. Il faut en avoir conscience pour mieux la travailler, en particulier par l'appui d'une aide extérieure (groupe Balint, supervision…).

Une relative spécificité des suivis de patients toxicomanes est de chercher à améliorer par la relation duelle **les troubles narcissiques**. Nous avons donné tout au long de ce chapitre des exemples relationnels de ces problématiques qui sont également décrits par un terme particulièrement explicite : « **les déficits de l'estime en soi** ». Etre un intervenant stable, sécurisant, prévisible, empathique et ferme est donc nécessaire. L'appui du partenariat institutionnel aidera à cette restauration narcissique (soutien éducatif, groupe de patients, diversité des propositions d'accompagnements dans les loisirs, le sport, l'insertion...).

Cette relation d'étayage peut être mise à mal par le patient lui-même qui désire ce soutien et par moment ne le supporte pas (mettant en scène les discontinuités relationnelles qu'il a vécues dans son enfance et adolescence). C'est là qu'il faut à la fois maintenir le lien et se faire respecter pour assurer la continuité de la prise en charge, laquelle est l'élément essentiel de cette restauration.

Mais si l'instabilité, l'impulsivité, les troubles du comportement avec agressivité, sont dominants et persistants, si une absence de remords et de respect (faisant évoquer **un déséquilibre psychique**), si de grandes crises abandonniques (faisant évoquer **un état limite**) sont à gérer, il nous semble que seule la prise en charge institutionnelle, difficile par ailleurs, aidera dans la durée ces patients.

En outre, qui dit « relation duelle » dit « relation à deux ». Or dans le suivi il faut fréquemment **tenir compte de la famille et du conjoint**, qui peuvent intervenir de façon positive mais aussi participer aux rechutes et difficultés. De façon artificielle nous parlerons de cette prise en compte dans le chapitre sur le partenariat, artificielle car cela concerne quand même le travail relationnel, mais non artificielle car cela nécessite souvent une aide professionnelle.

Pour résumer

Tous les toxicomanes ne sont pas psychopathes, schizophrènes ou avec de très lourds tableaux narcissiques.

Ces tableaux que nous venons de décrire n'ont pas pour but de « faire fuir » le généraliste qui, bien évidemment, a une grande place dans les autres cas et même une certaine place dans ces situations pour peu qu'il les anticipe afin de s'appuyer sur le partenariat.

Par contre **il nous semble essentiel** :

– de faire découvrir la diversité d'expression du mal-être sous substitution (non résumable à une simple rechute dans

l'héroïne) et que cela ne se traite pas par une simple modification de la substitution ;

– d'accompagner la substitution d'un réel travail relationnel : le travail sur comment, certains diagnostics psychiatriques (dépression, anxiété), la prise de conscience de l'existence de la relation duelle font partie de l'expérience qu'un généraliste doit acquérir pour ces suivis au long cours, qui ont pour logique l'autonomisation du patient.

La logique du travail relationnel

La substitution associée au travail relationnel a d'abord pour but de **stabiliser le patient, le stabiliser globalement, tout autant sa vie que les prises de produits**. Car cette stabilisation n'est possible qu'avec certains acquis qui, de plus, visent à aller au-delà de la stabilisation, sinon celle-ci risque de n'être qu'un répit.

C'est l'alliance thérapeutique, à travers le travail relationnel, qui doit permettre ces acquis.

L'acquis principal est **la prise de conscience par le patient de sa vulnérabilité**. C'est un point essentiel qui sera un tournant dans la prise en charge. Pendant longtemps le patient cherche à être « plus fort » que la drogue (il le demande aussi à l'intervenant), il voudrait remaîtriser celle qu'il a maîtrisée puis qui l'a maîtrisé. Or il n'y a rien de « plus fort » que l'héroïne, il faut y renoncer définitivement. Pour utiliser une comparaison concernant un produit bien présent en France, Grégory Bateson dit que l'alcoolique est guéri quand il a compris que l'alcool sera toujours plus fort que lui, qu'il ne sert à rien d'être en compétition avec l'alcool ; c'est ainsi que les anciens buveurs se présentent comme « alcooliques » alors qu'ils n'ont pas utilisé l'alcool depuis des années. Si la situation n'est pas totalement similaire (en particulier s'il existe des groupes d'usagers de drogues, ils sont plus des toxicomanes que des ex-toxicomanes et un patient en voie de guérison cherche plutôt à prendre de la distance avec ces groupes), l'acquisition de la prise de conscience de la vulnérabilité est essentielle.

La compréhension de cette vulnérabilité n'est pas forcément exprimée aussi nettement mais la manière dont le patient s'engage activement dans la prise en charge et la coopération avec l'intervenant en est un excellent reflet. C'est pourquoi le **passage du toxicomane passif dans le soin** (qui demande tout au médicament et au médecin) **au toxicomane actif dans le soin** (qui s'appuie sur le médicament et sur le médecin pour changer, se protéger) est important.

En outre, nous l'avons vu, cette vulnérabilité est à la fois liée à des facteurs externes et des facteurs internes, qui peuvent évidemment s'enchevêtrer (par exemple, les troubles narcissiques impliquent une dépendance aux groupes de toxicomanes, ce qui facilite les situations dangereuses).

Agir sur les facteurs externes évidents (le comment) et sur les facteurs internes assez aisément repérables (dépression, anxiété) participe alors à **la stabilisation et aux changements de vie**.

En effet, pendant un temps certain, le patient toxicomane tend à nous demander « faites-moi arrêter, mais je ne veux rien changer » alors que l'expérience montre que, **pour qu'il arrête, il faut qu'il change**. Il ne s'agit pas là d'un jugement de valeur sur sa vie, mais d'une évidence réaliste ; il faut simplement accepter qu'il lui faille du temps pour en prendre conscience, et qu'ensuite il lui faille du temps pour changer. C'est **pourquoi le respect du rythme du patient est essentiel**.

Ce passage d'un changement de vie directement lié aux produits à un changement de vie plus global nécessite également une prise de conscience, une modification de la demande. Il s'agit là d'une forme de décentration, de « je vais mal à cause du manque » (régulable par la substitution) à « je vais mal à cause de l'omniprésence des produits et de ce qui va avec, les copains, etc. » (améliorable par l'intégration de la vulnérabilité), puis quelquefois à « je vais mal quand même et je ne sais pas pourquoi », ce qui est bien plus proche d'une demande psychothérapique. **Faire évoluer la demande de son patient**, à son rythme, **est un autre objectif du travail relationnel**.

Cependant ces changements peuvent achopper sur des facteurs plus lourds (troubles de la personnalité, pathologies narcissiques, psychiatriques) qui nécessitent une prise en charge spécialisée afin de limiter la souffrance de ces patients et améliorer ce qui peut l'être. Mais rappelons-le, mettre la barre tellement haut en terme de guérison, en tout cas plus haut que ne veut ou le peut le patient, c'est s'exposer à mettre en péril une stabilisation durement obtenue, risquer des arrêts inutiles de suivis. C'est pourquoi, **si l'on doit faire évoluer la demande du patient, il faut aussi respecter celle-ci**.

Enfin, en dehors de nécessités fortes, ce respect implique de proposer sans imposer, sachant que **le temps permet souvent des appropriations par le patient** qui, un jour, demande ce qu'il avait refusé, et quelquefois même, à notre grande surprise, nous reproche de ne lui en avoir jamais parlé !

A travers ces éléments (appropriation, respect de la demande, évolution de cette demande, respect du rythme, mise en place de changements, engagement dans les soins, prises de conscience multiples dont la vulnérabilité, stabilisation) se dessine la logique du travail relationnel, complément indispensable de la substitution. C'est ainsi qu'un nombre respectable de toxicomanes passera d'une existence de centration à une existence décentrée des expériences des produits, d'une situation de polydépendance à une situation d'autonomisation, et surtout cette vie sera globalement satisfaisante pour eux.

7

Le partenariat

La prise en charge d'un toxicomane nécessite un travail de partenariat tout simplement parce qu'il est à multiproblèmes… et aussi parce qu'aucune profession n'a de solution exclusive… enfin parce que, dans ces suivis difficiles, il est sain de ne pas travailler seul.

Le médecin dit généraliste a par définition des compétences variées, mais il n'est pas omniscient et a des limites de temps. Il ne peut donc tout gérer, l'inverse d'ailleurs serait à discuter face à un patient, par définition là aussi dépendant (des structures sectaires s'occupant de tout en milieu fermé tendent à obtenir un simple glissement de dépendance, le patient passant d'une dépendance aux produits à une dépendance à l'institution).

Ce chapitre comprendra trois paragraphes :

– quelques généralités sur les notions de réseau et de partenariat et pourquoi il faut les distinguer ;

– les différents aspects qui doivent être pris en compte face à un toxicomane, en quatre types de problèmes : physiques, socioéducatifs, familiaux et psychologiques, étant entendu que nous ne ferons que lister les données déjà développées et ne détaillerons que ce qui a été survolé jusqu'à présent ;

– les ressources que ces problèmes impliquent.

Réseau et partenariat

Il faut en effet distinguer le travail de réseau et le partenariat.

Le partenariat correspond à ce dont on a besoin autour d'un patient donné, à un moment donné, impliquant une connaissance partagée du patient et de son intérêt.

Le réseau n'a pas pour fonction de participer directement à la prise en charge d'un patient précis, il y collabore cependant grandement de par les éléments globaux qu'il permet d'obtenir. Le réseau peut être monoprofessionnel ou transdisciplinaire.

Réseau

Le réseau nécessite un engagement personnel à participer à des réunions, ce qui questionne d'ailleurs l'utilité d'une certaine coordination des réseaux, puisqu'un médecin intéressé par la toxicomanie peut se retrouver dans un réseau VIH, hépatite C, et bien sûr toxicomanie, sans compter les autres réseaux (diabète, Alzheimer, etc.). Car le constat est que le travail de réseau n'est pas l'apanage de tous, mais en général toujours des mêmes médecins, ceci correspondant à l'idée qu'ils se font de l'exercice de leur profession. Il faudra un jour prendre en compte ce travail en termes d'investissement et de temps, par des compensations financières ou une reconnaissance de la formation qu'il permet.

Le réseau permet une actualisation des connaissances :

– dans le domaine de la toxicomanie : les techniques de substitution, les nouvelles drogues (cocaïne, ecstasy), les nouveaux médicaments (Nalorex®), les modifications de la législation (règle des 7 jours si l'ordonnance de 28 jours ne précise pas le fractionnement pour le Subutex®), etc. ;

– dans le domaine des pathologies associées : VIH, hépatite C, en termes de protocole de médicaments, d'effets secondaires, d'interactions, mais aussi de prise en charge (100 %) qui dépendent souvent de l'interprétation départementale des CPAM. Ces aspects sont d'autant plus importants que les patients nous questionnent beaucoup sur ces sujets, informés qu'ils sont, plutôt mal, par les médias et leurs propres réseaux ;

– dans le domaine de la relation et du travail sur soi, par des études de cas anonymes, le questionnement en groupe sur certaines situations, les échanges sur des mises en pratique de propositions de solutions réfléchies en commun.

Le réseau permet également **de réfléchir à la cohérence des prises en charge**, en posant des chartes, des principes communs, des carnets de liaison. Il s'agit le plus souvent de mettre sur papier les recommandations autour de la substitution (désignation d'un pharmacien, fractionnement, orientation, etc.). Le contexte local permet quelquefois de lister les médecins prescripteurs, les pharmaciens acceptant le fractionnement, la prise sur place.

Le réseau a aussi le grand intérêt de permettre de rencontrer les autres professionnels concernés par les suivis de toxicomanes, tant pour lister les ressources possibles que pour découvrir leur mode de fonctionnement, leur culture, leur manière de travailler et… leurs difficultés. En effet les prises en charge multidisciplinaires imposent la connaissance des autres professionnels, et le respect de leur travail, sans vision hiérarchique. Cela est relativement simple pour le monde médical qu'un généraliste connaît bien (encore que… comment travaille un psychiatre, un psychothérapeute, un pharmacien ? Existe-t-il un ressenti hiérarchique avec des spécialistes, un service hospitalier ?), mais cela n'est pas une précaution inutile dans les autres cas : comment travaille un éducateur, une assistante sociale, un centre spécialisé, quels sont leurs impératifs, leur gestion du temps, leur propre vision des problèmes ? Ce sont des éléments à prendre en considération, tout comme ils découvriront la spécificité du travail et des problèmes du médecin. Ces rencontres facilitent évidemment la mise en place ultérieure du partenariat.

Le réseau a une fonction mobilisatrice, en particulier face aux difficultés et à l'usure provoquée par certains suivis. Plus complexe est l'extension du réseau à d'autres collègues, surtout quand ceux-ci voient un nombre important de toxicomanes et ont des pratiques ne correspondant pas aux recommandations du réseau. Ces médecins peuvent eux-mêmes être en difficultés et un contact est susceptible de les aider à modifier leur façon de faire. Dans d'autres cas, même la diplomatie risque d'échouer.

Enfin le réseau doit avoir la **possibilité de faire connaître son travail, ses besoins** aux autorités administratives (CPAM, mutuelles), sanitaires (DDASS, par la commission de suivi des traitements de substitution) et ordinales. Il doit **participer à la modification du regard** sur les toxicomanies, les prises en charge dans la durée, les traitements de substitution, la réduction des dommages. Il est souhaitable qu'il ambitionne **de mettre en place des formations, des outils d'évaluation** (file active, types d'orientation, épidémiologie, grille qualitative), voire de recherche.

Partenariat

Le partenariat se construit donc pour un patient donné. Il va au-delà de la simple orientation, par le fait qu'il implique un contact, au moins par lettre, au mieux téléphonique, voire un réel temps de synthèse en cas d'intervenants multiples.

Il questionne donc **le secret professionnel** et son partage avec l'accord du patient ; il faut être vigilant à dévoiler ce qui doit l'être et uniquement ce qui doit l'être.

Il implique **une certaine coordination**, car le suivi pluridisciplinaire n'est pas seulement une addition de compétence, mais impose également une cohérence qui passe par le repérage d'un pôle organisateur qui peut être le médecin ou le centre spécialisé auquel il fera appel, cette orientation n'étant pas toujours aisée mais pouvant apparaître comme un objectif de moyen terme.

Il faut en effet **être pragmatique** et considérer qu'avoir dans la cité son médecin, son pharmacien, son assistante sociale, son éducateur, son psychiatre, voire son psychothérapeute, etc. n'est pas donné au premier toxicomane venu ! Plus le patient présente des difficultés multiples et actuelles, plus il semble marginalisé, plus il sera nécessaire de **faire appel à une structure regroupant un certain nombre de compétences dans le même lieu**.

Le patient peut d'ailleurs ne pas accepter ces orientations. Rappelons là l'importance du facteur temps et de l'appropriation progressive des projets. Cependant, il nous paraît utile de souligner combien la connaissance du travail de ceux vers qui le médecin oriente permet de discuter avec le patient du pourquoi il fait cette proposition, de mettre à jour les réticences et de les modifier. Prendre contact devant lui, avec lui, est également très facilitant, un coup de téléphone informatif ayant pu précéder ce contact. C'est là aussi qu'il ne faut pas entrer dans ce que dit le patient du futur partenaire proposé, parce qu'on respecte le patient, le partenaire, et soi-même. Comment remettre en cause une orientation, sans accepter le « diagnostic » du patient (c'est nul…) et alors entériner ce « diagnostic », ce qui discrédite l'orientation et donc l'orienteur, ou insister sur ce qui peut mettre en difficultés le patient ? Différentes réponses sont possibles, afin de prendre date et d'y revenir plus tard… « Je vois que ce n'est pas le bon moment, on en reparlera… Vous pensez cela, mais moi je les connais bien, ce n'est pas aussi simple, on en reparlera… C'est ce que vous croyez ou avez cru, mais vous avez changé et eux aussi, on en reparlera… On prend contact pour un rendez-vous, vous verrez ensuite…, etc. » A nouveau, tout cela **est facilité par la connaissance (et la reconnaissance) de l'autre** (ce partenariat qui se construit autour d'un patient par connaissances et affinités ne devrait quand même pas provoquer des suspicions de « compérage »… comme cela s'est discuté dans quelques départements).

La manière de présenter l'orientation a également son importance : « je vous envoie au Centre Machin, eux ils vont vous contrôler la substitution… » peut ne pas être pris de la même manière que « je vous envoie au Centre Machin, ils proposent des activités sportives… ». Même si l'objectif à moyen terme est effectivement ce contrôle, l'apprivoisement réciproque peut passer par d'autres propositions, après concertation avec le dit Centre Machin.

Le temps est aussi un paramètre incontournable du travail de partenariat, à la fois, nous venons de le voir, pour l'appropriation de l'orientation par le toxicomane, et la préparation de cette orientation, mais aussi parce qu'au fil du temps, les besoins du patient évoluant, le partenariat évolue également. Etre à l'écoute de ces besoins, les anticiper, permet de proposer des orientations adaptées et non plaquées sur des protocoles trop rigides.

Quels problèmes, pour quels partenaires ?

Les quatre grands types de problèmes que nous distinguons pédagogiquement (physiques, socioéducatifs, familiaux et psychologiques) apparaissent plus ou moins dans cet ordre lors de l'émergence des besoins, encore que les aspects familiaux sont à prendre en compte à tout moment, comme les aspects somatiques et psychologiques... Bref, **cette distinction pédagogique n'empêche pas l'intrication...** Ainsi des pathologies narcissiques s'associent volontiers à des troubles familiaux et conjugaux, provoquent des difficultés sociales et éducatives, concourent aux désordres physiques (accidents, suicide, peu de réduction des risques) qui eux-mêmes renforcent ces pathologies narcissiques...

Mais aussi, **il faut bien comprendre qu'entre ce que nous voulons soigner (et comment nous voulons le faire) et ce que le patient veut que nous lui soignions (et comment il veut que nous le fassions), il y a un certain décalage**, voire un décalage certain, qui laisse la place au travail de la relation et de l'orientation.

Enfin, un toxicomane donné n'aura ni tous ces problèmes de façon majeure, ni de façon prédominante à tout moment de son suivi. Il est clair que prendre en charge un toxicomane inséré professionnellement, marié avec enfants sous son propre toit, ou un SDF vivant en squat, en rupture depuis l'adolescence, n'expose pas aux mêmes problèmes ! La question de l'évaluation est là capitale, et il faudra mettre en place une stratégie dégageant des priorités, même si certains troubles ne peuvent être pris en charge que conjointement.

Face à cette diversité, le médecin doit se poser, au moins, trois questions :

– « **par quel partenaire ma prise en charge pourrait être prochainement utilement complétée ?** », prochainement, car cela laisse le temps de la préparation voire de l'appropriation par le patient ;

– « **les démarches personnelles sont-elles possibles, faut-il de l'accompagnement ?** » car si le « faire faire » est structurant et thérapeutique, certains patients en sont pour un temps incapables. Ne pas en prendre conscience les enverrait inutilement à l'échec ou exposerait à l'évitement ;

– « **l'ambulatoire est-il dépassé ?** ». En effet, dans certains suivis lourds, peut se poser l'indication d'une hospitalisation ou, et cela est très différent, d'un séjour en postcure ; il faut savoir ponctuer la prise en charge par l'utilisation judicieuse de ces lieux pour reprendre le suivi après.

Problèmes physiques

Ils ont été précisés dans les chapitres sur les drogues et la substitution ; ils seront détaillés dans ceux concernant les compétences somatiques et les sevrages. Faisons un bref rappel de ces problèmes qui sont dominés, outre les surdoses avec leurs traitements spécifiques, par :

– les manques biologiques ;

– les pathologies intercurrentes, médicales ou chirurgicales, directement liées ou non à la toxicomanie, en particulier l'injectable et le *sniff* ;

– toutes les pathologies les plus banales, ces pathologies étant cependant modifiées par les effets antalgiques des produits et les filtres cognitifs du toxicomane qui les confond avec les symptômes du manque, le médecin devant lui-même éviter de se polariser sur le manque sans rechercher d'autres causalités.

Il existe donc un double aspect : celui du manque et celui des pathologies autres.

Le manque, avec ses deux thérapeutiques (la substitution et le sevrage), est habituellement pris en charge en ambulatoire, le pharmacien étant le partenaire idéal. En institution, ce rôle de dispensation est dévolu aux infirmiers. Ce travail très important sera précisé plus loin. En cas d'induction ou de sevrage complexes, un séjour hospitalier est indispensable, et il faudra se tourner vers les services réalisant ce type de travail (autrefois désignés sous le nom de « lits de cure »), si possible en prévenant le service (la gestion des lits fait partie des facteurs de compliance du séjour, plusieurs toxicomanes hospitalisés en même temps compliquant la tâche des équipes et des patients), ou en passant par l'Ecimud local.

Les autres et nombreuses pathologies nécessitent un partenariat relativement banal de praticiens, libéraux ou hospitaliers, centrés sur une maladie ou une spécialité. Plusieurs aspects nous paraissent importants.

Les prélèvements sanguins sont quelquefois difficiles, angoissent les patients qui peuvent même ne pas les effectuer. Un rendez-vous avec un professionnel habitué, et surtout ayant du temps, voire ayant compétences pour réaliser un prélèvement artériel, améliore bien des situations.

Les prises de rendez-vous doivent tenir compte de la déstructuration du temps et des conduites d'évitement, afin de réduire les ratages trop nombreux mal supportés par le professionnel peu habitué à ces problématiques. Le temps est à nouveau un facteur important.

Un toxicomane hospitalisé est par définition un toxicomane en manque. Nous y reviendrons dans un chapitre spécifique (*cf.* chapitre 12), mais soulignons combien il est important de prendre en compte ce manque. Comme il est capital de maintenir une substitution bien prise : établir un contact avec le service, téléphoniquement ou par lettre, doit permettre cette stratégie. En tout cas, il est important de préciser où en est le patient dans son processus de sortie de la toxicomanie. En effet, la substitution risque d'induire un diagnostic de « drogué » et un comportement suspicieux hors de propos si ce patient est à distance des produits depuis longtemps, et peut même provoquer des réactions de sa part devant le déni sur ses progrès. Rappelons que l'on peut être sous substitution et très toxicomane, et être sous substitution et plus du tout toxicomane. Attention donc à coller trop vite des étiquettes de cette importance relationnelle.

Problèmes socioéducatifs

Ces problèmes et leur prise en charge sont extrêmement méconnus des médecins qui les réduisent à la couverture sociale et à l'insertion professionnelle, sans soupçonner la technicité et la qualité relationnelle nécessaires à ce travail, auquel s'ajoute à nouveau le facteur temps. Car plus il y a à reconstruire (et parfois à construire), plus les compétences sociales seront faibles ou entravées par les troubles narcissiques, plus la tâche sera immense et durable, et plus l'assistant social devra se doubler d'une fonction d'éducateur (ou être une autre personne ou une institution).

L'importance de ce travail socioéducatif nous paraît également extrêmement sous-estimée par les autorités administratives qui tendent à inventer un réseau de « prestataires de service » (médecin, pharmacien, assistant social, psychiatre), ce qui revient, d'une part, à caricaturer les aspects socioéducatifs (la couverture sociale, l'insertion professionnelle), d'autre part, à éluder la fonction médiatrice, psychologique et valorisatrice de cette prise en charge et, enfin, de nier que pour la plupart des patients la « prestation de service » ne peut atteindre son but qu'en passant par des étapes plus globales et relationnelles.

Mieux comprendre le travail social

Pour mieux faire comprendre au monde médical et paramédical ce qu'est le travail social, nous dirons **qu'il y a quelques analogies entre les deux approches**. En effet :

– la rencontre se fait volontiers autour d'un besoin (le manque, une maladie pour le médecin, une aide ponctuelle pour le travailleur social), renvoyant à l'interlocuteur un rôle de prestataire de service, besoin dont l'urgence doit être évaluée et reconnue si nécessaire ;

– la prise en charge nécessite d'aller progressivement au-delà et de passer « de la rencontre à la relation » dans le sens où il faut prendre en compte toute la complexité d'une dépendance et d'une désinsertion installées depuis des années. Le médecin et le travailleur social doivent, pour être efficaces, réussir ce glissement de Toxicomane à individu toxicomane avec sa spécificité propre. L'un comme l'autre, par leur travail relationnel de soutien et de conseil, participent à restaurer du narcissisme et recréer de la confiance en soi. L'un comme l'autre évaluent ce qui peut être soumis à l'initiative personnelle (et alors suivre le déroulement de ces démarches) ou aidé par de l'accompagnement temporaire ;

– dans les deux cas, la notion de bilans et de constats (somatique et social) est susceptible de provoquer des conséquences (évitement, phobies sociales, dépressivité, rechutes) que nous étudierons dans le chapitre sur le temps.

Comme l'écrit Annie Rosset : « **La consultation sociale n'est pas celle d'un bureau d'aide social qui résoudrait techniquement tous les problèmes de cet ordre mais doit soutenir la personne à retrouver sa propre emprise sur son environnement pour retrouver son autonomie**. » Nous sommes là bien loin de l'axe socioprofessionnel du score TMSP. Plus spécifique au travailleur social correspond « la fonction médiatrice entre les données individuelles du patient et le cadre social qui l'environne ou qu'il doit reconstruire ». Cependant, il n'est pas rare que, dans les premiers temps, un toxicomane puisse chercher à éviter la consultation sociale (« je me débrouille très bien, j'ai pas besoin d'aide ») quand il craint que le professionnel « mette son nez dans les plans sociaux » mis en place plus ou moins sciemment, au fil de la « galère » (RMI individuel au lieu de couple, API, etc.).

Enfin, il est là encore nécessaire de planifier le court terme (l'urgence d'un toit, la couverture sociale), le moyen terme (proposition d'activités, démarches pour un RMI), le long terme (formation professionnelle, accession à un logement autonome).

L'hébergement

A-t-il un toit (à lui, à son conjoint, chez un copain, chez ses parents), est-il en squat ou à la rue, de manière récente ou durable ? Question idiote : a-t-il un chien ? Accepte-t-il un foyer, une chambre d'hôtel ?

Désire-t-il un hébergement à lui ? Avec quelles ressources, a-t-il des « arriérés » (dettes, conflits) avec le parc HLM local ? Quelle est sa capacité à être autonome (en appartement directement, après une étape d'appartement thérapeutique) ? Pourra-t-il se protéger des *dealers* et consommateurs dans son nouveau domicile ?

Droits sociaux et ressources

Il a une **couverture sociale**, il doit en avoir une (mais la situation est terriblement complexe avec des périodes rémunérées épisodiques et des certificats de travail à retrouver), il pense en avoir une mais n'en a pas (le 100 % sans droit), il n'en a pas (moins de 25 ans non pris en charge par les parents).

De **quelles ressources légales** dispose-t-il, permettant ou non, justement, des droits sociaux ? Le travail, les Assedic, un arrêt maladie, une invalidité, une AAH, une API, etc. ? Et **les ressources illégales** ? Sans entrer dans une enquête policière, une idée des entrées illégales, le type d'illégalité (travail au noir, « arnaque sociale », *deal*, prostitution, délinquance professionnelle, vente de médicaments...) permet au moins de pointer les abandons de pratiques à obtenir à un moment donné, de travailler sur les prises de conscience de la nécessité de ces abandons (ce qui n'est toujours simple devant un discours volontiers antisocial ou généralisant : « tout le monde fait ça, les politiques, eux, s'en mettent plein les poches... »).

Qu'en est-il de **l'endettement** ? Lequel peut avoir des origines diverses : impôts, logement, électricité, amendes de transport, de justice...

A travers ces ressources, il est possible de juger de **sa capacité à gérer un budget**. Certes il n'est pas aisé de boucler le mois avec un RMI (d'autant que les entrées financières du patient étaient plus consistantes avant), mais il peut être utile de mettre l'accent sur quelques erreurs grossières, mais aussi assumées (le budget du chien, un portable...). Tutelle, curatelle ne sont guère des outils très pédagogiques, une tutelle aux prestations familiales peut limiter les dérives.

Gestion du quotidien

La notion du temps chez un usager de drogues est extrêmement pathologique. Ce temps est circulaire (« je vais mal, je prends et je vais bien ») et répétitif (« et je vais mal à nouveau... »), prenant un aspect figé, en surplace, invariant. On parle d'enclave temporelle de la toxicomanie. Le produit, le manque guident la journée. Redécouvrir les horaires, le rythme de la journée, le lever et le coucher, les repas... les heures d'ouverture de la pharmacie, de l'administration (ne pas commencer les démarches à 16 heures...). Redécouvrir les jours de la semaine, et donc de fermeture de la pharmacie, de l'administration. Poser un jour de consultation rigide, avec un horaire invariant dans le moyen terme, peut aider à cette restructuration. La prise en charge éducative, les activités occupationnelles dans un cadre à la fois souple et structuré sont d'un appoint essentiel.

Insertion professionnelle

« Est-il en capacité de reprendre un emploi, de suivre un stage ? » est la première question, avant même de finaliser un projet. Car proposer cela à un patient encore en difficultés de gestion du quotidien, c'est l'envoyer à l'échec. Peut-il se lever le matin, assurer les horaires, a-t-il recouvré un minimum de savoir-faire relationnel (accepter un ordre, une réflexion, une frustration), a-t-il suffisamment de concentration, de mémorisation, etc. ? Plus le patient était déstructuré, plus il faudra procéder par étapes.

Certaines postcures proposent des activités de réinsertions fondées sur des ateliers de travail aménageant les horaires et les apprentissages, en milieu fermé, pouvant déboucher sur de vraies formations.

Travailler le CV, le potentiel professionnel et relationnel, les handicaps (santé, justice), la branche qui donne envie, les débouchés de cette branche, la faisabilité, etc. permet d'analyser les éléments d'un réel projet professionnel, lequel peut apparaître de l'ordre de l'utopie pour certains patients, moins par une absence de volonté de s'insérer que par la réalité de l'emploi dans notre société...

L'AAH, le reclassement professionnel par le biais de la Cotorep, l'invalidité, sont des possibilités sur lesquelles il ne faut pas se précipiter car, si elles favorisent un minimum de ressources, elles ne règlent ni le problème de l'ennui, ni la revalorisation personnelle. Cependant, dans certains cas, elles sont indispensables.

Le retour de la justice, surtout les affaires en cours (le patient étant dans l'attente d'un jugement, ou d'une incarcération programmée, le temps semblant suspendu à l'attente du jugement, de l'incarcération, et il est alors très complexe de le mobiliser à ce moment), peut interférer dans la mise en place d'un projet.

Soutenir les envies, affronter le découragement fait partie de la prise en charge, comme de l'aider à « inventer » sa propre insertion, certains patients réussissant finalement à se « poser » dans un métier marginal, original, comme du sur mesure. Mais il faut questionner les projets qui ont à voir avec leur histoire personnelle (« je veux soigner des toxicomanes, devenir éducateur… »). Il est dangereux de conforter ces idées sans recul, sans mise en garde sur la trop grande proximité entre ce qui a été vécu par le patient et ceux qu'il va aider. Cela est différent d'un militantisme type Asud, d'une implication dans la réduction des risques (bus d'échange de seringues) d'autant que ces projets restent temporaires.

Et encore ?

Le suivi des enfants, une garde d'enfant, une recherche de parents, un contrôle judiciaire sont autant de « prestations de service » qui ont des résonances évidentes sur la personne, son présent, son passé, son avenir. En cela aussi, le travailleur social est dans une prise en charge globale de l'individu et en relation duelle, comme le médecin et comme tout intervenant au long cours, cette relation n'étant pas l'apanage du psychothérapeute.

Famille et couple

Pour la famille ou le conjoint d'un toxicomane, il existe fréquemment des incompréhensions sur le traitement, le suivi, le rôle de chacun, la manière de faire, etc. Comme avec le toxicomane, le médecin va tenter d'abord de passer de la rencontre à la relation afin, au mieux, de faire un travail partenarial, au moins de les impliquer dans le soin. Car la souffrance est mauvaise conseillère et, pour obtenir l'implication des parents ou du conjoint, mais une implication soignante, le médecin aura volontiers besoin de partenaires spécialisés (entretiens familiaux, de couple). Il nous paraît en effet que ces difficultés familiales et conjugales sont sous-estimées par les professionnels, de même que leurs conséquences sur les suivis et le soin (*cf.* chapitre 10).

Famille

La prise en compte de la dynamique familiale est d'autant plus importante que le patient reste en étroite relation avec ses parents, qu'il vive chez eux ou que les contacts soient fréquents dans le présent. **De nombreux écrits ont eu tendance à faire croire à la responsabilité des parents dans la toxicomanie de leur enfant ; cela est rare et, même dans ces cas, les accuser n'a guère de vertu thérapeutique, bien au contraire. Les parents sont concernés par ce douloureux problème, ils n'en sont pas responsables. Mais par contre, la souffrance, la culpabilité, le sentiment d'impuissance provoquent des interactions familiales qui peuvent aggraver la situation voire gêner les soins.**

Les premières consultations ont souvent lieu au moment de la **découverte des premiers signes de manque de leur enfant**, après une phase dite de « cécité » pendant laquelle les consommations et leurs conséquences n'ont pas été repérées. Pris dans la culpabilité de ne pas avoir vu, d'avoir raté « quelque chose », la famille demande des solutions radicales pour le guérir rapidement (et c'est humain...), **en miroir du toxicomane en manque** (la cure immédiate et salvatrice). A cette souffrance, s'ajoutera celle de découvrir que « toxicomanie n'est pas intoxication » et que la prise en charge est bien plus complexe que ce qu'ils imaginaient, d'autant que leur enfant peut ne pas être demandeur, quoi qu'il leur dise, de soins et même de consultations.

L'orientation vers des groupes de parents, des consultations parentales ou familiales est là très utile pour leur permettre de supporter leur souffrance, mieux comprendre, mieux agir, mieux lui poser (et se poser) des limites. Car il existe de façon caricaturale un double risque face à cet enfant qui consomme : vouloir le sauver à tout prix, même contre son gré, quitte à le contrôler jusqu'à l'intrusion, ou accepter de le laisser consommer, terrorisés par le manque, quitte à aller jusqu'à participer à la toxicomanie, les deux conduites aboutissant à l'épuisement voire au rejet et entravent le suivi, les parents nous disant « changez-le », le toxicomane nous disant « changez-les »... !

L'hypercontrôle. Prise dans les alternances de « défonces béates » qui rendent le toxicomane inaccessible et l'agressivité revendicatrice du manque, entre les promesses répétitivement non tenues, les mensonges évidents, les vols et disparitions d'argent et d'objets, la famille répond par une attitude de surveillance massive de tous les instants qui épuise autant le patient que les parents, et provoque des comportements circulaires : le patient consomme pour éviter la pression et le climat à la maison, les consommations confirment qu'il se comporte comme un enfant irresponsable qu'il faut toujours plus encadrer. L'une des possibilités dans ces cas est la mise à distance du patient par un départ en postcure mais la famille, harassée par des années de souffrance, a du mal à voir et à croire à une amélioration et, quand leur enfant revient après plusieurs mois d'une évolution favorable, celui-ci se retrouve rapidement face au même système de contrôle et de doute. Cette situation implique donc souvent d'aider autant le patient que les parents, soit par des entretiens conjoints, soit par des entretiens parentaux. Certains centres spécialisés utilisent cet outil de travail, cependant difficile à mettre en place, car une fois le patient en postcure, certains parents ont tendance à confier leur enfant aux soignants (la délégation) sans vouloir travailler sur eux-mêmes, car « c'est lui le malade »... Le généraliste doit penser à cette importante tâche : expliquer pourquoi eux aussi ont besoin d'aide.

Il arrive que la substitution modifie peu cette situation, celle-ci devenant l'objet du contrôle à la place de la drogue, le climat relationnel restant étouffant et le toxicomane n'étant toujours pas vu comme un adulte à responsabiliser. La proposition de suivi est donc là aussi capitale.

Une autre possibilité est que les signes de manque du patient et son agressivité, sa violence provoquent une peur panique tant pour les parents que pour leur enfant sur le plan vital (le manque semblant vécu comme plus dangereux que la consommation) et judiciaire, vécu auquel s'ajoute une grande culpabilité, d'avoir échoué dans l'éducation de cet enfant, avec des tentatives de « réparation ». Les parents se retrouvent alors à **participer à la toxicomanie** : donner de l'argent, acquiescer aux mensonges les plus énormes, accepter la drogue à la maison (cela est vécu comme moins dangereux que dehors), voire l'accompagner chez le *dealer*...

Les choses sont encore plus compliquées quand les parents ne sont pas d'accord sur la conduite à tenir, par exemple, pour un toxicomane homme, le père prônant le contrôle et la mère étant dans le laxisme fusionnel. Cependant, cette dernière situation se présente le plus souvent **quand l'un des parents est exclu de la relation**, qu'il n'existe pas dans le présent, ou qu'il est de fait disqualifié par l'autre parent et le toxicomane (absence fréquente, maladie alcoolique ou psychiatrique, handicap somatique ou social), permettant alors **des couples mère-fils ou père-fille**, dans lesquels les relations sont symboliquement à la limite du para-incestueux. Plus que la délégation, le risque est là pour le soignant d'être vécu à la fois à travers une relation de compétition (« je le connais mieux que vous, je sais ce qu'il lui faut ») et comme quelqu'un de susceptible de participer à l'autonomisation du toxicomane, ce qui est autant voulu que redouté. Là aussi, la famille, le couple parent-enfant toxicomane, a besoin d'être aidé à dénouer ces intrications familiales complexes, sinon les tentatives d'émancipation permises par les améliorations échoueront au risque de récidives de la toxicomanie ou d'apparition de nouvelles symptomatologies (dépressions, suicides, etc.).

Enfin, certains problèmes ont pu précéder les consommations, en particulier **au cours de l'adolescence** pendant laquelle tant « l'ado » que les parents ont pu être en difficultés face aux processus de maturation et d'autonomisation, d'autant que l'éducation (pose de limites absente ou excessive) et l'identification (disqualification, dévalorisation) ont été défaillantes. Au cours de la stabilisation, il est alors fréquent que se rejouent en famille des conflits de ce registre adolescent, comme s'ils avaient été mis entre parenthèses par la toxicomanie.

Bref, nous sommes là bien loin du discours premier du toxicomane parlant de ces parents (une mère admirable de compréhension, un père brutal et obtus). La réalité est plus diverse mais aussi plus piégeuse, car entre l'empiétement et la fusion, conduisant quelquefois au rejet alors culpabilisé (et donc à l'alternance, le toxicomane est accueilli, puis rejeté, puis accueilli, etc.), **les parents ont besoin d'aide**, car si ces conduites n'évoluent pas, le patient n'évoluera pas non plus.

La substitution est un bon exemple du travail à réaliser, les parents la considérant souvent, eux aussi, comme un équivalent de drogue à arrêter rapidement, ou comme le seul traitement dont a besoin leur enfant, sans grande nécessité de suivi, ou qu'il est inutile qu'on leur propose, à eux, des entretiens. Impliquer l'entourage d'un patient toxicomane est donc particulièrement utile : il s'agit de les aider à aider le patient, en arrivant à le voir en adulte responsable, ce qui suppose un changement relationnel progressif.

Dans d'autres cas, les relations familiales sont gravement perturbées, la souffrance va au-delà des parents et de l'usager, des symptômes apparaissant dans la fratrie par exemple, le climat est mortifère, des drames peuvent subvenir. Une thérapie systémique peut être une indication cherchant à assouplir le fonctionnement familial.

Enfin, la famille peut être absente des relations actuelles, mais malheureusement omniprésente dans les souffrances du passé : les situations de maltraitance, violences, inceste, placements, deuils, font partie des antécédents de certains usagers de drogues. Ces souffrances et leurs conséquences réapparaîtront souvent au cours du suivi.

Couple

La situation et les pièges pour le suivi sont différents selon que les deux membres du couple sont toxicomanes, ou que l'un des deux ne l'est pas.

Quand les deux le sont, il est logique de considérer que malgré leurs efforts, le long processus de sortie de la toxicomanie ne se fera pas sur le même rythme, d'autant plus si l'un n'est pas en tentative d'abstinence. L'un ne supporte pas les rechutes de l'autre, ce qui le met en péril… et vice versa quelques mois après. L'un ne supporte pas les symptômes de l'autre (« il ne fait rien, il est toujours couché »), ce qui lui provoque des symptômes… et vice versa quelques mois après.

Bref, l'un est jugé responsable des difficultés de l'autre, et vice versa, et **au cours des entretiens, on ne parle plus que du conjoint**. Faire revenir à la personne que l'on a en face de soi, proposer des entretiens conjoints (pas forcément par un prescripteur) est un impératif.

Souvent, le couple semble même en péril au cours du suivi, en particulier quand il s'est essentiellement connu autour et dans le produit, son absence les faisant se découvrir réciproquement différents de ce qu'ils imaginaient être l'un et l'autre sans consommation. L'objectif n'est pas forcément qu'ils restent à tout prix ensemble… mais surtout, d'une part, que la dimension de couple non repérée ne provoque pas des rechutes individuelles, des ruptures de suivi, et que, d'autre part, ils soient en capacité de décider de leur vie, ensemble ou séparés, mais sans trop de souffrance ou de répétitions.

La situation est encore plus aiguë quand la drogue semble être le seul point commun (le mythe fondateur du couple), les troubles narcissiques réciproques renforçant la difficulté du suivi, les séparations agrémentées de violences et retrouvailles magiques, voire une séparation « temporairement définitive » et… une rencontre avec quelqu'un de globalement similaire. Le médecin peut se retrouver face à de véritables couples pathologiques, aux relations complètement inextricables, les suivis conjoints sont alors à éviter par le non-spécialiste.

Concernant les couples dans lesquels l'un des deux n'est pas toxicomane (en général la femme), il n'y a d'abord pas à juger de l'incongruité de cette relation : cette personne non toxicomane a fait ce choix (on la questionnera pour savoir si cela est la première fois), l'Amour est là qui peut aider le patient autant qu'un suivi. Mais il arrive que ce conjoint imagine que cet Amour suffira, ou qu'elle doit le sauver grâce à son Amour : c'est le conjoint sauveur, qui existe également dans l'alcoolisme.

Des relations pathologiques s'installent, le toxicomane terrorise son conjoint pour consommer, laquelle le terrorise pour les soins, bouclant dangereusement la boucle. Dangereuse également pour le soignant qui se retrouve quelquefois dans un vécu de compétition face au conjoint qui exige le traitement, l'ordonnance (la dicte), l'hospitalisation, etc., car elle, elle sait ce qui lui faut car « elle vit avec ». Il arrive aussi que le couple se retrouve menacé de séparation au moment où le « sauvetage » semble sur le point de réussir…

Dans tous les cas, on l'aura compris, le couple est en péril et peut mettre en péril les soins. Pour simplifier, disons que les relations (qui étaient des « relations à trois : madame, monsieur et la drogue ») doivent évoluer quand la drogue est mise à distance. Là aussi, le facteur temps a son importance mais, pour certains couples, un suivi spécifique est nécessaire. Ce suivi semble moins difficile à mettre en place pour les couples de toxicomanes (les deux acceptent des soins et assez facilement une prise en charge commune) que quand l'un des membres du couple n'est pas toxicomane car, nous l'avons vu, une relation de compétition peut se mettre en place et le non-toxicomane peut refuser un suivi (« n'ayant pas de problèmes »).

Conclusion : la place du médecin

La place du médecin, du médecin de famille, est centrale à plusieurs titres. Reconnaître la souffrance de la famille (parents et fratrie), l'importance de leurs efforts, même désordonnés, est un préalable. Puis, il faut tenter d'expliquer le suivi, le traitement, la substitution, les partenaires (même s'ils en disent du mal). Il faut également obtenir leur accord pour la stratégie adoptée (le médecin ne reçoit que le patient, les reçoit ponctuellement ensemble, et précise le rôle du respect du secret professionnel pour garder la confiance de leur enfant). Enfin il suscite un suivi pour eux, avec tact (les aider à l'aider), soit dans des groupes de parole soit en consultations spécialisées.

Pour les couples de toxicomanes, le double suivi a l'avantage d'éviter d'être pris en otage et à témoin par les deux patients, il permet également de conserver un prescripteur en cas de séparation. Si le même prescripteur suit les deux, il doit alterner les entretiens individuels et de couple. Enfin, des entretiens de couple, par des non-prescripteurs, sont une solution très élégante, mais qu'il faut susciter chez les patients. Dans le cas du « conjoint sauveur », nous conseillons l'appel au spécialiste, les entretiens de couple sont non seulement indispensables et complexes à maîtriser, mais également difficiles à obtenir...

Aspects psychiatriques et psychothérapiques

Nous avons déjà décrit un certain nombre d'aspects psychiatriques (chapitre 6 sur la relation) apparaissant au cours d'un suivi. Ils peuvent passer pour circonstanciels ou liés à la notion de deuil, de comorbidité. Ils peuvent également s'intégrer à une problématique plus profonde qu'il nous faut à présent développer, même si cela semble complexe au non-spécialiste ; en effet, il est essentiel de découvrir la richesse des travaux sur le sujet, et expliquer ainsi certains troubles répétitifs repérés par le médecin, le poids de certains suivis, et l'importance d'une vision non exclusivement bio-organiciste de la toxicomanie.

Le paragraphe sur la psychothérapie est plus directement utilisable par les généralistes dont le rôle est capital pour la préparer et orienter au bon moment.

En découlera la place du partenariat psychiatrique.

Psychopathologie des addictions

Longtemps, les théorisations ont recherché à l'addiction des causalités uniques, « monodirectionnelles ». D'abord le mal est attribué au produit **(c'est la drogue qui fait le toxicomane)**, impliquant une cause exogène, ce qui sous-estime les troubles psychosociaux sous-jacents ou révélés par les prises de produits. Puis l'accent est mis sur le compte de causes internes à l'individu **(c'est le toxicomane qui fait la drogue)** impliquant une cause endogène sous-estimant alors les effets des produits et leurs conséquences psychosociales. Actuellement les spécialistes produisent des conceptions centrées sur le « biopsychosocial », impliquant des variables exogènes et endogènes interactives, et donc des prises en charge globales.

En dehors des modèles cognitivocomportementalistes, la plupart des travaux sont d'origine analytique. Cependant, derrière la théorisation, malgré un vocabulaire différent, il existe des points de recoupement étonnants.

Ainsi tous les auteurs soulignent l'importance des troubles préexistants (troubles de la personnalité, pathologies du narcissisme).

Ils mettent également l'accent sur l'ennui, le vide, l'anhédonie, la dépressivité, que ces éléments précèdent l'addiction ou en soient une des conséquences (difficultés d'investissement, problématiques du besoin).

Enfin, pour la pérennisation des conduites, ils accordent une grande importance au rôle autothérapique de l'addiction de par le plaisir éprouvé, l'apaisement d'émotions négatives et la fonction de reconstruction identitaire, ainsi qu'à son échec obligatoire qui induit les répétitions et la dépendance au comportement.

Voici un résumé succinct et grossièrement vulgarisé de ces travaux.

■ Modèles cognitivocomportementalistes

Ils mettent l'accent sur l'interaction entre des situations déclenchantes, des facteurs de fragilisation et les conséquences cognitives et comportementales de l'addiction. Les facteurs de fragilisation comprennent des états anxieux, la dépressivité, les difficultés interpersonnelles et de la communication, une faible estime de soi, l'impulsivité, l'anhédonie et les troubles de la personnalité. Ces facteurs sont hétérogènes, mais c'est l'interaction qui scelle la rencontre et la pérennisation de l'addiction par la mise en place de cognitions renforçantes **(Marks, Beck)**.

Parmi les facteurs de personnalités, **Zuckerman** a mis en évidence un profil particulier à partir d'une échelle (SSS : *Sensation Seeker Scale*) comprenant l'attrait pour le danger et l'aventure, les expériences non conventionnelles, les éprouvés de désinhibition, et la susceptibilité à l'ennui. Les personnes présentant un score élevé (les chercheurs de sensations) présentent un haut risque de rencontrer une situation d'initiation à l'addiction, la dépendance s'instaurant dans un second temps par les interactions et les conséquences du comportement.

Pour **Stanton Peele**, l'addiction est en rapport avec l'échec d'un sujet devant une tâche, échec qui met en doute sa capacité à réussir, mais l'addiction est une solution illusoire qui aggrave à terme le fonctionnement social. Pour cet auteur, ces personnes ne sont pas pathologiques mais ont du mal à faire face à certaines situations, l'addiction étant un mal de la socialité qui peut être dépassé par un changement d'environnement, l'identification des problèmes et donc des solutions (comportement prosocial adapté donnant accès aux récompenses de l'existence).

■ Modèles psychanalytiques

C. Olievenstein insiste sur le manque archaïque, qu'il situe au stade du miroir brisé, pendant lequel chez le futur toxicomane, un traumatisme réel ou symbolique fait obstacle à la recherche d'identité. L'alternance plaisir-souffrance est préférable à « ne pas être », alternance qui enracine la répétition, et qui fait écrire à C. Olievenstein que le toxicomane est porteur d'un savoir, d'un non-dit : « si la dépendance restreint la liberté de l'Homme, elle l'émancipe de toute une série de peurs, de fantasmes, d'incomplétudes, d'images partielles, qui sont son lot depuis la brisure initiale ».

Pour **J. Bergeret**, les conduites de dépendance nécessitent une double lecture. D'abord une lecture sur le besoin, sur le désir qui se résume au besoin. Si le désir tire ses origines du besoin, s'il conditionne la demande, il demeure du domaine de l'imaginaire, se présente sous forme de mises en scène fantasmatiques et passe obligatoirement par les exigences d'une élaboration mentale. Quand le désir se résume au besoin, les capacités fantasmatiques sont bloquées, ce qui impose la prééminence de l'action. Ensuite une lecture sur le registre économique en tant que l'addiction représente une tentative de mécanisme de défense à relier à la structure sous-jacente, qui peut être névrotique, psychotique ou dépressive (état-limite). Cependant, pour **A. Charles-Nicolas**, s'il existe des toxicomanies névrotiques et psychotiques, l'addiction est d'autant plus fréquente et grave qu'elle se situe dans le registre narcissique (dépressivité).

M. Valleur étudie ce qui est l'une des particularités du toxicomane : la répétition.

C'est le plaisir éprouvé (qu'il appelle « **hédonisme** » : plaisir en tout, tout de suite) qui fonde la dépendance et la répétition. Ce plaisir est qualifié d'hallucinatoire dans l'économie psychique du sujet, un plaisir sans autre objet que soi-même, un équivalent du fantasme d'autoengendrement et d'autofiliation. C'est ce fantasme d'autoengendrement qui enracine la dépendance, la répétition, avant l'apparition du besoin de drogue, pendant que l'autofiliation est confirmée par la fréquentation du groupe des pairs.

Il existe une variante qu'il nomme « **ascèse** », qui n'est pas un évitement du plaisir mais un évitement de la relation à l'autre qui provoque le plaisir. Il s'agit d'une sorte d'équivalent masturbatoire, une tentative de maîtrise pure, une approche de l'extase à travers la privation comme chez l'anorexique et qui échoue également, d'où la répétition. Ces patients s'accommodent volontiers de la prison ou de la secte dans lesquelles le questionnement sur la liberté est mis entre parenthèses.

Enfin, il décrit avec **A. Charles-Nicolas « l'ordalie »**, qui se met en place quand le plaisir lié à l'hédonisme ou à l'ascèse s'épuise et qu'il est remplacé par une conduite en « tout ou rien ». Ce plaisir provient de la jouissance de l'instant où le sujet s'en remet à une force suprême, instant où tout peut basculer. Il prend l'exemple du joueur de roulette suspendu au moment extatique pendant lequel la boule hésite entre deux numéros ; finalement, ce n'est pas le gain ou la perte qui compte, mais ce moment, ce qui explique la répétition. L'ordalique (tentatives de suicide répétitives, surdoses itératives) ne recherche pas la destruction, mais risque l'être pour préserver le Moi et a donc des vertus identitaires.

D'autres auteurs mettent l'accent sur le rôle de l'échec de l'introjection (un mécanisme qui participe à l'organisation des assises narcissiques) et sur l'aspect transnosographique des addictions.

Ainsi **P. Jeammet**, que nous avons déjà cité (chapitre 2), établit une relation entre les troubles de la séparation (relation d'objet) et la recherche paradoxale d'une dépendance à un objet externe, l'échec du processus d'autonomisation étant lié à des troubles narcissiques (et donc à un processus d'introjection défaillant).

Pour **P. Gutton**, l'incorporation, qui remplace l'introjection en jouant une identification dont elle marque l'échec, comporte une dimension identifiante qui explique son aspect défensif.

Pour **J. McDougall,** le transitoire de l'addiction remplace l'objet transitionnel, défaillant par échec de l'introjection, laquelle est mise en relation avec le rôle des parents qui ont pu faire du corps de l'enfant un objet de besoin, complément narcissique de leur désir.

Insister sur l'incorporation, c'est insister sur la possibilité de troubles précoces de la construction du narcissisme, dès la petite enfance, troubles réactualisés au moment de l'adolescence.

Les patients usagers de drogues sont, nous l'avons vu, très divers, d'autant que le phénomène touche des publics bien plus variés qu'autrefois. Mais il existe des cas bien plus difficiles à prendre en charge que d'autres, en particulier quand des troubles préexistaient dans le registre de la personnalité, remontant à l'adolescence et quelquefois à la petite enfance. L'appui spécialisé nous paraît alors indispensable.

Psychothérapies

Les troubles des addictions semblent donc correspondre à l'interaction entre des facteurs de vulnérabilité et les effets du comportement toxicomaniaque. C'est ce qui nous a fait décrire une psychothérapie du comment et une psychothérapie du pourquoi (chapitre 6). Il nous semble en effet très difficile de s'intéresser aux facteurs de personnalité en n'agissant pas directement sur le « comportement drogue », de même qu'il paraît souvent illusoire d'obtenir une stabilisation durable, impliquant des changements profonds, en restant centré sur le « comportement drogue » sans chercher à assouplir les facteurs de personnalité.

Nous avons également insisté au même chapitre sur le rôle thérapeutique de la relation duelle, son importance dans la restauration narcissique et l'amélioration de la faible estime de soi. Dans le même registre, nous avons souligné combien le travail social et éducatif avait une place essentielle dans cette reconstruction.

Mais pour certains patients un autre niveau de travail psychothérapique est nécessaire. Le médecin a un rôle capital pour préparer cette orientation. Il doit cependant être informé de ce qu'est une psychothérapie, savoir qu'il existe plusieurs techniques, connaître des professionnels, sentir le bon moment pour orienter.

Qu'est ce qu'une psychothérapie ? Chaque être humain doit vivre en permanence des phénomènes nouveaux auxquels il s'adapte par des processus d'intégration et de changement ; mais il arrive que ces processus soient bloqués, dépassés, le sujet ne peut ainsi résoudre seul les problèmes qui se posent à lui. Il a alors besoin d'un tiers. Celui-ci va l'aider à découvrir les répétitions, mais cela n'est en règle générale pas suffisant (la vision du problème ne donne pas la vision de la solution…), la tentative de changement intellectuel, cognitif, achoppant sur les processus affectifs bien plus complexes à modifier. Tout se passe comme si, face à un problème, le patient ouvrait son tiroir à solutions, mais n'utilisait qu'une seule solution, toujours la même, pourtant éprouvée dans l'échec (la répétition). Il faut lui faire découvrir et utiliser d'autres solutions, moins pathogènes, ce qui est moins difficile s'il les a déjà dans son tiroir… **C'est donc une entreprise de désaliénation.**

Diverses techniques psychothérapiques existent, qui cherchent à agir directement sur les symptômes (techniques souvent dites « brèves ») ou sur les troubles de la personnalité (et donc longues). Les interactions existent évidemment, la désaliénation d'un symptôme pouvant faciliter des assouplissements de la personnalité, lesquels peuvent limiter les événements pathologiques (par exemple, agir sur une dépression limite une décompensation névrotique qui réduit le risque de récidive dépressive). On peut simplifier le processus psychothérapique en disant qu'un événement quelconque produit un affect, lequel implique une pensée et un comportement, les trois étant intimement liés ; la psychanalyse agit sur l'affect pour modifier la pensée et le comportement ; le comportementalisme agit sur le comportement pour modifier la pensée et l'affect ; le cognitivisme agit sur la pensée pour modifier l'affect et le comportement. Pour la thérapie systémique, il s'agit de modifier non le sujet mais les relations du sujet avec sa famille ou son conjoint car se sont les relations qui sont pathologiques et non les personnes. D'autres outils de travail sont possibles (relaxation, ergothérapie, gestion du stress, affirmation de soi, etc.).

Ces techniques peuvent être employées dans le cadre d'une relation duelle avec un professionnel relativement éclectique ou monothéorique, d'une relation de groupe ou d'une prise en charge institutionnelle. Nous avons déjà cité les entretiens familiaux et de couple.

Le choix dépend du modèle de pensée du patient, de ses ressources psychiques… et financières, mais surtout de la demande du sujet. Malgré l'indispensable prise en charge relationnelle du médecin et des différents partenaires, présente-t-il une souffrance dont il internalise l'origine, pour laquelle il envisage un changement, mais un changement personnel ? C'est en cela que l'orientation psychothérapique nécessite la motivation d'un travail sur soi.

Partenariat psychiatrique

Son aide est multiple et considérable.

Il permet une aide au diagnostic et aux traitements des épisodes psychiatriques de comorbidité et des troubles liés aux pathologies de la personnalité.

Il apporte un appoint majeur à la démarche psychothérapique, qu'elle soit individuelle ou institutionnelle.

Elle est le passage obligé des hospitalisations. Celles-ci peuvent être nécessaires pour obtenir une réponse à l'aide diagnostique et psychothérapique ou pour mettre en place une prise en charge plus globale, utilisant la pluridisciplinarité du service.

Elles permettent également les séjours de crises et de ruptures quand l'ambulatoire est dépassé. Il est alors important d'être clair sur l'indication et les modalités du séjour (type de contrat) : il faut insister sur le fait qu'une indication d'hospitalisation « pour toxicomanie » n'aide ni le patient à prendre conscience de ses troubles ni le service à travailler. Il s'agit bien plus de considérer que l'on hospitalise un toxicomane parce qu'il est déprimé, anxieux, délirant, voire en sevrage de produits ou en rupture d'avec son milieu, etc. mais non *stricto sensu* pour sa toxicomanie.

Cela impose probablement des modifications du regard sur ces problèmes et de la manière de travailler de la part du dispositif psychiatrique (lequel peut être lui-même en difficulté avec la diminution des psychiatres et la disparition de la formation des infirmiers de secteur psychiatrique), d'autant que la gestion de ces patients au sein d'un service n'est pas aisée.

Le secteur de prise en charge « alcool » est également très concerné par les modalités évolutives nouvelles des patients, en particulier sous substitution. Il doit apprendre à travailler avec cette technique et adapter ses suivis à ces patients et aux problématiques narcissiques. Des contacts avec ces structures montrent qu'elles voient déjà ce type de patients, à l'occasion de la découverte d'un traitement de Subutex® plus ou moins bien autogéré ; elles aussi doivent comprendre qu'un patient sous substitution peut être à des étapes très diverses de sa problématique et de sa capacité à contrôler le médicament de substitution.

Les partenaires

Il nous faut évidemment distinguer entre les partenaires spécialisés et non spécialisés (encore que l'on puisse acquérir un savoir quasi équivalent en gardant une pratique diversifiée), institutionnels ou non, médicaux ou non, bref, cela fait du monde… Il nous paraît cependant indispensable de mettre à part le pharmacien, de développer les dispositifs spécialisés afin d'apprendre à mieux l'utiliser, de lister les autres acteurs, surtout dans le but de montrer leur diversité.

Le pharmacien

C'est un acteur incontournable dans la toxicomanie. Il est en première ligne pour la réduction des dommages (accès aux seringues, aux préservatifs, aux stéribox, aux messages de prévention), pour les codéinés et pour la substitution prescrite. C'est à ce titre le premier partenaire du médecin, le plus important au départ : le contact préalable nous paraît donc essentiel.

Lui aussi doit **se poser un cadre de travail**, à la fois ferme et tolérant, sans négliger l'empathie, sur les venues du patient, le respect de la file d'attente, des autres clients et du lieu, la discrétion de la dispensation, la clarté du lien avec le médecin. Accepte-t-il de ne pas être contacté avant l'induction, prend-il l'initiative du contact ? Que fait-il en l'absence de précision sur le fractionnement, l'exige-t-il de lui-même, le demande-t-il au médecin ? Que fait-il en cas de couverture sociale imprécise ?

Il doit également **s'organiser** : nombre de patients en dispensation (fractionnée, hebdomadaire, mensuelle), nombre de fractionnements, personnel pratiquant la délivrance, fiche patient, règlement appliqué par tous les professionnels de l'officine (venue plus précoce que prévue, départ non prévu par le médecin, etc.). Peut-il poser des temps d'écoute quand cela semble nécessaire et où ?

Grâce à la délivrance fractionnée, **il sera celui qui verra le plus le patient**, et dans tous ses états… Accepte-t-il de faire du *counseling* (terme définissant des « conseils » sur les consommations, l'injectable, les interactions de substances psychoactives) ? En tout cas, dans notre expérience de centre spécialisé, nous constatons que **les orientations** vers notre structure, pour du social, de l'éducatif, du psychiatrique, **sont plus fréquentes de la part des officines** que des médecins. Il nous semble que le temps de dispensation, quand il peut se faire dans de bonnes conditions, permet **une discussion d'aspect informel**, mais pendant laquelle le patient livre des plaintes et des besoins que le pharmacien est tout à fait capable de travailler en terme d'orientation, en sachant aussi utiliser la patience et l'appropriation. En effet, après l'induction, au cours de la première stabilisation du toxicomane (*cf.* le chapitre 10 sur le temps), il devient le « pharmacien de famille » à même de juger de la vie du patient, de ses avatars, de ses besoins, et de se décentrer de la toxicomanie pour donner des conseils diversifiés. Ainsi, **il peut être un excellent accompagnateur du soin**.

Cependant, sa tâche se complique dès que la prescription ne suit pas les recommandations (*cf.* chapitre 5), qu'il se retrouve témoin du pseudo bas seuil, du développement du trafic et de l'injectable, et que les patients non ou mal suivis n'évoluent pas. Il est inquiétant qu'un certain nombre de professionnels de bonne volonté soient confrontés à l'usure et baissent les bras devant le trop grand développement de mauvaises pratiques de substitution.

Enfin, il nous semble que les messages concernant la durée de la substitution, les troubles associés, les évolutions capricieuses n'ont pas été suffisamment intégrés par cette profession, faute certes d'explications par les spécialistes, mais aussi de contacts avec les réseaux. Nous constatons ainsi une différence d'approche et d'attente entre ceux qui participent au réseau et les autres. Nous ne pouvons que leur conseiller d'y prendre leur place, toute leur place, car, sans la collaboration des pharmaciens, les stratégies de prise en charge des toxicomanes sont impossibles.

Le partenariat spécialisé

Centres spécialisés

Réglementés par le décret n° 92-590 du 29 juin 1992, ils ont pour mission d'assurer les actions de prévention et de soins aux toxicomanes, sont financés par l'Etat et s'intitulent : CSCST (Centre Spécialisé Conventionné de Soins aux Toxicomanes). Il existe environ 250 centres en France, leur terrain d'action étant départemental, sauf pour les grandes villes.

Ils assurent la prise en charge médicopsychologique du toxicomane, sa prise en charge sociale et éducative, qui comprend l'aide à l'insertion ou à la réinsertion ; ils doivent en outre effectuer l'accueil, l'orientation et l'information des toxicomanes et de leur famille ; ils participent au sevrage ainsi qu'à l'accompagnement du sevrage lorsqu'il est réalisé en milieu hospitalier ; ils assurent le soutien à l'environnement familial. **Les soins sont délivrés de façon anonyme et gratuite**.

La plupart des structures sont associatives et passent convention avec la DDASS ; quelques-unes prennent leur origine du secteur de psychiatrie publique et sont donc hospitalières. Ce sont des centres très pluridisciplinaires (éducateurs spécialisés, assistantes sociales, infirmiers et infirmiers de secteur psychiatrique, psychologues, médecins, psychiatres) qui fonctionnent souvent avec **la notion de référent** (éducateurs spécialisés, et infirmiers de secteur psychiatrique) sur lequel se greffent le travail des autres professionnels ainsi que la pratique de réseau. La plupart disposent d'une unité de dispensation de méthadone, laquelle est complétée, plus rarement, par une dispensation de Subutex®.

Les centres d'accueil sont la base du dispositif spécialisé et prennent en charge dans la durée les toxicomanes de façon ambulatoire. Leurs outils de travail sont la substitution, le sevrage, la prise en charge pluridisciplinaire et le réseau. Certains développent des ateliers occupationnels, de relaxation, des activités de loisir, etc. Il en existe *a priori* au moins un par département. Ils fonctionnent en accueil et rendez-vous et sont facilement joints par contact téléphonique.

Les postcures (ou centre thérapeutique résidentiel ou communautaire) sont des structures collectives d'une douzaine de places qui accueillent des patients sevrés (la substitution s'y développe progressivement) pour une prise en charge sociale et psychologique individuelle et en groupe. Certaines présentent un axe de réinsertion plus présent (atelier, formation professionnelle). Le nombre de places est faible (600 à 1 000) et explique les difficultés d'admission. Chaque structure a son propre système de sélection, passant en règle générale par un courrier du patient, une consultation téléphonique ou un contact direct. Les séjours sont de plusieurs mois, soumis à contrat que le patient s'impose sans contraintes, pouvant quitter le centre s'il le désire. Il est donc important de préparer cette indication, car partir en postcure nécessite une prise de conscience minimale de à quoi on s'engage (dans la durée et les contraintes à positiver). L'orientation vers telle ou telle structure est plutôt à laisser traiter par un centre d'accueil spécialisé qui possède l'annuaire du dispositif, une connaissance des lieux, voire une idée de la file d'attente.

Les « boutiques », ou points de contact ou dispensaires de vie, assurent l'accueil et les soins de première nécessité aux toxicomanes les plus marginalisés ne pouvant soutenir une demande de prise en charge. Proposant un contrat minimal (pas de consommation, de *deal*, de violence dans le lieu) elles s'attachent à prendre en compte les besoins vitaux (« se poser », manger, boire, se laver, accès à des soins somatiques urgents) et à faire émerger une demande autre. Ces lieux existent essentiellement dans les grandes villes, touchent un public très précaire, et sont quelquefois mal supportés par le voisinage.

Les dispositifs complémentaires. Ces structures peuvent disposer d'appartements thérapeutiques, de réseaux de familles d'accueil, voire de solutions d'hébergement d'urgence (nuitée d'hôtel, hébergement collectif de type *« sleep in »*, sorte de « boutique de nuit »). Signalons également l'existence de postcure accueillant des mineurs.

Ce dispositif spécialisé, né avec la loi du 31 décembre 1970, a longtemps été le seul recours des toxicomanes. Il est en constante évolution et tente d'intégrer les nouvelles pratiques (substitution, réseau médical, pathologies somatiques, nouvelles problématiques psychologiques sous substitution) avec sa culture propre et… ses difficultés financières. Les médecins doivent apprendre à travailler avec lui, et vice versa, au plus grand profit des patients.

Ecimud

L'équipe de coordination et d'intervention auprès des malades usagers de drogues est basée à l'hôpital. Elle participe, à la demande, à la prise en charge de tout patient toxicomane admis dans un service quelconque de l'hôpital, pour faciliter le séjour, limiter les sorties contre avis médical. Elle travaille « à froid » avec les équipes pour les aider à réfléchir sur les soins proposés (gestion du manque, poursuite de la substitution), sur la relation à ces patients et leurs comorbidités, sur leurs idées de la toxicomanie et de la prise en charge des toxicomanes, sur la mise en place de charte (plus que de contrat : *cf.* le chapitre 11). Composée d'un médecin, quelquefois d'une assistante sociale, elle peut être un élément incontournable du partenariat pour les médecins en recherche d'un lit, afin de parfaire leur indication et faire respecter leur traitement, ainsi que pour la préparation à la sortie. Elle participe activement au réseau ville-hôpital-toxicomanie lorsqu'il existe.

Si les toxicomanes peuvent arriver dans des services très divers, du fait de leurs nombreuses pathologies, il est important que certains services les accueillent de façon privilégiée afin d'acquérir, justement, une culture de service. Malheureusement, dans les CHU, nous assistons à une spécialisation de la médecine, qui met en péril ces ressources, comme si la « médecine psychosociale » qui reçoit volontiers le « tout venant », personnes âgées, sevrage alcool, toxicomanes, était peu noble et peu gratifiée (par les points ISA ?).

Groupes de patients et autosupport

Créé en 1992, reconnu par les autorités administratives (financement du journal d'**ASUD**), ce mouvement militant **(AutoSupport des Usagers de Drogues)** s'est à la fois investi dans la réduction des risques (un personnage dessiné par Pierre Ouin, Bloody, explique les messages de prévention sur des plaquettes ludiques et faciles à comprendre) et aussi dans la revendication du droit d'user des drogues dans des conditions décentes. Souvent partie prenante des PES (programme d'échange de seringues), de boutiques, leur composition est très variable selon les lieux (et les moments, ces associations étant fluctuantes) et il est important de connaître la polarité du groupe avant de conseiller un patient qui pourrait se trouver en difficultés par rapport au discours dominant des membres d'Asud. Par contre, les patients en phase de gestion du manque ou de la toxicomanie peuvent très utilement bénéficier de cette dynamique. Enfin, reconnaître ces structures nous paraît capital sur le plan symbolique. Les structures régionales et locales de AIDES participent également très utilement à la réduction des dommages et au *counseling* ; les volontaires qui y travaillent ont bénéficié d'une formation interne garante d'un professionnalisme certain.

La constitution de groupes de patients plus à distance des produits à travers des activités, des réunions, des ateliers, permet à chacun de découvrir que ses propres difficultés ont déjà été vécues par d'autres et en partie surmontées. Cela permet également de tisser de nouvelles relations de solidarité (même si elles ont quelquefois lieu autour d'un « plan » cannabis), limitant l'isolement, et porteuses d'espoir.

CDSTS

Le comité départemental de suivi des traitements de substitution, présidé par la DDASS, est composé de médecins et pharmaciens, professionnels de terrain (libéraux, centres spécialisés, services d'urgence, maison d'arrêt), d'un médecin inspecteur départemental et pharmacien inspecteur régional, des représentants des deux Ordres, de la CPAM. Il est certes souvent une structure informelle qui se réunit une à trois fois par an, mais cela permet de s'exprimer et de faire remonter les besoins et les interrogations du terrain.

Partenariat non spécialisé

Nous nous contenterons de les énumérer, afin de montrer leur diversité.

Partenaires médicaux

Les autres confrères, pouvant permettre la réflexion autour d'un cas difficile : médecins du réseau, du centre spécialisé, de l'Ecimud. Ou encore ceux travaillant dans des structures accueillant aussi un public toxicomane (en particulier autour de la précarité : CHRS, halte de jours). Et aussi les collègues de l'Ordre, de la CPAM, les médecins du travail.

L'hôpital, les maisons de repos médicalisées (certaines sont spécialisées dans le VIH, les hépatites C).

Les psychiatres, libéraux, du centre spécialisé, du secteur, qui s'intéressent à la toxicomanie et aux troubles associés.

Partenaires sociaux

L'assistante sociale de circonscription, du réseau, de l'Ecimud, du centre spécialisé, du réseau VIH.

Le CCAS, la PMI, les missions locales, l'ANPE qui dispose quelquefois d'une cellule pour public longuement désinséré.

Les structures caritatives (Croix Rouge, Resto du cœur), les entreprises intermédiaires d'insertion.

Partenaires psychosociaux

Les psychologues libéraux (mais quid de l'aspect financier ?), les spécialistes d'entretiens familiaux et de couple, professionnels du centre spécialisé, du secteur psychiatrique, des réseaux (VIH, toxicomanie).

Les clubs de prévention, les équipes de prévention spécialisée, les foyers d'animation, les conseils communaux de prévention de la délinquance.

Acteurs judiciaires et policiers

Les services de la maison d'arrêt (UCSA, psychiatrie, SMPR, antenne toxicomanie d'un centre spécialisé), les comités de probation et d'aide aux libérés, les équipes d'injonction thérapeutiques.

Notons à ce sujet l'importance de la continuité des soins, de la poursuite des traitements de substitution, ce qui n'est pas toujours acquis selon les maisons d'arrêt. Même si cette approche provoque des effets pervers (trafic au sein du milieu pénitentiaire, lieu où tout se vend et s'achète d'autant que les détenus sont indigents), les dérives pourraient être limitées par une délivrance contrôlée, ce qui nécessite souvent une augmentation des moyens en personnel.

Conclusion : une logique du travail partenarial

Le travail de partenariat est en fait un état d'esprit. Il s'agit d'accepter que le patient présente des problèmes multiples qui ne peuvent être résolus par un seul professionnel, même compétent, et que recourir à la clarté des relations évite malentendus et manipulations ; il faut comprendre que, comme soi, les autres professionnels n'ont pas de « baguette magique » mais ont aussi leurs propres difficultés, impératifs, culture et manière d'appréhender le patient, lequel nécessite un suivi de longue durée, au cours duquel les améliorations, rechutes et difficultés font partie du travail. Enfin, il serait utile que tous aient la même logique de prise en charge… en particulier en ce qui concerne la demande du patient, son rythme évolutif, l'appropriation, le respect mutuel et la notion de secret partagé qui doit permettre au patient de garder confiance en chacun.

C'est, à notre avis, un acquis novateur et capital des prises en charges des toxicomanies : grâce à celles-ci, des professionnels d'horizon très divers apprennent à travailler ensemble, pour le plus grand profit des patients. Espérons que cela se généralise.

8

Le sevrage

Bien qu'il donne l'impression d'être passé de mode, le sevrage reste un outil de travail indispensable qui mérite son chapitre à part.

Insistons d'emblée sur le fait que cet outil n'a d'intérêt qu'associé aux autres techniques de soins et tout particulièrement la relation. Ainsi la triple approche substitution-relation-partenariat que nous venons de décrire nous amène à utiliser par analogie la triple approche sevrage-relation-partenariat, même si elle est plus difficile à mener, même si elle n'est qu'une proposition temporaire amenant à la substitution, même si elle reste l'objectif idéal de la prise en charge.

Car rappelons-le :

– si le sevrage consiste à arrêter tous produits (une désintoxication ?) ;

– si la substitution consiste à arrêter tous produits exceptés l'opiacé de substitution ;

– l'essentiel de la prise en charge consiste à prendre appui sur ces deux techniques pour développer les autres techniques.

Il nous faut par ailleurs parler de **sevrages et non du sevrage**. Evidemment parce que, selon les substances psychoactives prises, les sevrages sont différents. Evidemment parce que, nous l'avons déjà souligné, substitution (des opiacés) et sevrages (des opiacés, sauf de la substitution, et des autres produits) ne sont pas deux stratégies antinomiques (nous proposons en ***Annexe 4*** le texte de la récente **conférence de consensus sur les « modalités de sevrage chez les toxicomanes dépendants des opiacés »**). Mais surtout parce que **les contextes variables de cette situation** impliquent des conduites à tenir différentes ; par exemple l'urgence du manque n'a rien à voir avec un sevrage librement consenti. C'est dans ce chapitre qu'il nous faut également évoquer une nouvelle molécule, le Nalorex®, antagoniste morphinique qui peut être un traitement d'appoint important du sevrage préparé.

C'est pourquoi nous nous proposons de distinguer :

– le syndrome de manque aux opiacés :
  - sa biologie ;
  - sa clinique ;
  - les techniques médicamenteuses du traitement de ce syndrome ;
  - les contextes de leurs utilisations ;

– puis nous évoquerons les sevrages sous substitution, les autres sevrages, et bien sûr, l'idéal, le sevrage de la substitution.

Syndrome de manque aux opiacés

Aspects biologiques

Notre propos ici n'est pas de faire œuvre scientifique rigoriste, mais de proposer une explication pédagogique, schématique, qui aide à comprendre la physiopathologie des symptômes et donc le traitement. Disons-nous : « tout se passe comme si… » : soit une synapse noradrénergique *(fig. 8.1)*.

Schéma A. Les endorphines, par fixation présynaptique, freinent la sécrétion noradrénergique.

Schéma B. Chez un usager d'héroïne :

a : l'opiacé se fixe sur le récepteur présynaptique, à la place des endorphines ;

b : cette fixation provoque par *feed-back* négatif, une diminution de la synthèse des endorphines ;

c : à la longue, les récepteurs postsynaptiques sur lesquels se fixe la noradrénaline deviennent hypersensibles.

Schéma C. Chez un usager d'héroïne en manque, volontairement ou non :

a : le récepteur présynaptique est libre, il n'y a plus de freination noradrénergique ;

b : la noradrénaline libérée se fixe sur les récepteurs postsynaptiques hypersensibles (d'où la symptomatologie) ;

c : le récepteur présynaptique étant libre, il y a *feed-back* positif et reprise de la sécrétion endorphinique, fixation présynaptique, et diminution de la noradrénergie (d'où la rétrocession de la symptomatologie à partir du 3e à 5e jour).

On conçoit également que l'utilisation de l'héroïne fasse disparaître les symptômes. De même, un morphinique (la codéine, la morphine) régule le manque mais, à l'arrêt du morphinique,

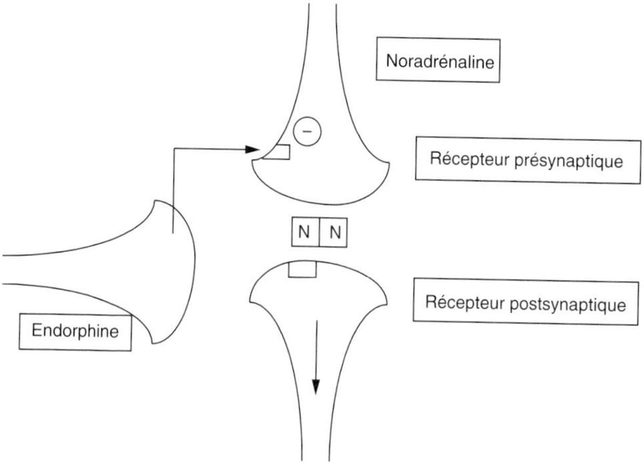

Schéma A

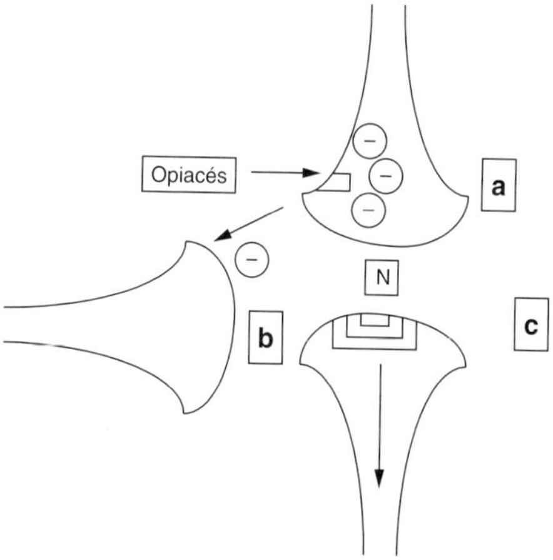

Schéma B

FIGURE 8.1.

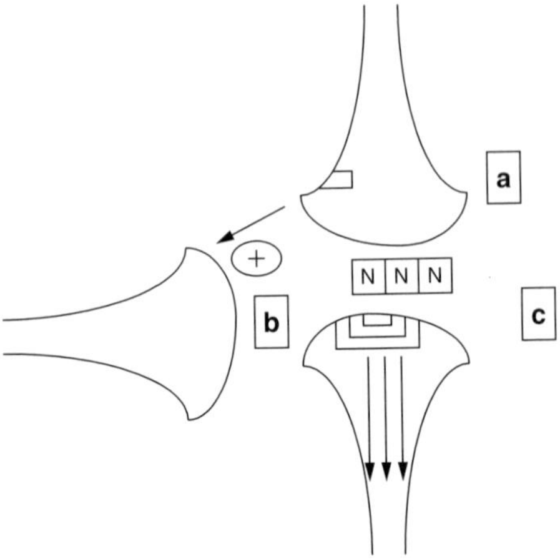

Schéma C

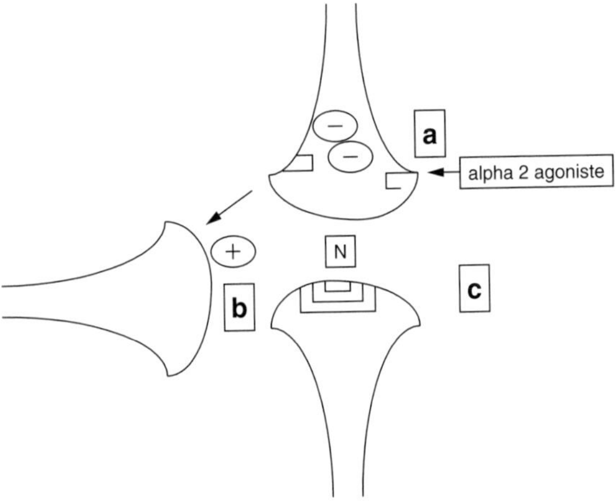

Schéma D

FIGURE 8.1.

celui-ci réapparaît, puisque les endorphines n'ont pu être relancées.

Schéma D.

a : les α-2 agonistes agissent sur un autre récepteur présynaptique et diminuent la noradrénergie ;

b : mais ils laissent libre le récepteur présynaptique aux endorphines, permettant la remise en route de ces dernières.

Aspects cliniques

Ainsi, le syndrome de manque comprend pour le moins :

– le craving (essentiellement dopaminergique) ;

– les symptômes liés à la noradrénergie ;

– une composante algique (directement liée aux endorphines).

Rappelons en le tableau. Les signes vont se compléter et s'aggraver progressivement sur 3 à 4 jours avant de rétrocéder globalement (mais en partie seulement) en 8 à 10 jours :

– 6 à 8 heures après la dernière prise : larmoiement, rhinorrhée sonore, bâillement ;

– après 12 heures environ : mydriase, frissons avec piloérection, hypersudation, asthénie, sensation de chaud et froid, anxiété avec « faim » d'héroïne (ou envie impérieuse, compulsive) ;

– après 24 heures environ : nausée, anorexie, douleurs abdominales et musculaires, avec crampes, douleurs articulaires et lombalgies, augmentation de l'anxiété et insomnie ;

– après 48 heures environ : les mêmes signes s'intensifient et sont complétés par de la diarrhée avec des coliques et des vomissements. On peut noter une HTA, une tachycardie, une hyperthermie et une polypnée ;

– après 72 ou 96 heures, rétrocession progressive du tableau avec persistance de l'insomnie, de l'anxiété et de l'asthénie.

Le score d'Handelsman est un moyen simple de coter l'intensité du syndrome de manque, tant dans sa composante subjective (cotation par le patient) qu'objective (observation du médecin pendant la cotation du patient) *(tab. 8.I).*

Techniques médicamenteuses

Nous reviendrons sur les conditions de succès de la cure plus loin, en particulier avec le travail sur l'autoprotection qui est capital. Outre l'indication, et donc l'évaluation de la situation, se posera le choix de l'ambulatoire ou de l'hospitalisation. Enfin, il sera important de préciser que le traitement proposé ne pourra jamais réussir à égaler l'héroïne (« ça calme, ça ne fait pas la même chose… »).

TABLEAU 8.I. Score de Handelsman.

Evaluation du score de manque lors de l'induction d'un traitement de substitution

Score médecin

La cotation se fait pendant que le patient remplit son autoquestionnaire, en l'observant sur une période de 5 minutes et non en lui posant des questions : **cocher 0 si absent, 1 si présent**.

1 Baillement (1 ou plus pendant la période d'observation)
2 Rhinorrhée (3 reniflements ou plus pendant la période d'observation)
3 Piloérection (observée sur le bras du patient)
4 Transpiration
5 Larmoiement
6 Mydriase
7 Tremblements (mains)
8 Frissons (le sujet grelotte et se recroqueville)
9 Agitation (changements fréquents de position)
10 Vomissements
11 Fasciculations musculaires
12 Crampes abdominales (le sujet se tient le ventre)
13 Anxiété (le sujet pianote, tape du pied, se plaint de difficultés à respirer ou de palpitations, etc.)

Score total 0 à 13

Score patient

Veuillez répondre aux questions suivantes en cochant pour chaque item la case qui vous paraît le mieux correspondre à votre état en ce moment : **0 pas du tout, 1 léger, 2 modéré, 3 intense, 4 extrême.**

1 - Je suis anxieux
2 - Je baille
3 - Je transpire
4 - Mes yeux larmoient
5 - J'ai le nez qui coule
6 - J'ai la chair de poule
7 - J'ai des tremblements
8 - J'ai des frissons chauds
9 - J'ai des frissons froids
10 - Mes os et mes muscles me font mal
11 - Je me sens nerveux
12 - J'ai des nausées
13 - J'ai des vomissements
14 - Mes muscles tressautent
15 - J'ai des crampes d'estomac
16 - Je suis à bout de nerfs

Score total 0 à 64

Par ailleurs, une bonne hydratation s'imposera. Sauf problème médical, la voie d'administration *per os* sera grandement suggérée. Le respect des posologies, en particulier pour les BZD, doit faire l'objet de précautions.

Le traitement purement symptomatique

Il s'agit de limiter les symptômes de manque dans l'attente de la reprise de la freination endorphinique, qui débute au 4e jour environ et a son plein effet à partir du 8e jour, mais des signes persisteront ensuite à minima (sauf la faim de drogue qui restera majeure).

Il comprend :

– un anxiolytique de type BZD, non-BZD ou neuroleptique sédatif ;

– un hypnotique non détourné précédemment et en évitant le Rohypnol® ;

– un myorelaxant BZD si l'anxiolytique ne l'est pas ;

– un antalgique *a priori* d'action périphérique ;

– un antispasmodique de type Spasfon® ;

– un antiémétique, un antidiarrhéique peuvent être utilisés si besoin.

En ambulatoire le traitement doit être contrôlé au jour le jour, au maximum toutes les 48 heures. Ce traitement est baissé à partir du 5e jour pour ne laisser que l'anxiolytique et l'hypnotique à partir du 8e jour.

Par exemple pour les quatre premiers jours :

– Valium® comprimé 10 mg :	1 1 1
ou Tercian® cp 25 mg :	1 1 2
– Imovane® comprimé :	0 0 0 2
– Miorel® comprimé :	2 2 2
ou Myolastan® cp :	2 2 2
– Spasfon® comprimé :	2 2 2
– Idarac® comprimé :	2 2 2

Traitement par α-stimulant

Il vise à limiter de façon plus physiologique les symptômes de manque dans l'attente de l'action des endorphines *(fig. 8.1)*. Il est plus efficace sur les signes noradrénergiques mais expose à l'hypotension orthostatique et implique d'éliminer des contre-indications cardiovasculaires.

Le plus connu est le protocole au Catapressan® :

– pendant 4 jours : cinq prises d'un demi-comprimé espacées régulièrement ;

– puis baisse quotidienne (quatre prises, trois prises, deux prises) espacées régulièrement ;

– le patient peut ensuite conserver un demi-comprimé le soir dans la durée ;

– la prise du pouls et de la presse artérielle à chaque prise est indispensable, une PA inférieure à 9 nécessite de « sauter » la prise prévue ;

– le traitement associé comprend l'anxiolytique, l'hypnotique, l'antalgique dans les mêmes conditions que ci-dessus décrites ;

– évidemment l'hospitalisation est préférable, le patient étant prévenu des petits moyens devant réduire les effets de l'hypotension orthostatique. En ambulatoire, à moins de cas particuliers (patient très coopératif, tiers très présent), on préférera limiter les posologies à un demi-comprimé matin et soir.

D'autres molécules peuvent être utilisées, en particulier l'Estulic® sous forme de gélules à 0,5 mg qui existent dans certaines pharmacies hospitalières ou un quart de comprimé à 2,4 mg. Le protocole est identique.

Electrostimulation, acupuncture

Elles consistent à stimuler la reprise endorphinique. L'électrostimulation (anesthélec) nécessite un appareillage lourd et a surtout été utilisée par l'Ecole de Bordeaux. Un acupuncteur spécialisé peut également être efficace sur la symptomatologie du manque et limiter le nombre de médicaments.

Subutex®

Certains utilisent la BHD en cure courte. Après la phase d'induction déjà évoquée, un dégressif sur 7 à 10 jours est effectué, associé à un traitement classique du manque. Cette technique permet un sevrage globalement moins souffrant, avec moins de médicaments. Cependant elle est hors AMM et son aspect « magique » peut gêner la prise de conscience par le patient de ce qui va avec le sevrage ; elle risque alors de faire obstacle à une vraie substitution (avec la notion de durée) si la demande de cure est répétée.

Nalorex®

Le Nalorex® (chlorhydrate de naltrexone) n'est pas *stricto sensu* une molécule de sevrage, mais un médicament de consolidation du sevrage, de prévention des rechutes, grâce à son effet antagoniste pur. Cliniquement, il provoque un blocage des effets euphorisants des opiacés, empêche la dépendance et supprime le myosis. Il est bien toléré, n'entraîne ni dépendance ni tolérance. Il ne doit être utilisé qu'à distance de la cure (7 jours pour l'héroïne et la codéine, 10 jours au moins pour la substitution), sinon il précipite le patient dans le manque. La posologie est de 50 mg par jour en monoprise (cp *per os*), mais le premier jour, l'utilisation d'un demi-comprimé est préférable.

La prise quotidienne protège des effets de l'opiacé, mais non son oubli… Certains préconisent ainsi l'utilisation d'une tierce personne pour contrôler cette prise. Cependant, **la motivation est indispensable** à la réussite de ce type de traitement qui protège de l'opiacé sans en présenter aucun des effets (au contraire de la substitution). Attention, la recherche des effets de l'héroïne sous Nalorex® implique de doses massives qui peuvent provoquer une surdose. **Les indications doivent donc être réservées** à des patients refusant la substitution, déterminés, comprenant bien comment ce traitement fonctionne, par exemple à d'anciens toxicomanes en rechute depuis peu, ou encore au décours de sevrages de la substitution.

L'évaluation est donc importante, il n'y a pas urgence à mettre en place ce type de traitement. Il nous semble que le Nalorex® n'est pas une molécule de première intention, mais doit plutôt être proposé à des cas particuliers, à des patients déjà dans le soin, proches d'une étape psychothérapique, ayant au moins acquis la nécessité d'être actifs dans la prise en charge, l'autoprotection et à distance du « groupe Tox », de l'identité de groupe « Toxicomane ». La durée du traitement est de 3 mois à 3 ans, avec assouplissement de l'administration (100 mg les lundi et mercredi, 150 mg le vendredi).

Contextes du sevrage

Il faut très nettement distinguer la situation du manque de celle d'un sevrage préparé et programmable.

Patient en manque

« Je suis malade, je veux arrêter… » est la phrase habituelle d'entrée dans la relation. Nous l'avons déjà étudié, et nous savons qu'il ne faut pas confondre l'arrêt du manque et l'arrêt de la toxicomanie. Le patient est en rupture soit d'héroïne, soit de substitution, de type marché noir. Ce n'est pas une demande de sevrage mais de suppression du manque à laquelle il est possible de répondre comme tel avant d'envisager des projets plus ambitieux.

Il faut d'abord reconnaître l'état de manque et la souffrance du toxicomane. Il faut ensuite accepter que l'évaluation soit réduite, mais cependant minimale, centrée sur les produits (en particulier sur ceux qui pourraient compliquer la situation : alcool, BZD, cocaïne), et devant éliminer une urgence cachée ou confondue avec le manque (médicale et psychiatrique).

Il convient de proposer un traitement bref, sur 24 voire 48 heures, afin de revoir le patient dans un meilleur contexte relationnel ou de permettre une orientation dans des conditions acceptables. La proposition peut être un traitement symptomatique ou la substitution cadrée. Dans les deux cas, le traitement peut être donné voire prescrit sur ordonnance, en tenant alors compte du risque de prise massive.

Il faut ensuite bâtir une stratégie correspondant à une prise en charge de première étape de soins (*cf.* le chapitre sur le temps : la gestion du manque ou de la toxicomanie).

Sevrage programmé

La situation est totalement différente. « Programmé » veut dire préparé, c'est-à-dire que l'on connaît suffisamment le patient, que ses symptômes de sevrage ne sont pas importants, qu'il est peu polytoxicomane, que son implication dans le milieu de la drogue est minime, qu'il ne souhaite pas de traitement de substitution, que sa compréhension de l'autoprotection est réelle et possible en pratique.

La préparation vise en effet à mettre en place **des mesures d'autoprotection** qui doivent limiter les sursauts de manque (*cf.* chapitres 5 et 6) car, sans l'effet bloquant de la substitution et son action sur les compulsions à prendre le produit, ceux-ci précipiteront la récidive. Ne pas avoir de produits, ni de seringues, ni ce qui rappelle les rituels de prise chez soi, ne pas être confronté à des usagers, à des lieux de *deal*, résister aux conditionnements horaires, etc., tout cela doit être en place dès le premier jour de la cure. Impliquer le conjoint, la famille, des amis non consommateurs, préparer l'après sevrage (Nalorex®, postcure, insertion) est indispensable. Il est également nécessaire de revoir vite et fréquemment ce patient pour dépister les incidents psychologiques (plus intenses sans la substitution, en particulier les dépressions postsevrage) et les rechutes, les surconsommations de médicaments (BZD) et d'alcool. A moyen terme, l'évaluation de la qualité de vie permet de poursuivre dans cette voie, de proposer la substitution, de remettre en place une cure si besoin. Plus à distance, il faudra se méfier de la répétition des cures, surtout si les demandes sont à l'identique, sans prise de conscience, sans faire expérience des « échecs » précédents.

Evidemment, le travail de prise en charge global décrit dans ce livre s'applique au long cours à ces suivis.

Autres sevrages

Des consommations de substances psychoactives persistent fréquemment au décours d'un sevrage ou sous substitution, ou encore apparaissent à distance du début du traitement. Les raisons, nous l'avons vu, en sont très variées : reste de polytoxicomanie, troubles psychiques (dominés par l'anxiété, la dépression, l'alcoolisme, etc.), recherche du plaisir ou de l'anesthésie affective, comportements addictifs… C'est dire l'importance du travail relationnel, duel ou institutionnel, de l'accompagnement socioéducatif et psychologique, auxquels ajoutent le travail sur des mesures d'autoprotection, l'exploration d'une possible problématique de couple ou familiale. Il s'agit en effet de **permettre au patient de prendre conscience de ses débordements, de l'encourager à modifier ses consommations, d'agir sur les souffrances psychiques qui participent à ses déstabilisations**. Cependant, comme nous l'écrivions au chapitre 6, les consommations aggravent souvent les troubles, lesquels aggravent les consommations… C'est pourquoi, il est volontiers nécessaire **de poser, de préparer certains gestes techniques** (dégressivité des consommations, sevrages, séjours de rupture) afin de donner la possibilité à la prise en charge d'agir au fil du temps.

Sevrage des BZD

C'est l'un des problèmes majeurs du suivi, et nous y consacrerons un paragraphe au chapitre 11 (les coprescriptions). Les BZD sont des médicaments indispensables dans de nombreux cas, même chez les usagers de drogues, mais il faut bien en peser les indications et le cadre de délivrance, car les surconsommations sont fréquentes. Autrement dit, le sevrage se pose quand le bénéfice thérapeutique est nettement inférieur aux risques de mésusages (désinhibition avec comportements médicolégaux, troubles de la mémoire, perte de contrôle des prises, rebond d'anxiété, épilepsie de manque, tolérance, dépression respiratoire avec la substitution, etc.). Obtenir un dégressif des posologies, utiliser des molécules à demi-vie longue, peu détournées (Rivotril®), est une nécessité afin d'éviter les crises comitiales, mais expose à la recherche de prescriptions par d'autres médecins. L'hospitalisation facilite le sevrage sous contrôle EEG et permet d'introduire progressivement d'autres médicaments, non-BZD à visée anxiolytique ou hypnotique. Et le travail que nous avons décrit tout au long de ce livre se poursuit au retour du patient…

Sevrage de l'alcool

Autre grand problème, particulièrement mis en évidence depuis le développement des pratiques de substitution, d'autant plus redoutable que le VHC est de la partie, ou que les consommations s'associent aux BZD. Le sevrage ne comporte pas de particularité. Cependant, rappelons qu'un sevrage d'alcool chez un ex-héroïnomane sans substitution peut se manifester par des signes de manque d'opiacés qui s'ajoutent à la symptomatologie classique, et questionne l'indication de BHD. De plus, si l'utilisation de BZD est indispensable à la cure, il faut également en discuter l'arrêt, avec un relais anxiolytique autre. Enfin, certaines structures spécialisées en alcoologie ou la prescription de Révia® (c'est du Nalorex®… donc en dehors du contexte de la substitution) participent à la consolidation de l'après-cure. Et le travail que nous avons décrit tout au long de ce livre se poursuit au retour du patient…

Sevrage du cannabis

L'utilisation intensive du cannabis pose également de multiples problèmes (troubles de la mémoire, passivité, rebond d'anxiété, voire facilitation aux troubles psychotiques avec faible compliance aux neuroleptiques, maintien d'un lien avec le milieu, etc.). Le sevrage n'a guère de spécificité (anxiolytiques BZD, neuroleptiques sédatifs) et ce sont évidemment les prises de conscience et le désir de supprimer les consommations ou de revenir à une utilisation plus maîtrisée qui comptent le plus. Là aussi l'appoint psychosocioéducatif est essentiel.

Sevrage de la cocaïne

Malheureusement, voici un produit qui « monte » considérablement ces dernières années. La consommation par les héroïnomanes sous substitution se fait en général par accès, absolument non maîtrisés, l'arrêt étant imposé par les limites physiques, psychiques et financières de l'usager. Il s'agit d'abord de permettre au patient de récupérer (apport nutritionnel), de proposer des antidépresseurs dopaminergiques et de limiter la dysphorie, l'anxiété, voire des idées délirantes de mécanisme interprétatif (neuroleptiques). L'hospitalisation est quelquefois préférable à l'ambulatoire, permettant de plus un bilan somatique (en particulier cardiovasculaire et neurologique). La recherche des sérologies VIH et VHC est volontiers à reprendre, les prises de risque étant fréquentes au cours de ces accès de consommation. La substitution est très peu efficace sur la compulsion, la prise en charge spécialisée nous semble indispensable. Le développement de ces pratiques (auxquelles nous ajouterons le crack) est un des points les plus négatifs de l'évolution récente des toxicomanies.

Sevrages de la substitution

Nous avons plusieurs fois insisté sur la notion de longue durée de la substitution et développé l'idée que l'acquisition de l'autocontrôle du médicament par le patient et l'obtention de changements dans sa vie sont bien plus importants que l'arrêt de la méthadone ou du Subutex®. Cependant il est possible de tenter ces sevrages.

Méthadone

Dégressif

Il est d'abord nécessaire de faire un dégressif à partir de la posologie de stabilisation. Ce dégressif doit être très progressif (de 5 en 5 mg par exemple) en utilisant des paliers longs (2 à 4 semaines) tenant compte de la demi-vie de la molécule et de l'imprégnation du sujet.

Il faut également s'intéresser à la prise de méthadone. En effet, en début de traitement les flacons sont volontiers utilisés « jusqu'à la dernière goutte », avec quelquefois la mise en place de véritables rituels (lécher le bouchon, rinçages multiples à l'eau). Mais un patient stabilisé laisse souvent de la méthadone dans le flacon, car la prise s'est banalisée. Ainsi un patient à 70 mg peut n'absorber en fait que 60 mg… Il est donc utile de revenir, non aux rituels, mais à plus de rigueur, afin de mieux savoir ce qui est pris.

Ces paliers doivent être d'autant plus durables que la posologie s'éloigne de la dose de stabilisation et se rapproche du plancher biologique.

Plancher biologique

Le plancher biologique se manifeste par l'apparition de petits signes de manque (fatigabilité, irritabilité), des pensées de drogues et surtout par la nécessité de prendre son traitement assez rapidement après le réveil, en tout cas plus tôt qu'à l'habitude : la substitution fait juste « le tour du cadran », voire moins. La dose de stabilisation, de confort, devait permettre de ne pas être gêné par un retard de prise (une grasse matinée…), ce n'est plus le cas.

Ce plancher est très variable d'un individu à l'autre, par exemple 45 mg pour une posologie stabilisée à 80 mg, 25 mg pour une posologie stabilisée à 60 mg. Il est clair qu'un plancher élevé impose au moins de remettre en cause le projet, de préparer l'échec de l'arrêt, de proposer un changement de substitution.

Sevrage

Arrivé à ce plancher biologique, il est nécessaire de rediscuter de l'opportunité de l'arrêt.

Si le patient souhaite attendre, il faut reprendre une posologie de confort (assouplir le « fil à la patte » de 24 heures par une augmentation de 5 à 10 mg par exemple).

Si l'arrêt est tenté, il est inutile de poursuivre un dégressif, les signes de manque seront présents de toute façon. La méthadone est stoppée à partir du plancher, avec un traitement classique de sevrage, en ambulatoire ou en hospitalisation. La cure dure 15 à 20 jours. Le Nalorex® aura été discuté précédemment, et a surtout un intérêt psychologique pour des patients qui souhaitent conserver une prise médicamenteuse. Il reste à évaluer le confort de vie sans substitution, de prévenir des troubles psychologiques (dépression, anxiété, etc.), des débordements d'alcool, de BZD, voire de cannabis, temporaires ou durables, gérables ou non, supportables par le patient et son entourage ou non, bref de maintenir l'abstinence ou de proposer le retour à la substitution.

Passage au Subutex®

C'est une alternative au maintien sous méthadone ou à son arrêt. Il nous semble également que le Subutex® est moins difficile à baisser que la méthadone.

C'est également une technique utile quand la règle des 7 jours n'est pas compatible avec le mode de vie (en particulier professionnel : déplacements, horaires de 3 × 8, etc.), quand il existe des interactions médicamenteuses importantes (trithérapies, le Subutex® semblant moins sujet à ces interactions), ou quand les effets secondaires sont très gênants (prise de poids, crise de transpiration, gynécomastie).

Il faut toujours bien juger de la réalité du renoncement au plaisir de la seringue, surtout si le patient a autrefois injecté le Subutex®.

La mise en place de la conduite à tenir doit tenir compte de l'incompatibilité pharmacologique des deux molécules (le Subutex® débuté trop tôt, trop fort, provoquera un syndrome de sevrage) et de l'imprégnation en méthadone du patient (qui peut être sous traitement depuis plus de 2 ou 4 ans…). Ainsi, il faut arrêter la méthadone, puis utiliser un morphinique (le Skenan® par exemple) pendant quelques jours pour juguler le manque pendant que la méthadone s'élimine, sachant que sa demi-vie plus courte nécessitera plusieurs prises quotidiennes, mais permettra de débuter le Subutex® plus rapidement ensuite, 12 heures après la dernière prise de morphinique. Cette prescription de morphinique est en dehors de l'AMM, mais est envisageable sur cette courte période de 4 jours. En cas de difficultés prévisibles avec la CPAM, l'avis d'un médecin conseil est utile.

Voici l'exemple d'un protocole :

– J1 : dernière prise de méthadone ;

– J2 : Skenan®, gélule LP, 60 mg, 3 prises espacées, début à la 24e heure ;

– J3 : idem ;

– J4 et J5 : 4 prises espacées, si besoin ajuster la posologie ;

– J6 : 3 prises espacées, baisse préparant le passage au Subutex® ;

– J7 : Subutex®, comprimés sublinguaux, 2 mg, 3 prises espacées, début à la 12e heure ;

– J8 : Subutex® : 4 mg, 2 mg, 2 mg, en 3 prises espacées ;

– J9 : Subutex® : 6 mg, 2 mg, en 2 prises espacées ;

– J10 : Subutex® : 8 mg, en une prise. La monoprise est recommandée pour la poursuite du traitement.

La correspondance classique semble être : méthadone 60 mg, Skenan® 180 mg, Subutex® 8 mg. Cependant, il ne s'agit que d'un ordre de grandeur, les patients pouvant être dans un premier temps plus dosés avec le Subutex®, et revenir aux posologies attendues après une phase de stabilisation de 1 à 3 mois.

Assez fréquemment, ce changement de substitution, qui fait redécouvrir temporairement le manque, provoque une appropriation positive du traitement (tourner la page, ponctuer un temps de suivi) ainsi qu'une démarche psychothérapique autour d'événements anciens passés sous silence jusqu'à présent, mais que le recul fait associer par le patient à ses débuts de consommation.

Subutex®

Comme avec la méthadone ?

Quand le Subutex® est utilisé de façon normale, cela procède de la même logique que ce que nous venons de décrire avec la méthadone : dégressif progressif à long palier, obtention du palier biologique avec réduction du confort des 24 heures, réévaluation avec poursuite du traitement à une posologie supérieure ou sevrage dans les mêmes conditions et précautions de suivi, avec possibilité de prescrire du Nalorex®. Il convient d'utiliser les posologies existantes (le 2 mg et le 0,4 mg, voire le 2 mg coupé en 2...) pour obtenir la réduction adaptée.

Cas particuliers

Très différente de ces sevrages programmés chez des patients globalement stabilisés est la situation de **la demande précoce d'arrêt**, en particulier pour cause d'injectable. Il s'agit alors d'un véritable sevrage « trois en un » : le Subutex®, la seringue, le multiprise... Si l'augmentation de la posologie, la prescription du fractionnement, voire de la prise sur place avec un suivi institutionnel, échouent, la méthadone semble plus adaptée, mais il faut que le patient en accepte le cadre (au moins celui d'un vrai bas seuil, avec prise sur place).

Le passage du Subutex® à la méthadone est plus simple, la méthadone ne provoquant pas de manque de BHD. Cependant, le patient durablement imprégné de Subutex® peut moins ressentir la méthadone, ce qui peut inciter à monter les doses trop rapidement et donc risque de provoquer un surdosage différé, quelques jours après le début du traitement. C'est pourquoi il est utile de délivrer du Skenan® pendant 4 à 5 jours afin d'attendre l'élimination du Subutex®. Cette prescription de morphinique est en dehors de l'AMM, mais elle est tolérée sur cette courte période de 4 jours. En cas de difficultés prévisibles avec la CPAM, l'avis d'un médecin conseil est utile. Les correspondances de posologies sont extrêmement variables, car les injecteurs de BHD sont en règle générale surdosés en Subutex® (certains s'injectent 3 à 5 cp de 8 mg, ce qui dépasse largement leur besoin en substitution) et peuvent bénéficier d'une dose inférieure de méthadone.

La logique du sevrage

Le sevrage représente donc un bref moment de prise en charge dont on ne peut attendre que ce qu'il peut donner. Car ce qui lui donne du sens, c'est ce qui se passe avant (pourquoi il est indiqué) et surtout ce qui peut être mis en place après. Ainsi, à côté de l'idéal de l'abstinence qui en fait le dernier stade de la « guérison », c'est donc un outil qui doit être facile à mettre en place et utilisé avec souplesse : moment de rupture d'avec un produit trop aliénant pour poser les choses (BZD, cocaïne), sevrage permettant des prises de conscience aux rechutes (alcool), ponctuation symbolique d'une prise en charge (changement de substitution).

Les compétences somatiques

La morbidité liée à l'usage de drogues concerne l'ensemble des strates de la population française, et le soin aux usagers est de pratique courante en médecine générale, motivant d'innombrables échanges confraternels.

Ce chapitre est alimenté des entretiens avec les consommateurs de drogues, des recherches bibliographiques, des réflexions en groupes de pairs, des anecdotes de tours de gardes et de remplacements, des débats de formation médicale continue, de la pratique de cabinet libéral, des tables rondes de troisième cycle de médecine générale, des soins en centre hospitalier, des discussions en commissions conventionnelles, enfin de tout ce qui fait la vie quotidienne des généralistes intervenant en toxicomanie.

Quelques rappels

Il nous paraît utile de rappeler quelques éléments sur l'usager et son corps, éléments fournis au fil des pages précédentes.

Ce corps n'existe souvent qu'anesthésié par les produits (volontiers antalgiques) ou que dans la souffrance du manque. Le toxicomane confond ainsi « être en manque » et « être malade », le médecin ne doit pas tomber dans ce piège. Le mode de vie précaire implique des maladies plus évoluées (dénutrition, etc.) et le repérage dans le temps défectueux gêne la compliance aux traitements (mal pris, arrêtés trop tôt). Il est aussi peu demandeur d'examen clinique dans un premier temps, obnubilé qu'il est par la prescription, et a longtemps bénéficié d'un faible accès aux soins (couverture sociale, difficultés à assurer des démarches, à être hospitalisé, à rester hospitalisé).

Enfin, le médecin aura intérêt à inscrire ses soins dans une prise en charge globale et à disposer de ressources faciles d'accès dans son réseau (centre spécialisé, services hospitaliers, assistante sociale, etc.).

Situations de rencontre

Pour le médecin de premier recours, la rencontre avec l'usager de drogues se fait habituellement lors d'un épisode critique, déséquilibrant le fonctionnement habituel, tant du patient que du médecin. La demande de soins se fait dans un contexte d'urgence ressentie. Il est alors totalement illusoire et inefficace, et peut-être déontologiquement déplacé, de transformer cette demande d'un patient en une volonté d'un médecin de régler la toxicomanie en une unique consultation, si longue en soit la durée.

D'un autre côté, la gestion de l'épisode critique est de la compétence de tout généraliste, et ne se différencie guère des missions habituelles du médecin de proximité. Le refus de soins, encore pratiqué, pourrait témoigner au mieux de l'incompétence du praticien, au pire d'une sélection inacceptable des patients. Ne pas vouloir prendre en charge dans la durée un toxicomane est une chose, ne pas gérer une situation de demande, au moins en orientant, en est une autre.

Les trois objectifs, simples, de la première rencontre avec un usager de drogues sont de :

- traiter le problème à l'origine de la demande de soins ;
- vérifier l'absence d'autres pathologies nécessitant des soins rapides ;
- mettre en place les conditions d'une prise en charge globale ultérieure.

Traiter le problème à l'origine de la demande de soins

Manque

En réalité, le manque d'opiacé est devenu un motif assez rare de consultation. Le manque survient chez l'usager inexpérimenté qui croit maîtriser son produit ou chez l'usager qui ne peut emprunter ses voies habituelles d'approvisionnement. Le plus fréquemment, le motif de consultation autour du manque est la gestion du manque à venir, voire l'anticipation négative d'éventuels problèmes de gestion du manque.

Quatre filières principales permettent à l'usager d'opiacés de gérer son manque : la codéine en vente libre en pharmacie, l'héroïne et la buprénorphine au marché noir dans la rue, l'alcool en vente libre partout, et la buprénorphine en prescription chez le médecin. Ainsi, si un usager arrive chez le médecin, c'est soit qu'il est dans une impasse, en situation de crise (et il faut en rechercher les facteurs déclenchants), ce qui n'est pas fréquent, soit qu'il manifeste un réel désir de soin.

Le manque est une expérience désagréable (*cf.* le chapitre sur ce sujet), et l'usager ne souhaite pas revivre cette expérience. Souvent, l'approche de la fermeture des pharmacies, la longue attente de la consultation, la crainte de ne pas être examiné faute d'argent, provoquent des manifestations d'angoisse qui peuvent être confondues par le malade avec des manifestations de manque. Parfois, des symptômes courants (diarrhée de dysenterie, fièvre, céphalées de sinusite...) sont également confondus avec les signes du manque. C'est donc au médecin de faire le diagnostic différentiel.

Le syndrome de manque doit être pris en compte et traité, même s'il ne s'agit que d'une demande ponctuelle. Nous renvoyons le lecteur aux chapitres 5 (pour la relation à mettre en place), 8 (pour le traitement) et 10 (pour la stratégie à adopter).

Douleur

■ Recommandations de l'OMS

Face à tout patient souffrant, toxicomane ou non, il est utile de s'imprégner de ces recommandations.

Pour l'évaluation de la douleur :

1 - croire le malade quand il vous dit qu'il a mal ;
2 - susciter un dialogue où il pourra parler de la douleur ;
3 - évaluer l'intensité de la douleur ;
4 - recueillir une description détaillée de la douleur et établir son évolution temporelle ;
5 - évaluer l'état psychologique du patient ;
6 - procéder à un examen clinique minutieux ;
7 - prescrire et vérifier personnellement toutes les investigations étiologiques qui s'imposent ;
8 - envisager d'autres méthodes pour combattre la douleur ;
9 - exercer une surveillance continue des résultats obtenus.

Pour la thérapeutique, l'OMS distingue trois paliers (sont-ils applicables chez le substitué ?) :

– palier I : douleur faible : 1 à 4 :
  - paracétamol ;
  - aspirine et salicylés ;

- ± anti-inflammatoires non stéroïdiens (AINS) ;
- ± coanalgésiques ;

– palier II : douleur moyenne, en progression, palier I insuffisant : 4 à 7 :

- codéine ± paracétamol ;
- dihydrocodéine ;
- buprénorphine ;
- dextropropoxyphène ± paracétamol ;
- chlorydrate de tramadol ;
- ± AINS ;
- ± coanalgésiques ;

– palier III : douleur sévère, palier II insuffisant : 7 à 10 :

- buprénorphine ;
- nalbuphine ;
- morphine ;
- fentanyl ;
- dextromoramide ;
- ± AINS ;
- ± coanalgésiques.

■ Quelles douleurs ?

La douleur est un motif banal de consultation (30 % dans la plupart des séries). Après anamnèse et examen clinique, les résultats de consultation en montrent l'origine (par ordre de fréquence) :

– douleurs coliques, liées à la constipation des opiacés, à la déstructuration du régime alimentaire, à l'anxiété, aux troubles fonctionnels intestinaux ;

– épigastralgies, liées à la consommation d'alcool, de tabac et d'aliments avariés ;

– douleurs dentaires, liées à la précarité, et à la consommation de cocaïne, d'alcool et de tabac ;

– douleurs ostéoarticulaires, dues aux fractures et entorses négligées, aux mauvais couchages, aux contractures musculaires, aux chutes, aux coups ;

– céphalées de sinusite, céphalées de stress, céphalées de fatigabilité visuelle, migraines négligées ;

– neuropathies périphériques alcooliques, toxiques ou lésionnelles.

■ Quels traitements ?

Le traitement de la douleur chez l'usager de drogues repose sur le traitement de la cause, bien sûr, et sur deux règles incontournables :

– il faut faire très attention aux associations entre la substitution (buprénorphine et méthadone) et les antalgiques morphiniques et morphinomimétiques, qui exposent soit à l'inefficacité soit au risque de provoquer le manque par un effet antagoniste (*cf.* chapitre 11) ;

– il ne faut pas lésiner sur la posologie car, au contraire des idées reçues, ni la méthadone, ni la buprénorphine ne protègent de la douleur, et l'usager de drogues a souvent une perception subjective dramatisée de sa douleur.

En pratique, la constipation et son cortège douloureux cèdent assez bien avec des laxatifs osmotiques et des antispasmodiques. Les douleurs digestives hautes répondent aux inhibiteurs de la pompe à protons ou aux antiacides. Les douleurs dentaires cessent avec de la floctafénine et du paracétamol. Les douleurs ostéo-articulaires sont efficacement combattues par l'aspirine ou l'ibuprofène, éventuellement associées à la thiocolchicoside. Le paracétamol, l'aspirine, l'ibuprofène, les triptans sont de bonne indication dans les céphalées, en complément du traitement étiologique. Les difficiles neuropathies sont classiquement traitées par antiépileptiques, benzodiazépines ou antidépresseurs.

L'arsenal thérapeutique antalgique est loin d'être limité à cette énumération pharmacologique. Les soins infirmiers (pansements de brûlures, de plaies, d'abcès d'injections), la kinésithérapie, les orthèses, les soins dentaires, les conseils d'hygiène diététique trouvent ici toute leur place.

Infection aiguë

La précarité, l'usage intraveineux de drogues, le tabagisme s'ajoutent à l'exposition habituelle au risque infectieux. Aussi, en plus des épidémies de grippe, de gastro-entérites, de pathologies respiratoires hautes saisonnières, épidémies communes à l'ensemble de la population, le patient usager de drogues est particulièrement sensible aux infections **ORL et cutanées**.

Attention donc **aux abcès** de *shoot*. Les produits injectés (héroïne, cocaïne, mais aussi buprénorphine pilée ou encore tout psychotrope écrasé et filtré) créent des traumatismes cutanés et vasculaires propices à l'extension d'une infection locale. Les conditions de l'injection sont parfois misérables : pas de désinfection de la peau, pas de lavage des mains, utilisation de matériel souillé.

Ainsi, l'examen de tout usager doit comprendre la recherche d'infections locales staphylococciques. Le traitement est classiquement fondé sur l'amoxicilline et l'acide clavulanique ou une synergistine pour une plaie infectée, la pénicilline M, une céphalosporine de 3e génération associée à un aminoside ou le métronidazole en cas d'abcès. Les soins locaux peuvent aller jusqu'à une greffe cutanée. La vaccination antitétanique doit être systématique compte tenu de la précarité des patients.

Sur **le plan stomato-ORL**, les angines ulcéronécrotiques, les otites purulentes, les abcès dentaires ne sont pas rares. Le traitement repose sur les bêtalactamines, les macrolides, les antiseptiques de la cavité buccale, et l'orientation vers le dentiste.

Parmi **les autres infections** aiguës courantes, mais qui ne nécessitent pas de traitements différents de ceux proposés à la population générale, il faut citer les infections du tractus urinaire, les infections génitales, les mycoses, les pédiculoses, que nous voyons avec une fréquence accrue en centre de soins, mais plus rarement en pratique libérale.

Urgence

Enfin, les intoxications aiguës se voient encore : ivresse alcoolique profonde, syndrome onirique des drogues synthétiques, overdoses d'héroïne, ivresse cannabique, confusion aux benzodiazépines, coma barbiturique avec son risque d'hypothermie, crise paranoïaque de la cocaïne. L'intervention du SAMU est souvent nécessaire, le rôle essentiel du médecin de premier recours étant alors d'assurer les fonctions vitales, d'enquêter rapidement sur les produits suspectés, de rassurer l'entourage et de mettre en perspective la thérapeutique postcritique.

Et aussi...

Les usagers de drogues consultent également pour des arrêts de travail, des vaccinations, des certificats d'aptitude au sport, des rhino-pharyngites, des aménorrhées, des frottis, des accidents de la voie publique ou du travail, des allergies. Ils consultent pour leurs enfants. Ils consultent pour le suivi de pathologies chroniques courantes, dyslipidémie, diabète, hypertension artérielle. Cette énumération, quelque peu provocante, n'est là que pour rappeler que les premiers contacts avec un patient usager de drogues ne peuvent se résumer à la toxicomanie.

Vérifier l'absence d'autres pathologies nécessitant des soins rapides

A quelques reprises, il nous a été donné de voir des ethmoïdites, des cellulites orbitaires, des endocardites infectieuses, des thrombophlébites cérébrales. La littérature rapporte des cas de méningites et de chocs septiques. C'est dire qu'il ne faut pas banaliser les infections ORL et dentaires chez le patient toxicomane. L'orientation vers le service d'urgence du centre hospitalier est la règle mais, en pratique, elle est parfois retardée ou refusée, d'où la nécessité de prescrire, et parfois d'administrer, une antibiothérapie adaptée.

L'infection bronchopulmonaire communautaire prend une gravité particulière chez le patient usager de drogues, qui cumule fréquemment plusieurs des critères d'hospitalisation de l'Association des professeurs de pathologie infectieuse et tropicale : hyperthermie supérieure à 38,3 °C, immunodépression, conditions socioéconomiques défavorables, isolement, non-observance thérapeutique prévisible. L'antibiothérapie est fondée sur la céfotaxime, ou l'amoxicilline et l'acide clavulanique, éventuellement associée à un macrolide ou une quinolone.

Trois diagnostics de traumatologie ne doivent pas être méconnus : la lésion de la rate, le pneumothorax et l'hématome sous-dural chronique. Ce ne sont pas des raretés théoriques, nous en avons rencontré dans notre recrutement personnel. Ceci s'explique par la violence qui sévit dans le milieu marginalisé de certains usagers.

Bien sûr comme dans la population générale, on retrouve des asthmatiques parmi les usagers de drogues. Les crises sont fréquemment plus sévères dans cette population, compte tenu du tabagisme associé quasi constamment, de l'absence de corticoïde inhalé et de salbutamol dans la pharmacie familiale, du manque de compliance au traitement, de la difficulté d'accès des patients aux programmes d'éducation de l'asthme.

Mettre en place les conditions d'une prise en charge globale ultérieure

Cadre

L'usager de drogues a droit au même respect, ni plus, ni moins, que tout patient : il ne semble pas thérapeutique d'accepter que la consultation se fasse dans l'urgence absolue et l'accès immédiat au médecin, parfois sans même passer par la salle d'attente. Ceci participe de la même logique que celle qui entraîne une consommation de produit. En évitant le *hic et nunc*, en donnant rendez-vous, en accueillant dans sa salle d'attente, le médecin n'est pas dans l'affrontement, ni dans la négociation, mais bien dans le respect, indispensable prélude au soin.

Il arrive que la fermeté indispose le patient usager de drogues (comme d'ailleurs le patient qui vient demander un certificat ou un renouvellement d'ordonnance sur un coin de bureau), et qu'il parte en claquant la porte. Et alors ? S'il n'est pas prêt aujourd'hui à accepter la contrainte du soin, ce toxicomane maugréant va tout de même repérer le médecin « *hard* » du médecin « *cool* » et reviendra, selon la règle de la consultation, confier sa santé à celui-là et non chercher du produit chez celui-ci.

Il ne semble pas thérapeutique non plus, face à un patient à la problématique familiale complexe, d'imposer une figure symbolique parentale. Ce que l'usager de drogues vient chercher à la consultation, ce n'est ni un discours paternaliste ni une écoute maternante, mais une action de professionnel, empathique et sans jugement moral (*cf.* chapitre 6).

Enfin, il ne semble pas thérapeutique, face à un patient à la position sociale précaire, de le rendre otage du mode de paiement. Dans un système de paiement à l'acte, il convient d'indiquer rapidement au patient que le travail effectué devra être rémunéré soit directement, soit par un tiers-payant et que s'il n'a ni revenu, ni assurance-maladie, une aide sociale et éducative est impérative. Si l'accès au soin doit être favorisé, il n'y a aucune once de déontologie dans un suivi entièrement gratuit qui maintiendrait le patient hors de la nécessité de se procurer une couverture sociale, et dans une dépendance vis-à-vis du médecin dispensateur de bienfaits.

Dossier médical

En pratique, lors des premiers contacts, il est difficile de fabriquer un document de type « carnet de santé ». Quelques notes griffonnées permettront, lors de consultations ultérieures, de créer un document de suivi plus méticuleux. L'utilisation de la grille d'évaluation TMSP (*cf.* chapitre 6 et *annexe 3*) permet d'éviter tout oubli important.

A distance de l'épisode aigu, il est important de reprendre cette évaluation, qui sera alors plus complète, plus fiable, parce que plus confiante et moins empreinte de troubles mnésiques.

Après quelques consultations, le médecin peut créer un document de suivi global, dans lequel on trouve l'identité du patient, sa date de naissance, l'époque des premières consultations, l'adresse, le numéro de téléphone, le numéro de sécurité sociale, le mode de protection sociale. Cette partie administrative permet la lecture immédiate des problèmes sociaux. Nombre de nos patients, aux premiers contacts, n'ont pas d'adresse, ou sont hébergés par un organisme d'urgence sociale. Ils n'ont au mieux pas de mutuelle, au pire pas de sécurité sociale.

On trouvera également les résultats des sérologies du VHB, du VHC, du VIH ; les dernières NFS, transaminases, charges virales ; la mise à jour des vaccins. Deux types de renseignements sont identifiés par une lecture rapide : l'absence de résultats témoigne d'une profonde marginalisation, la présence de résultats anormaux alerte sur le suivi des pathologies virales.

Ce dossier s'enrichira progressivement des motifs de consultation, examens cliniques, résultats de consultation et propositions thérapeutiques successives, des documents manuscrits, des échanges de courriers, des résultats biologiques, des comptes-rendus d'imagerie, etc.

De façon caricaturale, on peut alors esquisser deux portraits extrêmes. D'un côté, une jeune femme de 21 ans, entourée d'un compagnon et d'une famille, insérée professionnellement, bénéficiant d'une sécurité sociale et d'une mutuelle, au casier judiciaire vierge, sans souci de dettes, possédant un domicile fixe, indemne de toute contamination virale, à jour dans ses vaccins, sans antécédents particuliers, et consommant dix cigarettes par jour, quelques joints le week-end, un gramme d'héroïne en *sniff* depuis 2 ans.

D'un autre côté, un homme de 37 ans, polytoxicomane depuis l'âge de 17 ans, célibataire, isolé, chômeur, vivant en foyer, titulaire d'une carte provisoire de sécurité sociale, incarcéré à plusieurs reprises et sous le coup d'une mise à l'épreuve et de recouvrement de dettes, se sachant contaminé par le VHC mais dont les derniers contrôles remontent à 3 ans lors d'une incarcération, aux nombreux antécédents traumatologiques et infectieux, et consommant chaque jour trente cigarettes, deux joints, deux litres de bière à 8,6 %, trois comprimés de flunitrazépam, seize milligrammes de buprénorphine en *shoot* (héroïne et cocaïne à l'occasion).

Bien que caricaturales, ces situations sont tirées d'observations de la réalité. Entre ces deux extrêmes, toutes les situations sont possibles. Bien évidemment, le pronostic est plus réservé pour le deuxième portrait, en tout cas le travail sera plus difficile et ne pourra se faire qu'en réseau.

Suivi au long cours

Il est évidemment axé sur l'évolution du patient en termes de consommations et de comorbidités psychiques (*cf.* chapitres 6 et 10).

En ce qui concerne les aspects somatiques, le *counseling* sur la réduction des risques et dommages est important. L'amélioration de l'état physique du patient doit être probante. C'est aussi le moment du travail, autant curatif que préventif, sur l'hygiène, la nutrition, les dents, la contraception et la sexualité, la prise en charge des enfants, etc., bref un rôle de médecin de famille…

Bien sur, c'est également la prise en compte de la pathologie VIH, avec ces bilans, la fétichisation des chiffres (les CD4, la charge virale…), le repérage des effets secondaires des nouvelles molécules, et l'accompagnement psychologique, le travail de réseau. C'est enfin la prise en charge d'un alcoolisme, dramatique, s'il se surajoute au virus VHC, sur lequel nous allons revenir plus longuement, car touchant lourdement nos patients.

Exposition au virus de l'hépatite C

Dans toutes les données publiées, la séropositivité au VHC dans la population des usagers de drogues est énorme : environ les trois quarts des patients ont été en contact avec le virus.

La connaissance des modes de contamination, des examens de dépistage, des modalités de suivi et des alternatives thérapeutiques est totalement du domaine du médecin généraliste, le médecin expert n'étant en pratique pas confronté au quotidien de l'épidémie.

Aspects virologiques

Le VHC est de découverte récente (1989) et sa mise en évidence a permis d'étiqueter nombre d'hépatites non A-non B des années 80. L'épidémie est connue depuis moins de 20 ans et de nombreuses inconnues demeurent.

Le VHC se transmet exclusivement, mais non sans agressivité, par voie sanguine. Toutes les mystérieuses contaminations ne résistent pas à une enquête minutieuse, et le pourcentage des « contaminations inconnues » recule quand la connaissance avance.

Le VHC est remarquablement variable, défiant les possibilités actuelles de synthèse d'un vaccin. Cette variabilité explique **les recontaminations**, par une sous-espèce, de patients guéris d'un premier contact avec une sous-espèce différente. Cette recontamination possible doit être expliquée aux patients.

Le tropisme du VHC n'est pas exclusivement hépatique, et des manifestations cutanées ou vasculaires sont décrites, avec une fréquence qui ne fait pas aujourd'hui l'objet d'un consensus.

Modes de contamination

Usage de drogues

C'est de loin le mode de contamination le plus fréquent : au moins la moitié des sujets contactés par le VHC ont un antécédent d'usage de drogues.

On pense d'abord au partage de la seringue souillée. En pratique, qu'y-a-t-il derrière le concept de seringue ? :

– une compresse, ou un bout de coton, qui sert à comprimer la plaie de l'aiguille d'un premier usager, puis à désinfecter le bras d'un deuxième, voire d'un troisième usager ;

– une aiguille, qui est partagée faute de matériel (usager novice), ou par mégarde (usager préalablement défoncé à l'alcool ou aux benzodiazépines), ou par conduite de risque (« jusqu'où va ma chance ? »), ou par rite de partage (couple, groupe) ;

– un corps de seringue, qui est désinfecté à l'eau parfois javellisée, et dont la fonction de contenant se double d'une fonction de piston pour aspirer le sang de la veine ou la drogue de la cuillère. Le corps de seringue, fréquemment partagé faute de matériel et siège de l'inoculum le plus volumineux, semble être le vecteur de transmission le plus important ;

– une cuillère, où le produit est chauffé à fondre, et qui est souillée par l'aiguille ou les gouttelettes tombant du corps de seringue. Il n'existe pas de cuillère stérile, c'est pourquoi de nombreux usagers ont leur cuillère personnelle ;

– une cupule qui contient l'eau de lavage de la seringue ; elle est rarement nettoyée. Volumineuse, elle n'a pas le caractère personnel de la cuillère ;

– des filtres (« cotons »), qui retiennent les impuretés de la cuillère lors de l'aspiration par le corps de seringue. Retenant également une faible quantité de drogue, ces cotons sont récupérés, stockés et réutilisés en vrac les jours de disette.

Un mode moins connu de contamination est le partage de la paille (style *fast-food*) lors de l'inhalation de cocaïne ou d'héroïne. Surtout avec la cocaïne, il y a irritation de la muqueuse nasale et souillure sanguine de la paille. Le partage de la paille est aujourd'hui le fait de l'ignorance, et l'information aux usagers doit impérativement être faite.

Il semble que la contamination se produise très tôt, en règle au cours de la première année de consommation, mais les messages de prévention restent impératifs pour éviter les recontaminations, d'autant que le virus est variable.

Transfusion sanguine

Aujourd'hui exceptionnel, ce mode de contamination concerne des patients transfusés avant 1991.

Transmission iatrogène

Trop rare pour faire l'objet d'un dépistage de masse, ce mode de contamination est facilement évitable par des mesures habituelles d'hygiène lors des actes de chirurgie, chirurgie dentaire, exploration endoscopique, arthroscopie, dialyse, infiltrations.

Dans le même registre, nous y ajouterons les tatouages, le *percing*.

Transmission maternofœtale

Elle est rare. Même si les études sur le sujet sont peu nombreuses et portent sur de petites séries, il se dégage un consensus pour affirmer que le VHC se transmet en fin de grossesse, lors d'épisodes virémiques, chez moins de 10 % des femmes enceintes séropositives pour VHC. Ce faible pourcentage n'autorise pas le dépistage systématique chez toutes les femmes enceintes, ni d'ailleurs l'absence de surveillance d'un enfant né d'une femme séropositive au VHC. Par ailleurs, se pose la question de l'allaitement chez une mère porteuse du VHC ; il n'y a pas, là non plus de consensus actuel, même si la préférence va à l'allaitement, en dehors d'une virémie imposant la prudence.

Transmission sexuelle

Elle existe, mais peu fréquemment. Quelques études avancent le chiffre de 5 % de conjoints contaminés, mais ne déterminent pas si ces conjoints sont eux-mêmes usagers de drogues. Par prudence, il semble intéressant d'informer un patient séropositif au VHC de pratiques sexuelles potentiellement contaminantes : relations pendant les règles, sodomie, pratiques instrumentales.

Transmission par des objets intimes

Là encore les données de la littérature sont peu nombreuses et non éprouvées. La prudence recommande d'éviter le partage d'objets pouvant être souillés par le sang, comme les rasoirs et les brosses à dents.

Dépistage

Pourquoi dépister ?

Ce n'est pas faire de la provocation que de poser cette question. C'est un point essentiel sur le dépistage de masse comme sur le dépistage ciblé.

Pourquoi dépister en masse une population générale quand l'incidence de l'épidémie est de 1 %, quand 15 % des sujets contactés par le VHC guérissent spontanément, quand 35 % souffrent d'une infection paucisymptomatique pendant quelques dizaines d'années ? Quelles inquiétudes peut générer dans cette population la recherche d'un contact avec un virus mal connu, potentiellement dangereux ? Que proposer en cas de séropositivité, sinon une surveillance, coûteuse et contraignante, de la normalité clinique et biologique ? Quel sens donner à l'attente d'une lointaine condamnation à l'hypothétique état de malade ?

Par ailleurs, entend-on quelquefois, pourquoi dépister de façon ciblée une population d'usagers de drogues dont l'accumulation des problèmes condamne les traitements les plus coûteux à l'inefficacité ?

Pourtant il faut croire au dépistage. L'observation de l'épidémie au fil des années montre en effet :

– une constance de la prévalence de la séropositivité au VHC chez les usagers de drogues, phénomène explicable par la méconnaissance des modes de contamination par les professionnels de santé et par les usagers ; le dépistage, c'est aussi l'occasion de se donner les outils de l'information, de la prévention primaire vers d'autres usagers, et de la prévention secondaire de la réinfection par un sous-virus différent ;

– une diminution du taux de guérisons spontanées, peut-être parce qu'il manque à ce concept une définition claire, peut-être parce que des patients considérés guéris rechutent en fait ;

– une diminution du taux des patients asymptomatiques, comme si l'écoulement du temps finissait par découvrir les symptômes de la maladie ;

– un phénomène de réservoir du virus du VHC dans la population des usagers de drogues ;

– des progrès dans la connaissance de l'épidémie ;

– une amélioration des moyens thérapeutiques pour augmenter la qualité de vie, diminuer la comorbidité, retarder les complications et l'issue fatale.

Ainsi, pour la Science, pour la Santé publique, pour le bénéfice individuel de nos patients, le dépistage ciblé est justifié.

Qui dépister ?

La connaissance des modes de transmission du VHC impose de ne pas se contenter d'une anamnèse rapide et de la réponse péremptoire de l'usager affirmant contrôler son type de consommation.

La notion d'usage intraveineux, ou intranasal, d'héroïne, de cocaïne, de buprénorphine ou d'autres psychotropes, même de façon non régulière, oblige à dépister. Il semble prudent d'élargir le dépistage aux personnes qui partagent l'intimité, y compris sexuelle, d'un usager de drogues.

Comment dépister ?

Un prélèvement sanguin suffit, assez peu onéreux et de technique courante pour un laboratoire d'analyses médicales. Les conditions de la réussite du prélèvement sont une couverture sociale suffisante, une équipe de prélèvements rompue aux techniques d'abord veineux délicat, et un patient motivé positivement.

L'ordonnance comporte la formule suivante :

« 1 - Ac anti-HCV, et si positivité, ARN viral plasmatique qualitatif. 2 - Transaminases. »

Comment analyser les résultats ?

– Ac anti-HCV négatif, transaminases normales : c'est heureux, c'est le moment d'informer le patient sur les risques de la transmission du virus, et si l'exposition aux risques continue, ce dépistage aura de toute façon servi à dater une éventuelle séroconversion ;

– Ac anti-HCV négatif, transaminases élevées : il faut chercher une autre hépatopathie fréquente de l'usager de drogues (consommation d'alcool ou de médicaments détournés, VHB, VIH) ;

– Ac anti-HCV positif, ARN viral négatif, transaminases normales : on se trouve devant une hépatite en sommeil, ou devant une hépatite guérie, c'est la surveillance semestrielle qui en permettra la distinction ;

– Ac anti-HCV positif, ARN viral négatif, transaminases élevées : on se trouve devant une hépatite peut-être active, ou accompagnée d'une autre hépatopathie ; il faut compléter le bilan et le recommencer 3 mois après ;

– Ac anti-HCV positif, ARN viral positif, transaminases normales : c'est une situation fréquente, et même assez caractéristique de l'hépatite C ; il faut recommencer le bilan 3 mois après ; l'indication de la ponction biopsie hépatique (PBH) dans cette situation ne fait pas l'objet d'un consensus ;

– Ac anti-HCV positif, ARN viral positif, transaminases élevées : une hépatite C chronique active est suspectée ; il faut compléter le bilan, recommencer après 3 mois et penser à la PBH.

Annonce de la séropositivité au VHC

Elle ne procède pas des techniques de *counseling* utilisées dans l'annonce de la positivité au VIH, mais plutôt du travail d'information sur la maladie et de mise en perspective de la surveillance, comme on le fait pour le diabète.

Il faut répéter qu'il existe un espoir de guérison spontanée, qu'il existe de bonnes chances d'avoir contracté une forme paucisymptomatique de la maladie. Il faut informer sur les risques réels d'hépatopathie, sur ses conséquences sur la qualité de vie. Il ne faut pas cacher les risques d'évolution défavorable vers la cirrhose, la décompensation œdémato-ascitique (DOA), le carcinome hépatocellulaire (CHC).

La surveillance doit être programmée, si possible au sein d'un mini-réseau comportant un laboratoire d'analyses médicales, le médecin conseil de la CPAM, le centre de soins aux toxicomanes, l'hépato-gastro-entérologue. On peut encourager le patient à se mettre en contact avec des associations de malades.

L'hygiène de vie proposée écarte bien sûr la consommation intraveineuse ou intranasale, le recours à l'alcool, l'usage non contrôlé de médicaments potentiellement hépatotoxiques, l'alimentation trop riche en lipides. On le voit, c'est un travail global sur plusieurs comportements qui est nécessaire. Souvent d'ailleurs, l'annonce de la positivité au VHC est pour l'usager de drogues un déclic inespéré, presque une seconde chance.

Suivi

Sauf en période critique, qui fait l'objet de soins de deuxième ou troisième recours, le suivi organisé par le médecin généraliste s'articule autour d'un bilan semestriel comportant la recherche de l'ARN viral plasmatique qualitatif, une NFS, une numération plaquettaire, le dosage des transaminases. On aura vérifié les co-infections (hépatites B, delta, etc.).

Selon les signes d'appel, le bilan pourra être complété par une échographie hépatique et splénique, avec doppler des vaisseaux portes : le ralentissement du flux porte semble assez spécifique de la fibrose hépatique.

En surveillance courante, les marqueurs cancéreux, les facteurs de coagulation, la recherche d'Ac anti-HCV sont inutiles.

Pour ce qui est de la PBH, les attitudes varient selon les écoles, et il n'y a pas de consensus vrai. Le rôle du médecin généraliste est tout autant de veiller au moment optimal de la réalisation de la PBH, que de mobiliser l'hépato-gastro-entérologue pour effectuer l'acte.

Le suivi d'une hépatite C est long et coûteux, et le médecin doit s'enquérir de la solvabilité de son patient. Une exonération du ticket modérateur au titre d'une affection de longue durée est théoriquement envisageable pour un patient souffrant d'une hépatite C chronique. En pratique, c'est souvent après d'amères négociations que les médecins conseils accordent cette exonération.

Traitement

Il ne se résume pas à l'interféron ou la ribavirine, même si l'association de ces deux molécules est le traitement de référence pour les patients élus. L'accès à ce traitement peut être barré par les contre-indications (dépression active, cardiopathie, cirrhose, hémopathie). Un usage récurrent de drogues intraveineuses ou d'alcool expose à la rechute, et il est sûr que ce type de patient ne présente pas les meilleures chances d'efficacité du traitement de référence. Enfin il faut malheureusement dire que l'étiquette de toxicomane colle bien après l'arrêt de l'usage de drogues, empêchant des patients de bénéficier de ce traitement efficace. Il nous semble important que ces patients puissent avoir accès à ces traitements à partir du moment où une stabilisation durable des consommations et du psychosocial est obtenue ; la durée de cette stabilisation ne doit pas être disproportionnée, confinant au rejet inconscient, un an nous paraissant un délai raisonnable. De même, les antécédents imprécis de dépression ne doivent pas être des contre-indications formelles mais nécessiter un avis spécialisé et surtout une surveillance psychiatrique serrée en cours de traitement.

Le travail le plus courant du médecin généraliste sera donc d'amener son patient à une réduction des comportements à risque. En attendant l'éventualité d'un traitement, le rappel régulier des préceptes d'hygiène de vie semble efficace pour protéger des réactivations de l'hépatite. Une vaccination contre le VHB est fortement recommandée. La vaccination contre le VHA ne fait pas l'objet d'un consensus, mais est fréquemment pratiquée.

Certains patients, certains médecins travaillent avec une pharmacopée issue de l'homéopathie ou de la phytothérapie traditionnelle. Ces attitudes ne sont pas encore validées, mais méritent certainement un approfondissement de leur évaluation.

Dans les phases ultimes de la maladie, il ne s'agit plus d'hépatite C, mais de malades en fin de vie, souffrant de défaillances polyviscérales, d'une solitude qui confine à l'abandon, de douleurs physiques et morales intenses. Mais là est plus que jamais la place du médecin généraliste.

La logique du travail avec les compétences somatiques

La logique de ce travail, c'est tout simplement… de ne pas oublier les compétences somatiques… Il faut donc les utiliser, dès que possible, et le plus fréquemment possible.

Dans la première phase du suivi (« de la rencontre à la relation », phase de gestion de la toxicomanie) il faut ne pas les oublier devant la faible demande du patient. Il faut les utiliser pour passer du statut de « prescripteur » à celui de « médecin », pour faire passer les messages de réductions des dommages, et parce que le corps y est très « martyrisé ».

Dans la seconde phase du suivi (étape avec alliance thérapeutique, ayant l'intentionnalité de l'abstinence), il faut ne pas les oublier dans les consultations mensuelles régulières, risquant de se résumer à un renouvellement d'ordonnance et quelques civilités. Il faut les utiliser pour prévoir l'avenir (VIH, VHC, etc.), pour se pencher sur des failles éducationnelles anciennes (nutrition, hygiène, sexualité, contraception, etc.), et parce que nous sommes face à un patient comme les autres qui peut avoir les maladies de tout un chacun.

10

Le temps

Nous venons de décrire cinq outils à disposition du généraliste : la substitution, la relation, le partenariat, le sevrage, les compétences somatiques. Parce que le patient évolue au fil du suivi, de même que ses difficultés et ses besoins, l'emploi de ces outils dépend du facteur temps, d'une part dans la manière de les utiliser (le partenariat social n'a pas les mêmes objectifs au début de la prise en charge qu'au bout de 10 mois, le travail de la relation est également différent), d'autre part pour les moments où les utiliser (par exemple, il y a un temps pour la psychothérapie, l'acquisition de l'autocontrôle de la substitution, la mise en pratique de la notion de vulnérabilité, etc.).

Nous allons détailler différentes étapes au cours d'un suivi, en précisant, au cours de cet accompagnement, les difficultés qui peuvent apparaître et l'utilisation des outils que nous venons de citer ainsi que les principales erreurs.

Il nous faut aussi rappeler que le temps de prise en charge d'un toxicomane n'est pas linéaire, d'un début chaotique à une autonomie durement acquise, mais passe par des périodes de progrès, de stagnation, d'échec, d'avancée et de recul, périodes qui font partie du processus thérapeutique et doivent donc être acceptées, même si nous devons essayer de les anticiper pour mieux les circonvenir.

Deux étapes distinctes ?

Même si nombre de patients se situent de façon intermédiaire, il est nécessaire de distinguer deux grandes étapes.

Phase de gestion de la toxicomanie

C'est une phase pendant laquelle l'arrêt du produit principal n'est pas un objectif à court terme (même si l'arrêt du manque fait partie de la stratégie), nous parlons ici de l'arrêt durable du produit principal. Il s'agit d'améliorer la qualité de vie du patient, de l'aider à gérer ses consommations. C'est ainsi que nous pouvons espérer le voir passer à la phase suivante, et ce en ayant limité les dommages de cette première étape.

Nous préférons cependant la nommer « gestion de la toxicomanie » plutôt que « réduction des risques » parce que, pour nous, cette dernière notion est permanente tout au long du suivi, à quelque étape que nous soyons. Et même si « réduction des risques » semble plus « vendeur » et heurte moins la morale de certains, il s'agit également d'appeler les choses par leur nom, c'est le seul moyen de faire progresser ces notions et de les appliquer dans la réalité.

Ces prises en charge sont très difficiles et ne doivent être effectuées que par des intervenants motivés qui acceptent ces difficultés, le travail avec fermeté et souplesse, savent résister à la pression et clairement se donner des limites. Un médecin mal à l'aise avec ce type de situations n'a pas à s'engager dans ces suivis, il doit orienter ces toxicomanes et se concentrer sur des patients correspondant plus à la seconde étape. Plus tard, avec plus d'expérience, peut-être essaiera-t-il ?

Phase d'intentionnalité de l'abstinence

C'est une phase pendant laquelle l'arrêt durable du produit principal est un objectif à court terme, même si l'abstinence n'est pas une exigence de départ mais un objectif à long terme. Cet arrêt du produit principal permet de travailler sur les reprises et les difficultés que cet arrêt met à jour.

C'est la phase pour laquelle nous avons déjà développé nombre de données et, pourtant, il nous faudra encore détailler…

Attention, et c'est un point important, **le patient peut formuler une demande qui semble correspondre à cette seconde phase** (arrêt de la toxicomanie) alors que le court terme met en évidence son incapacité à se mettre en adéquation avec ce que cette demande d'abstinence implique dans la réalité.

Le patient peut être lucide sur ses besoins, mais pense qu'un médecin ne le prendra en charge que s'il formule une demande d'arrêt. Nous avons ainsi vu nombre de toxicomanes soulagés de savoir que nous pouvions les suivre sans exiger un travail d'abstinence à moyen terme. Il faut donc le leur verbaliser.

Le patient peut se leurrer sur sa demande et ses capacités du moment à rechercher l'abstinence. Ces cas sont plus difficiles mais il importe surtout que l'intervenant, lui, ne se leurre pas et propose des objectifs moins centrés sur l'arrêt de la toxicomanie que ne le veut explicitement le patient.

Enfin, mais il s'agit là de banalités quotidiennes dans la prise en charge d'un toxicomane, entre ce qu'il imagine nécessaire pour acquérir l'abstinence et ce qu'il lui faudra réellement mettre en place, il y a un gouffre et… tout le temps de la prise en charge.

Etre utile ponctuellement

Même si ces suivis impliquent la durée (par analogie avec « accompagner », partager le pain, *cum* et *pan*, nous pourrions fabriquer un néologisme du genre « accontemporeller », nous « accontemporellons » ces patients…) il faut **savoir également être utile ponctuellement**, pour un problème somatique, un arrêt du manque, etc., sans lier ces interventions à un suivi programmé, ce qui permettra parfois une reprise de contact des mois ou années après.

Un temps ou des temps ?

Même la notion du temps se discute. Car il existe plusieurs types de temps qui s'enchevêtrent.

Ainsi les physiciens distinguent un temps objectif (le *chronos*) lié au paramètre t qui est éphémère et stable et un temps subjectif élastique, le temps de l'éprouvé qui dépend de l'humeur, de la culture (on parle du temps de l'impatience, du temps de l'envie, le toxicomane du temps accéléré sous drogues et interminable du manque). Les phénoménologues distinguent eux le temps mesurable ou temps de l'horloge (qui correspond au temps objectif des physiciens, qui peut être perturbé par l'usage des drogues : le temps répétitif, circulaire) et le temps vécu (le temps subjectif) qui devient irrationnel et qui questionne la mémoire comme phénomène irrationnel. Evidemment les psychanalystes confirmeront cet aspect irrationnel, Freud aboutissant par ailleurs à l'idée d'inconscient intemporel (à travers les notions d'après coup, de souvenir écran, de condensation, et du célèbre refoulement).

Il existe aussi un temps du passé, spécifique au patient, noyé derrière la trajectoire qui semble pendant toute une période résumer la vie du sujet, alors que la réapparition des souvenirs, de l'histoire « avant la drogue », peut marquer une évolution à la fois positive et douloureuse dans le suivi.

Il existe aussi un temps du futur, que Sutter appelle l'anticipation. La manière de se projeter dans l'avenir est évidemment variable. L'anticipation peut être négative (tant par la pathologie dépressive ou anxieuse que par le retour à la réalité, par exemple la levée d'un déni sur une séropositivité) et elle peut être positive (avec l'espoir dans une nouvelle vie, un nouveau traitement, un nouveau pronostic, mais aussi une projection mythifiée dans un avenir idéalisé et irréel). Cette anticipation peut même être annulée par l'effet des drogues, en particulier avec le sentiment de toute-puissance, voire d'immortalité, le patient pouvant se sentir hors du temps, dans un temps suspendu, dans une enclave temporelle dans laquelle seul le présent compte.

Nous concevons mieux combien le temps d'un patient est au croisement de plusieurs temps (son passé, ses histoires de drogues, les effets des drogues sur le temps, les affects…) et pourquoi il faut à la fois travailler sur le temps et dans le temps… avec un intervenant qui possède son propre rythme temporel, professionnel et personnel.

Gestion de la toxicomanie

Nous avons déjà insisté sur **l'existence incontournable de cette phase** au chapitre 4, ainsi que sur l'importance de la prise en compte de sa spécificité. Mettre en évidence l'impérieuse nécessité de ces stratégies, tant pour le patient que pour la société, devrait impliquer des dispositifs et donc des moyens à la mesure de la complexité des problèmes et des prises en charge. Malheureusement… Il n'y a guère d'initiatives, ni de réflexions politiques sur ce sujet qui semble rester tabou, heurter la morale qui voudrait qu'on aide un toxicomane à guérir mais non à survivre. Du coup, comme le pharmacien le fut avec la codéine, le généraliste est souvent le premier recours du toxicomane qui tente, nous l'avons vu, de mettre en place sa propre version du bas seuil.

C'est donc une phase pendant laquelle le toxicomane ne veut pas ou ne peut pas mettre en place un arrêt durable du produit principal.

Il ne le veut pas parce que le plaisir reste prédominant dans son fonctionnement, les bénéfices qu'il retire de ses consommations lui paraissent supérieurs aux désagréments, en particulier parce qu'il est en début de la trajectoire (lune de miel, gestion du manque), qu'il en fait le commerce ou que les avatars de la drogue font l'objet d'un déni. Le toxicomane peut revendiquer son droit à la drogue, et ne vient consulter que pour du manque ou une pathologie intercurrente.

Il ne le peut pas parce que son ambivalence autour de ce qu'implique l'arrêt est nette, en particulier en termes d'auto-protection et de changement. Ce toxicomane est fortement dépendant du monde de la drogue, ce qui lui confère un statut (par exemple, connu du groupe par un surnom, il est celui qui dépanne, en a toujours, ne laisse jamais tomber les copains). Même s'il demande l'arrêt, le court terme mettra en évidence ses difficultés et il faut savoir poser avec lui des objectifs plus limités.

Il ne le peut pas parce qu'il présente des troubles addictifs voire psychiatriques importants d'emblée, avec usages compulsifs divers et massifs, désinsertion quelquefois majeure. Le toxicomane demande l'arrêt, auquel il ne peut parvenir même dans le court terme, mais risque d'accuser le médecin et le traitement de son échec. Cette situation est bien plus difficile à gérer dans la durée que les deux précédentes, et nécessite l'appoint institutionnel (centre spécialisé, hospitalisation).

Quels objectifs de prise en charge ?

C'est **la phase la plus « prestataire de service »** : le toxicomane a une demande ponctuelle (manque, intercurrence) et exige une réponse ponctuelle. Et pourquoi pas ?... Une demande ponctuelle ne doit pas impliquer « pas de réponse », mais une réponse ponctuelle en essayant d'aller au-delà, rapidement ou bien plus tard. Ainsi, dans la plupart des cas, le suivi doit se bâtir sur du court terme, car la venue régulière, le respect des rendez-vous sont déjà problématiques. Cependant, répétons-le, ce court terme n'empêche pas d'avoir une vision dans la durée, même si le suivi peut être volontiers discontinu.

La souplesse est indispensable sur ces points, mais aussi la fermeté quant à la possibilité d'être en état de se parler et au respect du lieu et du médecin. Enfin, l'aider à gérer sa toxicomanie, c'est aussi l'aider à gérer son traitement et non pas le laisser faire ce qu'il en veut.

La question de base devant guider l'intervenant face à un toxicomane à cette étape pourrait être : « **Comment lui être utile sans compromission, sans effets pervers, sans solutions qui poseront problèmes ultérieurement ?** ».

Quatre axes de travail sont possibles, volontiers complémentaires, mais qui peuvent également être utilisés très ponctuellement à l'occasion de rencontres épisodiques.

Gestion du manque

La priorité est de voir le patient ni trop en manque ni trop « défoncé » afin d'évaluer ce que l'on peut mettre en place rapidement et de travailler les autres axes de cette périlleuse étape.

Un traitement de sevrage pour 24 heures ou une substitution pour 24 heures en tenant compte de la fenêtre sans opiacés est à proposer, sans rien d'autre qu'un rendez-vous pour le lendemain, avec clarté et fermeté. Si le patient est revu rapidement, une stratégie de substitution « bas seuil » est envisageable après un minimum de renseignement ou une orientation est proposée si le patient paraît trop lourd. En cas d'ordonnance, **deux erreurs sont fréquemment faites :**

– le souhait de ne pas le revoir, associé à une prescription au fractionnement souple voire laxiste (28 jours). *A priori*, l'effet sera inverse, il reviendra… et bien plus tôt ! ;

– véritablement l'aider à gérer son manque mais, puisqu'il s'agit d'une gestion, le laisser se débrouiller avec son traitement, mettant en place un « pseudo bas seuil » et non un vrai bas seuil. Car c'est bel et bien d'une stratégie opposée dont il s'agit : le fractionnement est absolument nécessaire, voire la prise sur place (*cf.* chapitre 5).

Le vrai bas seuil consiste en effet à proposer une substitution au quotidien en déposant chez un pharmacien 7, 14, 28 jours de traitement. Le toxicomane vient, il a sa posologie… il ne vient pas, évidemment il n'a pas de traitement mais, à sa nouvelle venue, la dispensation reprend comme prévu. Certains centres proposent un dispositif similaire avec dispensation infirmière. Une nouvelle prescription est nécessaire, soit à la fin légale de l'ordonnance précédente, soit à la fin du stock de Subutex® (cela dépend des pharmaciens et du pharmacien inspecteur régional). D'où l'importance du contact avec le dispensateur et du comportement du patient en officine qui doit respecter les mêmes règles qu'avec le médecin. Le rôle du dispensateur est très important également sur le plan relationnel, du soutien, et du retour d'information auprès du prescripteur, voire des orientations.

Cette stratégie permet de limiter le manque en laissant des jours de consommation et en limitant les détournements. Il faut cependant que le toxicomane ait bien intégré la notion de fenêtre sans opiacés et que la posologie du substitut soit adaptée à la reprise de traitement, le pharmacien devant, en cas de doute, réadresser le patient au médecin dans la journée.

Il faut également **étudier les consommations**, produit par produit, en insistant sur l'alcool, les BZD, le cannabis, l'héroïne et la cocaïne. Peut-il limiter ses consommations, peut-il s'en protéger, en particulier avant d'aller chez le médecin et le pharmacien ? Acquérir ce minimum d'autoprotection est un début. Etudier les consommations, c'est certes l'aider à les gérer, mais c'est aussi et surtout **travailler sur la banalisation ou le déni des prises**. Il est en effet fréquent que le toxicomane minimise plus ou moins sciemment ses consommations. Il est important, même dans cette phase, de faire décrire la journée, la semaine, de mettre donc en évidence les prises et de les comparer à ce qu'en dit le patient, qui peut prendre conscience qu'il triche avec lui-même, que par exemple, en terme de dangerosité, quatre jours de cocaïne en quatre semaines n'est pas équivalent à quatre jours de cocaïne consécutifs.

Soins somatiques

Un examen clinique doit être obtenu dans le court terme, le plus vite possible, même succinct afin d'éviter de passer à côté d'une urgence infectieuse. Les bilans nécessitent plus de souplesse, sauf nécessité impérieuse (et alors plutôt préparer une hospitalisation ?).

Nous insisterons surtout sur l'utilité de la prise en charge de toutes les pathologies sans la conditionner à un projet d'abstinence. Ce soin est possible en ambulatoire, la compliance aux traitements le permettant (et il ne faudra pas omettre de revoir le patient rapidement car il peut arrêter le traitement somatique trop tôt), ou en hospitalisation dans un service rodé à ce type de patients et de problèmes (*cf.* le chapitre adéquat : gestion du manque pendant le séjour, culture de service avec cohésion d'équipe et contrat adapté).

Ces soins somatiques doivent être l'occasion de parler de la réduction des risques et des dommages.

Usage à dommages limités

Il ne peut être actuellement question que la réduction des risques se contente d'évoquer le non-échange des seringues ou leur non-réutilisation. Entrer dans le détail est un impératif : la désinfection de la peau, la qualité de l'eau et du citron, chacun sa cuillère et ses cotons, et les pailles de *sniff*, ainsi que les relations sexuelles, tout peut être évoqué et réévoqué. Si le patient certifie qu'il n'a pas peur de la mort, le médecin doit questionner sa responsabilité individuelle en regard de l'autre, et aussi parler des maladies, des hospitalisations, ce qui « lui cause plus » que le risque mortel.

Les consommations doivent à nouveau être évoquées en insistant sur certaines dangerosité et prises de conscience (l'alcool, les BZD et la conduite automobile, la cocaïne et l'effet parano). Limiter les usages est aussi un moyen d'aborder la gestion du temps, nous en parlons au paragraphe suivant.

Dommages de l'exclusion

La réduction des risques et des dommages ne se cantonne pas au domaine médical, même pour un généraliste qui, outre l'aspect relationnel, doit utiliser son partenariat social et éducatif, soit directement, soit par le biais des centres spécialisés.

Trouver un hébergement d'urgence, de quoi manger, une couverture sociale, cela est évident, et pourquoi pas un groupe d'autosupport, des activités, cela fait aussi partie de la panoplie à utiliser. En effet la gestion du manque doit permettre de moins « galèrer » et donc « d'avoir du temps » à vivre. Ce temps peut être problématique, l'ennui, nous le verrons plus loin, facilite les consommations, mais une certaine réciprocité est possible : l'amélioration des consommations favorise des activités qui favorisent l'amélioration des consommations. Les rencontres au sein de groupes permettent également une certaine entraide et, peut-être, un appoint temporaire. Mais la fréquentation durable et assidue, voire exclusive, évoque souvent des troubles identitaires importants et, au fil du temps, certains patients très dépendants de l'identité de toxicomane risquent de créer une sorte de sous-groupe volontiers pathologique et délinquant.

Quels outils ?

La substitution, avec sa stratégie « bas seuil », **les sevrages**, essentiellement d'arrêt du manque d'opiacés, sont absolument indispensables. Il faut se méfier des prescriptions trop faciles, en particulier de BZD (une solution qui posera des problèmes…).

La relation est complexe, prise entre l'acceptation de la non-demande d'abstinence (formulée ou mise en évidence par les faits) et la nécessité de faire évoluer cette demande en tenant compte du rythme du patient.

Surtout cette phase est très caractéristique de la rencontre « prescripteur-toxico » que nous avons décrite au chapitre 6, avec son cortège de « tout, tout de suite », de « je sais ce qu'il me faut », etc. Les déstabilisations par les tentatives de copinage, le chantage affectif, les insinuations projectives sont fréquentes et peuvent perdurer, malgré les efforts de l'intervenant.

C'est souvent dans ces cas qu'il faut utiliser **une charte préparée à l'avance**, sur laquelle le médecin s'appuiera tant pour poser des limites au toxicomane que pour se les donner à lui, en s'inventant presque un « tiers contrôleur », une sorte de « règlement comprenant des bornes à ne pas franchir », en tout cas par le professionnel, ce qui permet de signifier au toxicomane : « moi, médecin, je travaille ainsi, selon telles règles, et si cela ne vous convient pas, il y a d'autres prescripteurs, revenez quand on pourra se mettre d'accord là-dessus... ».

Le partenariat est à la fois indispensable (pharmaciens, hôpital, services socioéducatifs, centres spécialisés) et aléatoire. En effet, les orientations sont rarement suivies d'effet dans le court terme, les partenaires peuvent ne pas avoir l'habitude de ces patients ni surtout la même stratégie quant à la non-exigence de l'abstinence, en particulier pour les structures d'accueil d'hébergement qui ont (et on peut le comprendre) des difficultés à gérer des patients encore (très) consommateurs en milieu fermé.

Les compétences somatiques sont centrées sur l'urgence, la répétition des urgences, la difficulté à hospitaliser, la débrouille de l'ambulatoire. Le médecin peut quelquefois se sentir bien seul.

Le temps est également à cette époque un paramètre très complexe. Il faut à la fois travailler dans la durée sur le plan relationnel et, sur la plupart des autres aspects, se cantonner au court terme. La prise en charge est fréquemment discontinue avec des disparitions, des retours aigus, des répétitions, donnant l'impression de stagnation. Pourtant ce travail d'étayage portera ses fruits et, à un moment, le patient demandera plus ou, aussi souvent, sera suivi régulièrement, exprimera que cela fait quelques jours qu'il n'a rien pris, et mettra en place des choses qui n'avaient jamais pu être obtenues auparavant... mais quelquefois, et il faudra l'accepter, avec un autre médecin.

L'erreur principale à cette phase est de faire ce travail sans les contraintes de dispensation. Une autre est de s'acharner à obtenir l'abstinence alors que le patient n'en est pas là, même s'il la demande.

Intentionnalité de l'abstinence

Prenons l'exemple d'une mise sous substitution de type Subutex®. Evidemment chaque cas est particulier et évoluera de façon spécifique. Nous décrivons donc ici par nécessité pédagogique un continuum relativement rigide et caricatural qui servira de trame à la réflexion *(tab. 10.I)*.

TABLEAU 10.I. Les étapes de l'intentionnalité de l'abstinence.

1	Préliminaires à l'arrêt
2	Arrêt proprement dit : la lune de miel
3	Temps des demandes et des constats
4	Stabilisation et « échec » de la substitution
5	Traitement d'entretien – Arrêt de la substitution ?
6	Et toujours vulnérable

Les préliminaires à l'arrêt

L'évaluation

Il s'agit bien sûr de connaître suffisamment son patient, c'est-à-dire, pour le moins, de faire le diagnostic d'une pharmacodépendance majeure aux opiacés, et d'évaluer peu ou prou sa situation sur les quatre plans du score TMSP pour lequel nous renvoyons le lecteur au chapitre sur la relation (le connaître). La stratégie est à imaginer sur le court et moyen terme, même s'il faut envisager plus loin.

C'est aussi le questionner sur ses précédentes tentatives d'arrêts et tenter de mettre en évidence ce qui a échoué, en particulier pour éviter une répétition complète, ce qui annulerait ces échecs (on dit que le toxicomane est dans la « répétition-annulation » car il annule ses échecs et les répète), alors qu'il faudra toujours tenter de tirer profit de ces avatars.

Toutes ces questions visent également d'emblée à le considérer comme un toxicomane donné et non le toxicomane.

Le cadre

Il est indispensable de poser un cadre même minimal, et *a priori* sur du court terme car susceptible de réévaluation. Par exemple, sur deux semaines, il est possible d'exiger un examen clinique, un respect des horaires de consultations en les proposant à J2, J4, J6, J10 et J14. Le médecin évoquera le moyen terme, en particulier les orientations possibles, les examens complémentaires, etc.

Il rappellera les règles intangibles (respect du lieu, de sa personne, en termes de violences et de *deal*, etc.), la nécessité d'une couverture sociale pour le paiement de son médecin et des traitements.

Il insistera sur ce qu'il ne fera pas (par exemple, prescription de certains médicaments : Survector®, Artane®, Rohypnol®…), en s'appuyant si nécessaire sur une charte écrite, et déclinera aussi ce qu'il fera (la disponibilité, le respect du contrat, les propositions).

La prescription et ses limites

Concernant la substitution, il expliquera les effets des médicaments, la prise sublinguale, le risque de l'injectable et des associations, etc. (*cf.* chapitre 5).

Surtout il se positionnera comme moins fort que l'héroïne, tant lui-même que le Subutex®, ce qui ouvre la porte à des difficultés verbalisables sans risque d'arrêt de traitement, à de futurs partenaires, et à l'autoprotection (*cf.* chapitre 6).

En effet, il faut d'emblée poser les conditions de l'efficacité du traitement en développant la notion de sursauts de manque et ses conséquences pratiques (ne pas avoir de drogues, de seringues chez soi, se protéger des consommateurs, etc.), ce qui permet aussi de faire accepter la délivrance fractionnée, de mesurer l'implication du patient dans la tentative d'arrêt, de le rendre actif dans les soins.

Enfin, la prise de contact avec un pharmacien, partenaire essentiel et quasi exclusif à cette phase, se fera devant le patient que l'on questionnera sur le choix avant de lui en proposer un, en tenant compte avec lui des aspects pratiques (proximité, pas d'arriérés relationnels irrécupérables, connaissance de l'officine, par exemple types de toxicomanes suivis).

L'arrêt proprement dit

Un temps de la lune de miel

« Je prends de la drogue parce que j'ai besoin de drogue, je n'ai plus besoin de drogue, je n'ai plus de galère, je suis normal... » : tel apparaît l'effet magique du substitut. La qualité de vie est très améliorée, même s'il continue les drogues, même s'il continue la défonce. Même un état hypomaniaque peut être vu et est à retenir pour plus tard si d'autres troubles dysthymiques se manifestent. La polytoxicomanie de gestion du manque diminue. Quant à la polytoxicomanie de défonce, addictive, nous y reviendrons sous peu.

Pendant cette phase, la place du prescripteur est centrale, c'est lui qui permet ce soulagement, cette suppression de la souffrance. Il a un pouvoir considérable et il doit le savoir pour l'utiliser mais ne pas en abuser. La prescription happe le toxicomane et ce n'est pas forcément le bon moment pour orienter, au contraire il y a souvent recentrage autour du prescripteur. Et il faut faire attention à ce recentrage : un prescripteur qui travaille seul est un prescripteur en danger.

Notons que cette amélioration de la qualité de la vie est quantifiable. De même une évaluation de l'évolution psychopathologique est réalisable (BRSP) et montre que c'est le facteur 9, soit le facteur psychopathique, qui s'améliore le plus et le plus rapidement. C'est ce qui nous faisait questionner l'imagerie du « toxicomane psychopathe », puisque cet élément sémiologique serait plus une sorte de « style relationnel », de « pseudostructure » plutôt liée au manque et à ses conséquences qu'à la personnalité sous-jacente du sujet.

Ce premier temps sous substitution est donc très positif, car cette dernière agit sur les aspects biologiques, comportementaux, et permet d'agir sur les aspects cognitifs de la toxicomanie. Rappelons ici « le travail sur le comment », capital à cette phase surtout si le patient semble en difficultés avec le traitement.

Quelles difficultés ?

Cependant, pour certains patients, dès cette phase, des difficultés peuvent apparaître. Certes, ces difficultés peuvent provenir d'incidences familiales ou conjugales, mais elles sont plus fréquentes dans les étapes suivantes. Elles sont donc essentiellement individuelles et correspondent à différents cas de figure.

La mise sous substitution est chaotique à cause **des anticipations anxieuses associées aux cognitions dysfonctionnelles et aux sursauts de manque** en particulier chez un usager à multiprises quotidiennes importantes (par exemple 6-10 fois par jour, si l'héroïne est fumée ou sniffée). Une hospitalisation afin de poser l'induction, une couverture anxiolytique non-BZD associée au fractionnement impératif, voire au contrôle de la prise sont des solutions à étudier. **Une absence de fractionnement** peut provoquer des retours plus précoces du toxicomane, ce qui doit, outre l'hypothèse dont nous venons de parler, faire évoquer l'injectable et le don (au conjoint, à des copains).

Des conduites addictives, une polytoxicomanie qui ne cède pas à l'induction doivent faire suspecter des troubles psychiatriques importants. Une hospitalisation, tant pour faciliter la mise en place du traitement que pour évaluer la symptomatologie psychique, une orientation vers un centre spécialisé dans lequel la dispensation permettra un contact plus psychoéducatif sont à évoquer.

Une forte implication dans le monde de la drogue, en particulier des relations exclusives avec des toxicomanes et une dépendance au groupe, nécessite surtout de laisser le temps au temps. Si le court terme semble cependant très problématique, une orientation vers un lieu thérapeutique travaillant à partir de cette identité de groupe, comme une postcure, est à réfléchir. **Si le patient vit de la vente des produits**, la situation est plus complexe, l'abandon de ces pratiques étant une nécessité pragmatique ; il est en effet quasi impossible de tenter de stopper sa consommation avec du produit à disposition, cette prise de conscience ne pouvant être que progressive…

Le court suivi semble montrer que **le patient ne peut pas ou ne veut pas renoncer au plaisir de la drogue**. Il peut alors être judicieux de reformuler la prise en charge en terme de gestion de la toxicomanie, en tout cas pendant un certain temps, plutôt que de s'acharner inutilement et de connaître l'échec, tant pour le patient que pour le médecin.

Enfin, **le problème de l'injectable peut apparaître au premier plan**, le patient semblant ne pouvoir y renoncer, détournant alors le Subutex®. Nous sommes en début de suivi, et il n'y a donc pas de convictions inébranlables à avoir. Agir sur la posologie, sur le fractionnement, la prise sur place, voire poser une hospitalisation, sont encore des possibilités avant de proposer la méthadone. Il faut cependant prévenir le patient de la dangerosité de ses pratiques et du risque à ne pouvoir acquérir l'usage sublingual s'il ne lutte pas contre la seringue, en particulier en la conservant à domicile.

Quels outils ?

Quels sont les outils nécessaires à cette étape ?

La substitution avec l'induction et la stabilisation de la posologie, laquelle n'est pas un réel problème si nous avons la certitude que le patient prend bien son traitement.

Les sevrages concernent évidemment les opiacés et déjà les autres substances, en particulier les BZD et l'alcool.

La relation, tant par son aspect d'apprivoisement réciproque (de la rencontre à la relation), que par la mise en place progressive du climat relationnel et le travail sur le comment, essentiellement dans ces aspects comportementaux.

Le partenariat se résume à l'incontournable pharmacien. En cas de difficultés, le généraliste s'appuiera essentiellement sur l'hôpital avec ses services « de sevrage » (en fait une mise sous substitution correspond peu ou prou à un sevrage, et les services de médecine ou de psychiatrie qui réalisent des « cures » devraient pouvoir effectuer ce travail dans des conditions similaires) et les centres spécialisés. Enfin la mise en place d'une couverture sociale est un impératif de court terme.

Les compétences somatiques, à travers lesquelles le médecin réalise l'examen clinique, évalue les urgences et envisage des bilans. Il propose également une contraception et, encore et toujours, il se doit de rappeler les messages de prévention sur la réduction des risques.

Enfin **le temps** impose de rester modeste, nous n'en sommes là que, globalement, dans le premier mois de la prise en charge. Ce qui implique également que les difficultés que nous avons citées ne doivent aucunement rendre exagérément pessimiste.

L'erreur principale à cette étape, c'est de croire que c'est gagné… Le toxicomane souffle, le médecin aussi, mais nous ne sommes qu'au début du chemin.

Le temps des demandes et des constats

Cette phase nettement plus longue que la précédente (environ 6 mois) est dominée par une certaine passivité donnant quelquefois l'impression, même dans les cas favorables, qu'il ne se passe plus grand-chose, une « phase plate » ponctuée par un certain nombre de demandes plus ou moins attendues, pas forcément suivies d'action, ainsi que par l'apparition des incidences familiales et conjugales de l'arrêt.

L'heure des bilans

■ Bilan somatique

Parmi ces bilans, celui qui vient le plus naturellement, face à un médecin qui par ailleurs le suscite, c'est le bilan somatique, d'autant que le patient a souvent le souhait de « se remettre à neuf », voire d'aller au-delà, développant une sorte de « *trip* » ascétique assorti de bonnes résolutions (tout arrêter, le tabac, l'alcool et faire du sport, etc.).

Car le patient redécouvre son corps sans drogues, un corps qui était soit anesthésié, soit en manque. Ce nouveau corps est banal, se manifeste banalement (même si les distorsions cognitives sont à corriger), il se manifeste au présent et se manifeste beaucoup (certes soigner un abcès, mais aussi et surtout faire face aux problèmes dentaires). Mais il interroge aussi le passé récent (la difficulté des prélèvements sanguins…), un passé qui va impliquer le futur (le résultat des sérologies, le bilan cardiaque d'une endocardite mal suivie) avec des anticipations négatives (une sérologie au sombre pronostic), et il faudra travailler à les redresser vers l'espoir (les progrès des trithérapies, etc.).

La redécouverte du corps, c'est donc aussi redécouvrir la maladie avec ses souffrances et ses craintes, et le poids du pronostic. Mais plus peut-être que la prise de conscience de la mortalité, une maladie, surtout chronique (VIH, hépatite C) avec son cortège de bilans, d'hospitalisations, de complications sociales, de souffrance, participera à la dépressivité et aux risques de récidives, quelquefois provoquera une conduite d'évitement des bilans, alors que certains patients au contraire vont investir ce statut de « malade » en abandonnant l'étiquette de toxicomane.

■ Bilan de toute une vie

Les bilans médicaux ne sont qu'une des questions qui se posent au patient : les droits sociaux, l'accès à des revenus légaux, à un logement et, avant cela, posséder des papiers et donc redécouvrir sa position face à la justice (qui le retrouve à cette occasion) et à l'endettement (idem). Sont également questionnées les relations avec les copains usagers, avec la famille, avec un conjoint et peut-être des enfants qu'il souhaite retrouver, revoir, voire en récupérer la garde.

Le patient est donc face à un constat global : « Où en suis-je, qu'ai-je à reconstruire ? » mais aussi : « Quels boulets entravent cette reconstruction ? ». Car il n'est pas vrai qu'il repart de zéro… les arriérés sont là et bien là.

Ce retour à la réalité vient modifier l'effet « lune de miel » de l'entrée en substitution, laquelle apparaît nettement moins magique que l'héroïne, laissant les yeux ouverts devant les difficultés, sans l'anesthésie affective qui peut alors être recherchée.

« Il faut m'occuper ! »

C'est une demande très fréquente, qui nous semble prioritaire à traiter. Il faut s'occuper, combler le vide laissé par la disparition de la galère. La désaliénation du temps de la drogue grâce à la substitution fait redécouvrir le « *chronos* », le temps de la montre, de la journée, avec un vécu subjectif de vide, d'autant que la gestion du quotidien est déficiente.

Le travail socioéducatif est là tout à fait capital. Certes les démarches utilitaires ne manquent pas et devraient largement occuper le patient, mais elles sont du domaine de la réalité, laquelle est vécue négativement voire de façon persécutrice (les files d'attente, la complexité des formulaires, la nécessité de relire son passé avec ces trous dans le CV, etc.). La faiblesse des compétences sociales, les phobies sociales, la lourdeur des démarches et ce qu'elles impliquent comme constat peuvent paralyser le patient, le conduire à l'évitement (encore… mais les raisons de cet évitement pourront également se révéler plus profondes). C'est pourquoi elles devraient nécessiter un accompagnement qui va au-delà de la simple orientation.

Il est donc impératif de proposer des activités autres, et de les proposer conjointement aux démarches utilitaires, voire même avant. Toutes les activités permettant de retrouver de l'intérêt, de l'attrait à faire des choses, individuellement ou en groupe, bref ce qui comble l'ennui, mais avec du plaisir, a des vertus occupationnelles mais aussi de restauration narcissique. Le sport, la création artistique, la culture, le jeu, tout est à creuser, dont ce qui l'a intéressé autrefois, ainsi que les ressources locales qui proposent ces activités.

Dépressivité, passivité et empiétement

Confronté aux constats de la sortie de la drogue (le syndrome d'atterrissage…), le toxicomane réagit caricaturalement de trois façons : la dépressivité, l'évitement, la recherche de l'anesthésie affective (*cf.* le paragraphe sur les difficultés au chapitre 6).

■ Dépressivité

Elle relève plutôt de l'accompagnement et du soutien tant des intervenants que de l'entourage et des activités que nous venons de citer. Ce travail de deuil est une étape structurante qui fera place aux projets.

■ Passivité

Il est très fréquent que les demandes que fait le patient ne soient pas suivies d'effet. Il veut un bilan médical, on le lui propose et il ne le fait pas. Il se plaint d'ennui, on lui propose une activité, et il n'y va qu'une fois ou deux. Il demande, mais pris dans une passivité omniprésente, ne fait rien des propositions. Cette constatation offre plusieurs lectures.

L'évitement que nous avons déjà cité est une possibilité. Pour un bilan, le patient est ambivalent entre son désir et sa peur de savoir. Dans un autre registre, les projets qu'il se propose de mettre en place, en particulier sur le plan professionnel, restent infiltrés du fonctionnement magique de la drogue et s'avèrent volontiers irréalisables au moins dans le moyen terme ; le patient en parle mais ne peut les travailler dans le concret soit parce qu'il évite de les découvrir impossibles, soit parce qu'il les mythifie et les juge réalistes à travers le maintien d'un mode de pensée en toute puissance.

La dépressivité peut également entraver un temps l'action et le concret.

Et surtout, il faut s'attarder sur **le rythme du patient** qui, malgré ses demandes exprimées, en est à une phase pendant laquelle il « souffle », il « se pose » (au sens « d'atterrir » et aussi de « faire une pause »). Et après des années de galopades, cette étape de passivité peut durer un certain temps, un temps certain… pendant lequel il est peu sensible aux sollicitations.

■ Empiétement

Face à ces demandes non abouties, le risque majeur est l'empiétement, si l'intervenant ne respecte pas le rythme du patient et vit mal cette passivité qui donne la sensation de l'échec face à ce surplace pourtant nécessaire. Il faut moduler une distance relationnelle adéquate entre les rendez-vous fréquents, hebdomadaires, et les propositions qui ne doivent pas forcément revenir de façon aussi répétitive. Rendre le patient actif, non seulement dans les soins, reste une priorité. C'est là qu'il faut savoir solliciter sans insister, proposer des choses plutôt dans le court terme, respecter l'absence de résultat, et pourtant ne pas oublier d'y repenser et attendre l'appropriation. La prise en charge socioéducative est là tout à fait capitale associée à celle du prescripteur. Mal gérer cette situation en insistant trop risque de provoquer des attitudes projectives ou de fuite. Abandonner l'idée, c'est se priver d'un important outil de changement, en particulier face à « l'effet groupe », dont nous reparlerons sous peu, groupe qui happera d'autant plus facilement le patient qu'il est désœuvré.

Des demandes d'arrêt

Autant les demandes précédentes de bilans, d'occupations sont attendues, autant celle-ci semble surprenante : le patient demande à arrêter (ou arrête de lui-même…) sa substitution. Cette demande peut être interprétée de manière très variable.

L'empiétement ci-dessus décrit est une possibilité, la demande se fait alors volontiers dans un contexte de crise, voire de récrimination.

L'injectable non encore verbalisé est une éventualité fréquente et il est important de pouvoir proposer une dispensation et une prise en charge améliorant la bonne utilisation de la substitution avant de répondre à la demande d'arrêt sans avoir suspecter ce détournement. Celui-ci se voit d'autant plus que le patient en était encore au « Subutex®, équivalent drogue ».

Le passage du produit de substitution au médicament de substitution, que nous avons évoqué au chapitre 5, est, en effet, une autre possibilité, quand ce glissement n'est pas réalisé par le patient. La demande d'arrêt du substitut est un équivalent de la demande d'arrêt de la drogue, souvent avec le même discours (« c'était bien, mais ça va plus, j'en suis dépendant... »). Le patient n'a pas suffisamment changé pour modifier son fonctionnement, même si des progrès ont été accomplis. Faut-il alors accéder à cette demande ? Pourquoi pas, dans un contexte autre qu'un passage à l'acte en miroir de la demande du sujet, et après avoir expliqué ce qu'on en pense. Peut-être faut-il que le patient fasse cette expérience pour retravailler plus tard si cela est nécessaire ? Il est donc impératif de créer à l'arrêt les conditions d'un retour.

Chez certains patients bien stabilisés, la demande d'arrêt correspond à un vécu négatif de la substitution, qui devient **le symbole de la dépendance** certes restante mais surtout passée, l'acceptation de la vulnérabilité n'ayant pas encore été intégrée. De même, certains de ces patients se mettent **à moins supporter les contraintes de la substitution**, pourtant assouplie par un fractionnement hebdomadaire voire plus.

Le recadrage avec une pression familiale sous-jacente est également très fréquent, que la famille soit dysfonctionnelle ou que sa souffrance la rigidifie. L'entrée en substitution, la prise en charge individuelle peuvent provoquer une rupture de l'homéostasie des relations sur laquelle il est alors indispensable d'agir. « Tu n'es pas guéri, tu prends encore quelque chose » est une phrase fréquemment entendue par le patient de la part de ses parents. Relancer le temps dans le fonctionnement familial (le patient change mais pas sa famille qui maintient les mêmes relations avec lui en niant ses progrès), désaliéner le sujet d'intrications familiales complexes peut être une étape nécessaire à un suivi individuel ultérieur.

De même, **le recadrage conjugal** est souvent une hypothèse oubliée, alors que la drogue et la toxicomanie peuvent s'intégrer aux relations de couple, qu'elles fassent partie du mythe fondateur ou qu'elles situent les relations dans la complémentarité (l'un doit sauver l'autre) ou encore que ces couples soient peu sexués, fondés sur l'identité de groupe. Là encore la prise en charge individuelle peut utilement être précédée d'entretiens de couple lui permettant de redéfinir les relations, la mise en danger du couple risquant d'impliquer la rechute.

Enfin, rappelons que certains patients en grande souffrance psychique sont susceptibles de **retrouver le manque**, qui leur semble temporairement plus supportable que cette souffrance.

Quelles difficultés ?

Cette étape offre des difficultés variées et, contrairement à la phase précédente, **elles existent *a minima* même quand l'évolution est globalement positive**. Ce que nous avons décrit autour des constats, la dépressivité, la passivité, implique un accompagnement allant au-delà de la prescription, car le risque de récidive, de recherche de l'anesthésie affective est nette. Si cela se produit, il faudra savoir reprendre le suivi en tentant de faire tirer expériences par le patient, en particulier sur ce qu'il n'avait pas mis en place. Pareillement, les intrications familiales et conjugales nécessitent patience et partenariat.

L'arrêt brutal de la substitution par le toxicomane, la rupture inattendue de suivi, la disparition impromptue, souvent liées à une rechute, procéderont de la même stratégie au retour du patient, sans surtout se décourager et le décourager.

Le problème de l'injectable peut rester au premier plan, injectable du Subutex®, et cela pose plus de problèmes qu'au cours de la phase précédente, la pérennité du détournement pouvant mettre en cause le traitement. Bien sûr, il faut distinguer les prises épisodiques (en particulier de fin de semaine), qui permettent le travail de verbalisation, des prises régulières malgré un cadre adéquat et une posologie importante, ce qui pose alors l'indication de la méthadone. Enfin, la réapparition de l'injectable, après une période de rémission, correspond plus à un mode de réponse aux difficultés habituelles que nous venons de décrire à cette étape, et questionne plus le resserrement temporaire du cadre de délivrance.

La forte implication dans le monde de la drogue, ce que nous avons appelé « l'effet groupe », présente une grande difficulté, car elle peut gêner fortement l'évolution du patient. En effet la restauration de réseaux sociaux d'appartenance hors de la vie de la drogue est un objectif important mais, de façon circulaire, cet objectif est facilité par le soin et facilite le soin individuel. Or ce groupe, nécessaire et inévitable par certains côtés, peut être un frein au travail individuel et il est souvent nécessaire de se positionner clairement face à cette problématique. Le patient peut-il se protéger durablement des usagers, peut-il tirer profit des groupes d'auto-support ? Cela n'est pas si simple, en particulier pour les patients les plus en difficultés identificatoires pour lesquels cette modification d'identité nécessite du temps et du travail psychothérapique, justement à partir du groupe. Si malgré le facteur temps, la prégnance du groupe implique un suivi ambulatoire chaotique, l'orientation vers une postcure est à discuter avec le patient, la prise en charge en milieu fermé et protégé étant alors irremplaçable.

Les usages de produits en continu depuis l'induction doivent cependant montrer une régression. Il faut mettre l'accent sur les BZD, l'alcool, le cannabis quand les consommations ne sont pas gérées, en soulignant leur propension à favoriser la prise d'autres drogues plus problématiques (héroïne et surtout cocaïne).

D'autres difficultés, liées aux précédences et à la comorbidité, sont plus spécifiques de l'étape suivante, mais peuvent apparaître cependant plus tôt. Nous renvoyons le lecteur au paragraphe « Stabilisation et "échec" de la substitution ».

Quels outils ?

Quels sont les outils nécessaires à cette étape ?

La substitution suit son cours, la posologie devant être stabilisée. C'est aussi le début du travail qui permet le passage du produit « équivalent dope » au médicament.

Les sevrages s'attachent à réduire les restes de polytoxicomanie afin d'être le plus possible monothérapiques.

La relation continue son travail d'apprivoisement réciproque et le médecin doit connaître de mieux en mieux son patient, en particulier son passé, sa personnalité, son entourage. Avec les aspects comportementaux, les données cognitives doivent servir de trame aux entretiens, ainsi que la recherche anticipée de troubles psychiatriques. La notion de vulnérabilité peut être évoquée à l'occasion d'exemples de situations.

Le partenariat se maintient avec le pharmacien et doit se développer du côté social et éducatif, avec les bilans et les activités à proposer. Si besoin, l'accompagnement doit être une alternative aux démarches personnelles quand elles sont trop difficiles.

Les compétences somatiques s'attachent à obtenir les bilans et tirer conséquences des résultats. Encore et toujours, le médecin se doit de rappeler les messages de prévention sur la réduction des risques. Il doit cependant également se décentrer de la toxicomanie et évoquer les problèmes banals (vaccination, alimentation, hygiène, sphincters, sommeil)... et découvrir que cela n'est pas si banal chez un patient longtemps déstructuré. Enfin, il peut être amené à travailler sur les effets secondaires de la substitution, en particulier les prises de poids avec la méthadone qui sont quelquefois impressionnantes et invalidantes, surtout quand l'alcool s'en mêle...

Le temps est un élément complexe à maîtriser à cette phase, avec ce vécu de stagnation, de propositions sans suite et de passivité… d'autant que rendre actif le patient, pousser à suffisamment de changement pour que la stabilisation soit durable, tout cela reste à l'esprit de l'intervenant et d'actualité, mais en respectant le rythme et les demandes de ce toxicomane en mutation.

Les erreurs à cette étape consistent essentiellement à mal gérer le rythme du patient et à ne pas préparer les fréquentes difficultés de la phase suivante.

Stabilisation et « échec » de la substitution ?

C'est une phase plus longue, de 6 mois à 2 ou 3 ans, particulièrement complexe puisque, selon les cas, on peut y voir des patients remarquablement stabilisés en cours de reconstruction personnelle, et des patients à nouveau souffrants, en grandes difficultés, lesquelles dépassent la stricte efficacité de la substitution (d'où les guillemets à « échec »), ainsi que des retours en arrière brutaux ou progressifs. C'est aussi la phase dont nous avons le plus parlé, dans les chapitres 5 (causes, précédences, comorbidité) et 6 (la relation comme outil de soins).

L'objectif à cette phase est donc de maintenir la stabilisation pour poursuivre la reconstruction personnelle ou de faire réacquérir cette stabilisation en cas de difficultés pour remettre en route cette reconstruction personnelle car, de façon circulaire, cette dernière, de par l'éloignement du milieu de la drogue qu'elle implique et de par la restauration narcissique qu'elle permet, limite les difficultés et facilite leur prise en charge.

Reconstruction personnelle

Les différents aspects de cette reconstruction (équilibre personnel, logement, restauration de liens familiaux, aménagement ou séparation du couple et nouvelles rencontres, insertion professionnelle, modification du réseau social…) sont à la fois des obstacles à surmonter, nécessitant des changements de fonctionnement et de comportement, et des preuves de progrès et de maturation.

Dans certains cas, **ces obstacles peuvent aboutir à un questionnement sur soi-même** qui ouvre la porte à une proposition d'orientation psychothérapique plus spécialisée, en particulier quand ils mettent en évidence une souffrance psychique ou une répétition relationnelle. Il faut savoir faire émerger ce questionnement et faire aboutir cette proposition de travail psychothérapique.

C'est aussi une phase pendant laquelle peut être **abordé ce qui reste comme consommation illégale**, en particulier le cannabis qui a pu conserver un statut récréatif (il faut alors évoquer la dangerosité judiciaire) ou plus problématique, participant à la passivité que nous avons décrite dans l'étape précédente (comme le dit un humoriste : « pétard du matin, poil dans la main, pétard du soir, trou de mémoire... »), les prises de conscience étant possibles ; le patient n'est pas au bout des changements qu'il peut réussir, même pour des choses aussi anciennes. L'alcool, avec des prises maîtrisées mais abusives, doit également être évoqué, d'autant qu'un traitement de l'hépatite C est envisagé.

Nous insistons à nouveau ici sur :

– la prudence à avoir face à une demande de baisse et encore plus d'arrêt de la substitution, pour ce patient qui somme toute « va bien » ;

– l'importance du facteur « temps », la reconstruction personnelle ne se conçoit que progressivement, même si des déclics l'accélèrent brutalement ;

– le risque brutal de retour en arrière, sur lequel nous revenons dans quelques lignes.

Quelles difficultés ?

Arrivé à cette étape, les difficultés que présente le patient marquent **les limites de l'irremplaçable substitution**. Le Subutex® a en effet agi sur les aspects biologiques, conditionnés et cognitifs de la toxicomanie, bref a été efficace sur la psychopathologie du comment (les conséquences justement biologiques, conditionnées et cognitives de la toxicomanie) et voici qu'apparaissent des déstabilisations qui, à cette étape, ont bien plus à voir avec, selon les écoles, les précédences, la comorbidité, le travail de deuil, ou encore le « manque de manque ».

C'est pourquoi la modification de la posologie de la substitution n'est pas efficace sur ces troubles. Tout au plus faut-il revenir à la posologie initiale si une baisse trop brutale a pu participer à la déstabilisation, ou recadrer temporairement le fractionnement si cette déstabilisation est marquée par une reprise de l'injectable ou une surconsommation « autothérapique » du Subutex®. Une augmentation de la substitution ne se conçoit que chez un patient pour lequel cela semble la seule possibilité de mettre en place le traitement des troubles sous-jacents, mais il ne faut rien attendre de cette augmentation si elle reste isolée.

Ces déstabilisations peuvent soit se présenter sous forme de symptomatologies relativement classiques (dépression, anxiété, etc.), soit prendre le masque de reprises de drogues, soit se présenter sous la forme d'une demande d'augmentation de la substitution (alors que la tolérance pharmacologique ne saurait l'expliquer ; attention cependant à la possibilité d'interactions médicamenteuses, par exemple avec les antiprotéases), soit combiner les trois. Car si le patient n'est plus tout à fait toxicomane, il peut garder la prise de drogue comme mode de réponses aux difficultés.

Nous les avons détaillées au chapitre 6 et ne ferons que les citer : les dépressions, les troubles anxieux, les troubles narcissiques, les addictions alimentaires, les schizophrénies sous-jacentes, ainsi que les reprises de substances psychoactives (alcool, BZD, cannabis, cocaïne, surtout) et les déstabilisations de la substitution. Rappelons que le risque suicidaire n'est pas rare à cette période, c'est même la phase pendant laquelle les suicides sont plus fréquemment réussis qu'à d'autres moments de la vie du toxicomane.

De même, **la prise en charge** a déjà été évoquée, ce qui nous permettra uniquement d'insister sur :

– la nécessité de traiter les troubles associés au cas par cas, l'aspect relationnel étant aussi important que l'aspect médicamenteux, lequel doit toujours être lié à la question de la compliance (non-prise ou à l'inverse débordement du traitement) ;

– la nécessité de proposer des hospitalisations de ruptures, de sevrages, quand les produits empêchent la prise en charge des troubles ;

– le maintien du lien et du travail relationnel de restauration narcissique ;

– l'ouverture au partenariat psychothérapique, institutionnel ou duel, hospitalier ou libéral, pour un suivi individuel, familial ou de couple.

Retours en arrière

Dans cette phase pendant laquelle **le patient se situe dans un entre-deux**, n'étant plus tout à fait toxicomane mais n'étant pas encore « autre », il n'est pas à l'abri d'une rechute brutale dans les produits. Ces rechutes peuvent être liées à la psychopathologie individuelle, être déclenchées par des événements banals (une déception, un échec, un deuil, etc.) qu'il n'a pu gérer, ce à quoi s'ajoute pour certains une prise de conscience de la réalité, en particulier médicale (patient « rattrapé » par une hépatite C chronique), individuelle, familiale, sociale (par exemple, l'impression que l'on lui propose un projet de vie du genre « RMI + Subutex® », les projets d'insertion étant confrontés à la réalité sociale de l'emploi), ou encore des affaires de justice qui réémergent de son passé.

Nous venons de revoir les troubles psychiques associés à des prises de substances, prises qui correspondent en partie à cette hypothèse.

Mais il nous faut ici insister sur deux cas de figures :

– le premier, qui est assez rare, **est l'arrêt de la substitution et du suivi pour une rechute dans l'héroïne**, ce qui nécessite de se questionner sur des prémices que nous n'aurions pas vues, et d'attendre le retour pour remettre en place la prise en charge. Cependant nous constatons fréquemment qu'un signe de l'intervenant (une simple lettre pour prendre des nouvelles et signifier que le suivi est en attente) facilite grandement ce retour pour des patients qui ont honte de leur rechute, estiment avoir « trompé » la confiance de leur médecin ou découvrent qu'ils existent encore pour quelqu'un malgré leur absence ;

– le second, plus fréquent actuellement, est **le maintien de la substitution avec usage de cocaïne**, volontiers massif, et déstabilisation du Subutex® (multiprise pour « colmater la descente », reprise de la seringue). En cas de récidives, les risques somatiques et psychiques encourus doivent imposer l'hospitalisation pour une mise à distance. Malheureusement le partenariat psychiatrique ne permet pas toujours cette stratégie. Vu l'augmentation régulière de ce cas de figure, il semble capital de travailler le réseau afin de développer ces ressources de type lits de crises.

Quels outils ?

Quels sont les outils nécessaires à cette étape ?

La substitution doit surtout être maintenue, simplement les baisses très progressives sont à l'ordre du jour. Le passage de la substitution de « dope » à médicament est un problème aigu... Il est inquiétant sur le plan du pronostic d'avoir encore à parler, à cette phase, de dose ou de délivrance avec un patient qui resterait donc centré sur le produit.

Les sevrages concernent dans les bons cas ce qui reste de consommations abusives (alcool, cannabis), ou s'attachent à réduire les rechutes afin de prendre en compte les troubles associés.

La relation doit être en fait l'outil principal à cette étape, plus encore quand le patient est en difficulté. La prise en charge des troubles associés, le découragement, voire les suicides ne sont pas faciles à vivre pour le médecin, surtout s'il est isolé. Il doit aussi s'appuyer sur la réalité qui fait qu'à côté de ces

« échecs », il existe bon nombre de réussites. Il doit aussi s'appuyer sur le partenariat.

Le partenariat, en particulier psychothérapique est en effet crucial à ce tournant de la prise en charge. Car certains patients sont en difficulté de par leur psychopathologie personnelle, quelquefois conjugale voire familiale. L'assouplissement des modes de fonctionnement du patient, obtenu par le soutien des intervenants (médicaux et socioéducatifs), la substitution et le travail sur le comment atteint ses limites et ne pourra aller au-delà qu'avec un travail psychothérapique, sinon il existe un certain risque de chronicisation du patient, certes à un niveau bien meilleur que le point de départ, mais la question de savoir si le patient pouvait aller plus loin peut rester posée.

Les compétences somatiques sont malheureusement concentrées sur les conséquences somatiques de la toxicomanie, mais doivent rester vigilantes à rechercher toutes pathologies « banales » (cancers, HTA, dysthyroïdie, diabète, etc.).

Le temps peut surtout paraître bien long en situation d'échec, arrivant à faire oublier les succès. La gestion peut aussi en être compliquée quand on est tenté de se contenter d'un résultat certes dur à obtenir alors qu'il faut aussi penser à aller un peu plus loin, en tenant compte du rythme du patient… bref il y a un danger de chronicisation, tant du patient que de l'intervenant.

L'erreur, justement, consiste à ne pas prendre conscience de ce risque de chronicisation, les consultations hebdomadaires puis mensuelles, sur plusieurs années pouvant la favoriser. Combien de patients voyez-vous à ce rythme, sur plusieurs années, en dehors de ces suivis ? Il est donc nécessaire de provoquer régulièrement (annuellement) une sorte de bilan du suivi, programmer une consultation « comme au début », avec le score TMSP afin de faire le point. L'autre erreur est probablement de ne pas faire appel au partenariat devant des difficultés répétées du patient.

Traitement d'entretien et arrêt de la substitution ?

C'est une phase pendant laquelle les patients peuvent être totalement stabilisés sur la plupart des plans (« guéris », disions-nous au chapitre 5) et nous avons alors parlé de **traitement de rééquilibrage biologique**.

Ils peuvent également avoir une vie plus ou moins satisfaisante pour eux, jalonnée des troubles associés décrits précédemment ou de consommations perlées avec quelquefois des épisodes de reprises massives. C'est là que le terme de **« traite-**

ment d'entretien » prend tout son sens car, si le résultat n'est pas parfait, loin de là, les conséquences d'un arrêt ou d'une diminution aggraveraient encore la situation, sans compter que le patient peut encore évoluer au fil du temps.

Cette phase, qui se situe donc globalement au-delà des trois années que nous venons de décrire, est dominée par **le problème de l'arrêt et du maintien de la substitution**. Le Subutex® n'existant que depuis février 1996, réfléchir au devenir de la prise en charge et du traitement impose donc d'extrapoler à partir des études sur la méthadone, qui ont tout de même une trentaine d'années de recul et questionnent nettement le problème de l'arrêt du traitement. Nous avons déjà évoqué ce sujet et cette phase au chapitre 5.

Si le médecin (et les autres professionnels, la famille, etc.) admet volontiers que cette dernière situation autorise, nécessite un traitement au long cours, il semble plus hésitant à l'accepter pour un patient qui « va bien »...

Citons ici un **extrait d'un article récent (juillet 1998) de J.J. Deglon**, spécialiste suisse, faisant le point sur cette question : « Depuis bientôt 30 ans, les taux d'échec des sevrages à la méthadone se situent entre 70 % et 90 %... Les rechutes sont marquées par des états anxieux, dépressifs ou déficitaires, qui poussent les patients à reprendre l'héroïne ou à faire un abus d'alcool, de cocaïne ou de BZD dans l'espoir de calmer leur tension psychique... Ces évaluations pessimistes ne dépendent pas des pays (Etats-Unis, Suède, Australie, Grande Bretagne, Suisse, Hong Kong...) ni du mode d'éducation, de la culture, du milieu social, des conditions de vie, et même des modes de prises en charge. Le seul facteur commun reste la prise régulière d'un opiacé, cela donne du poids à l'hypothèse neurobiologique... »

C'est pourquoi le maintien de la substitution est un objectif prioritaire, et non son arrêt, avec donc le souci de faire en sorte que le patient accepte ce maintien, en passant d'un vécu d'équivalent drogue à un vécu de médicament.

Seuls les arrêts demandés, discutés et programmés doivent être essayés, selon des modalités que nous avons déjà discutées. De même le passage de la méthadone au Subutex® reste une alternative très élégante et pratique.

Extrapoler de la méthadone au Subutex®, et bien que les molécules soient différentes, **nous conduit évidemment au même raisonnement**. Dans l'état actuel des connaissances, le traitement par Subutex® doit être considéré dans le cadre d'une prise en charge au long cours dans laquelle l'arrêt n'est pas un objectif, même si certains obtiennent ce résultat.

Enfin, quelle que soit son évolution et même si le patient est guéri de sa toxicomanie, il n'en a pas pour autant fini de subir les conséquences de son passé. En particulier le VIH et surtout l'hépatite C viennent le rattraper, lui donnant un sentiment d'injustice, que tout ce qu'il a réussi comme progrès peut être emporté par la maladie.

Et toujours vulnérable ?

Nous avons déjà plusieurs fois insisté sur cette notion de vulnérabilité, qui se prolonge naturellement par le travail sur le « comment » et introduit le long cours dans le suivi. Mais cette vulnérabilité est-elle définitive ? L'expérience tendrait à le penser.

Notre pratique nous montre en effet des patients en rechute alors qu'ils avaient refait leur vie et étaient abstinents depuis plusieurs années.

Ces rechutes sont volontiers contextuelles (une séparation, un deuil, une perte d'emploi, un événement signifiant pour ce patient, etc.) et favorisées par les problématiques chroniques associées (une PMD qui déstabilise la substitution lors d'un accès maniaque, des problématiques narcissiques ou psychotiques décompensées, etc.). Si le lien relationnel avec l'intervenant est solide, elles n'entraînent pas habituellement une longue rupture de suivi et peuvent donc être jugulées relativement aisément.

Elles ne doivent donc pas décourager le prescripteur qui peut cependant se questionner sur la recherche de prémices, sur une baisse intempestive de la substitution, y trouver une nouvelle occasion de proposer une orientation psychothérapique. Il reste que les conséquences psychologiques de la rechute ont quelquefois un impact important, tant sur le plan individuel que sur le couple.

Cas particuliers

Relais, vacances…

La substitution est un « fil à la patte » du patient… et aussi du médecin. Il est nécessaire d'en tenir compte pour faciliter la vie du patient, afin de ne pas renforcer le vécu négatif de ce traitement chronique. Il faut donc prévoir les renouvellements d'ordonnance en cas d'absence du médecin. L'associé du cabinet ou le remplaçant doivent avoir des consignes claires sur la posologie, le fractionnement, la date de la dernière ordonnance, le pharmacien dispensateur, les traitements associés. Un patient ne doit pas avoir à « se chercher » un prescripteur dans ces cas.

Il faut également prévoir les vacances du patient, ce qui ne doit pas poser de problèmes à moins de suivre un chanceux ayant plus de 28 jours de congés consécutifs... Une lettre d'accompagnement avec photocopie de la dernière ordonnance extraite du carnet à souche est bien utile. Plus complexe est la situation provoquée par la méthadone et la règle des 7 jours (prendre une semaine du vendredi soir au lundi suivant, soit 9 à 10 jours, est déjà un casse-tête...) : il faut trouver un relais (pharmacien ou centre) et pour ce, il nous semble judicieux de solliciter le centre initiateur.

Enfin, un patient quittant définitivement sa région doit également pouvoir bénéficier d'une orientation précise (un nom de centre, de médecin, prévenus et acceptant le relais), qu'il suivra ou non d'ailleurs. Des éléments du dossier peuvent ultérieurement être adressés au nouveau référent médical à la demande du patient.

Toxicomane de passage...

Si les médecins tiennent compte du paragraphe précédent, qui n'est guère que de bon sens, le toxicomane de passage débarquant à l'improviste évoque un contexte questionnant la véracité d'un suivi. Demander à voir la dernière ordonnance, obtenir quelques renseignements téléphoniques, est une conduite à tenir normale. En cas de difficultés (patient insistant, pas d'éléments tangibles), il n'est ni obligatoire de refuser toute prescription (il peut être en manque), ni adéquat de fournir du traitement pour 28 jours en une fois parce qu'il est de passage (il risque d'être fréquemment de passage...). Une ordonnance courte, voire fractionnée, lui sera par contre utile, même s'il est en gestion du manque, ce que peut laisser supposer le contexte. C'est lui être utile sans compromissions ni effets pervers (alimentation d'un trafic par exemple).

Arrêt autoritaire de traitement

C'est probablement **l'une des décisions les plus difficiles à prendre au cours d'un suivi** mais, si elle est pesée et estimée indispensable, il faut la prendre.

Elle est difficile à prendre car elle renvoie le toxicomane, non forcément à la drogue qu'il n'avait peut-être pas quittée, mais à la substitution de rue, ce qui n'est pas si dramatique, ou à un autre médecin qui est susceptible de découvrir les mêmes problèmes.

La situation est différente quand on est en début de suivi, voire en gestion du manque, ou quand on est déjà en cours de prise en charge depuis un certain temps et que l'on souhaite reprendre ce suivi après une période de rupture.

Cette décision dépend également de la tolérance, personnelle et professionnelle, du médecin face à ces situations.

Ces situations tournent autour **de la notion de « résultats imparfaits »**, provoquant des troubles du comportement et/ou des prises de substance. Tout dépend du degré de ces « imperfections », car elles imposent une réponse modulée, les patients ne changeant pas du jour au lendemain mais au fil d'un processus de plusieurs années.

Les troubles du comportement

L'agression physique du médecin, du pharmacien, d'un autre patient au cabinet ou en officine, ne doit pas être acceptée.

L'agression verbale dépend du contexte. Episodique, contextuelle, reconnue à froid par le patient comme inadéquate, elle peut être supportée. Répétitive, source de tension émotionnelle pour l'intervenant et les autres patients, montrant un manque de respect pour le professionnel, elle risque de nécessiter l'interruption du suivi.

Le vol, le *deal* dans le lieu de soin doivent faire l'objet de rappel au règlement, d'arrêt du suivi en cas de récidive.

Les prises de substances psychoactives

Les déstabilisations de la substitution (en particulier le multiprise avec retour prématuré pour l'ordonnance) imposent plutôt une reformulation du cadre de fractionnement. En cas de refus du patient, il est logique de maintenir sa proposition en invitant le patient à chercher un autre prescripteur s'il persiste dans son refus. Le don de médicament implique une technique similaire avec proposition de contact avec l'emprunteur, par le même médecin ou un confrère. La coprescription nécessite un contact entre collègues concernés avant de prendre une décision (la situation n'est pas équivalente si la coprescription est liée à l'injectable ou si elle sert à la vente de Subutex®).

La persistance des prises de produit n'est pas, pour nous, une raison suffisante pour décider d'une rupture de suivi. Cependant, quand le patient vient régulièrement dans des états empêchant tout travail relationnel, en particulier avec l'alcool et les BZD, que le suivi semble ne plus avoir de sens, une proposition d'hospitalisation assortie d'un arrêt de suivi est utile. De même, les prises massives de cocaïne avec danger pour le médecin et le patient imposent également d'intervenir rapidement.

En effet, dans tous les cas, il faut rechercher si ces situations sont liées à des troubles psychiatriques aigus, une hospitalisation en milieu spécialisé pouvant même passer par une HSDT. Si les situations sont liées à des troubles psychiatriques moins aigus, le suivi pourrait-il se poursuivre avec l'appoint d'un psychiatre ? En cas d'arrêt de suivi, cette proposition, même non suivie d'effet, pourra avoir fonction symbolique et être reprise en cas de nouveau contact.

Femme enceinte

Cette situation est tellement spécifique qu'elle nécessite son propre chapitre.

Réduction des risques et des dommages

Oui, nous le savons, nous sommes répétitifs... Les messages de prévention doivent être réitérés à toutes les étapes du suivi, tant au niveau du patient que de son conjoint. De même, protéger les enfants du traitement de substitution, de ses médicaments, est à rappeler pour certains patients qui banalisent ce risque, habitués qu'ils sont à prendre ces substances qui leur sont « sans effets » (retour sur la notion de tolérance croisée). Et que savent les enfants du passé des parents ?

Le hasard !

En toxicomanie, le hasard semble souvent bien mal faire les choses. La rencontre inattendue avec un copain qui revient d'Amsterdam, le coup de foudre avec quelqu'un d'aussi problématique que le patient, la justice qui s'en mêle en pleine stabilisation, une hépatite qui flambe à la mise en place d'un projet professionnel... tout cela peut remettre en cause un suivi pourtant bien parti, une évolution favorable. Certes la psychopathologie individuelle n'est pas toujours absente de certains de ces hasards...

Cependant, il faut le reconnaître modestement, des sorties de la toxicomanie inexplicables ont toujours existé, et même avant la substitution… Le hasard agit aussi de façon positive, les événements de vie (positifs ou négatifs) peuvent être métabolisés favorablement, des déclics psychologiques incroyables peuvent se voir… Croyez-nous, il ne faut jamais désespérer ni se décourager (juste souffler de temps en temps), même en toxicomanie, le pire n'est jamais sûr.

Les coprescriptions

Devant les polydépendances du toxicomane et face aux nombreuses comorbidités psychiques, il est obligatoire de se questionner sur la prescription de psychotropes, en particulier associée à la substitution. Sur le plan médicamenteux, l'objectif idéal d'un suivi est certes que le patient n'ait à utiliser aucune molécule pour son vécu de bien-être, mais la réalité est tout autre… D'abord parce que le toxicomane guéri serait alors plus sage que nombre de ses contemporains… Ensuite et surtout parce que cet objectif approché, quelquefois atteint, ne peut s'acquérir que par étapes au cours desquelles les psychotropes sont souvent indispensables. Il faut donc s'en servir, mais avec une règle de base : **que ce qui est *a priori* est une solution ne devienne pas un problème**, donc s'en servir avec circonspection, c'est-à-dire poser une indication, des règles de prescription voire de délivrance, et des limites. S'en servir avec circonspection, c'est donc s'en servir quand même, sinon le patient peut bel et bien rechercher une alternative « thérapeutique » dans l'alcool, le cannabis, ou le marché noir du médicament.

Enfin, nous évoquerons les prescriptions antalgiques et plus rapidement les autres prescriptions somatiques qui peuvent poser problèmes, d'autant que les médicaments sont récents (par exemple le Subutex®, les antiprotéases).

Prescription de BZD

Effets et détournements

Rappelons que ces médicaments sont doués de plusieurs actions, que l'on retrouve peu ou prou quelle que soit la molécule : anxiolytique, hypnosédative, myorelaxante, anticonvulsivante, mais aussi amnésiante, euphorisante, et, effet assez particulier au flunitrazépam, désinhibitrice. Enfin, en cas de mésusage de Subutex® (injection) avec adjonction de flunitrazépam voire d'alcool, les risques de dépression respiratoire sont potentialisés, le pronostic vital étant alors engagé.

Ces données pharmacologiques recoupent les effets que les toxicomanes recherchent avec ces médicaments :

– un équivalent « défonce », avec sensation d'euphorie, d'effet « planant », voire anesthésique ;

– une désinhibition avec stimulation, voire facilitation au passage à l'acte délinquantiel, et amnésie de l'acte ;

– une efficacité « corporelle » liée à l'effet myorelaxant (« un médoc que l'on sent ») ;

– une anxiolyse et une sédation améliorant les troubles du sommeil.

C'est pourquoi un diagnostic de situation, une évaluation est indispensable avant de décider qu'il ne faut pas prescrire, ou qu'il faut prescrire, et alors, pourquoi et comment.

Certes l'évaluation s'intéresse aux BZD (lesquelles ; depuis quand ; par voie orale mais aussi sniffée, injectée, voire fumée, par fidélité aux rituels de prise ; la fréquence, régulière ou sporadique ; l'effet recherché ; le contexte de prise ; le mode d'approvisionnement, mutiprescription, marché noir ; les incidents légaux et médicaux, troubles de la mémoire, crises comitiales, passage aux urgences) mais également à la recherche de problématiques psychologiques.

La mise sous substitution

Il est nécessaire d'évaluer, outre évidemment la consommation d'opiacés et des autres produits illicites, un mésusage, voire une dépendance aux BZD mais aussi à l'alcool. Le patient peut éluder ces consommations si la question n'est pas posée, ne répondant qu'en termes de « drogues ». Savoir comment il gère le manque d'opiacés permet habituellement de se faire une idée de l'utilisation des BZD et de l'alcool.

Si le problème existe, l'induction de Subutex® (et de méthadone) doit éviter le sevrage de ces deux substances psychoactives, ce qui impose donc de prescrire des BZD. Les molécules à demi-vie longue, par exemple Valium®, Rivotril®, peu détournées, sont utiles. Un dégressif très progressif permet d'arriver à une dose minimale puis de décider :

– d'arrêter la prescription, avec un relais ou non de médicaments non-BZD, selon l'évaluation (*cf.* plus bas) ;

– de maintenir cette prescription, car il n'y a pas de détournements et indication.

Dans certains cas, les difficultés persistent et renvoient aux paragraphes suivants.

Le patient insistant

Soit il s'agit d'un patient inconnu du médecin, ou très connu pour cette situation, soit, et cela est plus rare, d'un patient sous substitution qui se met à demander avec insistance des BZD.

La dépendance est patente, les détournements le sont également : c'est une demande de ravitaillement de Rohypnol®, de Tranxène®. Les effets recherchés sont la « défonce », la stimulation.

Il ne faut pas prescrire ce qui est demandé, mais expliquer son refus est nécessaire : risque de dépression respiratoire avec la substitution, risque médicolégal impliquant la responsabilité du médecin, risque de dépendance et d'amnésie, de syndrome confusionnel. Il est utile également de proposer une solution alternative et contrôlée, une orientation vers un centre spécialisé. L'agressivité du patient implique fermeté et souplesse, il faut savoir s'appuyer sur une charte qui précise la non-prescription de ces médicaments, montre que l'on ne travaille pas seul et que l'on est au courant du sujet. Céder facilement, c'est s'exposer au bouche à oreille du groupe des toxicomanes demandeurs, mais il n'y a pas à risquer sa vie face à quelqu'un de déterminé, voire menaçant d'une arme.

Evaluation

Soit le patient correspond aux situations précédentes, soit il exprime cette demande au cours du suivi, soit le médecin se met à se poser la question de la prescription de BZD. L'évaluation est alors capitale.

Le sous-dosage est la première hypothèse à éliminer, car facile à résoudre. Les troubles du sommeil, l'irritabilité, la nécessité de prendre la substitution dès le réveil, voire un réveil précoce par rêve de drogues, sont des symptômes plus fréquents que le cortège noradrénergique classique. Il faut y remédier par un ajustement des posologies de substitution.

Les comorbidités anxieuses sont aussi à étudier. Anxiété généralisée, phobies de situations, sociales, crises d'angoisse, utilisation d'alcool de façon sporadique liée à certaines circonstances angoissantes, ces diagnostics doivent s'accompagner de prescriptions, mais aussi de propositions psychologiques (relaxation, groupes d'affirmation de soi, psychothérapies). Mais que prescrire ?

La recherche d'une dépression débutante est impérative, avec prescription et travail psychologique et relationnel.

Plus complexe est la situation quand les diagnostics précédents s'intègrent au **deuil du plaisir, de l'anesthésie affective** ou quand **la passivité, le vide des journées** participent aux consommations. La prise en charge globale, à la fois médicale, socioéducative et psychologique devient indispensable.

Les problématiques addictives sont également responsables de prises massives de BZD.

Enfin, rappelons-le (chapitre 6), la déstabilisation de la substitution (augmentation des posologies, multiprise, reprise de l'injectable), la rechute dans les produits sont des modes d'expression des problèmes que nous venons de citer. Une pathologie organique est également à éliminer.

Que prescrire ?

Des benzodiazépines, mais uniquement certaines déjà citées, et après accord avec le pharmacien, avec un fractionnement, comme la substitution.

Des anxiolytiques non benzodiazépiniques : par exemple, l'Atarax®, le Buspar® sont utiles.

Des neuroleptiques sédatifs (Tercian®, Loxapac®, Solian®, Théralène®, etc.) ne sont pas si mal supportés, mais exposent à la prise de poids, en particulier avec la méthadone.

Des antidépresseurs anxiolytiques, nous y reviendrons plus bas.

Si les prescriptions ne sont pas des BZD, il faut vérifier l'absence éventuelle d'un sevrage.

Evidemment, l'appoint relationnel, la prise en charge globale sont essentiels. De même, l'évaluation de la situation, de la compliance aux traitements sont d'autant moins complexes que le cadre de travail autour du patient (en particulier les recommandations accompagnant la substitution) est clairement défini et respecté.

Prescription d'antidépresseurs

Cette prescription est utile soit parce que le diagnostic de dépression est posé, soit, nous venons de le voir, dans le cadre de troubles anxieux.

Là aussi le sous-dosage est l'hypothèse à éliminer en priorité. Nous renvoyons le lecteur au chapitre 6 pour les divers aspects de la symptomatologie, les pièges somatiques à éliminer (recrudescence d'une hépatite, hypothyroïdie).

Les IMAD sont contre-indiqués.

Les tricycliques doivent être des molécules de deuxième intention, car leurs effets secondaires sont potentialisés par la substitution, et ils peuvent également monter les dosages sanguins de la méthadone, voire du Subutex®. Mais en cas d'échec des autres traitements, il faut savoir les utiliser, leur efficacité étant certaine.

Les IRS sont donc les médicaments de première intention, même si les interactions avec la substitution ne sont pas rares (potentialisation, en particulier avec le Prozac®, le Floxyfral®, moindre avec le Séropram®, le Déroxat®), d'autant que pour certains, ils évitent l'adjonction de tranquillisants.

Enfin, l'Athymil® a une certaine utilité dans les insomnies, le Vivalan® est relativement stimulant.

En fait, le médecin doit utiliser les molécules qu'il connaît bien, en prenant garde aux interactions, à la prise du traitement, et ce durablement, à compléter sa prescription par son travail relationnel, voire à hospitaliser ou demander un avis spécialisé en cas de dépression persistante, grave, avec risque suicidaire. De même, un diagnostic de PMD, avec la possibilité d'un traitement normothymique préventif, nécessite un avis spécialisé, le lithium nécessitant une observance parfaite (et des prises de sang régulières...), le Tégrétol® étant peu indiqué (inducteur enzymatique gênant la substitution), la dépakine et le dépamide pouvant avoir une toxicité hépatique (l'hépatite C est déjà là...).

Prescription d'hypnotiques

Passons sur la demande de Rohypnol®, que nous avons traitée au premier paragraphe de ce chapitre.

Les plaintes autour du sommeil sont fréquentes et il est utile d'étudier les horaires de coucher, la sieste, la quantité de sommeil, sa qualité, son ancienneté ou au contraire son apparition récente.

L'évaluation globale est évidemment importante, les diagnostics évoqués ci-dessus (sous-dosage de substitution, anxiété, dépression, etc.) concernant la prescription de BZD sont à rechercher.

Cependant, il faut également évoquer un sevrage quelconque (alcool, cannabis, BZD...), des prises de produits (cocaïne, Rohypnol®...) et un décalage de phase (le patient se couche tard et s'endort encore plus tard).

Enfin, il est souvent indispensable de faire un travail éducatif de base (l'activité journalière, le repas lourd du soir quelquefois le seul de la journée, le café, le tabac, le bruit, la télévision et le canapé, etc.).

Quant à la prescription, outre le traitement des causes, en particulier psychiatriques, une BZD ne doit pas être le premier recours. L'Athymil®, le Théralène®, le Stilnox®, l'Imovane®, la Mépronizine®, le Noctran® décevront probablement le patient mais sont à tenter d'abord.

Prescriptions d'antalgiques

Rappelons (chapitre 9) qu'il faut s'imprégner des recommandations de l'OMS dans l'évaluation de la douleur et, bien sûr, rechercher une cause conduisant à un traitement étiologique (sans omettre d'éliminer un syndrome de manque résiduel, voire d'évoquer des plaintes hypochondriaques). Rappelons également (chapitre 5) que les médicaments de substitution, s'ils sont à l'origine des antalgiques, n'ont plus cette propriété à cause du phénomène de tolérance, et qu'un patient sous substitution ressent la douleur de façon banale.

Enfin, il est impératif de **tenir compte des interactions entre la substitution et les antalgiques, en particulier centraux, pour éviter soit l'inefficacité du traitement antalgique (bloqué par la substitution), soit l'apparition d'un syndrome de manque (par déplacement du traitement de substitution).** Par commodité, distinguons le cas de la méthadone et du Subutex®.

Méthadone

Dans les cas habituels : poursuite de la substitution

Il est possible de maintenir la substitution en prescrivant le paracétamol, l'aspirine et les salicylés, les anti-inflammatoires non stéroïdiens.

Sont à proscrire :

– pour des risques d'inefficacité ou de dangerosité par accumulation : les codéinés, le dextropropoxyphène ;

– pour le risque de précipitation du syndrome de manque : la buprénorphine, la nalbuphine, le chlorhydrate de tramadol, etc.

Dans les autres cas

Si les douleurs nécessitent de changer de paliers de traitement, il est possible de maintenir la méthadone en une prise journalière comme substitut, et de prescrire comme antalgique de façon fractionnée (3 à 4 fois par jour) soit de la méthadone, soit de la morphine.

En fait, il semble moins compliqué d'arrêter la méthadone et d'utiliser la morphine, à la fois comme substitut et comme antalgique (en tenant compte de la tolérance croisée : prise fractionnée en 3 ou 4 fois par jour, posologie élevée).

Subutex®

Il est possible de maintenir la substitution en prescrivant le paracétamol, l'aspirine et les salicylés, les anti-inflammatoires non stéroïdiens.

Sont à proscrire :

– pour des risques d'inefficacité ou de dangerosité par accumulation : les codéinés, le dextropropoxyphène, le chlorhydrate de tramadol, la nalbuphine ;

– pour le risque de précipitation du syndrome de manque : la morphine, le dextromoramide.

S'il s'avère nécessaire de changer de palier, il est préférable d'arrêter le Subutex® (son augmentation se heurterait à l'effet plafond) pour utiliser la morphine comme substitut et comme antalgique, en respectant 24 heures de délai.

Interactions autres

Elles sont surtout documentées avec la méthadone, qui est à la fois connue depuis plus de 30 ans et qui est facile à doser, au contraire du Subutex®. Cependant, il est possible de réfléchir par analogie, en sachant également que la BHD semble beaucoup plus rarement susceptible d'interactions.

Une diminution des taux sanguins de méthadone est possible :

– par diminution de l'absorption (sels d'aluminium) ;

– par diminution de la fraction libre (Laroxyl®) ;

– par induction enzymatique du cytochrome P450 3A4 (antituberculeux, antiépileptiques, antiprotéases) ;

– par augmentation de l'élimination (acidifiants).

Une augmentation des taux sanguins de méthadone est possible :

– par augmentation de l'absorption (antihistaminiques) ;
– par augmentation de la fraction libre (antidépresseurs IRS) ;
– par induction enzymatique du cytochrome P450 3A4 (macrolides, antifungiques, antiprotéases) ;
– par diminution de l'élimination (alcalinisants).

La méthadone augmenterait les taux circulants d'AZT, de zidovudine. L'alcool par accès potentialise la méthadone mais, utilisé de façon chronique, elle augmente son élimination (après un sevrage de l'alcool, le patient peut être surdosé).

Ainsi, il nous paraît important de se tenir au courant de ces interactions qui sont découvertes au fur et à mesure que les toxicomanes deviennent des patients « comme les autres », sont soignés « comme les autres », et même plus (VIH, hépatites). Les revues, les centres de pharmacovigilance, les laboratoires (Schering-Plough pour le Subutex®, Mayoli pour la méthadone) sont d'un précieux secours.

12

Le toxicomane à l'hôpital

Les occasions de rencontre entre l'institution hospitalière et la personne du toxicomane sont très nombreuses. Autrefois, deux grands types de situations résumaient ces occasions :

– la demande de sevrage, souvent exprimée avec une certaine véhémence dans les services d'urgence médicale et psychiatrique ;

– les pathologies associées, fréquentes et variées (médicales, psychiatriques et chirurgicales), liées aux prises de drogues, en particulier injectables, mais aussi au mode de vie et à la désinsertion.

Cependant, l'avènement de la substitution, ***a priori*** médicalement assistée, a modifié la donne, certes en limitant le manque et donc la demande de sevrage en urgence, mais aussi en diversifiant les indications d'hospitalisation, tant du côté des substances utilisées (alcool, BZD, cocaïne) que des troubles psychologiques associés. Il est ainsi actuellement fréquent de poser un séjour à l'hôpital pour d'autres sevrages, plus programmés, pour permettre un bilan que l'ambulatoire ne permet pas d'obtenir, pour mise à l'abri temporaire de produits, pour pathologies psychiatriques, imposant la notion de « lits de crises ». Enfin, dans une conception de la substitution de très longue durée, les services seront amenés à soigner des patients pour des troubles divers, en tenant compte de ce traitement, mais sans maintenir le diagnostic de toxicomanie.

Il convient donc de se pencher sur cette problématique rencontre entre les services hospitaliers et les toxicomanes, dans l'intérêt des deux protagonistes de ce face à face. Cela implique évidemment de réfléchir à l'articulation entre la médecine de ville, les centres spécialisés et l'hôpital, lequel peut avoir créé une équipe de liaison spécialisée (ECIMUD : Equipe de Coordination et d'Intervention auprès des Malades Usagers de Drogues), ce qui aidera à la connaissance des ressources intra-hospitalières, la programmation des hospitalisations, la compliance au cours du séjour et la préparation de la sortie.

Hospitalisations pour pathologies associées

Les difficultés se situent schématiquement autour de quatre axes de réflexion :

– le toxicomane est considéré comme un mauvais malade ;
– le toxicomane hospitalisé est par définition en manque ;
– malgré le traitement du manque, des problèmes persistent ;
– le toxicomane est affublé d'une mauvaise image.

L'analyse de ces difficultés nous conduira à la notion de culture de service.

Le toxicomane hospitalisé : un mauvais malade ?

Par rapport aux autres patients, le toxicomane hospitalisé est souvent considéré comme un mauvais malade. En fait, l'expérience montre que les **accidents graves** (violences, automutilations) **sont particulièrement rares**. Mais ils peuvent laisser une trace indélébile dans la mémoire institutionnelle du service, ce qui posera problème face à l'admission d'un nouveau patient étiqueté d'emblée à risque avant même tout trouble du comportement.

Le plus souvent, ce vécu de « mauvais malade » prend forme à travers **des incidents mineurs mais extrêmement répétitifs :** les conflits autour du règlement tacite de toute hospitalisation (ne pas fumer dans sa chambre, être présent à la visite, les sorties, les visites nombreuses voire douteuses) ; les « fugues » régulières du service pour se procurer du produit, et donc les recherches par le personnel pour les examens et prises de traitement, les suspicions de prises de drogues, les disparitions de seringues, de médicaments, voire d'ordonnances ou de tampons (à éviter par prévention d'équipe adéquate), etc. Le toxicomane donne aussi quelquefois le sentiment de manquer de respect pour lui-même et pour autrui, de mettre en échec ce que l'on fait pour lui, d'être déroutant sur le plan relationnel, fuyant le contact ou revendiquant avec agressivité à tout propos, et en particulier à propos des médicaments…

Car voilà bien ce qui est le plus fréquemment souligné : **le harcèlement du personnel afin d'obtenir des psychotropes supplémentaires** (« ce que vous me donnez, ça ne me fait rien »). Cette demande répétitive peut cependant être reliée au fait que les toxicomanes ont plus de troubles psychologiques que les autres patients (anxiété, dépression, insomnie...), qu'ils ont développé une certaine tolérance aux antalgiques et anxiolytiques. Enfin, cette demande répétitive de traitement s'explique par deux points qu'il nous faut développer : il n'y a pas toujours de prise en compte de la dépendance (ou tardivement ou de manière inadaptée) et l'hospitalisation, même demandée, est un moment difficile pour le toxicomane.

Le toxicomane hospitalisé est un toxicomane en manque

Le syndrome de sevrage aux opiacés (héroïne, codéinés, morphinomimétiques, etc.) est bien connu, il comprend plusieurs phases qui évoluent rapidement. Rappelons-en les principaux signes :

– envie impérieuse (compulsive) de prendre un opiacé ou « faim de drogue », avec anxiété ;

– puis s'ajoutent (6 heures après la dernière prise) : bâillements, sueurs, larmoiement, rhinorrhée ;

– puis (12 heures) : sensations de chaud et froid, courbatures et douleurs musculaires, horripilation ;

– puis (18 heures) : nausées, insomnie, hyperthermie ;

– enfin s'ajoutent (24 heures) : diarrhée, mydriase, anorexie et asthénie.

Or, quand un toxicomane est hospitalisé pour une pathologie associée, il ne bénéficie en général « que » du traitement symptomatique de cette pathologie, sans tenir compte du sevrage obligatoire, ou, parfois, cette prise en compte est tardive ou mal adaptée (sédatifs seuls à forte dose). Le patient toxicomane est alors en manque, ce qui explique en partie ses demandes ressassées de médicaments et certains de ses troubles du comportement. La conduite à tenir logique est donc de mettre en place un traitement précoce de gestion du manque, ce qui permet par ailleurs de mieux aborder cette pathologie associée. Plusieurs cas de figures sont à étudier.

Le toxicomane n'est pas sous substitution : il faut gérer le manque

Nous avons déjà décrit les trois types de protocoles de gestion du manque.

Traitement classique symptomatique

Il utilise une combinaison d'antalgique, d'antispasmodique, de myorelaxant, d'anxiolytique (BZD ou neuroleptique sédatif) et d'hypnotique, en ajoutant, selon le tableau clinique, anti-émétique et antidiarrhéique. Les posologies sont diminuées à partir du 5e jour pour s'arrêter au 8e sauf pour l'anxiolytique et l'hypnotique.

Traitement classique par alpha-stimulant

Il vise la noradrénergie excessive du syndrome de manque. La clonidine est employée en cinq prises d'un demi-comprimé de 0,15 mg ; la guanfacine moins sédative en cinq prises de gélules à 0,5 mg ; les deux à cette posologie pendant 4 jours puis en réduisant quotidiennement d'une prise jusqu'à l'arrêt. L'hypotension orthostatique impose de « sauter » la prise. S'y adjoignent un anxiolytique, un antalgique et un hypnotique.

Mise sous substitution

La méthadone ne peut être utilisée dans cette indication.

Le Subutex® est le médicament de choix. Comme dans l'initialisation classique, il faut tenir compte de la période intercalaire sans opiacés (héroïne, codéine, et antalgiques centraux) de 12 heures environ et de la montée progressive des doses en multiprise puis monoprise quotidienne.

Par exemple : J1 : 2 mg – 2 mg – 2 mg ;
J2 : 4 mg – 0 – 2 mg ;
J3 : 6 mg – 0 – 2 mg ;
J4 : 8 mg.

Le contrôle sublingual de la prise est nécessaire, de même que l'association avec un anxiolytique et un hypnotique. Il conviendra d'orienter le patient à sa sortie vers un réseau médecin-pharmacien pour tenter de poursuivre la substitution.

Le sulfate de morphine ne peut être un médicament de première intention car il n'a pas l'AMM. Mais il reste très utile chez la femme enceinte toxicomane (la mise sous buprénorphine nécessitant un minimum de manque n'est pas sans danger) d'autant qu'on peut le prolonger avec de la méthadone à la sortie en l'initialisant dans un centre spécialisé. De même en cas de coma ou de voie parentérale prépondérante, les perfusions de morphine juguleront le manque avec l'aide d'un anesthésiste. Ensuite, le Subutex® peut servir de relais, en tenant compte de la période intercalaire sans opiacé pour l'induction progressive de la substitution.

Rien n'empêche d'associer les protocoles, par exemple le traitement classique symptomatique précoce de première intention, puis au 3e jour, après les résultats des premiers bilans permettant d'évaluer la durée nécessaire de l'hospitalisation et selon la symptomatologie du sevrage, poursuite de ce protocole ou passage aux alpha 2 agonistes ou à la buprénorphine.

Le toxicomane est sous substitution bien conduite : il faut la poursuivre

Si le patient est durablement sous substitution, les signes de manque n'apparaîtront que progressivement, ce qui laisse le temps (24 heures environ) de joindre le prescripteur pour vérifier produit et dosage. Il serait en effet particulièrement inopportun de mettre sous Subutex® un patient habituellement sous méthadone, car cela provoquerait un syndrome de sevrage. Il faut donc insister sur le port d'une carte précisant ces données. C'est à nouveau l'occasion de rappeler que certains patients sous substitution ne sont plus toxicomanes…

En cas de doute (coma) le manque peut nécessiter l'usage de morphine perfusée : la réintroduction de la méthadone plus tard est aisée, dépendant de la dose de morphine ; celle de Subutex® également, en tenant compte de la période intercalaire sans opiacé.

Le toxicomane est sous substitution mal conduite : il faut la recadrer

En particulier avec le Subutex® injecté. Il est alors nécessaire de conserver ce produit et de le passer en sublingual avec contrôle de la prise, mais en maintenant le multiprise quotidien plus longtemps pour tenir compte des sursauts de manque liés aux rituels (horaires de prises).

Un anxiolytique et un hypnotique sont également indispensables.

Petits rappels complémentaires

Rappelons que le traitement de la douleur doit tenir compte de la substitution. Rappelons également que le toxicomane est aussi dépendant de sa seringue, de l'effet « *flash* », et qu'il est donc judicieux de limiter l'abord injectable aux strictes indications médicales. Par ailleurs, signalons la fréquence de la polytoxicomanie ; il faut donc penser à rechercher d'autres symptômes de sevrage (alcool, cannabis, BZD, etc.), lesquels seront en général jugulés par l'utilisation d'anxiolytiques. Enfin, un accompagnement psychologique doit systématiquement être proposé car l'hospitalisation est un moment difficile dans l'histoire du toxicomane.

Malgré le traitement du manque, des problèmes persistent

Certains pourraient imaginer que la régulation du syndrome de manque permet de faire disparaître les difficultés relationnelles avec le toxicomane. Même si cela facilite grandement le séjour, et quelquefois suffit à instaurer le climat adéquat au traitement de l'objet de l'hospitalisation, dans de nombreux cas des problèmes persistent. Ils ont trait au toxicomane (l'hospitalisation vécue de façon très négative) et aux services (non-prise en compte de la notion de trajectoire, mauvaise appréciation des besoins du patient et de la prise en charge de la toxicomanie).

Accepter de travailler avec la notion de trajectoire

Rappelons que cette trajectoire comprend trois phases (lune de miel avec plaisir prédominant, gestion du manque avec à la fois plaisir persistant et besoin, galère avec besoin prédominant) et que, schématiquement, la demande du toxicomane évolue au cours de ces phases (pas de demande, demande d'arrêt du manque, demande d'arrêt de la toxicomanie). **Un toxicomane hospitalisé pour une intercurrence peut donc ne pas être dans un projet d'abstinence. C'est l'un des points d'achoppement de la relation du service avec ce patient.**

Oui, quand il n'est pas à une phase d'abstinence, il reprendra ses conduites à la sortie... Oui, même en phase d'abstinence, il risque de passer par des périodes de rechutes dans les drogues... Et alors ? **Nous sommes là face à une problématique chronique et évolutive : il faut accepter de se centrer sur le présent, la pathologie pour laquelle il est dans le service, en sachant que l'on travaille sur le long terme.**

Tenter de faire prendre conscience est une chose, rabrouer le patient pour ses inconséquences en est une autre. Evoquer une prise en charge pour la toxicomanie est une chose, exiger l'abstinence en est une autre. Poser les principes de la réduction des risques, du « *shoot* à risques limités » est bien plus responsable et responsabilisant que de pester devant lui sur le coût social de l'hospitalisation.

Accepter de travailler avec la notion de trajectoire, c'est accepter de soigner le patient là où il en est, en sachant qu'il peut, qu'il va changer, c'est donc préserver son avenir. Refuser de le faire, c'est prendre le risque du rejet ou d'une mise sous pression inadaptée renforçant les difficultés relationnelles avec le patient, donc de ne pouvoir soigner la pathologie actuelle, ce qui peut plus tard entraver ses projets au moment de la sortie de la toxicomanie.

Une mauvaise appréciation de la prise en charge des toxicomanes ?

Rappelons que cette prise en charge se décompose schématiquement en trois étapes.

Première étape : l'obtention de l'abstinence qui comprend quatre aspects :

– un temps de bilan pluridisciplinaire médical, social, éducatif et psychologique qui s'accompagne de la mise en place d'un cadre thérapeutique et d'une relation de confiance dénuée de jugement moral sans laquelle tout bilan est illusoire ;

– l'arrêt proprement dit par la substitution ou le sevrage (ambulatoire ou hospitalisé) ;

– l'abord des problèmes psychiatriques apparus au décours du sevrage (troubles anxieux, troubles de l'humeur, psychoses, troubles des conduites alimentaires et autres addictions, troubles du contrôle des impulsions, alcoolisme, etc.) et que l'on tentera de prévoir au cours du bilan ;

– l'implication de l'entourage, parental et conjugal.

Deuxième étape : le maintien de l'abstinence :

– par un travail psychologique de renforcement de l'estime de soi, par la positivation des conséquences de l'abstinence, par la mise en place de projets pragmatiques éducatifs et professionnels ;

– c'est une période à haut risque, jalonnée de rechutes et de troubles psychologiques, pendant laquelle il faut aider le patient à comprendre plutôt comment et non pourquoi il a repris la drogue.

Troisième étape : le traitement de fond qui vise tant les troubles de la personnalité que la mise en place de mécanismes cognitifs et comportementaux de contrôle de l'abstinence.

La prise en charge repose donc sur **une combinaison au long cours des modalités** incluant du soutien psychologique, des psychothérapies, individuelles et familiales, des traitements médicaux et psychiatriques, du travail social, de l'accompagnement éducatif, des activités de réinsertion professionnelle. L'objectif est finalement non pas l'arrêt, mais le changement : pour que le patient arrête durablement, il faut qu'il change, qu'il reconstruise progressivement sa vie au fil du temps... Nous sommes donc loin de la simple cure et de la mise sous substitution.

Il est compréhensible que la « **désintoxication** » **(par la cure ou la substitution)** soit **mythifiée** par le toxicomane du fait de l'action de la drogue, ainsi que par son entourage du fait de sa détresse. Mais trop souvent encore les professionnels réagissent en miroir et attendent tout d'un sevrage ou d'une substitution. Parce que le patient est sous substitution ou parce que le service a pris en compte son manque, il devrait ne pas avoir de problèmes… ou alors c'est qu'il y met de la mauvaise volonté ou du vice. Mais, nous l'avons vu tout au long de ce chapitre et de ce livre, cela est bien plus complexe.

L'hospitalisation : un moment difficile aussi pour le toxicomane

■ L'hospitalisation confronte à la maladie

Ce moment difficile est particulièrement net au cours des premières hospitalisations, même quand elles sont désirées.

Admis pour une pathologie associée, le **toxicomane découvre brutalement sa dépendance** physique, ce qui bat en brèche son sentiment mégalomaniaque de gérer sa consommation (« j'arrête quand je veux »). Il éprouve l'échec de son espoir mythique de vivre avec la drogue en la maîtrisant, en la dominant.

De plus, la dépendance est un principe organisateur de vie qui laisse peu de place à un questionnement sur la santé (au sens de Canghilem : la santé est le luxe de pouvoir tomber malade et de s'en remettre). Lorsqu'un toxicomane parle de lui, **il ne se définit ni malade ni en bonne santé mais « en manque ou bien** ». Nombreuses sont ainsi les pathologies diagnostiquées tardivement, par examen systématique ou par une sérologie (hépatites B et C par exemple), d'autant que les opiacés sont d'excellents antalgiques.

Ce caractère difficilement accessible à la notion de santé conduit également à un certain nombre de mythes comme celui de **l'invulnérabilité** (« je passe à travers tout, rien ne peut m'atteindre dans le cocon du produit ») **que l'hospitalisation questionne brutalement**. Le toxicomane est hospitalisé parce que sensé être malade, sensé accepter l'identité de malade, ce qu'il a quelquefois du mal à admettre dans un premier temps et que ressentent les équipes (encore plus en psychiatrie). Il se dit malade mais au sens du manque, et peut même exacerber son comportement de toxicomane, préférant cette identité, mettant ainsi en place des mécanismes de déni de la maladie, voire du pronostic de cette maladie (par exemple avec la pathologie du VIH). C'est souvent une surprise pour le médecin qui suit un toxicomane en ambulatoire de le découvrir comme une caricature de drogué au cours d'une hospitalisation pour une pathologie surajoutée, reprenant ce comportement, cette identité, même sans prise de produits, la préférant à celle de malade, comme si le fait d'être hospitalisé aggravait ce comportement.

C'est pourquoi il peut être utile de proposer des séjours brefs d'emblée, à la prolongation négociable, ce qui diminue l'angoisse. De même l'ambulatoire doit être privilégié, soit pour éviter l'hospitalisation, soit pour la raccourcir, voire pour la préparer, ce qui impose de réfléchir à des dispositifs adéquats et à une meilleure formation des médecins généralistes, la création de réseaux ville-hôpital, d'ECIMUD étant là indispensable.

■ L'hospitalisation met en évidence les problèmes du toxicomane

En effet, malgré le traitement du sevrage, le toxicomane découvre que sa dépendance n'est pas que physique, ce qu'il nie pendant longtemps en réduisant son problème au manque somatique (« j'en prends parce que je suis en manque, soignez mon manque et je suis guéri »). Au cours de l'hospitalisation, il pense encore à « elle », la drogue, et malgré la substitution, il se découvre dépendant du milieu qui sert d'étayage, du temps qui n'en finit pas de passer (apragmatisme en dehors des recherches d'argent et de produits), des ressources financières de la revente, il suspecte la complexité d'une insertion sociale, d'une composante familiale ou conjugale. **Ainsi**, quel que soit l'événement qui le conduit à l'hôpital, **le toxicomane y est brutalement confronté à l'ensemble de son problème**, à la prise de conscience de ses dépendances, à la maladie. A nouveau, c'est un moment difficile pour lui… et donc pour le service. Il peut également se retrouver face à des difficultés psychologiques sous-jacentes que la prise de drogues avait gommées.

■ Difficultés relationnelles

Qu'elles soient liées au style relationnel du toxicomane, aux troubles sous-jacents (en particulier les pathologies narcissiques) et, il ne faut pas l'oublier, à la désinsertion (horaires, règles de vie, socialité, dont la politesse…) ou pour certains aux multiples incarcérations (provoquant des comparaisons mal venues entre le service et la maison d'arrêt, souvent en cas d'isolement thérapeutique nécessaire), le contexte de l'hospitalisation renforce ces difficultés, d'autant plus que le service ne les prend pas en compte. Un patient peut ainsi paraître déroutant si on ne suspecte pas qu'il a des difficultés à communiquer simplement, verbalement (un de nos patients laissait la porte de sa chambre ouverte pour que l'infirmière vienne lui parler, mais celle-ci la fermait en passant sans entrer… il disait « ils veulent pas s'occuper de moi », le service disait « une porte de chambre doit être fermée »…mais cela se passe-t-il ainsi avec un non-toxicomane ?), que les troubles narcissiques renforcent cette impression qu'il ne suscite pas l'intérêt, que le patient interprète énormément ce qui se passe autour de lui selon ce filtre négatif, etc. C'est dire si **la relation comme outil de soins est indispensable**, et qu'on ne peut cantonner l'équipe aux soins somatiques, et la relation au psychologue du service ou à l'intervenant de l'ECIMUD. Ecouter, analyser, expliquer, recadrer, individuellement et en équipe fait partie du travail de base.

Tout ce que nous avons écrit au chapitre 6 sur la relation est donc indispensable à connaître et à appliquer. La aussi, pour réussir la rencontre, il faut réagir en soignant et non en citoyen, utiliser l'empathie, sans copinage, ni cécité ni toute-puissance, mais avec une dose de fermeté, savoir être authentique, concret et pragmatique, conserver son contrôle et prendre le temps d'expliquer pour assurer un soutien actif et susciter la confiance. Réussir cette rencontre est d'autant plus important que le patient présente une pathologie chronique (VIH, hépatites) et que ce séjour sera suivi d'autres admissions.

Mais si ces éléments relationnels sont du registre individuel, il faut également tenir compte du fait qu'un service est un système propre, qui n'est pas que la somme des professionnels qui le composent, et qu'il existe donc une relation « patient-service », dont nous donnerons les bases dans quelques lignes, en l'intitulant « **la culture de service** », comme l'a fait Marie Schalckens-Fuks.

Quoi qu'il en soit, soulignons pour l'instant l'intérêt d'un contact avec une structure spécialisée avant ou au cours de l'hospitalisation, tant pour le patient et son entourage que pour mieux travailler. D'autant que les toxicomanes font fréquemment l'objet de représentations négatives.

Le toxicomane hospitalisé : une mauvaise image ?

En plus d'être quelquefois vécu comme un mauvais malade, nous en avons explicité certaines raisons, le toxicomane, qui par ailleurs a un vécu négatif de son hospitalisation, subit également une représentation défavorable. Ce difficile problème, ce « fléau », fait l'objet d'images sociales négatives (proche du phénomène du bouc émissaire), heurte notre éthique personnelle et suscite un jugement moral. Le toxicomane s'entend bien aussi à provoquer ces réactions.

Il est « le toxicomane », identité de groupe derrière lequel l'individu toxicomane disparaît (« ils sont tous les mêmes, ils disent tous la même chose »). Le stéréotype peut le poursuivre alors qu'il est abstinent (le toxicomane inactif, par opposition avec le toxicomane actif). Des malades posant des problèmes de troubles du comportement sont même parfois étiquetés « toxico » en dehors de toute réalité. Les problèmes qu'ils posent sont forcément liés à sa toxicomanie, qu'ils soient somatiques (certains patients totalement stabilisés supportent mal les questions insistantes sur leurs supposées récentes prises de drogues sensées expliquer leur symptomatologie) ou qu'ils soient psychiques (niant leurs difficultés relationnelles autres). Nous l'avons déjà expliqué, il faut lutter contre ces « distorsions cognitives » du soignant.

Il est ainsi capital de **ne pas aborder cet hospitalisé uniquement comme un toxicomane**. Ce type de représentation doit donc être travaillé car il gêne la prise en charge et risque de provoquer des attitudes de rejet explicites ou masquées. Par exemple, l'utilisation, au cours d'hospitalisations pour pathologies médicales ou psychiatriques, de contrats d'exigence élevée (pas de visites, pas de sorties, pas de téléphone, etc.) conduit fréquemment à des ruptures conflictuelles qui ne peuvent être reprises après au cours du travail psychologique, ou à l'impossibilité pour le service de les tenir (comment faire sortir un patient gravement malade ?) alors que ces contrats sont utiles à l'occasion de cures de sevrage préparées. En dehors d'une cure, les contrats, qui accompagnent un traitement de gestion du manque, doivent donc avoir un seuil bas (respect des règles du service, des prises de médicaments…) et être instaurés, non au cours du séjour, mais dès l'admission. Nous y reviendrons sous peu.

A l'inverse, le toxicomane peut susciter une mobilisation affective du personnel soignant qui se veut en capacité de le « sauver » à l'occasion de son hospitalisation. Ce désir trop exprimé, trop démonstratif, angoisse un patient admis pour une pathologie quelconque. Il est particulièrement difficile pour une équipe d'**accepter de se cantonner à soigner la maladie sans tenter de soigner la toxicomanie**, et c'est pourtant, nous l'avons vu, la stratégie la mieux appropriée quand il n'y a pas désir d'abstinence.

Cependant, les services qui reçoivent régulièrement des toxicomanes montrent, grâce à leur travail d'équipe, à leur expérience, à la formation du personnel et à une collaboration confiante avec leur ECIMUD et les centres spécialisés, que ces représentations négatives ne sont pas immuables, qu'il est fréquemment possible de trouver la bonne distance relationnelle et d'arriver à une hospitalisation utile pour ce patient difficile dans des conditions acceptables pour tous.

Culture de service

Evidemment chaque service n'est pas concerné de la même manière par la toxicomanie et on ne peut pas mettre sur le même plan une équipe d'infectiologie recevant de nombreux toxicomanes de façon répétée et une équipe les admettant rarement et de façon isolée dans le temps. Dans le premier cas, une culture de service est indispensable à acquérir.

Culture de service sous-entend que tout le personnel est concerné par la gestion des problèmes, faisant fi des distinctions « médecins, non-médecins » et des aspects hiérarchiques. Il s'agit d'acquérir un savoir (par la formation et les contacts spécialisés) et une expérience commune. Ceci implique d'analyser à froid les situations passées (et donc nécessite une capacité à l'autocritique) afin de poser des conduites à tenir (voire des « conduites à réfléchir ») mettant en jeu la cohésion de l'équipe, car la stratégie adoptée, même si elle n'est pas partagée par tous, doit être acceptée et appliquée par tous.

Se créer une charte

Une manière simple pour discuter en équipe de ceci est de travailler à **une charte du patient toxicomane hospitalisé**, que l'on mettra en place en commun et qui sera présentée et commentée au patient à son admission. Citons-en quelques éléments.

Contrat ou règlement ? Nous l'avons vu, dans les cas d'hospitalisations pour intercurrences, il est inadéquat de poser des contrats à seuil élevé, qui provoquent des situations d'exclusion que l'on ne peut tenir. Parce que les sevrages sont accompagnés de tel contrat, cette stratégie a été plaquée sans discernement à toute hospitalisation de toxicomane… Nous savons par expérience que la pose d'un contrat sécurise l'équipe soignante, mais il faut que cette pratique soit adaptée au patient et à la pathologie qui le conduit dans le service. C'est pourquoi nous préférons employer le terme de « charte » qui correspond plus à rappeler le règlement d'une hospitalisation, comme cela pourrait être fait pour tout patient non toxicomane.

Le manque. Il doit être précisé d'emblée que le manque fera l'objet d'un traitement spécifique, que la substitution sera poursuivie si elle a été déjà instaurée.

Fouille ou inventaire ? Reconnaissons que le mot « fouille » est plus conflictuel que le mot « inventaire »...d'autant que certains patients ont beaucoup connu la prison. De plus l'inventaire est une obligation concernant tous les hospitalisés.

La Loi. Un service n'est pas un *no man's land* législatif. La violence physique, le vol, le *deal*, le port d'armes y sont interdits comme partout ailleurs. Signifier l'interdit, dire la responsabilité du service, son obligation à prévenir l'administration, est impératif.

Le respect. L'hôpital est un lieu collectif. Le respect du lieu, de sa chambre, des autres patients, des membres du personnel est à rappeler. Par exemple, il peut être illusoire de s'acharner à faire dormir rapidement la nuit un toxicomane qui vit décalé depuis des années, mais il doit respecter le sommeil des autres.

Le rappel des règles de base (les horaires de visites, ne pas fumer dans la chambre, ne pas entrer dans la salle infirmière et l'office, etc.) n'est pas inutile.

Les propositions de rencontre avec un professionnel de l'Ecimud, du centre spécialisé (assistant social, psychologue, infirmier de secteur, etc.), même si elles sont d'abord refusées, permettent de situer le service comme ne travaillant pas isolément, inscrit dans un réseau, et donc suffisamment au courant des « choses de la toxicomanie ».

Enfin, l'important est de lui lire cette charte, d'écouter ses réflexions, de commenter le pourquoi des éléments du règlement. Faire appel à sa responsabilité, le considérer comme un vrai malade, utiliser le travail relationnel (la manière de dire les choses est plus signifiante que ce que l'on dit) peut sembler illusoire mais permet pourtant de décrisper bien des situations, même si quelques patients continueront à poser de très complexes problèmes. Là encore, il faut rappeler qu'à côté de ces cas volontiers épuisants, des hospitalisations se font sans trop de heurts au bénéfice de tous.

Principales erreurs

Dans les services accueillant épisodiquement ces patients toxicomanes pour une pathologie associée, l'erreur principale est de ne pas gérer le manque d'opiacé, en particulier quand la toxicomanie n'est pas « avouée ». Cependant, de nombreux signes sont donnés à voir (cause de l'admission, signes de manque, disparition et réapparition en meilleur état !, découverte de seringues, etc.), mais ne sont pas vus (la cécité du service) ou vus et tus (ne pas intervenir, laisser faire), ce qui finit par mettre l'équipe très mal à l'aise et ne facilite pas les soins.

Autres hospitalisations

Sevrage en urgence

Nous l'avons vu avec la trajectoire, la demande urgente de sevrage d'opiacés par un toxicomane en manque correspond bien plus à une rupture de stock fortuite qu'à un projet d'abstinence. Il ne faut donc pas se leurrer sur la compliance durable du séjour hospitalier.

Cependant, hormis le cas d'une demande itérative pour un même patient (et alors questionner une urgence psychiatrique), pourquoi ne pas répondre favorablement à cette demande sur 24 heures, soit par un traitement ambulatoire et orientation sur le réseau, soit par une hospitalisation en lits de crise (s'ils existent et que le service accueillant n'est pas saturé) ? Au-delà de ces 24 heures, si le toxicomane a été hospitalisé et peut et veut rester, un cadre classique sera proposé.

Enfin, en l'état actuel du marché de la drogue (et du marché noir de la substitution), cette situation de manque est rare et suspecte. Il faut donc éliminer une urgence cachée, tant somatique que psychiatrique ou sociale.

Sevrages programmés

Opiacé

La programmation doit être effectuée par le généraliste, l'Ecimud, le centre spécialisé, en collaboration avec le service accueillant, et doit permettre :

– d'étaler les admissions dans le service (plusieurs toxicomanes en même temps nécessitent beaucoup d'investissement de la part de l'équipe et cette situation peut provoquer un effet groupe) ;

– de mettre en place le contrat ;

– de donner un sens à cette cure dans la prise en charge du patient.

Le contrat, pour être efficace, doit en effet impliquer un engagement réel de la part du patient, ce qui nécessite d'en discuter avec lui avant l'admission afin qu'il en comprenne l'intérêt. Par exemple l'absence de communications téléphoniques et de sorties doit s'expliquer par l'existence des sursauts de manque et le risque de demander qu'on lui apporte du produit ou d'aller en chercher. De même, les visites doivent être discutées, totalement interdites, réservées à un membre de la famille (le conjoint non toxicomane ?), prévues à l'avance. Evidemment, le règlement du service, qui s'ajoute au contrat, est présenté et commenté à l'admission.

Sevrages sous substitution

Qu'il s'agisse de sevrages d'alcool ou de BZD, ils doivent également se programmer. L'utilité du contrat chez ces patients doit être évaluée. Leur mode de fonctionnement toxicomaniaque a-t-il suffisamment évolué ? Qu'en est-il de leur distance à l'égard du monde de la drogue ? En plus de la charte, il nous semble qu'un contrat minimal (sur les sorties et visites) est utile.

Séjours de crises et de ruptures

Ils sont amenés à se développer avec les prises en charge sous substitution et l'apparition fréquente des troubles que nous avons décrits aux chapitres 6 et 10. Il faut distinguer les hospitalisations psychiatriques (troubles dépressifs, anxieux, addictifs, psychotiques, etc.) et les problèmes de prises de produits (en particulier la cocaïne, les BZD) qui nécessitent une rupture de la consommation. Il s'agit plus d'une mise à distance temporaire de la drogue que d'un sevrage proprement dit (même s'il y a traitement de sevrage pendant l'hospitalisation) car il existe une certaine urgence qui ne permet pas une programmation équivalente, l'ambulatoire étant dépassé, et il s'agit plus de donner la possibilité au patient de reprendre un minimum d'autonomie et de discernement pour remettre en place le suivi. C'est là que les lits de crise sont le plus opérants.

Séjours de « bilan »

Enfin, face à des patients particulièrement complexes, présentant des troubles multiples tant somatiques, psychologiques que sociaux, et utilisant massivement diverses substances psychoactives, il est quasiment impossible de poser un suivi sans une programmation rapide d'un temps d'hospitalisation, qui sert alors à la fois de bilan multiaxial et à « voir » le toxicomane avec un état de conscience non modifié par tout ce qu'il prend.

Conclusion

Quel rôle pour le généraliste ?

Le problème essentiel est de **poser une indication d'hospitalisation précise**. En effet, à la limite, il n'y a pas lieu d'hospitaliser un toxicomane pour toxicomanie... mais pour un problème somatique ou psychiatrique, un sevrage ou une mise sous substitution, un moment de rupture ou un séjour de crise : plus l'indication (voire les indications) sera claire pour le médecin, plus elle sera claire pour le service et le patient.

Il doit **disposer de ressources** pour les problèmes de son patient. Il lui faut donc connaître l'Ecimud de l'hôpital, à défaut, l'existence ou non de lits de crise, les services effectuant les sevrages.

Il est nécessaire de **préparer un minimum l'hospitalisation**, par un contact personnalisé en précisant où en est le patient dans ses consommations et ce qu'il en est de sa substitution, évidemment en dehors d'une urgence (encore qu'un contact téléphonique est complémentaire à un courrier). Il peut également prévoir les difficultés et en parler avec le patient.

La réciprocité à la sortie est une évidence, et là aussi le téléphone précédera le courrier. Il est important de savoir si une ordonnance a été prescrite (et quoi) afin d'éviter les manipulations.

Du côté de l'hôpital

A partir de cette analyse de la rencontre entre l'hôpital et le toxicomane, il est possible de résumer les quelques principes de base que nous avons développés au fil des différents paragraphes.

En urgence :

– quelle que soit la demande, rechercher une pathologie sous-jacente ;

– en cas d'hospitalisation, traitement précoce de gestion du manque classique, évoquer un séjour bref à négocier ;

– en cas de non-hospitalisation, proposer un traitement de gestion du manque classique, orienter vers le réseau, le centre spécialisé (mais alors sans assurer une hospitalisation, car un centre ambulatoire n'a en général pas de lit à disposition et propose des suivis).

Hospitalisation pour pathologie associée :

– poursuivre la gestion du manque en l'adaptant rapidement (traitement classique, alpha-stimulant, et surtout substitution) ;

– commenter la charte ou poser un contrat minimal équivalent ;

– se centrer sur la pathologie de l'admission et non sur la toxicomanie ;

– proposer un contact spécialisé, une orientation sur le réseau en l'absence de médecin référent.

Hospitalisation pour sevrage de l'héroïne :

– traitement du manque classique ou alpha-stimulant ;
– contrat thérapeutique si possible ;
– préparation préalable entre généraliste et service ;
– en concevoir l'utilité au sein d'une prise en charge plus globale à susciter si elle n'est pas déjà mise en place.

Convenir que, même dans cette conduite à tenir, il n'y a que des cas particuliers...

Et accepter qu'une hospitalisation ne peut obtenir qu'un résultat partiel, face à cette problématique chronique. Nous entendons trop souvent : « cette hospitalisation est un échec », sous-entendu « puisqu'il n'est pas guéri »... Mais le but d'une hospitalisation n'est pas la guérison, c'est un acte technique qui s'intègre à un suivi au long cours et qui permet souvent bien des avancées dans l'après, avancées qui n'auraient pas pu être obtenues sans ce séjour. Il n'y a pas échec car une hospitalisation ne peut donner que ce qu'elle peut donner, et cela est souvent très utile.

Enfin, nous devons exprimer notre inquiétude devant la réduction des lits dans les services, qui impose un *turn over* important des patients, une difficulté à les garder un peu plus que s'ils n'avaient « qu'une pathologie »... **Nous voulons dire par là que l'hôpital devient de plus en plus fait pour des malades n'ayant pas ou que peu de troubles médicopsychosociaux.** Inventer la chirurgie ambulatoire est formidable, mais cela ne peut être appliqué à un SDF... Sortir trois jours après un accouchement, faute de places, est inadapté à de nombreuses patientes. Lire dans un courrier : « la maman vient voir très régulièrement son nouveau-né et la relation mère-enfant est bonne. Puis à partir du 15e jour, la maman passe de moins en moins dans les horaires, devient fuyante, demande des nouvelles sans s'occuper de son bébé. Le petit X, après arrêt du traitement du manque, en bonne santé, 2,875 kg, sort avec sa mère au 20e jour » laisse sans voix, nous le verrons au prochain chapitre. Proposer à un patient hyperanxieux une hospitalisation pour le début du traitement de son diabète qu'il n'arrive absolument pas à mettre en place, obtenir son accord et l'accord du service, lequel le laisse partir après la consultation d'admission faute de place, casse deux mois de suivi. Ne pas obtenir l'ostéosynthèse d'une clavicule cassée parce « qu'on n'opère que les sportifs » ne prend guère en compte que cette femme seule a un bébé de 3 mois et vit au troisième sans ascenseur. Arrêtons les exemples, ils sont quasi quotidiens, les services ne sont pas en cause, mais la réduction des lits, leur hyperspécialisation, l'engorgement des urgences, le coût de l'hospitalisation probablement.

De plus nous considérons que s'intéresser à ces patients « mixtes », somatiques et psychologiques et sociaux, ne semble guère valorisé, n'apparaît pas « noble », alors qu'il faut au contraire reconnaître la noblesse et la complexité de ce travail hospitalier, développer la recherche dans ces domaines, prendre conscience que cela concerne une partie importante de la population (la plus malade ?), et donc conserver la possibilité d'hospitaliser durablement ces patients, de leur maintenir l'accès aux soins. Toute autre évolution serait éthiquement discutable et, économiquement, contre-productive.

13

La femme enceinte toxicomane

S'il fallait prouver que la toxicomanie ne laisse jamais insensible, suscitant des réactions entre les deux extrêmes que sont le rejet plus ou moins déguisé et l'hyperactivisme étouffant, il suffirait probablement d'analyser ce que le diagnostic de grossesse chez une femme toxicomane provoque comme réflexions. Entre « cette femme qui se drogue ne mérite pas d'être mère » et « avec un enfant, elle va trouver la force d'arrêter », il y a la réalité d'une situation complexe, porteuse d'espoir et de difficultés, dans laquelle le médecin peut avoir un rôle capital pour peu qu'il connaisse les quelques principes de bases de ces suivis et sache impérativement travailler en partenariat.

Posons d'emblée les cinq points que nous allons développer dans ce chapitre et qui conditionneront la conduite à tenir :

– la grossesse chez une femme toxicomane est évidemment une grossesse à risques ; elle présente un certain nombre de particularités car, si la toxicomanie modifie la grossesse, la grossesse modifie également la toxicomanie, l'une des conséquences de ces interactions étant la priorité à la substitution ;

– cette grossesse est un moment privilégié pour mettre en place des suivis que la femme toxicomane n'aurait pas acceptés ou suscités sans son état gravidique ; c'est pourquoi il est important de proposer à nouveau des orientations, même si elles ont pu être refusées précédemment ;

– les compétences maternelles, et cela est souligné par la majorité des auteurs, sont peu affectées par les produits, mais il faut les soutenir impérativement, les troubles narcissiques, les symptômes de manque du nourrisson pouvant les entraver ;

– le post-partum est une période à haut risque de rechutes et de troubles psychologiques dont le pronostic dépend étroitement de la qualité des suivis mis en place pendant la grossesse ;

– le pronostic de l'enfant est lié au style de vie et à la place de la drogue dans le fonctionnement psychique de la future mère.

Développons ces différents points à travers quatre paragraphes :

– les interactions entre grossesse et toxicomanie ;

– les objectifs de la prise en charge, spécifiquement liés à la grossesse ;

– les moyens permettant d'atteindre ces objectifs ;

– le post-partum et l'avenir…

Interactions toxicomanie-grossesse : quelques particularités

Action de la toxicomanie sur la grossesse

Un diagnostic tardif ?

Il est en effet fréquent de faire ce diagnostic au 5e voire au 6e mois ! Le plus souvent ce retard de diagnostic est lié à l'aménorrhée fréquente sous héroïne et au fait que ces femmes se pensent stériles. S'y ajoutent les troubles du schéma corporel, les distorsions cognitives (les nausées et vomissements, la constipation sont expliqués par la prise de drogue). Plus rarement des troubles de la personnalité impliquant un déni de la sexualité (anorexie, hystérie) entrent également en jeu.

Une grossesse non désirée ?

Cette idée communément admise est en fait rare. En effet quand la grossesse n'est pas désirée, il est fréquent que le diagnostic ne soit pas tardif, la femme venant consulter dans les délais (souvent de peu). Il faut savoir alors l'accompagner vers l'interruption volontaire de grossesse si cela est son choix. De même, si les délais sont dépassés, il est licite de soutenir l'interruption thérapeutique après l'avoir aidée à prendre sa décision.

Mais le plus souvent, une fois la grossesse découverte, le désir de la mener à terme est exprimé, la grossesse est rapidement investie et il apparaît que, plus ou moins consciemment, il y avait projet d'enfant, expliqué plus ou moins dans l'après-coup (trouver une raison d'arrêter la drogue, renouer des relations familiales, deuil d'un ami, d'un membre de la famille, changer de vie…), projet plus ou moins mythifié. Plus le futur enfant est mythifié plus il faudra travailler ce projet, faire passer de l'enfant idéalisé à l'enfant réel. Quelquefois c'est l'état même de grossesse qui est idéalisé, plus que l'enfant qui semble alors absent des préoccupations du moment.

Cependant des grossesses non désirées surviennent de façon non rare au cours de la mise sous substitution qui permet aux cycles de reprendre. C'est pourquoi il est impératif de faire une information générale sur la contraception quand on met une femme sous méthadone ou Subutex® afin qu'elle puisse choisir de fait le moment d'une grossesse en connaissant également ce que la substitution a comme avantages et inconvénients.

Nous insistons sur ce point car les « grossesses accidents » ravivent les antécédents de carences affectives et d'abandon.

Le manque : un risque à éviter !

L'héroïne, non tératogène, passe la barrière transplacentaire. C'est le paradoxe de la femme enceinte toxicomane : **le manque d'héroïne est plus grave que l'héroïne !** En effet quand la mère est en manque, l'utérus est également en manque (risque d'accouchement prématuré lié aux contractions ; les traitements noradrénergiques risquent d'augmenter les sensations de manque) et le fœtus est aussi en manque (souffrance fœtale voire mort *in utero*). Le manque impromptu ou voulu (un sevrage) est donc à éviter. C'est l'une des causes, avec les conditions de vie, qui provoquent la prématurité et le retard de croissance, que la substitution et la prise en charge vont limiter.

C'est pourquoi la substitution est privilégiée pour réguler le manque et ses risques au cours de la grossesse (la prématurité, le petit poids de naissance). Bien évidemment, le nouveau-né présentera un syndrome de sevrage.

Cependant un sevrage peut être indiqué si la patiente le souhaite vraiment, d'autant que les signes de manque sont modérés ou que la femme enceinte est déjà sous substitution avec des posologies faibles (inférieures à 4 mg de Subutex®). Il importe alors de le préparer avec prudence, afin de mettre en place un sevrage hospitalier, en milieu obstétrical, si possible entre la 14e et 32e semaine, voire dans le dernier mois, avec reprise de la substitution envisagée en cas de menace d'accouchement.

Enfin, la substitution n'est absolument pas incompatible avec le sevrage car on peut travailler sur toutes les substances psychoactives.

Aspects toxicologiques et polytoxicomanie

Les autres drogues passent par la barrière transplacentaire. Mais la plupart de ces produits ne provoquent pas d'embryogenèse prouvée sauf la cocaïne et le crack soit par effet direct, soit de manière indirecte (vasoconstriction impliquant des atrésies ?).

Cependant il ne faut pas s'arrêter aux « drogues » mais évoquer également les effets de l'alcool (tératogène…), des BZD et du tabac.

C'est pourquoi, si la prise en charge médicale de l'héroïnomane enceinte passe actuellement par la substitution, il est également nécessaire de travailler la prise des autres drogues, illégales (cannabis, cocaïne) et légales (alcool, tabac), et de bien peser les indications de chaque prescription (BZD, antidépresseurs). Toutes ces substances peuvent, elles aussi, être responsables de sevrages à l'accouchement chez le nouveau-né.

Enfin, la méthadone est connue depuis plus de 30 ans et on ne lui connaît pas d'effets tératogènes. Le Subutex® est trop récent pour avoir des certitudes absolues, et la prudence s'impose donc, même si *a priori* rien n'a été décrit jusqu'à présent. Ainsi l'AMM du Subutex® déconseille actuellement son utilisation aux deux derniers trimestres de la grossesse.

Cependant, la femme enceinte toxicomane se pose fréquemment des questions sur la possibilité de malformations chez son enfant. Il n'est pas toujours possible de la rassurer pleinement quand il existe un certain flou sur les consommations autour de la conception et au premier trimestre de la grossesse. Les échographies sont alors attendues dans une atmosphère tendue de culpabilité et vécues comme instrument scientifique de réassurance qu'elles ne peuvent pas toujours apporter. Cette culpabilité et cette peur de malformations questionnent pour la patiente, quand ce n'est pas pour la famille, le bien-fondé de la substitution ou des posologies proposées. Il est important de redresser ces *a priori* qui exposent au sous-dosage, en ne trichant évidemment pas sur les conséquences, le sevrage, pour le nouveau-né. Il faut être clair, l'alternative n'est pas « la substitution ou rien », mais le plus souvent « la substitution ou l'héroïne ou des prises d'alcool et d'anxiolytiques »…

Action de la grossesse sur la toxicomanie

Des parenthèses dans la toxicomanie ?

Le plus souvent, la femme toxicomane va tenter de réduire ses consommations et de modifier son style de vie. Dans deux tiers des cas, la grossesse permet une première venue ou une reprise de contact avec les intervenants médicaux et sociaux, spécialisés ou non.

C'est pourquoi il est impératif de l'aider, de la soutenir dans son projet, de mettre en place un suivi et une relation de confiance, quoi que l'on pense intérieurement de sa situation.

Ainsi la grossesse est une période privilégiée pour poser les bases d'une prise en charge ; cela est d'autant plus important que, si nous évoquons le terme de parenthèses, c'est bien pour souligner qu'une parenthèse s'ouvre mais aussi qu'elle se ferme (avec le post-partum).

Où dans la trajectoire ?

Rappelons que cette trajectoire comprend trois phases (lune de miel avec plaisir prédominant, gestion du manque avec à la fois plaisir persistant et besoin, galère avec besoin prédominant).

Habituellement la grossesse a lieu dans la 2e ou 3e phase, et il est logique de considérer que le suivi variera selon ces phases. De plus, la grossesse, de par son effet « parenthèses », modifie le continuum de cette évolution temporelle classique, faisant avancer la patiente plus vite, mais il ne faut pas nier le risque de reprise, de retour à cette trajectoire après l'accouchement.

Le bilan évaluatif et la stratégie doivent tenir compte de ces modifications, la preuve en étant la réduction, voire la disparition des consommations obtenue quelquefois spontanément. Cependant, il faut aller au-delà, le score TMSP que nous avons déjà décrit est évidemment à utiliser complètement sans omettre ces aspects physiques, sociaux et psychologiques. Car plus que tout, le pronostic semble lié au style de vie, à la place des drogues dans le style de vie et le fonctionnement psychique du sujet.

Retour sur l'histoire familiale ?

La grossesse comme pour toute femme est une occasion de se remémorer sa propre enfance, de se questionner sur son futur statut de mère et ses capacités maternelles. Les expériences douloureuses de l'enfance, les conflits avec les parents et en particulier sa propre mère sont sources d'angoisse.

La grossesse peut être ainsi un moment de retrouvailles avec ses parents mais aussi de les questionner sur le passé. Les parents eux-mêmes peuvent se rapprocher de leur fille qu'ils voyaient peu du fait de sa toxicomanie.

Tous ces aspects sont positifs, mais quelquefois la grossesse peut être mythifiée par les parents (« avec un enfant, tu vas arrêter la drogue »), ce qui expose à des désillusions réciproques. Il arrive également que les futurs grands-parents voient, dans ce futur bébé, l'enfant qui va leur permettre de « rattraper les erreurs » qu'ils auraient commises avec leur fille, risquant alors inconsciemment de dévaloriser les compétences maternelles de celle-ci afin d'obtenir l'éducation de l'enfant.

La jeune femme cherche d'ailleurs quelquefois à cacher à ses parents soit sa consommation de drogues, soit, le plus souvent, qu'elle est sous substitution, ayant peur de leur jugement. Il est important de l'aider à dire la vérité, d'autant que les situations pratiques à venir la contraindront à mentir de plus en plus (pourquoi le bébé est en réanimation, pourquoi ce traitement, pourquoi pas d'allaitement, etc.).

Place du père, souvent toxicomane

Le plus fréquemment, il s'agit d'un couple de toxicomanes. Et c'est un couple en danger… En effet la tentative d'arrêt de la future mère ne s'accompagne habituellement pas de la même tentative de la part du futur père. Les parenthèses ci-dessus décrites s'effectuent en effet essentiellement chez la femme enceinte. La persistance des prises de drogues du conjoint met en danger la tentative de la femme qui peut alors prendre ses distances pour se protéger. Il est donc très utile de proposer une double prise en charge et d'aider également le conjoint.

De plus, quand le couple s'est connu à travers les drogues, il est fréquent que les tentatives d'arrêt modifient les relations de couple, que la découverte du conjoint sans drogue (et réciproquement) implique la déception et que le passage du couple à trois (madame, monsieur et la drogue) au couple à deux soit très problématique.

Enfin dans certains cas, le couple est peu sexué, beaucoup plus soudé sur l'appartenance de groupe que sur la différenciation sexuelle, la jeune femme ayant eu des expériences conjugales passées avec des hommes relativement interchangeables, de manière plutôt fraternelle même si les relations sexuelles sont présentes. Le conjoint se trouve alors souvent en difficultés dans l'investissement de son futur statut de père.

Chaque cas est particulier

Il est enfin important de souligner qu'on ne prend pas en charge « la » femme enceinte toxicomane, mais « une » femme enceinte toxicomane donnée, avec sa spécificité, son histoire personnelle, familiale et conjugale propre.

Cela est d'autant plus important qu'avec les techniques de substitution au long cours, une sage-femme peut se trouver face à une femme enceinte précédemment sous Subutex® et complètement toxicomane (la substitution comme équivalent-dope) ou face à une femme enceinte sous Subutex® ou méthadone et complètement abstinente depuis plusieurs années (la substitution comme médicament). Il faut en effet distinguer, rappelons-le, être dépendant d'un produit et ne pas avoir le contrôle de ce produit.

La préparation d'une grossesse, voire sa programmation, est donc une possibilité de travail chez une femme substituée qui envisage de devenir mère. Si les posologies de substitution sont faibles, un sevrage peut être tenté, avant la conception, avec l'accord de la patiente et en étant particulièrement attentif aux troubles psychologiques et aux conduites de remplacement aussi préjudiciables que l'opiacé contrôlé (alcool surtout). Sinon, il faut discuter posément des avantages, nombreux, et des inconvénients, limités mais réels, du maintien de la substitution.

Cela veut dire également que si la substitution est mise au cours de la grossesse, elle ne doit pas stopper avec l'accouchement… d'autant que cette période est très problématique. Par exemple, pour une entrée méthadone, le protocole doit être très allégé (la rupture du contrat n'étant pas envisageable) au niveau d'un bas seuil s'il le faut, en proposant une entrée dans le programme officiel (analyses d'urine, prises quotidienne, etc.) 3 ou 4 mois après la naissance. De même, si le Subutex® est mis en place au cours de la grossesse, il peut être utile de tenter de le poursuivre bien que cette pratique aille à l'encontre des recommandations de prudence de l'AMM, de continuer la prise en charge visant la stabilisation et la mise en place progressive des processus de changement. Pareillement, si un sevrage a été tenté et réussi en cours de grossesse, il peut être judicieux de reprendre rapidement la substitution dans le post-partum.

Objectifs spécifiques de prise en charge

A côté des objectifs habituels de tout suivi de toxicomane, la grossesse impose des objectifs spécifiques.

Améliorer le suivi de la grossesse

La situation la plus difficile à gérer pour une maternité est celle de l'accouchement d'une femme inconnue dont on découvre la toxicomanie au cours du travail.

Il faut donc mettre en place un suivi de grossesse habituel en tenant compte de la nécessité d'un apprivoisement réciproque :

– la femme enceinte toxicomane vis-à-vis de l'hôpital, dont elle peut avoir des souvenirs et une image négative ;

– l'hôpital vis-à-vis de la toxicomanie, qui peut tout autant avoir connu des expériences difficiles et appréhender la situation.

C'est pourquoi il nous paraît important de réaliser des accompagnements en maternité et néonatalogie pour des présentations réciproques et pour diminuer les *a priori*.

Ces accompagnements concernent également les prises de sang (faisant l'objet de réticence et d'évitement à cause de l'abord veineux difficile), les actes techniques (écho, RV de sage-femme, d'anesthésiste, etc.). Cela doit réduire les rendez-vous manqués ou permettre d'en reprendre.

Ne pas s'intéresser qu'à la future mère

La future mère tend à disparaître derrière son ventre et futur bébé. Il faut donc s'intéresser à elle aussi comme femme, toxicomane et fille, à ses difficultés dans tous ces domaines, et ne pas imaginer qu'enceinte, tout va naturellement bien, en miroir de la patiente, de la famille et de certains intervenants. Il est donc impératif d'aller au-devant de ces difficultés qui peuvent ne pas être verbalisées spontanément si la grossesse est mythifiée ou si les troubles narcissiques impliquent une certaine honte à ce que tout n'aille pas si bien que cela. Soulignons à nouveau la fréquence de l'anxiété avec peur de malformations, de la culpabilité avec sentiment d'être responsable des souffrances futures du manque du nouveau-né ou d'une contamination VHC ou VHI.

De même, les difficultés à aborder ne sont pas uniquement celles qui ont trait à la prise de produits, mais à la situation très globalement. C'est pourquoi il est également utile de se décentrer de la drogue et de discuter des difficultés et de choses banales, comme face à toute parturiente, comme par exemple la diététique, l'hygiène, le mal de dos, etc.

Préparer le suivi psychosocial et le rendre positif

Si nous devons privilégier les relations mère-enfant, il n'est pas question de voir ce couple disparaître dans le post-partum sans suivi. Le service social de la maternité effectuera un signalement PMI à la naissance. Il faut en avertir la future mère et lui faire intégrer qu'il peut s'agir plus d'une aide que d'un contrôle.

Rendre ce suivi positif est particulièrement difficile quand il y a eu de lourds antécédents sociaux ou que les services de suite ont des images très négatives de la toxicomanie (ce qui implique de travailler à froid avec ces services de PMI pour faciliter le suivi commun et modifier les représentations sur la mère toxicomane). Le vécu de ce suivi peut alors être persécutif, s'il n'y a pas suffisamment de transparence dans le travail de partenariat, que la patiente n'adhère pas à ce travail, ou que la menace permanente de placement infantilise la mère ou l'insécurise.

Cependant si l'enfant paraît en danger, un placement peut s'avérer nécessaire, et il faut alors tenter que la mère puisse se l'approprier en le demandant elle-même. Car le risque d'un placement dans le court terme, c'est tout simplement la grossesse de remplacement...

Anticiper les relations mère-enfant

Il est important que le futur enfant devienne réel, que cela se ressente à travers la capacité à se projeter dans l'avenir. L'investissement de la grossesse puis de l'enfant doit se voir dans la réalité (les achats, la place de l'enfant dans les projets, etc.) et servir de support pour soutenir, étayer et développer les compétences maternelles.

Il faut également anticiper les relations précoces qui sont volontiers difficiles et peu gratifiantes avec les signes de sevrage du nouveau-né, ce qui peut entraîner un sentiment d'incompétence de la part de la mère, l'impression que son bébé la rejette, une exacerbation de la culpabilité face au manque, une mise en évidence du besoin et de la relation de dépendance qu'elle a trop connue.

Ceci est d'autant plus à travailler que la femme enceinte toxicomane présente des troubles narcissiques, un déficit de l'estime de soi, de mauvaises images parentales intériorisées par identification lors de sa propre enfance.

La séparation mère-enfant imposée par le traitement du sevrage du nouveau-né devrait pouvoir être limitée en terme de lieu (même unité d'hospitalisation).

Si l'allaitement n'est pas contre-indiqué par les virologues (VIH, hépatite C), il devrait pouvoir être autorisé, bien que de nombreux auteurs le réfutent à cause de la substitution et du passage du médicament dans le lait maternel (le Subutex® reste actuellement une contre-indication à l'allaitement, mais son passage dans le lait maternel semble très faible) alors que cela permet au nourrisson d'effectuer un double sevrage, du lait et de l'opiacé. L'indication doit donc en être posée en prenant en compte les avantages (relation mère-enfant) et risques pour l'enfant. Par exemple, il est possible de proposer l'allaitement, en introduisant progressivement le lait artificiel afin de faciliter le sevrage, si la mère et le médecin généraliste ou de PMI sont attentifs et prévenus de la possibilité de syndrome de sevrage retardé chez le nourrisson.

Réinvestir le corps

Le corps du toxicomane n'existe le plus fréquemment que dans la souffrance du manque ou l'anesthésie du produit. Il faut donc le redécouvrir sous substitution, c'est-à-dire normal, banal, qui plus est ici en pleine transformation. Faire ressentir ces transformations, les contractures, les mouvements du fœtus, cela est capital, et il faut insister sur les techniques permettant d'approfondir ce ressenti, techniques qui offrent ainsi des possibilités supplémentaires de passer à l'enfant réel.

Poser les bases d'une prise en charge ultérieure de la toxicomanie

La fermeture de la parenthèse, la dépression du post-partum, les difficultés face à l'enfant, la famille, le conjoint, le retour à la réalité, nombreuses sont les raisons des risques de reprises de drogues ou de pathologies au décours de l'accouchement. C'est le soutien sans faille et sans jugement moral, avec le maintien de la substitution, qui peut permettre de passer ce cap au mieux pour la mère et l'enfant.

Moyens spécifiques de prise en charge

Moyens habituels, aspécifiques, de la prise en charge d'une toxicomane

Rappelons-en les bases, à partir :

– du sevrage (suppression de toutes drogues) ;

– ou de la substitution (suppression de toutes drogues excepté le produit de substitution) ;

– il s'agit de poser ce qui fait l'essentiel du suivi, à savoir la prise en charge relationnelle, pluridisciplinaire, qui travaille sur ce que met en évidence l'arrêt des produits (les reprises, les troubles psychologiques), les prises de conscience et la mise en place de processus de changement ;

– avec l'aide d'un partenariat adapté aux besoins d'un patient donné ;

– sans oublier la nécessité des stratégies de réduction des risques.

Quelles spécificités impose la grossesse ?

Sevrage

Nous avons souligné la prudence qu'il impose, les précautions qu'il nécessite ; il ne peut se concevoir qu'avec une préparation pluridisciplinaire, sous surveillance obstétricale. Cela est particulièrement adéquat chez une femme stabilisée avec de faibles posologies de substitution. Le sevrage doit être effectué suffisamment à distance de la date de l'accouchement pour permettre au nouveau-né de naître sans signes de manque. Mais les sevrages des autres produits ne doivent pas être oubliés, dont le tabac…

Substitution

C'est l'outil de base sur lequel se mettent en place les autres moyens de prise en charge.

Si la toxicomane consomme de l'héroïne, la méthadone semble le meilleur produit.

Si elle est déjà sous méthadone, il faut la continuer.

Si elle est déjà sous Subutex® bien pris, il faut le continuer dans l'état actuel des connaissances sur le sujet.

Si elle est sous Subutex® mal pris (détournements vers l'injectable ou le multiprise), il faut profiter de la parenthèse pour le remettre en place, ou préférer la méthadone.

En outre, devant des troubles multiples, il peut être utile de poser l'indication de la méthadone, non pour le produit lui-même, mais pour faciliter le contact avec une structure pluridisciplinaire. De même, le Subutex® peut être temporairement délivré en centre spécialisé pour faciliter le travail d'accompagnement.

Les posologies doivent certes être minimales, mais un sous-dosage est à éviter, tant pour ses répercussions fœtomaternelles que pour le risque de voir d'autres substances psychoactives utilisées (alcool, BZD) ; autrement dit, mieux vaut une monothérapie bien dosée qu'une femme sous-dosée, poly (et auto)-médiquée. En fin de grossesse, il n'est pas rare d'avoir à augmenter le traitement de par les modifications corporelles de la femme enceinte.

La substitution, outre qu'elle facilite grandement le suivi tant de la toxicomanie que de la grossesse, associée au travail relationnel limite également la prématurité et le retard de croissance du nourrisson.

Prise en charge globale

Outre les objectifs spécifiques que nous avons précisés il y a quelques instants, elle n'offre pas de particularité. Tout ce que nous avons déjà décrit dans les chapitres précédents est à utiliser, en particulier le travail relationnel de restauration narcissique ainsi que la prise en compte du passé familial et du couple. La spécificité concerne également l'intensité et la disponibilité car une grossesse découverte à 6 mois et qui se termine à 9 mois laisse bien peu de temps...

Il faut donc réaffirmer l'importance de la fonction de l'accueil et des accompagnements : à côté d'une orientation psychothérapique souhaitée, la prise en charge institutionnelle, avec son étayage au quotidien et donc son aspect relationnel, participe grandement à la restauration narcissique, au développement des compétences maternelles C'est pourquoi nous insistons pour que les généralistes orientent leurs patientes enceintes vers les centres spécialisés.

Partenariat avec les maternités et la néonatalogie

Leur rôle respectif est évidemment capital.

Il leur faut développer une véritable culture de service afin d'acquérir la capacité à gérer ces situations. Culture de service veut dire que le service adhère en totalité, tout le personnel, aux principes de base posés par le service lui-même.

Cela implique de travailler à froid sur les représentations que le personnel a des drogues, de la toxicomanie, de la femme enceinte toxicomane et de ses capacités maternelles, de la prise en charge de la toxicomanie. Il faut également définir des personnes ressources, car il est très utile de pouvoir orienter avec précision sur un nom.

Il faut souligner là aussi l'importance du travail relationnel au cours du séjour, encore plus si le nourrisson est en réanimation. Favoriser les visites, soutenir les compétences maternelles est capital. Ne pas être centré sur la drogue, ne pas expliquer toutes difficultés psychiques ou relationnelles par la prise de drogues, sont des stratégies que nous avons déjà évoquées. La prise en charge du conjoint est volontiers plus problématique mais ne doit pas être surdimensionnée.

Enfin la possibilité de donner des nouvelles d'anciennes patientes permet de renforcer le travail des équipes qui ont trop un sentiment d'échec, sans recul, et cela est normal au vu des quelques jours passés en maternité.

Réduction des risques

Cette stratégie garde tout son intérêt mais doit surtout s'appliquer au couple (risques sexuels, pratique du *sniffing* commun et injectable) plus qu'à la femme enceinte seule. Dans les cas les plus difficiles, la mise sous substitution est en soi une stratégie utile de réduction des risques, permettant de limiter les dommages au cours de la grossesse.

Post-partum et avenir...

Le sevrage de l'enfant est évidemment affaire de spécialistes. Nous décrivons le score de Finnegan de 1975 *(tab. 13.I)* qui sert à évaluer le syndrome de sevrage du nourrisson. Il est à connaître en cas de suspicion de symptômes retardés, et pour mieux comprendre et faire comprendre à la mère l'état de son enfant. De même, il faut savoir que le traitement est à base de petits moyens (emmaillotement, bercement, portage kangourou, pénombre, diminution des bruits) et de Diazépam®, d'élixir parégorique, de morphine et... peut être limité par l'allaitement.

Plus à distance, au retour au domicile (le sevrage pouvant durer jusqu'à 5 semaines), il est important pour le médecin de porter un regard sans préjugé sur le nouveau-né (aspects somatiques, instrumentaux, signes de maltraitance, vision globale de la propreté, de l'hygiène, etc.) et sur la mère (et donc sur les interactions mère-enfant) dont nous avons dit qu'elle était susceptible de vivre dans le post-partum une période complexe pendant laquelle peuvent se déclencher des troubles dépressifs, anxieux, addictifs, ainsi que des reprises de drogues (en ne minimisant pas l'inhalation passive par le bébé du cannabis et du tabac) ou de détournements de substitution. Ces troubles se présentent cependant souvent en termes de crises aiguës, donc temporaires, ce qui n'oblige pas automatiquement à un placement, d'autant que le suivi pluridisciplinaire existe et peut juger de l'aspect évolutif ou non des problèmes.

Ainsi les statistiques montrent qu'un tiers de ces enfants vivent avec les deux parents et une moitié avec la mère seule, les autres étant placés, en nourrice, en famille (souvent une des

TABLEAU 13.I. Score de Finnegan, 1975.

		1	2	3	4
Signes neurologiques	Cris		aigus	incessants, aigus	
	Sommeil		< 3 h après un biberon	< 2 h après un biberon	
	Moro		++	+++	
	Trémulations, convulsions		légères à la stimulation	légères au repos	++ au repos
	Tonus		hypertonie		
	Succion	succion des poings			
Signes digestifs	Régurgitations, vomissements		régurgite	vomit	
	Diarrhée		+	++	
Signes généraux	Baillements	baillements fréquents			
	Eternuements	éternuements			
	Sueurs	sueurs			
	Température		> 38 °C		
Peau	Excoriations	nez genoux orteils : 1 point chaque site			
Respiration	Bruit	respiration bruyante			
	Fréquence	> 60/min	> 60/min et tirage		

grands-mères) ou en institution. Le placement donc n'est pas *a priori* le premier réflexe dans ces situations.

En effet, la prise en charge qui vise à prévenir l'évolution défavorable de l'enfant implique justement la mère et son image, ce qui axe donc le travail sur la relation mère-enfant, la possibilité d'aménager une place à cet enfant qui doit être reconnu par ses parents, ceux-ci devant se montrer en capacité d'élaborer un projet d'éducation pour lui.

Le placement est nécessaire si la difficulté à vivre sans drogues s'inscrit dans l'incapacité à faire face à la vie et que la patiente n'a pas prise sur son existence qui paraît anarchique, sans intentionnalité, sans projection dans l'avenir. Si on peut être toxicomane et bonne mère, la persistance de l'intoxication, par les investissements tant matériels que psychiques qu'elle entraîne, représente un handicap certain pour s'occuper d'un enfant.

Le devenir de ces enfants n'est pas clairement déterminé faute d'études, de recul, d'autant que la causalité des troubles est par ailleurs fort complexe (substances psychoactives, conditions de vie, troubles psychologiques associés). Cependant tous les auteurs insistent sur le travail éducatif et psychothérapique, la lutte contre la discontinuité des soins, visant à permettre une triangulation (cherchant à limiter le risque d'une relation fusionnelle mère-enfant) et à éviter les répétitions transgénérationnelles. Les principaux troubles repérés actuellement sont des troubles du sommeil, des variations thymiques et anxieuses, une faible capacité ludique avec hyperadaptation aux situations concrètes, un retard de parole ou au contraire un langage élaboré précoce, enfin une relation avec la mère qui témoigne à la fois d'une certaine souffrance et d'un fort attachement réciproque. Donc, rien de spécifique... Cependant la plupart de ces études ont été effectuées avant l'avènement de la substitution et la mise en évidence de l'importance des prises en charge associées. Les résultats ultérieurs ne peuvent donc que s'améliorer.

Conclusion

Soulignons à nouveau la place prépondérante du généraliste dans ces suivis, tant au cours de la grossesse qu'au décours de l'accouchement. La grossesse est le plus souvent un moment privilégié pour poser une prise en charge, laquelle conditionne en partie le suivi ultérieur qui peut redevenir problématique. C'est pourquoi il nous apparaît capital que la prise en charge des femmes enceintes toxicomanes soit globale, spécialisée, pluridisciplinaire et que le médecin suscite le travail partenarial.

14

Adolescence et usages de drogues

Ecrire un chapitre sur ce sujet est particulièrement périlleux, parce que les messages à faire passer sont bien plus complexes que ce que l'on entend habituellement (supprimer la drogue, interdire la drogue, informer sur la drogue, chasser les *dealers*, etc.)… et parce que le propos ne peut pas être réducteur.

En effet, **il est impossible de dramatiser ou de dédramatiser une situation sans une sérieuse évaluation**, car tel adolescent pourra se trouver en grand danger, et tel autre non.

De plus, **cette évaluation doit à la fois se centrer sur le produit et se décentrer du produit** : bien sûr, il sera nécessaire de connaître les produits utilisés (et le contexte d'utilisation, la manière de consommer, etc.), mais cela ne sera pas suffisant ; il faudra tout autant s'intéresser à l'adolescent lui-même et à son entourage familial et social, ce qui passe souvent par la mise en place d'une relation authentique avec lui.

Enfin, il faut à tout prix **se méfier des mots « drogues » et « toxicomane »**, tellement lourds de préjugés qu'ils empêchent de réfléchir. Nous voulons dire par là que l'évaluation ne doit pas se réduire aux « drogues » mais explorer toutes les substances psychoactives (le tabac, l'alcool, les psychotropes, les inhalants, au même titre que le cannabis ou l'ecstasy). Nous voulons aussi dire par là que l'évaluation porte sur l'usage, l'abus, la dépendance et les facteurs de risque associés, car s'il est bien un diagnostic qu'on ne peut poser à la légère, c'est bien celui de toxicomanie.

Ceci écrit, l'immense majorité des pharmacodépendants et addictifs adultes ont débuté leurs consommations à l'adolescence, et la plupart des adolescents expérimentateurs de substances psychoactives ne deviendront pas « toxicomanes ». Evidemment, cela nous questionne : pourquoi l'adolescence est-elle une période privilégiée quant à l'usage de substances psychoactives, existe-t-il des facteurs de risques facilitant le passage de l'usage à l'abus et à la dépendance ? Faisons donc un petit rappel sur l'adolescence... qui rappellera peut-être quelques souvenirs personnels au lecteur ?

L'adolescence

De façon « pseudo-scientifique », l'adolescence est une période de bouleversement entre deux périodes en équilibre, l'enfance (la phase de latence) et l'âge adulte (équilibré au sens où peu de choses changeront sur le plan psychique en dehors de quelques assouplissements...). Ces bouleversements ont lieu chez l'adolescent même (son corps, son psychisme) et dans ses relations avec autrui, tout particulièrement les parents, ceux-ci étant d'autant plus confrontés à ces changements qu'ils passent par de l'opposition, de la provocation, de la transgression. Les adultes peuvent donc se sentir attaqués dans leurs rôles, et pourtant leur place est capitale : l'adolescent à travers son comportement demande une réponse structurante.

De façon plus « pointue », l'adolescence est le temps nécessaire à la métabolisation psychique de l'impact d'un corps irréversiblement sexué sur une enfance singulière. Nous insisterons plus loin sur cette évidence (l'adolescence utilise et remanie ce qui s'est structuré auparavant) et rappelons-nous de ce que nous avons décrit de l'addiction.

Elle débute, et nous ne développerons pas cet aspect, par les signes de la puberté, modifications sexuelles (pénis et éjaculation, règles, seins), pilosité, voix... Nous nous intéresserons essentiellement à « l'impact » psychique de ces modifications, en essayant de **souligner comment l'usage de substances peut quasi naturellement s'intégrer au processus d'adolescence, combien la relation avec l'adolescent (relation à l'adulte et au professionnel) est complexe, et pourquoi il faut aider les parents à jouer leurs rôles.**

Les transformations et leurs conséquences

Ce changement pubertaire est traumatique

Même si le désir de grandir est exprimé, c'est la puberté qui impose les changements, que l'adolescent le veuille ou non, et il ne peut les contrôler. Ces modifications du corps interpellent le sentiment d'identité, ce corps nouveau pouvant apparaître bizarre, étrange, en tout cas il fait l'objet de beaucoup d'attention. Ces modifications sont également angoissantes (à qui vais-je ressembler, vais-je être grand ou petit, aurais-je une grosse ou petite poitrine ?) s'intégrant aux autres questionnements de l'adolescent. Accepter, intégrer ce corps sexué peut être précédé de périodes de déni (vêtements amples, etc.) voire d'attaques plus pathologiques (anorexie par exemple). Ce corps investi est aussi un moyen de communication (vêtements, hygiène, tatouages, autant de sources de conflit avec l'entourage… mais aussi somatisations). Ce mode d'expression à travers **les somatisations** doit être connu du médecin afin de renforcer sa vigilance à l'écoute et ne pas prescrire trop rapidement en court-circuitant un temps de parole indispensable.

Le corps se transforme aussi comme repère spatial

Ce changement volontiers brutal en termes de taille et de poids provoque une sorte de **déficit psychomoteur transitoire**, et rend l'adolescent malhabile avec son corps, comme s'il n'avait plus « le compas dans l'œil » pour l'utiliser. Il lui faudra réapprendre à le maîtriser à travers des activités exploratoires, explorer les potentialités de ces nouveautés, quelquefois à l'occasion de prises de risques, dans le sport par exemple.

Ce changement pubertaire fait accéder à la sexualité génitale

Cet accès est plus fantasmatique que réel (contrairement à ce qu'en imaginent les adultes inquiets, l'âge du premier rapport sexuel n'a que peu évolué, autour de 17 ans pour la majorité des adolescents).

Se repérer comme objet du désir d'autrui, repérer autrui comme objet de son propre désir, peut se vivre dans une atmosphère de culpabilité et de honte, craignant que la sexualisation affichée de son corps démasque son intimité, provoquant des conduites d'inhibition ou d'exhibition.

Il est fréquent que cela s'accompagne d'un évitement de la sexualité par l'investissement du « narcissisme du même », c'est-à-dire la priorité donnée à l'amitié fraternelle, l'amour du semblable, dans une possible atmosphère d'homosexualité latente (elle-même culpabilisée, comme les pratiques de masturbation).

Il est également fréquent que la réalisation de l'acte sexuel soit vécue comme très secondaire, par rapport à la relation sexualisée à l'autre. Se rencontrer, s'exhiber, investir le discours amoureux, les lettres d'amour, la drague, le flirt, les préliminaires, en sont des exemples. Etre amoureux, ressentir le sentiment amoureux est bien plus important que l'acte lui-même.

Pour certains, de façon plus pathologique, il y a précipitation dans le rapport sexuel, pour éprouver son corps sexué, l'expérimenter, sans affect, sans que l'autre soit investi (une sorte de « masturbation dans l'autre »).

Ces transformations sexualisent les relations

D'abord, cela est évident avec les parents. Il y a un retour à la situation œdipienne (séduire le parent de sexe opposé, prendre la place du parent de même sexe), bien que cet interdit soit intégré. Un sentiment de malaise peut apparaître à l'occasion de gestes banals, de situations banales (le père qui caresse les cheveux de sa fille, la mère qui entre dans la salle de bains pendant la toilette du fils) qui ont à présent un impact sexualisé. Il arrive que certains parents mettent en place des postures contra-œdipiennes (le père qui va en boîte avec son fils, la mère qui s'habille comme sa fille) qui font confondre « être parent » et « être copain ». Il n'est pas sans incidence non plus sur le plan symbolique de dépasser son père en taille, que les adultes se retournent dans la rue plus sur la fille que sur la mère, etc.

Cette sexualisation touche bien sûr les relations avec les autres adultes, infiltrée du problème de la bonne distance. Trop près, elle est suspecte fantasmatiquement parlant de séduction et d'amour en devenir ; trop lointaine, elle est vécue comme manifestant un manque d'intérêt voire comme persécutrice. L'adulte professionnel face à l'adolescent doit donc trouver cette bonne distance (l'empathie, l'intérêt n'est pas la séduction), ne pas chercher à plaire à tout prix, ne pas craindre d'être vécu comme ringard, car quand on est face à un adolescent, on est *a priori* logiquement ringard…

Cette sexualisation s'accompagne de nouveaux mécanismes de défenses

Ces nouvelles pulsions sexualisées imposent un réaménagement des mécanismes de défenses. Les anciens mécanismes sont bien utiles (le refoulement par exemple) et quelquefois lourdement présents (les défenses scatologiques…) mais de nouveaux outils apparaissent.

La propension à **l'ascétisme**, par exemple (pour s'interdire le sexuel, interdisons-nous tout…). La négligence corporelle quant à l'hygiène (source de conflits avec la maman qui lavait ce corps), le rangement de la chambre (caverne dont l'accès est interdit aux parents), l'intérêt pour le jeûne, l'ésotérisme, sont dans ce registre et peuvent faire l'objet de revirements spectaculaires.

L'intellectualisation est un autre exemple (pour s'interdire le sexuel, parlons, parlons-en, et ne faisons qu'en parler...), d'autant qu'il y a grand plaisir à utiliser ces toutes nouvelles capacités d'abstraction et de symbolisation. Refaire le monde, s'interroger sur la vie, Dieu, la mort, l'amour, la politique, en groupe, tard le soir, est un réel plaisir... sans danger. Voici bien un grand paradoxe : au moment où l'adolescent investit l'intellectuel, le verbe, il ne pourra guère utiliser le langage verbal quand il sera en difficulté et aura bien plus tendance à montrer son malaise à travers des signes d'appels, des actes, qu'en le disant.

La sublimation est aussi très importante pendant cette période, pendant laquelle il sera question d'investir des activités, des loisirs, le travail, non pour faire plaisir aux parents comme pendant l'enfance, mais pour soi-même ou pour les copains.

Image de soi, narcissisme et identifications

L'adolescent est donc en recherche d'identité. Cette recherche est très globale, elle passe par de multiples questions : « qui suis-je, que vais-je devenir professionnellement, me suffirais-je à moi-même ? », mais aussi « quelle est mon identité sociale, sexuelle, religieuse, morale, politique, etc. ? ». Cette recherche identitaire s'accomplit à travers le narcissisme et les identifications.

Nous avons vu combien l'intérêt narcissique est marqué pour le corps, l'intellect, mais aussi les relations (s'intéresser à quelqu'un, c'est répondre à la question « suis-je intéressant pour lui ? » et un adolescent qui dit « je ne m'intéresse à rien » peut vouloir dire « personne ne s'intéresse à moi »). Se vivre comme fort, plein de potentialités, expose cependant à être confronté à la réalité et à la frustration, à découvrir que l'on est aussi faible. Il n'est donc pas rare que les moments d'inflation narcissique alternent avec les moments de dépressivité, d'autant que cette période est marquée par le travail de deuil des objets infantiles.

Pendant la petite enfance, les parents étaient les supports quasi exclusifs des processus identificatoires, mais la recherche d'autonomie et la sexualisation modifient grandement les choses. Les parents sont à présent aussi des modèles que l'adolescent réfute, auxquels il s'oppose, des parents dont il a finalement doublement besoin. Ce travail de deuil nécessaire est favorisé par l'investissement de substituts parentaux, adultes servant à l'identification, professeurs, éducateurs, *leaders* d'opinion, etc.

L'autre pôle identificatoire très fort à l'adolescent est le groupe des pairs, les autres adolescents, qui sert à affirmer sa différence par un mimétisme certain au sein du groupe. Faire comme les copains marque la différenciation générationnelle en termes de langage, de musique, de lecture, de vêtement, de nourriture, etc., c'est être original en groupe. Car la relation aux pairs est banale, normale, structurante : c'est son exclusivité qui pose problème. Le prosélytisme est d'autant plus suivi que le doute identitaire est net et, en retour, plus le groupe est faible, plus il a besoin d'individus aux traits de comportement marqués. Quand les adultes sont défaillants, le groupe peut devenir la bande qui s'identifie à la bande de la tranche d'âge supérieure.

Résumons ce tumulte

Voilà donc une période bien tumultueuse. L'adolescent a à la fois besoin d'intimité et d'affectivité, de s'affirmer et de secrets, d'expérimenter et de sécurité, d'indépendance et de reconnaissance, d'originalité et de conformisme, d'exprimer ses choix et qu'ils soient contradictoires, ce qui n'empêche pas les revirements inattendus…

L'adolescent présente également la capacité à posséder en un moment donné une « mosaïque » d'âge, une maturation différente entre son aspect corporel, ses intérêts affectifs et son comportement relationnel (le grand costaud qui fait de la poésie et pique une colère parce qu'on lui a mangé son yaourt dans le réfrigérateur…).

Il ne s'exprime que peu verbalement, sinon en rouspétant, mais est capable de silence et d'emportements, de passages à l'acte quelquefois graves (fugue, vol, tentative de suicide, etc.).

C'est pourquoi il faut aider les parents à garder une relation confiante, à accepter les conflits d'autant plus structurants qu'ils sont modérés, à se sentir compétents même s'ils sont par moment dépassés (nul n'est parfait), même si eux aussi ont de l'angoisse quant à leur présent et à leur avenir.

Enfin, et c'est l'une des inquiétudes majeures des adultes, l'adolescent expérimente, et dans tous les azimuts. Ce sont les conduites de risque et d'essai qu'il nous faut développer.

Conduites de risque et d'essai

Ce sont des conduites qui s'accompagnent d'une pensée plus ou moins consciente qu'elles peuvent entraîner un dommage pour le sujet qui s'y livre. Souvent, après coup, elles sont vécues comme positives quand il n'y a pas de dommage, et négatives quand le dommage survient… Par exemple, si l'adolescent fait de la varappe, on dira « conduite d'essai » s'il arrive au sommet de la paroi, et « conduite de risque » s'il tombe et se fracture une jambe. Mais cela participe du même processus.

Ces conduites sont plutôt banales chez l'être humain, et c'est bien parce qu'un hominien a tenté de marcher sur deux pattes, qu'il a exploré plus loin que son périmètre de chasse que la société humaine a évolué (la société des fourmis, qui est dépourvue de ces conduites, reste à l'identique depuis des millénaires). Pareillement, l'enfant qui passe du quatre pattes à la marche, au risque de tomber, qui explore la pièce d'à côté et revient vite dans les jupes de maman, est déjà dans l'exploration, mais aussi dans les débuts des processus de séparation et d'individualisation.

L'adolescent qui vit ces processus, ainsi que les transformations que nous avons citées, utilise toute la panoplie de ces activités exploratoires, avec les risques que cela comporte. Explorer son corps à travers le sport et le *flirt*… explorer les limites, les siennes, celles des parents et de la société en transgressant… explorer les sensations du produit, de la vitesse, voire sans le casque sur la moto… explorer le plaisir du produit, de la transgression, du sexuel, et même le plaisir d'avoir peur… Explorer a aussi des vertus initiatiques, la première cigarette, le premier joint, le premier vol, le premier baiser, le premier rapport sexuel, cela est à la fois une conduite individuelle qui compte pour celui qui l'a fait, mais aussi une conduite qui compte pour les pairs avec valeur d'intégration au sein du groupe.

Mais chaque conduite présente des risques bien différents, la première cigarette n'équivaut pas au premier *shoot* d'héroïne, rouler sans casque n'est pas voler dans un grand magasin (encore faut-il distinguer les risques somatiques des risques judiciaires…). Et il y a là matière à informer et à se positionner en tant qu'adulte, point n'est besoin d'appeler la police pour dire à un adolescent que telle conduite est dangereuse et interdite.

Autrement dit, ces conduites sont banales à l'adolescence, même si elles font très peur aux adultes qui en oublient leurs fonctions maturatives. Le problème est bien plus leur pérennisation, c'est-à-dire comment l'adolescent se trouve pris au piège de la répétition, comment le comportement de risque qu'il croit maîtriser lui devient en fait indispensable ? Appliquons ces données succinctes sur l'adolescence aux prises de substances psychoactives pour tenter de répondre à ces questions.

Usages de drogues à l'adolescence

Pourquoi consommer ?

Les enquêtes de motivation sur les motifs de consommations des adolescents donnent des résultats assez banals : faire la fête, goûter et expérimenter, faire comme les copains, être adulte. Elles ne reflètent que partiellement la réalité, faisant fi des mobiles plus inconscients (transgresser) ou plus difficilement exprimables (« être mieux » apparaît peu dans les réponses, « parce que j'en vends » également).

Nombre d'adolescents débutent leur consommation autour de 15-17 ans, 50 % arrêteront dans les 2 ans suivant la première expérience. Entre temps ils n'auront pas été des consommateurs excessifs ou réguliers, ayant le plus souvent des usages intermittents dans un contexte social précis (fête, convivialité, rituels d'échange sociaux). Il est donc particulièrement important de distinguer les différents types de consommation (nous en distinguerons trois), les produits utilisés et de rechercher les facteurs de risques pouvant impliquer la pérennisation des usages.

Quelles substances psychoactives ?

Les enquêtes (Marie Choquet) distinguent les usages occasionnels (avec au premier plan l'alcool, et ensuite, globalement sur la même ligne, le tabac, le cannabis et les anxiolytiques) et les usages réguliers (avec au premier plan le tabac, et ensuite, globalement sur la même ligne, l'alcool, le cannabis et les anxiolytiques). Nous renvoyons au chapitre 3 pour plus de précisions quant à ces produits et leurs dangerosités diverses et variées.

Nous voyons là, à nouveau, combien le statut légal du produit n'est pas déterminant (même pour la transgression, s'agit-il de transgresser le code pénal ou l'interdit parental ?). Nous constatons également que cette distinction provoque quelquefois des paradoxes étonnants dans la réponse des adultes. Ainsi des enseignants nous disaient avoir repéré qu'un tiers des élèves fumaient du cannabis pendant la récréation ; « qu'avez-vous fait ? » : « rien ! » fut la réponse (les consignes sont d'alerter le directeur, puis la police) ; « qu'auriez-vous fait s'ils buvaient des canettes de bière ? » : « nous serions intervenus ! ». On intervient donc face au produit légal, mais non face au produit illégal !

Nous avons régulièrement vu au cours de cet ouvrage la variété des effets selon la manière de consommer. Il doit donc être clair que l'usage d'alcool, de cannabis, d'anxiolytiques, peut s'intégrer à une recherche d'euphorie, d'anxiolyse, d'anesthésie, et donc aux trois types de consommation que nous allons décrire.

De même, si la prise d'une substance augmente le risque d'en consommer une autre, cette escalade n'est pas corrélée directement aux produits mais aux troubles associés (absentéisme, actes délictueux, dépressivité, tentatives de suicides, etc.).

Quels usages ?

Consommations festives

Concernant le cannabis et l'alcool (l'ecstasy s'y développe malheureusement), marquées par l'effet groupe, l'hédonisme, la consommation de fin de semaine ou pendant les vacances, elles sont fréquentes. Il est important de préciser les dangers immédiats de l'usage (conduite automobile, police, etc.) et de rechercher un fléchissement scolaire, un désinvestissement des activités habituelles. Et d'en faire prendre conscience si cela existe, car l'adolescent peut surestimer la maîtrise qu'il a de ses usages.

Consommations excessives et autothérapiques

L'effet recherché est plus anxiolytique qu'euphorisant. A côté des consommations en groupe, l'usage est solitaire, volontiers régulier (tous les soirs, en cours de journée) à base de cannabis, d'alcool et de BZD. Des difficultés scolaires se font jour, quelquefois elles ont précédé les consommations, les activités habituelles deviennent intermittentes ou sont abandonnées. Le contexte montre de la dépression, des troubles anxieux, de l'inhibition, de la somatisation, et recherche des difficultés familiales.

Consommations addictives

Il s'agit là de consommations anesthésiques (cannabis inhalé au « bang », alcool fort ou bières très alcoolisées en « équivalent-défonce », mélangé à des BZD) avec ruptures dans la scolarité et les activités sociales qui se limitent alors à d'autres jeunes ayant des difficultés similaires. L'exploration d'antécédents dans l'enfance et de la dynamique familiale est indispensable.

Quels facteurs de risques ?

Les facteurs individuels recoupent ce que nous avons écrit sur les conduites addictives au chapitre 7. Les carences affectives précoces, les phobies scolaires, les troubles du comportement alimentaire, la recherche de sensations opposent comme le dit Charles Nicolas « ceux qui ont manqué de tout » et « ceux qui n'ont manqué de rien » (le *show biz* en donne bien des exemples).

Les facteurs familiaux correspondent à ce qui a été décrit au même chapitre 7. Les consommations des parents, leurs propres difficultés psychiques et sociales, la prégnance de couples mère-fils, père-fille, leurs sentiments d'incompétence ou de démission, leur indifférence ou à l'inverse leur forte angoisse sont autant d'éléments d'alerte.

Les facteurs environnementaux, sociaux, culturels, avec le poids des quartiers difficiles, la délinquance affichée, sont bien évidemment à prendre en compte, même si aucun de ces facteurs pris isolément n'est suffisant à expliquer le passage aux consommations problématiques.

Rôle du médecin

Consommations festives

C'est là qu'il nous semble que son rôle est le plus important. Il faut déjà faire le diagnostic de ces situations après avoir évalué les produits consommés, les modes d'usages, leurs retentissements et, plus globalement, l'adolescence et la dynamique familiale. Informer clairement sur les substances et leurs dangerosités est un impératif.

Rendre aux parents leur capacité à être en relation avec leur adolescent est aussi important, face à leur inquiétude de le voir déjà toxicomane ou, au contraire, face à leur banalisation et indifférence. Un suivi plus régulier doit pouvoir dépister l'apparition d'une escalade ou d'une souffrance psychique.

Face aux autres consommations, il nous semble capital de travailler rapidement à une orientation, soit vers un pédopsychiatre spécialisé dans l'adolescence, soit vers des thérapeutes familiaux, soit vers un centre spécialisé dans les problématiques addictives. Mais face à un adolescent peu demandeur, il est très important d'obtenir la mobilisation des parents.

Par exemple, c'est le cas d'un l'adolescent présentant des troubles psychotiques (en particulier dissociatifs) associés au cannabis. La famille, voire le patient causalisent sur la substance (« il est comme ça parce qu'il fume »), préférant l'étiquette de toxicomane (que l'on va désintoxiquer) à celle de schizophrène. Il est capital que ce jeune ait surtout accès à un soin spécialisé, psychiatrique, en évitant que les spécialistes se renvoient inutilement le patient (c'est le cannabis, soignez-le ; c'est la psychose, soignez-le...) ; le problème est d'abord de juger si l'ambulatoire est possible ou une hospitalisation nécessaire.

De même, il arrive que devant le diagnostic : « ce n'est pas un problème de drogues », les parents soient très rassurés et ne se mobilisent pas devant la seconde partie du diagnostic : « mais il est sérieusement déprimé », le mal absolu étant la toxicomanie. Il est alors capital d'orienter et de vérifier l'orientation, car cet adolescent est en danger.

Rôle préventif plus global

Le médecin de famille est à la place idéale pour dépister les consommations et plus encore les difficultés de l'adolescent confronté à tous les changements que nous avons cités. Les consultations pour des motifs autres (certificats de sport, pilule) sont importantes à utiliser, le temps d'écoute devant être adapté à cette relation particulière. L'infirmière scolaire voit passer bien des somatisations et des mal-être et il est regrettable que la médecine scolaire bénéficie d'aussi faibles budgets.

Le médecin doit également prendre sa place dans les comités d'éducation à la santé et à la citoyenneté qui existent dans les collèges et lycées, participer à l'information sans en attendre monts et merveilles et tenter de recentrer les actions sur l'adolescent en difficulté. En effet, de nombreuses actions de prévention proposent des informations dissuasives (information vaccination). Les adultes les sacralisent, persuadés que le jeune dûment informé saura à quoi s'en tenir... ce qui ne tient guère compte des problématiques de l'adolescence. Ces actions sont certes utiles : informer, et informer clairement, informer et les adolescents et les adultes, permet de redresser bien des idées fausses. Elles peuvent aussi être réalisées dans le cadre d'un projet plus global, permettant de mobiliser et faire réfléchir les parents, les enseignants, les adolescents. Mais ces actions sont totalement insuffisantes et ne doivent en aucune manière résumer la prévention. Cela pourrait être le sujet d'un autre ouvrage...

Annexe 1

Addiction, critères de Goodman, 1990

– Impossibilité de résister aux impulsions à réaliser ce type de comportement.

– Sensation croissante de tension précédant immédiatement l'épisode.

– Plaisir ou soulagement pendant sa durée.

– Présence d'au moins cinq des neuf critères suivants :

- préoccupation fréquente au sujet du comportement ou de sa préparation ;
- intensité et durée des épisodes plus importantes que souhaitées à l'origine ;
- tentatives répétées pour réduire, contrôler ou abandonner le comportement ;
- temps important consacré à préparer les épisodes, à les entreprendre, ou à s'en remettre ;
- survenue fréquente des épisodes lorsque le sujet doit accomplir des obligations professionnelles, scolaires ou universitaires, familiales ou sociales ;
- activités sociales, professionnelles ou récréatives majeures sacrifiées du fait du comportement ;
- perpétuation du comportement bien que le sujet sache qu'il cause ou aggrave un problème persistant ou récurrent d'ordre social, financier, psychologique ou physique ;
- tolérance marquée : besoin d'augmenter l'intensité ou la fréquence pour obtenir l'effet désiré, ou diminution de l'effet procuré par un comportement de même intensité ;
- agitation ou irritabilité en cas d'impossibilité de s'adonner au comportement.

– Certains éléments du syndrome ont duré plus d'un mois ou se sont répétés pendant une période plus longue.

Annexe 2

Dépendance à une substance, critères du DSM IV

Mode d'utilisation inadapté d'une substance conduisant à une altération du fonctionnement ou une souffrance, cliniquement significative, caractérisé par la présence de trois (ou plus) des manifestations suivantes, à un moment quelconque d'une période continue de 12 mois.

Tolérance, définie par l'un des symptômes suivants :

– besoin de quantités notablement plus fortes de la substance pour obtenir une intoxication ou l'effet désiré ;

– effet notablement diminué en cas d'utilisation continue d'une même quantité de la substance.

Sevrage caractérisé par l'une ou l'autre des manifestations suivantes :

– syndrome de sevrage caractéristique de la substance (*cf.* les critères A et B des critères de sevrage à une substance spécifique) ;

– la même substance (ou une substance très proche) est prise pour soulager ou éviter les symptômes de sevrage.

La substance est souvent prise en quantité plus importante ou pendant une période plus prolongée que prévu.

Il y a un désir persistant ou des efforts infructueux pour diminuer ou contrôler l'utilisation de la substance.

Beaucoup de temps est passé à des activités nécessaires pour obtenir la substance (ex. : consultation de nombreux médecins ou déplacement sur de longues distances), à utiliser le produit (ex. : fumer sans discontinuer) ou à récupérer de ses effets.

Des activités sociales, professionnelles ou de loisirs importantes sont abandonnées ou réduites à cause de l'utilisation de la substance.

L'utilisation de la substance est poursuivie bien que la personne sache avoir un problème psychologique ou physique persistant ou récurrent susceptible d'avoir été causé ou exacerbé par la substance (par exemple, poursuite de la prise de cocaïne bien que la personne admette une dépression liée à la cocaïne ou poursuite de la prise de boissons alcoolisées bien que le sujet reconnaisse l'aggravation d'un ulcère du fait de la consommation d'alcool).

Abus d'une substance : critères du DSM IV

A. Mode d'utilisation inadéquat d'une substance conduisant à une altération du fonctionnement ou à une souffrance cliniquement significative, caractérisée par la présence d'au moins une des manifestations suivantes au cours d'une période de 12 mois :

– utilisation répétée d'une substance conduisant à l'incapacité de remplir des obligations majeures, au travail, à l'école ou à la maison (par exemple, absences répétées ou mauvaises performances au travail du fait de l'utilisation de la substance, absences, exclusions temporaires ou définitives de l'école, négligence des enfants ou des tâches ménagères) ;

– utilisation répétée d'une substance dans des situations où cela peut être physiquement dangereux (par exemple, lors de la conduite d'une voiture ou en faisant fonctionner une machine alors qu'on est sous l'influence d'une substance) ;

– problèmes judiciaires répétés liés à l'utilisation d'une substance (par exemple, arrestations pour comportement anormal en rapport avec l'utilisation de la substance) ;

– utilisation de la substance malgré des problèmes interpersonnels ou sociaux, persistants ou récurrents, causés ou exacerbés par les effets de la substance (par exemple, disputes avec le conjoint à propos des conséquences de l'intoxication, bagarres).

B. Les symptômes n'ont jamais atteint, pour cette classe de substance, les critères de la Dépendance à une substance.

Annexe 3

Le score TMSP

Axe « Toxicomanie » (T)

1 point si : monotoxicomanie par voie nasale ; peu ou pas d'utilisation de benzodiazépines, d'amphétamines ou de barbituriques et de cocaïne ; pas d'alcoolisme ; partenaire non toxicomane ; pas de *deal* ou délinquance induite par la dépendance.

2 points si : héroïnomanie par voie intraveineuse ou polytoxicomanie (intoxications médicamenteuses chroniques ; alcoolisme modéré) ; usage fréquent de cocaïne, de crack ou d'amphétamines ou partenaire toxicomane ou héroïnomanie supérieure à 10 ans ou *deal* et délinquance favorisée par la dépendance.

5 points si : polytoxicomanie par voie veineuse avec désocialisation majeure, antécédents ou risques actuels de complications médicales majeures (surdosages, infections, accidents de la voie publique et traumatismes importants) ou de complications judiciaires (incarcérations) à répétition ; ou alcoolisme grave associé.

Axe « suivi Médical » (M)

1 point si : suivi médical régulier et observance des traitements prescrits.

2 points si : suivi médical irrégulier et difficultés d'observance des médicaments prescrits.

5 points si : pas de suivi médical (pas de connaissance des statuts sérologiques ; aucune vaccination faite ou à jour ; pas de traitement prophylactique, etc.).

Axe « Sociopersonnel » (S)

1 point si : situation sociale, professionnelle et familiale non inquiétante ou satisfaisante.

2 points si : problèmes sociaux (pas d'hébergement personnel ; papiers - Sécurité sociale, 100 %, RMI, carte de séjour, etc. non à jour ; procès ou jugements en cours non suivis ; pas de ressources personnelles et légales ou endettement majeur) ou problèmes familiaux (perte du contact avec les parents et/ou les enfants).

5 points si : errance quotidienne (SDF ou squat) avec marginalisation complète et situation « abandonnique » et risques judiciaires majeurs.

Axe « approche Psychiatrique » (P)

1 point si : pas de troubles notables de la personnalité.

2 points si : troubles modérés de la personnalité ou suivis et non décompensés (pas de TS ou passage à l'acte - violences - depuis au moins 6 mois).

5 points si : troubles importants de la personnalité (TS, actes violents ou séjours en hôpital psychiatrique à répétition) nécessitant une prise en charge en milieu spécialisé.

L'addition des points dans chaque axe donne un score total de **4 à 20 points** ; 4 étant le score minimal et 20 le plus grave. Il est à noter que la cotation « **1, 2 ou 5** » ne permet pas, mathématiquement, d'obtenir les totaux de 15, 18 et 19 points et que seule la note 8/20 peut être obtenue par deux cotations différentes : (2 + 2 + 2 + 2) ou (5 + 1 + 1 + 1).

L'addition des points définit, selon la note sur 20, **4 stades de gravité** croissante :

– **Stade A** : score < **à 8** (**4, 5, 6 et 7 points** = aucune cotation à 5 dans chacun des axes diagnostiques).

– **Stade B** : score < à **12** (et > à 7) (**8, 9, 10 et 11 points** = une seule cotation maximale à 5 dans un axe ou, pour la note 8 : 4 cotations à 2).

– **Stade C** : score < **à 16** (et supérieur à 11) (**12, 13 ou 14 points** = deux cotations à 5 dans les axes diagnostiques).

– **Stade D** : score **supérieur ou égal à 16** (**16, 17 ou 20 points** = trois ou quatre cotations à 5 dans les axes diagnostiques).

Cette cotation est, avec un peu d'habitude, réalisable en quelques secondes à la fin de chaque consultation ou à des temps de consultation prédéfinis (par exemple : 1re consultation puis consultation à J15, J30, J60, J90 puis à 6 mois, 1 an, 2 ans, etc.).

Annexe 4

Conférence de consensus sur le sevrage. Modalités de sevrage chez les toxicomanes dépendant des opiacés

Avant-propos

Cette conférence a été organisée et s'est déroulée les 23-24 avril 1998, conformément aux règles méthodologiques préconisées par l'Agence Nationale d'Accréditation et d'Evaluation en Santé (ANAES).

Les conclusions et recommandations présentées dans ce document ont été rédigées par le Jury de la Conférence, en toute indépendance. Leur teneur n'engage en aucune manière la responsabilité de l'ANAES.

Préambule

Dans un moment où les médias, les milieux politiques, les responsables et les praticiens débattent largement d'un sujet, dès lors supposé connu, on peut se demander quelle est la nécessité d'organiser une conférence de consensus sur un thème touchant à l'usage des drogues.

Trois arguments ont conduit les professionnels à organiser cette conférence :

– l'effet de masse qui a transformé une question clinique délicate en un problème majeur et, semble-t-il, croissant de santé publique ;

– la complexité des situations des personnes dépendantes des opiacés en particulier la multiplication inquiétante des polytoxicomanies ; la confusion troublante entre dépendance à des drogues illicites, à des médicaments, ou à des produits utilisés dans le cadre de la substitution ;

– les difficultés rencontrées par les professionnels et l'entourage des patients à assumer leurs activités quotidiennes et à se rencontrer sur des repères et indicateurs commun.

Le rejet des « cures de désintoxication » rapides et imposées, et leur échec, l'engouement pour les mesures de réduction des risques ont logiquement conduit à se réinterroger sur la place des sevrages et du sevrage dans une prise en compte des souffrances des patients et des difficultés des soignants. Le jury a été mandaté pour fournir des recommandations médicales.

A ce titre, il paraît nécessaire de ne pas continuer à confondre – y compris dans les sigles officiels – les « usagers de drogues », consommateurs dans une société donnée, et les « personnes dépendantes de substances psychoactives », qui présentent un trouble du fonctionnement psychique.

Le Jury a été frappé des glissements sémantiques dans l'usage des termes techniques et a donc dû se poser les questions centrales des concepts utilisés, des théories et idéologies de référence, avant de préciser et de détailler les modalités de sevrage.

L'essentiel de notre tâche a été de suivre, en deçà et au-delà des modalités techniques, le cheminement des patients souffrants, un des paramètres de cette souffrance étant la difficulté collective à leur procurer un lien social assez fort.

La dépendance – ou l'aptitude à la dépendance – qui est au premier plan de la situation des personnes concernées ne se résume pas à la description des conduites ou des comportements. Elle s'intègre à l'ensemble du fonctionnement psychique du sujet, et dans son évolution passée et à venir.

Dans ces conditions, le sevrage ne peut trouver sa place que dans le cadre d'une prise en charge globale, continue ou discontinue. Les choix de l'objectif, de la forme, du moment du sevrage sont étroitement liés à une analyse multidimensionnelle de la situation personnelle médicale, psychiatrique et sociale du sujet, donc un travail d'équipe.

Question 1
Quelle est la place des sevrages dans les stratégies de soin des toxicomanies aux opiacés ?

Complexité du sujet

La complexité de l'approche de la toxicomanie nous oblige à poser, en préalable, les bases fondamentales qui nous servent d'appui. Ce champ recouvre en effet les diverses dimensions humaines, notamment psychologique, sociale, médicale, économique.

Les recommandations sont donc liées à l'éthique et la déontologie médicales dont les valeurs sont partagées par l'ensemble de la société. La référence scientifique tient compte de nombreux paramètres qui rendent difficile à atteindre le niveau de preuve exigé. Enfin l'expérience, reconnue comme essentielle, est une confrontation, dans la durée, de ces paramètres avec la réalité du patient.

La personne du toxicomane

Le jury critique ici l'usage du terme de toxicomane qui pourrait être assimilé à celui de simple usager de drogue.

La conférence se situe dans un registre de soins où la toxicomanie n'est pas réduite à une conduite ou un comportement. Le toxicomane est un patient dès lors qu'il entre dans le système de soins avec une demande d'aide, du fait de sa dépendance, notion différente d'un usage ou d'un abus d'opiacés. Compte tenu de la morbidité associée, volontiers diverse, récidivante et chronique, le jury privilégie ainsi, à travers la référence à la notion de dépendance, l'approche transnosographique. L'incidence de la morbidité est plus importante pour les personnes dépendantes que pour les consommateurs de drogues.

Si la dépendance a été le critère retenu comme essentiel, c'est qu'elle crée une entrave au fonctionnement psychique et à l'exercice des potentialités du sujet. Elle est source de dommages bio-psycho-sociaux et d'une souffrance véritable justifiant des soins.

Définitions

La place des sevrages, leur nature, celles de la substitution comme de l'abstinence au sein de l'abord thérapeutique du patient obligent à les définir. Mais on peut noter que les points de vue se sont modifiés du fait de l'évolution des valeurs, des connaissances scientifiques, des pratiques (des toxicomanes et du système de soins), des perspectives envisagées et des pathologies associées.

Ainsi les mots drogues, drogués, toxicomanies ont reçu des acceptations tellement diverses qu'ils sont devenus impropres pour fonder une politique de santé.

Nous recommandons de leur substituer les termes de substances psychoactives, de comportements de consommation de substances psychoactives, comme le préconise l'OMS, en y ajoutant la dimension essentielle de la dépendance.

Il apparaît que, loin d'être une fin en soi résumant à elle seule le traitement, la cure de sevrage n'a de sens qu'en tant qu'élément d'un programme global d'un traitement devant s'inscrire dans le long terme. La cure de sevrage a donc une utilité non seulement directe : diminution de la consommation de produits opiacés, voire même abstinence totale, mais aussi indirecte : prise de conscience de la dépendance, désir du sujet d'intégrer le système de soin médical et médicosocial, amélioration de la qualité du suivi et des aides à l'insertion familiale, professionnelle et sociale.

En ce qui concerne le problème de l'abstinence, toutes les études montrent que l'évaluation du devenir du sujet dépendant aux opiacés ne saurait s'appuyer sur la seule consommation de drogues et l'abstinence. L'adaptation sociale et le fonctionnement psychologique général, les troubles psychopathologiques, les problèmes médicaux, les conduites antisociales sont autant de dimensions dont il faut tenir compte pour juger de l'efficacité d'un traitement.

Quant à la substitution, tous les experts ont souligné l'importance des techniques de substitution dans l'approche des sevrages, mais il y a lieu de remarquer ainsi que la substitution est un outil de régulation de l'addiction mais n'est en rien un sevrage.

Objectifs individuels et de santé publique des sevrages

Les objectifs individuels sont fonction des besoins et attentes du patient, de sa famille, mais ils ne peuvent s'y réduire. Le soignant aura à faire part, lors des consultations, des objectifs pouvant être mis en œuvre à court, moyen et long terme pour inscrire le soin dans la continuité. A court terme ils pourront être médicaux, sociaux, psychologiques prévenant les effets de rechutes : à long terme le maintien de l'abstinence restera un but non exclusif des traitements.

Les objectifs de santé publique sont dominés par la réduction des risques que sont les infections virales, les conséquences sociales de la dépendance aux opiacés... Il faut noter que, plus que la substitution, c'est la disponibilité des seringues qui constitue un élément déterminant de la réduction des risques liés à l'injection.

Par ailleurs, il ne peut être mis en place de sevrage sans considérer le risque élevé de rechutes et sans l'entourer d'une démarche qui permette de prendre des mesures de protection médicale et d'insertion sociale. De même, il ne peut être mis en place de programme unique de médicaments de substitution sans prise en charge individuelle et projet thérapeutique à long terme. Les objectifs de santé publique ne se substituent pas à une approche individualisée centrée sur le souci de la personne mais la complètent.

Question 2
Quelle préparation et quelle mise en place des sevrages ?

La préparation et la mise en place des sevrages peuvent se décrire en trois temps différenciés : la prise de contact, le constat clinique et la négociation du contrat de soins.

Prise de contact

Conditions et construction de la relation thérapeutique

Les demandes initiales de soin sont multiples et ne se limitent pas à la demande fréquente d'un sevrage en urgence : douleurs liées au manque, complications somatiques, overdose, accidents de la voie publique... Il n'est pas non plus exceptionnel que ce soient des tiers qui pressent le patient vers une demande de soins. Si l'intention du soignant reste avant tout de parvenir, à terme, à ce que la personne dépendante se libère définitivement de sa conduite toxicomaniaque, il existe un consensus pour reconnaître que ce résultat ne pourra être obtenu qu'au terme d'un parcours souvent très long, émaillé de nombreuses rechutes, au cours duquel les soins consistent d'abord à aider le patient à déplacer sa dépendance sur d'autres objets. C'est pourquoi il importe de saisir le moment de la première rencontre non seulement pour répondre à une éventuelle demande de sevrage mais aussi pour essayer avant tout de nouer une relation thérapeutique, considérant l'urgence de cette demande de sevrage comme étant aussi le symptôme de l'évitement d'une trajectoire plus longue.

Différentes portes d'entrée dans le système de soins

Il existe un large consensus sur la nécessité d'une prise en charge pluridisciplinaire des personnes dépendantes aux opiacés et tous les auteurs préconisent la coordination des différents acteurs dans une organisation de soins centrés sur le patient. L'affirmation répétée de la nécessité du travail en réseau ne préjuge pas, pour le jury, d'un modèle organisationnel quel qu'il soit, mais signifie l'impérieuse obligation de développer un abord multidisciplinaire et un partenariat autour de la personne du patient. Le patient doit rester parfaitement libre de s'adresser aux interlocuteurs de son choix. En aucun cas le réseau ne doit être conçu comme une structure autoritaire imposant un parcours thérapeutique prédéterminé. Quand bien même le patient serait adressé dans le cadre d'une injonction judiciaire de soins, il doit pouvoir retrouver la même liberté que celui qui présente une demande spontanée.

Constat clinique

Evaluation psychopathologique

La dépendance ne comporte aucune spécificité nosographique et l'évaluation psychopathologique doit donc suivre les règles habituelles, ce qui peut demander plusieurs consultations.

Evaluation des dépendances

Sur le plan clinique, l'histoire de la relation au produit doit être explorée, notamment dans ses articulations avec l'histoire personnelle et familiale du patient, en tenant particulièrement compte aussi bien de son début que de l'intégralité du parcours. La codépendance à d'autres substances est fréquente. Elle doit être systématiquement recherchée. Les principales substances impliquées sont le tabac, les dérivés du chanvre (cannabis), l'alcool, les benzodiazépines, la cocaïne, les amphétamines...

Evaluation sociale initiale

Il existe un consensus fort pour reconnaître que le pronostic à long terme est étroitement lié à l'insertion sociale du patient. Cette dernière doit donc être soigneusement évaluée en vue d'initier au besoin des mesures de réinsertion.

Evaluation somatique

L'examen clinique et biologique est fondamental, à la fois comme bilan d'entrée dans le système de soins mais surtout parce qu'il permet d'élaborer tout un pan du projet de soins concernant la recherche d'infections particulières, la prévention de douleurs qui risquent d'être majorées et la prise en compte de la dimension somatique.

Evaluation de l'opportunité

Afin d'apprécier l'opportunité du sevrage, le praticien devrait chercher à répondre aux quatre questions suivantes.

Au nom de qui ? Seule une demande négociée avec le patient en nom propre devrait conduire à une proposition de sevrage.

Dans quel but ? Il peut s'agir d'un sevrage partiel aux benzodiazépines en vue d'instaurer un traitement de substitution de qualité, d'un sevrage aux opiacés dans le but de réguler la consommation sans aspirer à une abstinence durable ou encore d'un sevrage aux opiacés vécu comme le moyen d'une séparation définitive avec le produit.

A quel produit ? La réponse à cette question dérive directement de la précédente car il existe de plus en plus de demandes de sevrage partiel ou de demandes de sevrage de produits de substitution. Dans la perspective d'un traitement de substitution, le jury recommande d'être extrêmement attentif aux dangers de l'association entre les benzodiazépines, l'alcool et les produits de substitution, en particulier la buprénorphine.

Quand ? Il n'y a pas de consensus apparent quant à un éventuel indicateur du moment le plus favorable à la mise en œuvre du sevrage.

Projet de soins

Le projet de soins s'élabore au cœur d'une double exigence, souvent paradoxale, inhérente à la situation : d'une part, une demande immédiate de soulagement à laquelle on se doit de répondre et, d'autre part, une mise en place des conditions préalables à une prise en charge au long cours. La négociation précise les conditions dans lesquelles va se dérouler le sevrage et aboutit à un engagement réciproque de la personne dépendante et du ou des thérapeute(s) dans un esprit de respect mutuel de ce projet. Il s'agit bien d'un véritable contrat, issu d'une négociation aboutissant à la rencontre des consentements.

L'un des points à négocier dans le projet de soin est constitué par l'éventualité d'une psychothérapie. Tous les auteurs en rappellent l'importance sans que cela soit documenté avec précision dans la littérature. Cela impose donc la séparation du rôle de consultant et de psychothérapeute, notamment s'ils sont organisés en réseau.

Cadre : ambulatoire ou institutionnel

Le sevrage peut être réalisé soit de manière ambulatoire, soit dans le cadre d'une institution. Le milieu dans lequel doit se dérouler le sevrage ne fait pas consensus quant à l'incidence sur l'efficacité.

Question 3
Quelles sont les modalités et les conditions pratiques du sevrage ?

La réalisation pratique du sevrage ne représente qu'une partie limitée de la prise en charge d'un patient dépendant. Elle s'inscrit dans un projet plus large qui comprend une phase de préparation et d'évaluation préalable et prévoit d'emblée les modalités de poursuite de la prise en charge au décours.

Le volontariat est un des éléments majeurs de la démarche de sevrage. La fréquence des rechutes et des décès après un sevrage forcé montre que la contrainte et les pressions sont non seulement incompatibles avec l'établissement d'un contrat de soins, mais aussi inefficaces sur le plan thérapeutique, voire nuisibles.

Méthodes de sevrage

Les différentes méthodes de sevrage sont intégrées dans des projets de soins variés en fonction des patients.

Sevrage ambulatoire

Lorsque les conditions de vie et l'environnement du patient le permettent, le sevrage peut être réalisé en consultations ambulatoires. Ces conditions impliquent un suivi rapproché, en prévoyant, pour un sevrage court, de voir le patient en consultation tous les deux ou trois jours, voire initialement tous les jours.

Sevrage en milieu hospitalier

Des sevrages sont réalisés en service de médecine non spécialisé, en service psychiatrique ou en institution spécialisée.

Dans ce contexte, le contrat systématiquement établi entre le patient et l'équipe de soins (*cf.* deuxième question) a des aspects particuliers. Variable suivant les institutions, il insiste sur le nécessaire respect par le patient de leurs règles de vie. Le contrat comprend habituellement une période de durée variable pendant laquelle le patient accepte une limitation plus ou moins complète des sorties, des visites et des appels téléphoniques personnels. L'efficacité de cette contrainte librement acceptée sur la réussite du sevrage ne semble pas avoir été étudiée.

La durée de l'hospitalisation pour sevrage varie selon les patients et selon le produit. Dans une période où les polytoxicomanies sont de plus en plus souvent rencontrées et justifient une prolongation du séjour, la durée de celui-ci ne peut plus être arbitrairement limitée à 8 jours.

Approche chimiothérapique

Destiné à réduire la symptomatologie du manque, le traitement chimiothérapique varie en fonction du produit responsable de la dépendance et doit être adapté à chaque patient.

Héroïne

Le sevrage sans utilisation simultanée d'un agoniste opiacé est la modalité habituelle en France. Pour le sevrage des opiacés, plusieurs types de traitements peuvent être proposés :

– les traitements spécifiques tentent de s'opposer à l'hyperfonctionnement adrénergique, considéré comme responsable des symptômes. Le produit le plus utilisé est la clonidine (Catapressan®), antihypertenseur adrénergique. La guanfacine (Estulic®), dérivé d'action prolongée de la clonidine, serait de maniement plus aisé ;

– les traitements symptomatiques sont destinés à atténuer et si possible faire disparaître les manifestations du manque : antalgiques, spasmolytiques, antinauséeux, antidiarrhéiques, sédatifs et hypnotiques. Les produits sédatifs sont le plus souvent indispensables, surtout dans les premiers jours. Les benzodiazépines sont utilisées dans certains protocoles pour leur effet anxiolytique. Ces substances s'accompagnant d'un risque propre d'induction d'une pharmacodépendance, il paraît souhaitable de limiter leur utilisation et d'éviter leur emploi chaque fois que cela est possible. Il existe en consensus fort contre-indiquant certains produits fréquemment recherchés pour leurs effets toxicomanogènes : flunitrazépam (Rohypnol®) et chlorazépate disodique haut dosage (Tranxène® 50 mg) qui à très fortes doses peuvent induire une agressivité difficile à contrôler. L'alternative peut être l'utilisation d'un neuroleptique sédatif tel que l'alimémazine (Théralène®) ou la cyamémazine (Tercian®).

D'autres méthodes de sevrage ont été proposées pour le sevrage en opiacés :

– sevrage dégressif avec diminution régulière de la consommation sur une durée de quelques jours, semaines ou mois, utilisé notamment lors des sevrages ambulatoires, ainsi que pour les sevrages des produits de substitution (méthadone, buprénorphine) ;

– en l'absence d'études établissant clairement un bénéfice, le jury exprime ses réserves concernant le recours aux antagonistes opiacés (Naloxone®, antagoniste d'action rapide et brève, Naltrexone®, antagoniste d'action prolongée), proposés pour raccourcir la durée du sevrage ou dans le « sevrage minute » réalisé sous anesthésie générale.

Sevrage des toxicomanies associées

La fréquence des polytoxicomanies s'est notablement accentuée ces dernières années. Les données scientifiques et thérapeutiques sont bien établies pour le dosage à une seule substance (opiacé, benzodiazépine, alcool). Les études concernant leur association ou celle des substances utilisées dans les polytoxicomanies sont moins nombreuses et relèvent de la pratique et de l'expérience propre à chaque équipe soignante.

Sevrage des benzodiazépines

Les modalités de sevrage aux benzodiazépines sont nombreuses et doivent être spécifiques à la molécule consommée. Tous les protocoles excluent le sevrage brutal sans substitution en raison de la nécessité éthique et clinique de prévenir ou d'atténuer les signes de sevrage qui, souvent importants, peuvent mettre en jeu le pronostic vital.

Sevrage de l'alcool

Ces modalités ne sont pas spécifiques au consommateur d'opiacés. Elles sont nombreuses et font appel à un traitement médicamenteux, le plus souvent en ayant recours à une benzodiazépine de demi-vie longue.

Sevrage des polydépendances aux opiacés, benzodiazépines et à l'alcool

Ces sevrages n'ont jusqu'à présent pas fait l'objet d'études élaborées permettant de faire des recommandations.

Sevrage de la cocaïne et des amphétamines

Aucun traitement pharmacologie n'a fait la preuve de son efficacité dans cette indication.

Sevrage et dépression

Plusieurs auteurs s'accordent sur la sous-évaluation de la dépression par les professionnels, ainsi que sur l'inadéquation de son traitement. Le sevrage peut favoriser l'émergence d'une symptomatologie dépressive et cette dimension mérite d'être recherchée.

Approche relationnelle

L'ensemble des praticiens réalisant des sevrages met l'accent sur la nécessité d'une prise en charge relationnelle. La référence à une technique particulière de psychothérapie et l'évaluation de son intérêt ne sont pourtant pas documentées.

Situations particulières

Grossesse

Une demande de sevrage est très souvent exprimée par les femmes enceintes dépendantes à des substances psychoactives. Il s'agit de grossesses à risque. Bien que cette question soit controversée en France, le jury recommande de privilégier l'offre d'une thérapeutique de substitution par méthadone en raison de l'absence d'effets tératogènes.

Incarcération

Le jury recommande qu'une attention particulière soit apportée aux personnes dépendantes de substances psychoactives incarcérées. L'offre d'un sevrage médicalisé ou de toute autre modalité de soins doit pouvoir faire l'objet d'un choix et être intégrée dans un suivi médical effectif qui permette une réévaluation régulière de l'attitude adoptée.

Question 4
Quels soins après sevrage et suivi ?

Les soins après sevrage et le suivi se définissent sur le long terme. Il s'agit de prendre en charge le sujet dans sa globalité, tant au niveau psychologique que médical et social. Choisir une stratégie thérapeutique est une opération délicate qui nécessite toujours, au préalable, une évaluation clinique soigneuse. Le projet de soins implique une équipe pluridisciplinaire s'inscrivant dans une alliance thérapeutique avec le patient. Le but est de permettre à celui-ci de trouver ou de retrouver une autonomie et une liberté psychique. Les rechutes font partie de l'histoire du soin. Elles sont multiples et de gravité variable. Elles peuvent faciliter l'inscription du sujet dans une prise en charge globale et durable, dans la mesure où elles l'aident à prendre conscience de la dépendance. Il apparaît que la plupart des rechutes ont lieu dans un délai inférieur à 6 mois mais qu'au delà, pour certains auteurs, les résultats sont relativement stables.

L'entourage familial se sent blessé par ces rechutes vécues comme des échecs. C'est alors aux thérapeutes d'écouter sa souffrance, de le soutenir et de l'informer de leur forte prévalence dans l'histoire du soin de la personne dépendante. C'est aussi le moment d'expliquer à la famille que le but du traitement n'est pas l'abstinence immédiate en soi, mais une plus grande souplesse du fonctionnement du sujet, un accroissement de sa possibilité de faire des choix.

Les professionnels de santé doivent rechercher, tout au long du suivi, les indices de souffrance psychique, d'affections mentales, de troubles de la personnalité et les considérer comme autant d'éléments jouant un rôle pronostique dans la destinée des patients dépendants des opiacés.

Quelle que soit la forme du sevrage, total ou partiel, un accompagnement doit toujours être proposé. Quatre points sont à considérer :

1 – le suivi médical tient compte des pathologies contractées pendant la période de dépendance ;

2 – l'accompagnement social vise à restaurer l'inscription sociale du patient ;

3 – le suivi éducatif cherche par la relation, le dialogue et l'accompagnement actif, à résoudre les problèmes rencontrés dans la vie quotidienne ;

4 – le soutien psychologique est nécessaire tout au long de la prise en charge. La présence d'un psychiatre consultant est également recommandée.

La famille devrait pouvoir s'impliquer dans le processus de soins et de suivi. L'existence d'un support social étayant est l'un des facteurs favorisant l'efficacité des soins. Le jury se pose la question de savoir s'il est opportun de privilégier des structures créées pour les ex-usagers de drogues.

Conclusion

Dans le domaine des dépendances aux substances psychoactives, contrairement à d'autres domaines de la santé et des comportements, les travaux de recherche ne sont pas d'emblée fondés sur la démarche épidémiologique et le raisonnement statistique à partir de groupes de population. Il n'existe que peu de travaux scientifiques sur lesquels s'appuyer quant aux modalités de soins et de suivi après sevrage. Seules sont disponibles les expériences décrites par les professionnels. Des évaluations méthodologiques bien conduites restent à faire. Ces difficultés n'empêchent pas l'existence de lignes de force dans les soins et le suivi après le sevrage de la personne dépendante.

Vœux du jury

Au delà même de l'intégration des modalités de sevrages à un projet de soins en faveur des personnes dépendantes des opiacés, projet dont on a pu percevoir l'ampleur, la complexité et les difficultés, le jury tient à insister sur deux points :

– la formation des personnels concernés, l'information des professionnels et personnes de l'entourage impliqué ; et la sensibilisation du public à ces questions ;

– tout au long de son travail, le jury a buté sur la faiblesse de la recherche dans ce domaine, faiblesse qui ouvre la voie aux prises de positions idéologiques non étayées. Il est apparu indispensable :

- de lancer très vite un programme français ou européen de recherche et de suivi de cohortes importantes de patients, sur de nombreuses années ;
- mais aussi, il importe de multiplier les recherches limitées à partir des réflexions d'un groupe, d'une équipe ou d'un réseau.

Trois axes de recherche nous ont, en tout cas, semblé prioritaires :

1 – le suivi à long terme des postsevrages ;

2 – la comparaison entre les méthodes et procédures de sevrage notamment dans les polytoxicomanies ;

3 – l'évaluation du travail en réseau.

Le texte intégral est disponible auprès de l'Agence Nationale d'Accréditation et d'Evaluation en Santé. Service Communication et Diffusion - 159, rue Nationale - 75640 Paris Cedex.

Charte du patient toxicomane hospitalisé

Vous êtes admis à l'hôpital…, service de… pour vous faire soigner. Notre prise en charge prendra en compte votre toxicomanie et nécessite votre aide. Nous vous demandons pour cela de respecter ce règlement qui est valable pendant toute la durée de votre séjour.

Un traitement du manque vous sera systématiquement proposé dès votre admission. Votre médecin prescripteur sera contacté et si vous êtes sous substitution, elle sera poursuivie. Elle sera adaptée à votre cas dans le service.

Dans le service, vous vous engagez comme tout malade hospitalisé :

– à accepter l'inventaire qui sera effectué et à nous confier les médicaments en votre possession ;

– à respecter les autres malades, le personnel ainsi que le travail de l'équipe de ménage ;

– à être présent dans votre chambre pour les visites, les soins, les repas, la nuit ;

– à respecter les règles générales de l'hôpital (notamment ne pas fumer dans la chambre) ;

– à accepter les traitements prescrits ;

– à faire en sorte que vos visites s'effectuent aux heures habituelles.

Les produits illicites, la violence, les armes sont formellement interdits, ces situations nous obligent à en prévenir l'administration.

Le non-respect de ces règles empêcherait de vous soigner dans de bonnes conditions et remettrait en cause votre hospitalisation.

A tout moment, vous pouvez mettre fin à votre séjour dans le service en signant une décharge.

Le service s'engage à vous proposer un traitement adapté à votre toxicomanie et à vous proposer des conseils et adresses pour le suivi ultérieur.

Annexe 6

Index des sigles utilisés

AAH : Allocation Adulte Handicapé
AMM : Autorisation de Mise sur le Marché
ANPE : Agence Nationale Pour l'Emploi
API : Allocation Parent Isolé
ASUD : Auto Support des Usagers de Drogues
BHD : Buprénorphine Haut Dosage
BZD : Benzodiazépine
CCAS : Centre Communal d'Action Sociale
CDSTS : Comité Départemental de Suivi des Traitements de Substitution
CFES : Comité Français d'Education pour la Santé
CHRS : Centre d'Hébergement et de Réadaptation Sociale
CIM 10 : Classification Internationale des Maladies (10e édition)
CPAM : Caisse Primaire d'Assurance Maladie
CSCST : Centre de Soins Conventionné Spécialisé aux Toxicomanes
DDASS : Direction Départementale d'Action Sanitaire et Sociale
DGS : Direction Générale de la Santé
DSM 4 : *Diagnostic and Statistical Manual* (4e édition), approuvé par l'APA (*American Psychiatric Association*)
ECIMUD : Equipe de Coordination et d'Intervention pour les Malades Usagers de Drogues
ISA : Indice Synthétique d'Activité
LAAM : L-A-Acétyle-Méthadol (méthadone retard)
MILDT : Mission Interministérielle de Lutte contre la Drogue et la Toxicomanie
OCTRIS : Office Central pour la Répression du Trafic Illicite de Stupéfiants
OFDT : Observatoire Français des Drogues et Toxicomanies
OMS : Organisation Mondiale de la Santé
PMD : Psychose Maniaco-Dépressive
PMI : Protection Maternelle et Infantile
RMI : Revenu Minimum d'Insertion

RMO : Référence Médicale Opposable
SESI : Service des Statistiques, des Etudes et des Systèmes d'Information
SMPR : Service Médico-Pénitentiaire Régional
UDVI : Usagers de Drogues par Voie Intraveineuse
VHB : Virus Hépatite B
VHC : Virus Hépatite C
VIH : Virus Immunodéficience Humaine

Bibliographie

Livres

Sur l'histoire

Yvorel JJ. *Les poisons de l'esprit – Drogues et drogués au XIXe siècle.* Paris : Quai voltaire, EDIMA, 1992 ; 320 p.

Escotrotado A. *Histoire élémentaire des drogues des origines à nos jours.* Paris : Editions du Lézard, 1995 ; 230 p.

Dugarin J, Nomine P. *Toxicomanie : Histoire et classifications. In* : Les toxicomanies. Confrontations Psychiatriques 1987 ; 28 : 9-61.

Sur les produits

Drogues et toxicomanes – Indicateurs et tendances. Paris : OFDT ; 125 p. – 105 rue La Fayette, 75010 Paris. Tél. : 01.53.20.16.16. Fax : 01.53.20.16.00. e mail : information ofdt.Fr.

Richard D. *Les drogues.* Paris : Dominos – Flammarion, 1995 ; 127 p.

Inaba DS, Cohen WE. *Excitants, Calmants, Hallucinogènes.* Traduction G. Lagier. Padova : PICCIN nuova libraria, 1997 ; 380 p.

Richard D, Senon JL. *Dictionnaire des drogues, des toxicomanes et des dépendances.* Paris : Les Référents – Larousse, 1999 ; 434 p. – 21 rue de Montparnasse – 75006 Paris.

Sur les prises en charge : textes très accessibles

Actes des colloques annuels de G & T (Généraliste et Toxicomane) de 1988 à 1998. Ph. Binder Lussant 17430.

Lowenstein W, Gourarier J, Coppel A, Lebeau B, Hefez S. *La méthadone et les traitements de substitution.* Paris : Doin, Collection Conduites, 1995 ; 160 p.

Geismar-Wieviorka S, Guionnet C, Guis G. *La méthadone.* Paris : PUF, Que sais-je ? n° 3107, 1997 ; 127 p.

Fontaa V, Senninger JL. *Le médecin et le toxicomane (guide pratique).* Thoiry : Collection Réflexes, Editions Heures de France, 1996 ; 279 p.

Bertschy G. *Pratique des traitements à la méthadone.* Paris : Masson, Médecine et psychothérapie, 1995 ; 110 p.

Touzeau D, Jacquot C. *Les traitements de substitution pour les usagers de drogues.* Paris : Arnette SA ; 329 p. – 224 bd Saint Germain, 75007 Paris.

Schalckens-Fuks M. *Les soignants et les toxicomanes.* Vélizy : Pratiques, Editions Lamarre, 1997 ; 194 p.

Reynaud M, Coudert AJ. *Essai sur l'art thérapeutique : du bon usage des psychotropes.* Paris : Editions Synapse, 1987 ; 478 p.

Reynaud M, Malarewicz JA. *La souffrance de l'homme – Une approche du fonctionnement psychique.* Paris : Editions Albin Michel, 1996 ; 425 p. – 22 rue Huyghiens, 75014 Paris.

Sur les prises en charge : textes accessibles, plus spécialisés

Morel A, Herve F, Fontaine B. *Soigner les toxicomanes.* Paris : Dunod, 1997 ; 364 p.

Pedinielli JL, Rouan G, Bertagne G. *Psychopathologie des addictions.* Paris : Nodules, PUF, 1997 ; 126 p.

Bergeret J. *Toxicomanie et personnalité.* Paris : PUF, Que sais-je ? n° 1941 ; 127 p.

Parquet PJ. *Pour une prévention de l'usage des substances psychoactives – Usage – Usage nocif – Dépendance.* Vanves : Dossiers techniques, Editions CFES, 1997 ; 107 p.

Geismar-Wieviorka S. *Les Toxicomanes.* Paris : Editions du Seuil, 1995 ; 215 p.

Sur l'adolescence

Aspect de la psychopathologie à l'adolescence. Confrontations psychiatriques 1988 ; 29 : 277 p.

Adolescence plurielle. Sous la direction de M. Choquet & C. Dressen. Vanves : Editions CFES, 1993 ; 217 p. – 2 rue Auguste Comte, 92170 Vanves.

Les nouvelles addictions. Sous la direction de J.L. Venisse. Paris : Masson, 1991.

Revues

TOXIBASE. Revue documentaire, Base de Données en ligne, Recherches personnalisées. Minitel 3617 Code Toxibase. e mail http : // www. ofdt.Fr : 80/bulletin/toxibase. 14 avenue Berthelot, 69007 Lyon, Tél. : 04 78 72 47 45. Fax : 04 72 72 93 44.

Revues très accessibles aux médecins, par ordre d'ancienneté

INTERVENTIONS. Revue de l'ANIT, 8 rue de la Haye, 69230 Saint-Genis-Laval.

SWAPS (Santé, RDR et usages de drogues). 192 rue Lecourbe, 75015 Paris. Tél. : 01 53 68 88 85. Fax : 01 43 31 82 32. e mail : swaps @ crips. Asso. Fr.

Psychotropes R.I.T. Fond Jean-Pâques 4 – B 1348 Louvain La Neuve, Tél. : 32 (0) 10 48 25 70. Fax : 32 (0) 10 48 25 19.

News Letters of Euro Meth Work. Forum européen des praticiens en charge de traitements à la méthadone. Euro-Methwork P.O. Box 20244 – 1000 HE Amsterdam. NL. Tél. : + 31 20 5555 307. Fax. : + 31 20 5555 775. e mail : méthwork @ gggd. Amsterdam. Nl.

Le courrier des addictions. Da Te Be Editions, 62-64 rue Jean Jaurès, 92800 Puteaux. Tél. : 01 41 45 80 00. Fax : 01 41 45 80 25. e mail : contact édimark. Fr.

THS – La Revue. Editions Les Saisons du Mûrier, 63 avenue Georges Clémenceau, 83120 Sainte-Maxime. Tél. : 04 94 97 09 56 ou 06 09 21 11 15. Fax : 04 94 97 75 80, e mail seths @ nova. Fr.

Revues plus générales

Interdépendances. Cimade, 176 rue de Grenoble, 75007 Paris.

Asud Journal. 204-206 rue de Belleville, 75020 Paris.

Dans cités. 37 rue Valmy, 93100 Montreuil. Tél. : 01 48 51 97 70. Fax : 01 45 74 40 56.

Achevé d'imprimer le 6 décembre 2000
sur les presses de l'Imprimerie EMD

Imprimé en France
Dépôt légal : décembre 2000
N° d'imprimeur : 8012